**당선,
합격,
계급**

장강명
르포

문학상과
공채는
어떻게

좌절의
시스템이
되었나

당선, 합격, 계급

민음사

서문

이 책을 쓰는 데 2년이 넘게 걸렸다. 그 2년 동안 "요즘은 어떤 글을 쓰세요?"라는 질문을 받으면 매번 적잖이 당황스러웠다.

"논픽션을 쓰고 있는데요, 문학공모전과 공채제도에 대한 거예요."

그렇게 답하면 상대방은 한 사람도 빠짐없이 '뭐?'라는 표정을 지었다. 나는 머리를 긁적이며 말을 잇곤 했다.

"장편소설공모전들 있잖아요? 한겨레문학상이나 문학동네소설상 같은 것들요. 그거랑, 공개채용 제도 있잖습니까? 대기업 신입 사원 공채나 사법시험, 9급 공무원시험 같은 거요. 그 두 가지를 취재해서 쓰고 있어요."

그러면 뭔지 모르겠지만 별로 궁금하지 않다는 얼굴로 "아,

네"라며 넘어가는 사람이 있었고, "그 두 가지가 무슨 상관이죠?"
라며 되묻는 사람도 있었다. 후자 앞에서 나는 머리를 한 번 더 긁
적여야 했다.

"음, 그러니까, 그게, 문학공모전과 공채제도는 공통점이 아
주 많습니다. 우선 둘 다 굉장히 한국적인 제도거든요. 대규모 동
시 시험을 치러서 인재를 뽑는 제도잖아요, 옛날 과거시험처럼. 이
런 식으로 사람을 뽑는 곳은 한국 말고는 별로 없대요."

이쯤 되면 상대는 '얘가 뭐라는 거야'라는 표정이 된다. 나는
땀을 흘리며 추가로 설명한다. 둘 다 아주 장점이 많은 제도이고,
안정성이 높고 공정하고, '제너럴리스트'를 뽑기에 좋지만, 단점도
있다고. 지금 한국 사회와 한국 소설이 역동성을 잃어 가는 건 상
당 부분 그 제도 때문이라고 나는 생각한다고.

여기까지 들은 상대는 열에 아홉은 '얘가 할 말이 많은 듯한데
들어봤자 귀찮아질 거 같으니 그냥 넘어가자'는 눈빛이 된다. 나는
그때마다 '빨리 원고를 마쳐서 책을 보여 줘야겠다'고 생각했다.

나는 정말로 할 말이 많았다. 우선 문학공모전의 기원과 선발
메커니즘, 영향력에 대해 제대로 알아보고 싶었다. 그것은 나의 뿌
리와 위치를 찾는 일이기도 했다. 공채제도에 대해서도 같은 지점
들을 살펴보고 싶었는데, 어떤 의미에서는 이 역시 나의 뿌리와 위
치를 확인하는 작업이었다.

또 나는 문학공모전을 준비하는 작가 지망생들에게도 몇 가
지 도움을 주고 싶었다. 그들이 궁금해하는 것, 오해하는 것에 대

해 알려주고 싶었다. 내가 몇 년 전까지 그런 정보를 간절히 원했기 때문이다.

마지막으로 한국 사회에 대해 몇 가지 제언도 하고 싶었다. 공모전과 공채제도의 부작용이 어디서 어떻게 나오는지, 두 제도의 순기능을 유지하면서 단점을 어떻게 보완할 건지에 대해 취재 과정에서 몇 가지 아이디어를 얻었다.

이 책의 독자도 여러 부류일 거라고 생각한다.

먼저 '다른 건 필요 없다, 지금 문학공모전을 준비하고 있는데 실질적인 정보를 얻고 싶다'는 분들이 있을 것이다. 그런 분들은 5장, 5.5장, 6장, 그리고 부록만 읽으셔도 좋다. 5장에서는 21회 한겨레문학상과 5회 수림문학상 심사 과정을 르포했고, 5.5장에서는 작가 지망생들 사이에 퍼진 몇몇 미신들이 얼마나 타당성이 있는지 따졌다. 6장에서는 다른 작가 지망생들이 문학공모전을 왜, 그리고 어떻게 준비하고 있는지 다뤘다. 부록에는 나의 조언을 몇 가지 담았다.

그보다 조금 더 넓게, 한국 소설과 출판계에 대해 듣고 싶은 분들도 계실 것이다. 이런 분들은 'ㅇ.5장'이라고 된 부분을 제외하고 읽으셔도 좋다. 나는 문학비평가나 출판평론가와는 조금 다른 관점에서 이 영역을 살폈다. 문학과 출판계가 아닌 다른 분야의 취재 내용들은 대체로 'ㅇ.5장'에 모았다.

대규모 동시 시험으로 합격자 또는 당선자를 선발하는 방식이 문학계뿐 아니라 다른 영역에서도 어떻게 해서 서열구조와 관료주의를 불러왔는가. 이걸 어떻게 깨뜨려야 할까. 이 질문에 관심이 있다면 책을 처음부터 끝까지 순서대로 읽어 주시면 감사하겠다. 가능한 한 지루하지 않게 쓰려고 노력했다.

감사드려야 할 분이 너무 많다.

가장 먼저, 기꺼이 인터뷰에 응해 주신 많은 문학계, 출판계 관계자들과 공채제도 관련 전문가들께 진심으로 감사드린다. 이 자리에 일일이 이름을 적어야 하는 것 아닌가 한참 고민하다가 그러지 않기로 했다. 너무 길어질 것 같기도 하고, 익명이나 가명을 요구한 분도 계셔서다.

길게 시간을 내주셨는데, 내가 미처 생각을 정리하지 못한 상태로 말씀을 들어 이야기를 옮기지 못한 인터뷰이들도 있었다. 은승완 작가님, 송한별 작가님, 김선식 다산북스 대표님, 들녘의 박성규 주간님, 민희식 에스콰이어 편집장님, 소민정 전북 CBS 피디님께 이 자리를 빌려 죄송하고 또 감사하다는 말씀드린다.

처음 책의 방향을 고민할 때 민음사를 비롯한 여러 출판사의 편집자들로부터 귀한 조언들을 많이 얻었다. 이 책에 익명으로 등장하는 편집자로 오해를 살 우려가 있을 것 같아서, 역시 죄송하지만 출판사와 편집자의 이름은 여기서 공개하지 않겠다.

설문 조사에 답해 주신 작가 지망생들과 전국 대학 문예창작과 학생회, 문학동호회, 그리고 소설 독자 분들께도 감사드린다. 작가 지망생 520분과 독자 812분이 설문에 성실히 답변해 주셨다.

민음사의 박혜진 편집자가 없었더라면 나오지 못했을 책이다. 정말이지 마음을 어떻게 표현해야 할지 모르겠다. '고맙다'는 단어로는 턱없이 부족한데. 마감을 몇 번이나 어겨서 너무 미안합니다. 힘들 때마다 용기 북돋아 주시고 원고에서 모자란 지점을 따뜻하게 지적해 주셔서 감사합니다. 서효인 편집자, 김화진 편집자께도 감사드린다.

그리고 매 챕터를 꼼꼼히 읽고 의견을 알려주는 것으로도 모자라 설문지 정리와 조사 분석까지 도와준 HJ에게. 고마워, 사랑해.

이 책에는 내가 취재한 내용과 내 의견이 섞여 있다. 보고 들은 바에 대해서는 조금도 왜곡하지 않고, 거짓 없이 기록하려 최선을 다했다. 내 의견을 적을 때에는 누구의 눈치도 보지 않고 느끼고 생각한 바를 정직하게 쓰려 애썼다.

어쨌거나 내 의견은 내 의견일 뿐이다. 그것이 정답이라고 주장할 생각은 없다. 나로서는, 이 책이 논쟁거리가 됐으면 좋겠다. 치열하고 생산적인 토론의 물꼬가 열리면 좋겠다.

2018년 봄, 장강명

1

장편소설공모전이라는
시스템

문학공모전, 대학 입시, 대기업 공채

전화가 왔다. 모르는 번호였다. 상대방은 자신을 한국경제신
문의 문학 담당 기자라고 소개했다. 어색하고 의례적인 인사가 오
가고 용건이 나왔다.

"저희 신문사가 올해로 3회째 한경 청년신춘문예* 공모전을
하고 있거든요. 혹시 들어 보셨나요?"

"어…… 그…… 아! 압니다. 『청춘 파산』이 그 공모전 작품이
죠?"

---

* 2017년부터 한경 신춘문예로 바뀌었다.

내가 간신히 기억을 더듬어 말했다.

"예, 맞아요! 저희 2회 수상작입니다."

문학 담당 기자는 청년신춘문예 공모전에 대해 자세히 설명하지 않을 수 있게 돼 안도하는 눈치였다. 나는 『청춘 파산』을 읽지 않았으므로 가급적 화제가 그쪽으로 가지 않길 바랐다.

"그 공모전 올해 접수 마감이 이제 일주일가량 남았거든요. 그래서 저희 공모전을 준비하는 작가 지망생들에게 선배 문인들이 전하는 조언을 모아서 기사로 써 보려 하고 있습니다. 장강명 선생님한테서도 한 말씀 들을 수 있을까요?"

문학 담당 기자가 물었다.

"어…… 그…… 그러니까 그게 뭐냐, 제가 하고 싶은 말은……."

내가 무슨 말을 해 줄 수 있을까? 5년 전의 내가 지금 앞에 있다면 무슨 조언을 할까?

"떨어져도 너무 상심하지 말라는 말을 하고 싶네요. 공모전은 소개팅 같은 거라고 생각하거든요. 꼭 내 탓이 아니더라도 인연이 안 닿을 수 있는 거고, 안 되면 다음 소개팅 준비하면 되는 거라고요."

말을 마치고 난 뒤에야 '아, 이게 아닌데.' 하는 생각이 들었다. 상대방은 '청년신춘문예 심사위원들이 나를 몰라봐 주면 그 원고로 세계문학상에 또 응모하면 된다'는 식의 답을 듣고 싶은 게 아니다.

다행히 문학 담당 기자는 노련했다.

"아, 좋은 말씀이네요. 그리고 또 어떤 조언을 더 해 주실 수 있을까요?"

이번에는 4년 전쯤의 내가 앞에 있다면 무슨 말을 해 줄까, 하고 생각했다.『표백』을 써서 한겨레문학상에 응모했을 때…… 그때 나는 접수 마감일에 맞춰 글을 쓰느라 정신이 없었다. 퇴고는커녕, 어떻게든 마무리를 지어야 한다는 생각뿐이었다. 당선된 다음에 제출했던 원고를 다시 읽어 보니 뒷부분에 정확히 똑같은 문단이 두 번 들어가 있었다.

"음…… 마감에 쫓기면 무리하게 결말을 바꾸거나 요행을 바라면서 퇴고를 생략하는 경우가 있잖아요? 그러느니 차라리 이번은 아니다, 다음 공모전을 노리자, 그런 생각으로 원래 쓰려던 글을 쓰는 게 좋을 거 같습니다."

아, 이것도 아닌데. 상대방은 지원자들이 무리해서라도 청년 신춘문예에 많이 글을 내 주기를 바라는 사람이다. 전체 응모작이 몇 편이었고, 당선작이 몇 대 일의 경쟁률을 뚫었다는 정보는 문학상의 권위와 직결된다.

문학 담당 기자는 이번에도 노련했다.

"아, 좋은 얘기네요. 그러니까 마감에 너무 심하게 압박받지 말고 자신의 호흡을 지켜야 한다는 말씀이시죠?"

"네, 맞아요! 제가 하려던 이야기가 바로 그거였습니다."

그런 식으로 대화가 몇 분간 더 오갔다. 우리는 의례적인 덕담을 나눈 뒤 통화를 마쳤다.

처음에 나는 이때 통화에서 하지 못한 이야기들을 글로 쓰려 했더랬다. 뭔가 실질적인 조언들 말이다.

폰트는 어떤 글씨체로, 어떤 크기로 쓰는 것이 유리한가? 줄 간격이나 용지 여백은?

문학상마다 선호하는 문체나 스타일, 주제가 있는가?

한 원고를 여러 공모전에 내면 불리한가? 전략적 접근이 필요한가?

필명으로 내는 것이 좋은가, 실명이 나은가?

이런 질문들에 대해 문학공모전 당선자들이나 심사위원들에게 물어보고, 그들이 말하는 답을 전해 주는 글을 쓰고자 했다. 실제로 그런 내용도 이 책에 어느 정도 들어 있다.

그런데 그런 작업을 하는 동안 질문들은 점점 늘어났다.

'문학적인 글'을 내야 하나? 장르소설 내면 떨어지나? 충격적이고 트렌드에 맞는 소재를 선택하는 게 좋을까? 가능하면 사회 비판적인 내용으로? 우파보다는 좌파적인 관점에서?

문학상 심사위원들의 심사는 신뢰할 만한가? 그들의 심사에 공통된 기준이나 합의 같은 것이 있는가? 일관되게 높이 평가하는 중점 요소라도 있나? 아니면 매년 오락가락하는 건가? 왜 어떤 해에는 파격적이지만 어설픈 작품이 뽑히고 어떤 해에는 아름답지만 고루한 작품이 뽑히는가? 가끔 칙릿이나 역사소설이 뽑히는 이유는 뭔가?

문학상마다 스타일이 있다면 그건 주최 측이 의도한 건가? 아니면 저절로 만들어진 걸까? 거기에 맞춰 응모 전략을 짜야 하나? 문학상마다 뚜렷한 선호 스타일이 있는 게 좋은 건가, 반대인가? 총체적이고 일반적인 의미의 '문학상 스타일'이라는 게 있을까?

'문학상 소설', '문학상 시'라는 것은 존재하는가? 그것은 좋거나 나쁜 것인가? 그것이 나쁜 것이라면, 모조리 거부해야 할 정도로 나쁜 것인가, 아니면 서점에 적당한 비율로는 존재하는 게 바람직한 정도로 나쁜 것인가?

이른바 '등단'을 하지 않고 작가가 되면 불리한가? 불리하다면 어떤 점이 불리한가? 등단을 하지 않은 작가에 대한 차별은 실제로 있나? '문단 권력'은 존재하는가? 있다면 그것은 어떤 것인가? 좋은 것인가, 나쁜 것인가, 또는 필요악인가?

그런 질문을 던지는 동안 문학공모전을 다른 각도에서 바라보게 되었다.

이것은 어떤 시스템의 일부다. 입시(入試)가 있는 시스템. 세계는 둘로 나뉘어 있고, 한쪽에서 다른 쪽으로 들어가려면(入) 시험(試)을 쳐야 한다. 시험 한쪽은 지망생들의 세계, 다른 한쪽은 합격자의 세계인 것이다. 문학공모전이 바로 그 시험이다.

대학 입시와 기업의 공채 제도, 각종 고시나 전문직 자격증 시험도 모두 본질적으로 같다. 대단히 효율적이지만 동시에 매우 획일적이고, 지독히 한국적이다. 지원자는 모두 한 시험장에 들어가 동일한 문제로 시험을 친다. 소수의 합격자와 다수의 불합격자가 생긴다. 불합격자들이 좌절로 괴로워하는 동안 합격자들은 불합격자들과 멀어진다. 그들은 합격자들의 세계에서 새로운 규칙을 배운다. 패거리주의, 엘리트주의가 생기는 것도 자연스럽다.

몇몇은 이 시스템 자체가 뭔가 잘못됐다며 울분을 터뜨리지만, 대다수 사람들은 이 시스템이 그럭저럭 기능한다고 여긴다. 어쨌거나 그 시스템은 한국 사회에 너무나 성공적으로 자리 잡았기 때문에, 그 테두리 밖에서 살아가기가 참으로 팍팍하다. 시스템을 받아들이고 그 안에서 패배자로 살아가는 게 나을 정도다. 수능을 거부하는 학생운동가보다는 대학에 떨어져 고졸 학력인 사람이 눈총을 덜 산다.

다만 이 '입시-공채 시스템'이 예전처럼 잘 작동하지 않는 것 같다는 데에는 모두 동의한다. 몇몇은 이 시스템이 거의 한계에 온 것 아닐까 내심 걱정하기도 한다. 사람들에게 기회를 주기 위해 기획된 선발 시험이 이제 오히려 사람들을 억압한다는 비판도 나온다. 시험 자체가 부당한 계급사회를 만드는 권력의 도구가 되었다는 것이다. 한번 시험을 통과한 사람은 다시는 지망생들의 세계로 떨어지지 않는 경직성이 근본 원인이다.

비판자들은, 합격자들이 똘똘 뭉쳐서 자신들의 지위를 단단히 하는 데 입시를 악용하고, 그걸 일종의 산업으로 만들었다고 목소리를 높인다. '문단의 폐해'라는 것들도, 큰 틀에서 보면 사실 한국 사회의 다른 분야에서도 흔히 볼 수 있는 '끼리끼리 문화'의 문학계 버전에 불과하다.

이런 공격들은 아직까지는 입시-공채 시스템을 흔들 정도는 아닌 것 같다. 일단은 그런 비판이 막연한 이론과 발작적인 인신공격 수준에 머물러 있다. 그리고 무엇보다 대안이 없다. 진보적인 가치와 근거 없는 기대를 섞은 실험이 몇 번 있긴 했다. 하지만 대개 부작용은 눈에 확 띈 반면 긍정적인 효과는 잘 보이지 않았다. 지속 가능하지도 않았다. 문학판에서건 기업 공채에서건.

문학공모전에 대한 이런저런 의문들은 하나의 질문으로 요약할 수도 있을 것 같았다.

이 시스템에 어떻게 대처해야 하는가?

또는 이런 질문.

이런 시스템이 있는 세상에서, 어떻게 살아야 하는가?

입시-공채 시스템을 어떻게 바꿀 것인가?

이 책의 방향과 취재 대상

그런데 그런 질문에 내가 잘 대답할 수 있을까?

나는 문학공모전의 수혜자다. 아마 2010년 이후 최고의 수혜자일 거다. 그런 내가 문학공모전에 대해 공정한 글을 쓸 수 있을까? '어쩔 수 없는 부작용은 있지만 전체적으로는 좋은 시스템'이라는 결론을 머릿속으로 미리 내리고 다른 사람들의 말을 듣게 되지 않을까? '문학상에 당선된 소설치고 좋은 작품 없었다.'는 의견을 내가 받아들일 리가 없지 않은가.

명문대를 나온 사람이 학벌 제도에 대해 비판적인 견해를 지닐 수는 있다. 그러나 그런 사람들조차 입 밖으로 말하지만 않을 뿐, 속으로는 '똑똑한 학생들은 명문대에 압도적으로 많다.'고 믿는다.

하나 다행인 것은, 이 시스템을 중립적으로 평가하기란 어느 누구에게도 가능하지가 않다는 점이다. 객관적인 입장이라는 건 존재하지 않는다. 이 취재는 살인 사건이나 비리 의혹을 조사하는 것과는 다르다. 사건 취재가 아니라 시스템 취재다. 그리고 모든 사람이 시스템 안에 있으니까, 외부의 시선이란 게 존재할 수 없는 거다. 대졸자에게는 대졸자의 입장이, 고졸자에게는 고졸자의 입장이 있다. 한쪽 의견이 은근한 우월감과 시스템이 정당하다고 믿고픈 기대에 휘둘릴 수 있다면, 다른 쪽 의견은 피해 의식으로 왜곡될 수 있다.

외국인 관찰자라 해도 마찬가지다. 이 취재는 시스템을 내면화한 사람들에 대해 뭔가를 말해야 한다. 그런데 그 내면에 대해 국외자는 "이곳 문화는 진짜 이상하다."고 말하거나, 아니면 그 자신의 틀에 맞춰 해석하는 것이 고작이다. 아이티에 간 인류학자가 부두교에서 옛 흑인 노예들의 아픔을 읽어 내는 것과 마찬가지다. 정작 부두교 신자들은 자신들의 신령은 실제로 존재하며, 인류학자가 그 신령의 세계를 보지 못했다고 여길 것이다.

그러므로 이 시스템을 취재하려는 자는 어쩔 수 없이 이런저런 한계와 선입견을 지니고 시작할 수밖에 없다. 그렇다면 시스템 중심부에서 주변부를 취재하는 게 그 반대보다 쉽다. 중심부는 주변부의 접근을 잘 허락하지 않기 때문이다. 대졸자가 고졸자의 삶을 취재하는 게 그 반대보다 더 쉽다. 미등단 작가보다는 내가 주요 출판사 대표와 문학상 심사위원들을 인터뷰하기 나을 거다.

변명거리는 하나 더 있었다. 내가 취재한 내용이 최소한 1차 자료로서의 가치는 있으리라는 생각이었다. 나는 신문기자로 10년 이상 일했다. 저널리스트로서 기본 교육은 잘 받은 편이라 자부한다. 몇 번 특종도 했고, 기자상도 여러 개 받았다.

　선입견을 갖고 인터뷰할 수는 있지만 적어도 인터뷰이가 한 말을 왜곡하지는 않는다. 내가 문학공모전에 관계된 사람들을 다양하게 인터뷰하고 이런저런 수치와 자료를 모아 책으로 쓰면, 최소한 기록으로서의 가치는 있지 않을까 싶었다. 이 문제와 관련해서는 그런 객관적인 증언과 통계가 유난히 부족해 보였다. 추측과 분풀이가 섞인 날선 비난만 많고.

　내가 해석을 잘못하더라도 내가 모은 자료를 보고 다른 사람이 활용하면 되지, 하는 생각이었다.

　천문학자 티코 브라헤는 천동설을 믿었다. 그는 점성술도 믿었다. 그래도 그는 작은 섬에 틀어박혀 오랜 기간 아주 정밀하게 달과 별, 행성과 혜성의 위치를 관찰했다. 브라헤는 파티에 갔다가 소변을 너무 오래 참는 바람에 방광이 터져 죽었다. 브라헤의 기록을 물려받은 케플러는 그 관측 자료를 바탕으로 '케플러의 법칙'을 세웠고, 천문학에 혁명을 일으켰다. 천동설은 영영 사라졌다.

　그러니 브라헤가 한 작업들은 모두 값진 일들이었다. 설사 브라헤가 지동설을 받아들이지 못했더라도.

　뭐, 처음부터 이런 질문이나 알리바이들이 다 정돈된 형태로 있지는 않았다. 어떤 결과로 이어질지도 몰랐다. '오줌을 너무 오래 참지 말자'는 생각은 평소에도 늘 한다만.

　다만 나의 취재 범위를 어느 정도 좁혀야 한다는 생각은 처음부터 했다. 우선 여러 문학공모전 중에서 소설공모전을 대상으로 잡았다. 시인이나 평론가 지망생들이 들으면 기분 나쁠지 모르겠지만 소설공모전이 사실상 문학공모전의 중심이라고 생각한다.

그중에서도 장편소설공모전을 대상으로 했다. 장편소설공모전은 당선작을 단행본으로 출간한다. 처음부터 출판 기획의 일부다. 어떤 사람이 장편소설공모전에 당선되면 곧 자기 책이 있는 소설가가 되고, 출판 시장에서 다른 작가들과 작품으로 경쟁하게 된다. 문예지의 단편소설 공모나 신문의 신춘문예, 대학생 대상 문학상들은 이렇지 않다. 그런 단편문학상에 당선된 사람은 '책을 낸 적이 없는 작가'가 된다.

취재를 하는 동안 몇몇 사람들은 "문예지 문제를 건드려야 한다, 원고 청탁 관행과 '주례사 비평'을 다뤄야 한다, 창비와 백낙청을 논해야 한다."라고 조언해 주었다. 글쎄? 나는 꼭 그렇게 생각하지는 않았다. 문단을 미화하거나 옹호할 생각은 없었다. 다만 내가 하려는 이야기는 문단 내부의 문제와 겹치는 부분도 있고 겹치지 않는 부분도 있다고 생각했다.

내가 이 취재를 통해 보려 하는 것은 한국 사회였다. 공채라는 특이한 제도, '간판'에 대한 집착, 서열 문화, 그리고 기회를 주기 위해 기획된 시스템이 어떻게 새로운 좌절을 낳게 됐는지에 대해 쓰고 싶었다.

학벌 사회의 문제를 이야기하기 위해 명문대 내부를 얼마나 취재해야 할까? 사학 재단의 운영 방식, 비정규직 교원의 설움, 학생회 선거 비리 같은 문제를 취재해야 할까? 대학의 문제라고 모두 학벌주의와 관련이 있는 건 아니다. 마찬가지로 출판계, 문학계의 이슈가 모두 내 주제에 해당하지는 않았다.

　문예지니 편집위원 체제니 하는 사안을 깊이 들여다보지 않은 것은 나의 접근법과도 상관이 있었다.

　재러드 다이아몬드는 역사학자들이 "개별 사건을 깊이 다루는 방식으로 그저 이야기일 뿐인 이야기만 내놓는다."라고 비판했다. 예를 들어 미국 남북전쟁을 다루는 역사학자들이 게티스버그 전투의 첫째 날 같은 세세한 부분을 깊이 연구한다는 것이다. 다이아몬드는 남북전쟁의 본질을 알고 싶다면 오히려 비슷한 시기 다른 나라의 내전을 연구해야 한다고 주장했다. 그래서 남북전쟁과 비교해야 한다는 것이었다.

　나도 그랬다. 문학 권력, 문단 권력이라는 '긴 이야기'에 집착하기보다는, 어떤 사람이 변호사나 아나운서, 영화감독, 시나리오 작가가 되는 방식은 어떠한지를 살피고 싶었다. 노동시장에서 채용 전문가들이 공채 제도를 어떻게 보는지에 대해 알아보고 싶었다. 그래서 그걸 문학공모전과 비교하고 싶었다. 논증할 수 없는 막연한 이야기보다는 수치, 통계, 실명으로 말하는 증언을 찾고 싶었다.

1.5

'입사 동기'가
영어로 뭐죠?

한국 기업은 신입 사원을 어떻게 뽑나

벚나무에서 눈이 내리듯 꽃잎이 떨어졌다. 인도를 가득 메운 기자들의 머리 위에도 꽃잎이 몇 장 내려앉았다. 도로에 일렬로 늘어선 취재 차량과 사진기자들이 들고 있는 카메라에는 언론사 로고들이 박혀 있었다. KBS, MBC, 동아일보, 매일경제, 문화일보, 국민일보, 서울신문, 한국경제신문, 한국경제TV, TV조선, 연합뉴스TV, 전자신문, 아시아경제, 뉴스1, 이투데이, 뉴스웨이…… 취재진이 최소한 50명은 넘어 보였다.

행인들이 빽빽이 세워진 방송 카메라와 사진기자들의 사다리, 취재 차량에 놀라며 눈을 둥그렇게 뜨고 지나갔다. 자기들끼리

"뭐야? 여기 무슨 일 벌어졌어?"라고 수군대기도 했다.

　기자들이 있는 곳은 서울 강남구 대치동의 단국대사대부고 앞이었다. 학교 정문은 잠겨 있었고, 그 위에 흰 현수막이 하나 걸려 있었다. 현수막에는 푸른색 글씨로 이렇게 적혀 있었다.

　'삼성직무적성검사 고사장'

　이날은 삼성그룹 필기시험인 GSAT(Global Samsung Aptitude Test)가 시행되는 날이었다. 이 시험은 언어 논리, 수리 논리, 추리, 시각적 사고, 상식 등 5개 영역을 평가한다. 언론사 기자들은 시험장 풍경을 르포하고, 시험에 어떤 문제가 나왔는지 수험생들을 상대로 취재하기 위해 삼성그룹이 빌린 고사장 중 한곳인 단국대사대부고 앞에 나와 있었다. 일요일인 이날은 부활절이기도 했고, 세월호 참사 3주기이기도 했다.

　"나 오늘 취재하러 온 거 아니야. 시험 치러 왔어."

　젊은 기자들은 시험이 끝나기를 기다리며 동료들과 시시한 농담을 나눴다. 나는 기자인 척하고 취재진 사이에 서 있었다.

　도대체 이 시험의 의미가 얼마나 중요하고 크기에 이렇게 많은 기자들이 온 걸까? 그래 봤자 일개 기업이 실시하는 신입 사원 공채 필기시험 아닌가?

　그런 의문이 든다면…… 사실 2015년까지 삼성직무적성검사는 응시자 기준으로는 한국에서 세 번째로 규모가 큰 시험이었다. 2015년 상반기 기준으로 한국에서 가장 응시 인원이 많은 시험은 대학수학능력시험(59만 명)이고, 두 번째는 국가직 9급 공무원 채용 시험(19만 명), 세 번째가 삼성직무적성검사(10만 명)였다.

2015년 하반기부터는 삼성그룹 입사 시험에 서류 전형이 생겨 응시자 수가 줄어들었다. 그래도 여전히 큰 시험이다. 내가 단국대사대부고에 나간 2017년 4월 16일 GSAT를 치른 사람은 대략 3만~4만 명일 것으로 추정된다.

2017년 하반기부터 삼성은 그룹 차원이 아니라 각 계열사별로 사람을 뽑겠다고 했지만, 지금까지는 그 계열사들이 같은 날 같은 시험문제로 필기시험을 치른다. 여전히 삼성직무적성검사 고사장에는 취재진이 몰리고, 기자들이 시험을 치고 나온 수험생들을 인터뷰하고, 다음 날 신문에는 「올해 삼성 고시(考試) 평이했다」 유의 기사가 실린다.

나도 16년 전에 이 시험을 쳤다. 필기시험을 통과하고, 어찌어찌 면접까지 합격해서, 잠시지만 삼성그룹에 다녔다. 공채 42기였다. 그때는 삼성직무적성검사에 쏠린 관심이 이 정도까지는 아니었다. 네이버뉴스에서 기사를 검색해 보면 내가 시험을 쳤던 2001년 전체 언론 기사 중 '삼성직무적성검사'라는 단어가 나오는 기사는 단 두 건이다. 둘 다 경제 신문 기사이며, 하반기 대기업들의 채용 계획에 관한 보도다.

기간을 2016년으로 바꿔 같은 단어로 검색해 보면 기사가 623건 뜬다. 그해 시험을 국내외 일곱 곳에서 진행한다는 예고 기사도 있고, '추리·시각적 사고를 묻는 문제가 어려웠다'는 분석 기사도 있다. 어떻게 하면 이 시험을 잘 볼 수 있는지 일러 주는 정보성 기사도 있고, 인적성 교재만 열세 권을 풀어서 삼성전자에 합격했다는 지원자 이야기를 다룬 기사도 있다. 그사이에 괜찮은 일자리는 줄어들고, 삼성그룹은 성장했고, 네이버에 기사를 공급하는 언론사가 많아진 걸 감안해도 이건 좀 지나친 현상 아닐까?

정오가 되어 갈 무렵 고사장 문이 열렸다. 운동장을 지나 제일 먼저 교문 밖으로 나온 사람은 전동 휠체어를 탄 장애인이었다. 기자들이 우르르 달려가 그 여성 장애인을 에워쌌다.

"아, 인터뷰를 그 앞에서 하면 어떻게 해요?"

뒤에서 카메라를 들고 있던 사진기자들이 소리를 쳤다. 사진기자들은 '삼성'이라는 글자가 적힌 현수막 아래로 수험생들이 지친 표정으로 빠져나오는 풍경을 한 컷에 담으려 하고 있었다. 그런데 그 프레임에 다른 기자들이 들어오니 짜증이 난 것이다.

"나와서 합시다! 인터뷰는 밖에서 합시다!"

사진기자들이 고함을 터뜨렸지만 취재기자들은 들은 척도 하지 않았다.

20대 후반에서 30대 초반으로 보이는 젊은이들이 학교에서 우르르 쏟아져 나왔다. 대부분 후드티나 청바지, 점퍼 차림이었고, 화장한 여성은 드물었다. 표정들은 썩 밝지 않았다. 기자들이 달려들어 "하나만 물어보면 안 돼요? 어떤 영역이 어려웠어요? 특이한 문제 없었나요?"라고 물었다. 몇몇 응시자들은 그런 모습이 신기한지 휴대폰을 꺼내 도리어 취재진을 촬영했다.

사진기자들은 길 건너에서 사진 찍는 것을 포기하고 교문 앞으로 달려갔다. 어떤 기자는 사진기를 든 팔을 잔뜩 올리고 위에서 아래로 사진을 찍었고, 어떤 기자는 바닥에 무릎을 꿇고 앉아 아래에서 위를 향하는 구도로 사진기를 잡았다.

몇몇 응시자들은 전화 통화를 하며 걸어갔다.

"1번이 답인 게 있었어? 거의 없지 않았어? 어, 그거 함정 아니었어?"

이날 하루 동안 네이버뉴스에는 '삼성직무적성검사'라는 단어가 들어간 기사가 123건 올라왔다. 이날 시험에는 역사와 과학 기술을 묻는 문제가 많이 나왔으며, 전체적인 난이도는 그리 높지 않았다고 한다.

다른 나라에서도 이런 일이 일어날까? 구글이나 애플에도 신입 사원 채용 필기시험일이 정해져 있어서 미국 기자들이 그 취재 경쟁을 벌일까? 그 시험 난이도를 언론이 분석할까?

공채가 과연 한국에만 있는 독특한 제도인지, 또 한국 안에서는 여러 기업들이 널리 쓰는 일반적인 인재 채용 방식인지를 여기서 짚고 넘어가기로 하자.

대한상공회의소의 2013년 5월 연구 보고서 「한·미·일·독 기업의 채용 시스템 비교와 시사점」에 따르면 두 가지 사항 모두 '그렇다'고 한다. 이 보고서에 따르면 한국의 공채는 "국제적으로 보더라도 상당히 희귀한 형태의 채용 방법"이라고 한다. 보고서는 "주요 선진국을 보더라도 우리나라 이외에 대규모 공채를 통해 대졸 신입직원을 채용하는 나라는 일본뿐"이라며 "외국에서는 업무상 필요와 무관하게 지원자 모두에게 외국어 능력을 요구하고 지필 고사를 실시하는 사례를 찾기 힘들다."고 지적한다. 그리고 동시에 공채는 한국에서 기업이 사람을 채용하는 가장 흔하고 익숙한 방식이라고 한다. 대기업은 필기시험이 있고, 중소기업은 그럴 여유가 없어 서류 전형 다음 바로 면접을 치른다는 차이가 있을 뿐이다. 이 방식을 처음 도입한 것은 1957년 삼성물산공사였는데, 이후 다른 기업들로 점점 퍼졌다고 한다.

그렇다면 다른 나라 기업들은 사람을 공채로 뽑지 않고 어떻게 선발할까? 「악마는 프라다를 입는다」 같은 할리우드 영화에서 본 대로다. 사람이 필요할 때, 그 사람과 함께 일할 부서에서, 구직자들의 원서를 보고 괜찮아 보이는 사람을, 부서장이 자기 사무실로 불러서 인터뷰를 하고 채용을 결정한다. 이른바 '직무 중심 채용'이다.

공채가 무조건 나쁘고 직무 중심 채용 방식이 언제나 옳다고 할 수는 없다. 공채에도 장점이 많다. 우선 많은 인원을 짧은 시간에 선발할 수 있다. 스페셜리스트를 찾는 데에는 적합하지 않지만 괜찮은 제너럴리스트를 추리는 데에는 무척 효과적이다. 무엇보다 공정하고, 많은 사람에게 기회를 준다. 삼성물산공사가 대졸 공채라는 신제도를 도입한 목적도 '학연·지연·혈연을 배제하고 공정하게 사람을 뽑기 위해'서였다.

대졸 공채가 확산되기 전에 한국 기업들이 사람을 뽑는 방법은 이랬다. 내 아버지는 1967년에 두산산업에 입사했는데, 당시 동양맥주와 두산산업은 대졸 신입 사원 채용 공고를 단 세 개 대학의 단과대학 네 곳에만 냈다고 한다. 서울대 상대, 서울대 농대, 연대 상대, 고대 상대. 두 회사의 합격자는 모두 17명이었는데, 이들은 필기시험을 치르지도 않았다. 서류 전형 뒤에는 바로 면접을 봤고,

거기에서 합격하니 그대로 채용이었다.

아버지의 설명에 따르면 다른 대학에 다니는 학생들은 동양맥주나 두산산업이 그때 사람을 뽑는지 알 수조차 없었다. 설사 용케 알아서 원서를 냈다 하더라도 기업 측에서 서류를 받아 주지 않았을 거라고 한다. 지금 어떤 기업이 신입 사원을 이렇게 채용하겠다고 하면 당장 불매운동에 직면할 것이다. (실제로 2016년에 LG유플러스가 서울대, 연세대, 서강대 등 일부 대학의 취업센터에만 신입 사원 채용 공고를 올려 취업 준비생들의 반발을 산 적이 있었다. 로그인 절차를 거쳐야 하기 때문에 다른 학교 학생은 그 공고를 볼 수가 없었다. 당시 LG유플러스는 "소수만 뽑는 수시 채용이라 전체 대학에 공문을 보내지 않았다."라고 해명했다.*)

표 1.5.1 채용 방식별 특성

구분	공채 방식	직무중심 채용
장점	·짧은 시간 동안 대규모 인원 채용 ·조직(기업) 충성도가 높음 ·유연한 인력 운용 가능(직무 이동 가능)	·필요로 하는 우수 인재 채용에 유리 ·직무 적응력 및 전문성 높음 ·채용 비용이 낮음
단점	·직무 적응력 및 전문성 낮음 ·입사 경쟁률 높아 과도한 채용 비용 발생 ·우수한 인재의 상시 확보에 어려움	·조직(기업) 충성도가 낮음 ·대규모 인원 채용이 어려움 ·유연한 인력 운용이 어려움

자료: 2013년 5월 대한상공회의소 연구 보고서, 「한·미·일·독 기업의 채용 시스템 비교와 시사점」

---

* 「공채 안 한다더니…… LG유플러스, 명문대생 눈에만 보이는 채용공고?」, 《캠퍼스 잡앤조이》, 2016. 10. 12. <http://www.jobnjoy.com/portal/jobstory/job_talk_view.jsp?nidx=171995&depth1=1&depth2=2&depth3=6>.

공채는 고도성장기 한국 기업에 딱 맞는 인재 선발 방식이었다. 일할 사람은 많이 필요했고, 어차피 그들에게 대단히 전문적인 업무를 맡기지는 않을 터였다. 구직자들은 먼저 그룹 단위로 실시하는 공채 시험에 합격하고, 나중에 자신이 어느 계열사에서 어떤 일을 하게 될지를 통보받았다. 내 아버지도 그랬다.

그 시험을 합격한 연도에 따라 '기수'가 생겼다. 몇 년도 입사 기수라든가 사시 몇 회라든가 하는 질서가 생기고, 그게 업계 내부의 권위주의를 유지하는 큰 축이 된다. 문학계라고 예외는 아닌데, 여러 작가들이 참여하는 소설집에서 작품이나 작가 프로필 순서를 내용의 흐름보다는 글쓴이의 등단 연도에 따라 배치하는 경우가 흔하다. 심지어 장르소설 작품집에서도 그런다.

내가 몸담았던 언론계도 고시에 가까운 시험을 쳐 사람을 뽑고, '기수 문화'가 강력한 대표적인 직업군이다. 따지고 보면 참 웃긴 일이다. 대학을 갓 졸업한 젊은이가 상식 문제 풀고 논술 시험 쳐서 어느 날 갑자기 중앙 일간지나 방송사의 기자가 된다. 그러고는 정부 정책이 잘못됐다든가 한국 사회가 이러면 안 된다든가 하는 글을 대단한 전문가마냥 쓰기 시작한다. 그걸 수백만 명이 보고 읽는다.

2005년에 아이젠하워펠로재단의 지원을 받아 미국의 신문사와 방송국, 저널리즘 스쿨들을 견학한 류희림 YTN 편성운영팀장은《미디어오늘》에 보낸 기고문에서 이렇게 썼다.

"방문하는 곳마다 방송국과 신문사 관계자 그리고 대학교수들이 필자의 질문을 받은 뒤 빼놓지 않고 묻는 질문이 '한국 언론사들은 어떻게 기자들을 선발하느냐?'였다. 규모가 큰 방송국과 신문사들은 대부분 정기적으로 공개 채용 시험을 통해 기자들을 뽑는다는 대답에 놀라지 않는 사람들이 없었다. 어떤 사람들은 큰 소리로 웃기까지 했다. '어떻게 저널리스트들을 시험을 쳐서 뽑을 수 있는가?'라는 질문을 하도 많이 받아서 나중에는 그런 질문이 나오지 않는 게 오히려 이상할 정도였다."*

그러면 그네들은 어떻게 기자를 뽑기에?

외신에서 일하는 한 한국계 기자는 이렇게 설명했다.

"지방 신문이나 지방 방송사가 활성화되어 있어요. 다들 그런데서 커리어 시작해서 경력을 쌓죠. 평생직장이라는 개념도 없으니 한 회사에서 3, 4년 지내면 '다음에는 어디로 가지?' 이런 심정으로 주변을 둘러보게 되고요. 그러다 좀 더 명성 있는 회사의 문을 두드려 보는 거죠. 우리 회사에 있는 사람들 보면 다들 그래요."

"그러면 신입 사원 공채로 들어오는 사람은 없나요? 전부 다 경력 출신이에요?"

내가 물었다.

"경력이다 공채다, 그런 구분 자체가 없어요. 99퍼센트가 경력이니까. 공채라는 단어가 영어로 있는지도 모르겠네요. 한국 기

---

* 「저널리스트를 시험 쳐서 뽑는다고?」,《미디어오늘》, 2005. 6. 28.
  <www.mediatoday.co.kr/news/articleView.html?idxno=37978>.

자들 만나서 얘기하다 보면 공채 출신과 경력 입사자 사이에 벽이 있다거나, 방송사에서 공채 출신들이 이너서클을 이루고 경력 입사자를 끼워 주지 않는다는 이야기를 하는데, 솔직히 이해가 안 가죠. 다른 동료한테 '입사 동기'라는 말을 설명하려고 해도 어떻게 해야 할지 모르겠더라고요. 아예 그 개념이 없는 거예요."

외신 기자가 설명했다.

2

1996년에 대체
무슨 일이 있었나?

한겨레문학상과 문학동네작가상

"제20회 한겨레문학상 시상식, 한은형 작, 『거짓말』"

시간, 장소, 주최자를 적은 정보 외에 현수막에 적힌 문구는 그게 전부였다.

아니, 사실은 옆에 아주 작은 글씨로 뭐라 써 있긴 했다. 작은 글자들은 현수막 왼쪽에 인쇄된 한겨레문학상 20회 기념 로고 아래 있었다.

"since 1996, 한국문학의 미래, 한겨레문학상 20주년"

나는 그 로고의 대부분을 차지하는 '20'이라는 숫자 아래 그런 문구가 적혀 있다는 사실을 이미 알고 있었다. 그즈음 한겨레출판 트위터 계정의 프로필 사진이 그 로고였기 때문이다. 하지만 그 날 행사장에서 이 로고를 처음 본 사람은 그 작은 글자를 읽지 못했을 거다. 제일 앞자리에서도 읽을 수 없는 크기였다. 주최 측은 한겨레문학상이 20주년이 되었다는 데 거의 의미를 부여하지 않는 것 같았다.

이날 행사도 놀랄 정도로 간소했다. 가 본 사람은 알겠지만 한겨레신문사 건물은 밖에서 보면 예쁜데 안에 들어가 보면 상당히 낡았다. 삭막한 느낌이다. 시상식이 열린 한겨레신문사 3층 청암 홀은 딱 예산 없는 자치단체의 주민 회관 대회의실 같은 분위기다. 시멘트 벽은 다른 꾸밈 없이 흰색으로 페인트칠이 되어 있고, 천장에는 형광등 조명이 달려 있다. 현수막 뒤에 친 자주색 커튼 외에는 아무런 장식도 없었다. 현수막에 인쇄된 한겨레문학상 20회 기념 로고 외에는 예년과 전혀 다른 게 없는 행사장이고 무대였다. 그대로 누군가의 영결식장으로 써도 될 것 같았다.

하객들도 많지 않아서, 자리가 듬성듬성 비어 있었다. 당선자는 일가친척을 초청하지 않은 모양이었다. 하긴, 첫 수상도 아니니까. 한은형 소설가는 이미 3년 전에 문학동네신인상으로 등단한 작가였다. 그 뒤로도 꾸준히 작품 활동을 해서, 시상식 두 달 전에 문학동네에서 소설집도 낸 상태였다.

한겨레출판 직원들이 "앞자리로 와서 앉아 주세요!"라고 외치고 다녔지만 나는 꿋꿋이 제일 뒷줄 모퉁이 자리를 지켰다. 남궁 산 판화가가 옆에 앉더니 내게 말을 붙였다. 남궁 선생과 수다를 떠는 사이에 시상식이 시작되었다.

사회는 18회 한겨레문학상 수상자인 정아은 작가가 보았다. 20회라고 예년과 식순이 별로 다르지는 않았다. 개회 및 경과 보고 (능숙). 상패와 상금, 장서표 수여. 정영무 한겨레신문 대표이사의 축사(어색). 최인석 소설가의 심사평(건조). 그리고 당선자의 수상 소감(포스).

"소설을 쓰는 동안 아주, 아주, 행복할 수 있었습니다. 심지어 약간은 자부심도 들었습니다. 감사합니다. 저는 이렇게 서툴고 무능하고 잘할 줄 아는 게 거의 없는 사람인데, 글을 쓸 때에만 간신히, 아주 간신히, 괜찮은 사람이 된 것 같은 기분을 느낍니다. 소설을 쓴다는 것은 끝내주게 아찔한 일입니다."

동의할 수밖에 없는 얘기였다. 소설을 쓰지 않았더라면 나도 자기혐오를 누를 수 없었을 테지. 그러나 수상 소감을 듣는 동안 '이 작가는 나와 매우 다른 사람이다.'라는 생각도 했다. 나라면 '아주'라든가 '간신히' 같은 부사는 한 번만 썼으리라. 그 차이는 상당히 크다.

황유원 시인의 축하의 말(소탈). 그리고 '우주히피'의 축하 무대.

우주히피는 기타 치는 보컬과 첼리스트로 구성된 2인조 밴드였는데, 나는 밴드 이름도 그날 처음 들었다. 20회라고 예년 시상식과 유일하게 달랐던 게 바로 이 축하 공연이었다.

우주히피는 무대에 올라 "음…… 뜻깊은 자리 초대해 주셔서 감사하고, 음…… 들어갑니다."라고 말하더니 바로 노래를 불렀다. 청중의 반응은 나와 크게 다르지 않았다. '음…… 뭐지?'

첫 곡이 끝나고는 분위기가 확 풀렸다. 두 번째 노래를 마치고 나자 적지 않은 사람들이 "앙코르! 앙코르!"라고 외쳤다. 우주히피가 빼지도 않고 "알겠습니다, 앙코르입니다." 하더니 세 번째 노래를 시작하는 바람에 폭소가 터졌다. 우주히피는 우레와 같은 박수를 받으며 무대에서 내려갔다.

'이 작가는 나와 매우 다르다.'라는 생각은, 어쩌면 시상식 전에 당선자의 인터뷰 기사를 읽었기 때문에 품은 선입견일 수도 있었다. 한은형 작가는《한겨레신문》인터뷰*에서 이렇게 말했다.

"이야기보다는 문장이 좋은 소설을 좋아합니다. 제가 쓴 글에 대해 누군가 '언어 감각이 남다르다.'라고 평하면 기분이 좋아요. 메시지나 사회적 현실을 노골적으로 드러내는 건 제 스타일이 아니에요. 쓰면서 저부터가 즐거울 수 있는 소설을 쓰고 싶습니다."

나와는 정반대였다. 나더러 이야기와 문장에 대해 누가 묻는다면 이렇게 답할 것 같다.

"문장보다는 이야기가 좋은 소설을 좋아합니다. 제가 쓴 글에 대해 누군가 '이야기 감각이 남다르다.'라고 평하면 기분이 좋아요. 메시지나 사회적 현실을 노골적으로 드러내는 게 제 스타일이에요. 쓰면서 저부터가 즐거울 수 있는 소설을 쓰고 싶습니다."

물론 이건 누가 옳고 그른 종류의 문제는 아니다. 세상에는 좋은 문장을 좋은 이야기보다 선호하는 작가와 독자도 있고, 그 반대

---

* 「20회 한겨레문학상에 한은형 씨 『거짓말』」,《한겨레신문》, 2015. 5. 22. <http://www.hani.co.kr/arti/culture/culture_general/692415.html>.

도 있다. 어느 쪽이 옳은지 다투려면 소설이 무엇인지, 문학이 무엇인지부터 논해야 하는데, 그 정의는 수천 년 동안 아무도 제대로 내리지 못했다.

한은형 작가는 인터뷰에서 이런 얘기도 했다.

"제가 응모한 『거짓말』이 한겨레문학상의 기존 수상작들과는 조금 차이가 있어서 사실 크게 기대하지는 않았어요. 뭐랄까, 따뜻한 휴머니즘과 인류애 같은 게 '한겨레문학상적' 특징이라 하겠는데 제 소설에는 그런 게 없거든요. 이야기가 강한 것도 아니고요. 그렇지만 제가 구독하는 신문에서 주관하는 문학상이라서 용기를 내게 됐습니다."

이 이야기는 묘하게 와닿았다. 왜냐하면 나 역시 그 몇 달 전 문학동네작가상을 받았을 때 같은 말을 들었기 때문이다. 대충 이런 얘기였다. "장강명이 문학동네작가상을? 그 선수는 사회성 있는 소재로 승부 보는 사람 아니었어? 한겨레문학상 스타일 아니야?" 솔직히 그런 평가에 나도 동의했다.

공교롭게 2015년은 한겨레문학상도 20주년이었고, 문학동네작가상도 20주년이었다. 두 상은 같은 해 생겼다. 그리고 20회 한겨레문학상은 2012년에 문학동네신인상으로 등단한 한은형 작가가 받았다. 20회 문학동네작가상은 2011년에 한겨레문학상으로 등단한 내가 받았다. 우연치고는 좀 얄궂지 않나.

2011, 2012년에 소설공모전으로 등단한 두 작가가 몇 년 뒤까지 계속 소설공모전에 원고를 냈다. 자신의 글에 '한겨레문학상적 특징이 없다.'라고 생각한 작가도 두 출판사에서 모두 상을 받았

다. '내 글은 문학동네 스타일은 아닌데.'라고 생각한 작가도 두 출판사에서 모두 상을 받았다.

어떻게 된 걸까? 한은형 작가와 내가 잘못 생각한 걸까? 잘못 생각했다면 무엇을 잘못 생각한 걸까, 스스로의 스타일을? 아니면 문학상의 성향을?

문학상을 운영하는 출판사의 국내 문학 담당 편집자들에게 물었더니 뜻밖의 답이 나왔다.

인터뷰

"국내 장편문학상들에는 개성이 있나요?"

1

장강명: 국내 장편문학상들에 각각 개성이 있나요? 어떻게 보세요?

■■■■ (고참 편집자): 개성이 있죠. 상금. 상금이 서로 다르죠.

장강명: 상금 말고는요? 한겨레문학상은 사회성이 있다든가, 그런 거요?

■■■■: 굳이 따지자면 중앙장편문학상이랑 세계문학상이 대중성을 좀 보는 것 같고, 한겨레문학상이 사회성을…… 보나? 제가 보기에는 거의 구별이 안 돼요. 심사위원도 너무 중복되고, 응모하는 사람도 여기 보내고 저기 보내고 하니까 그 작품이 그

작품이고요. 문학상이 너무 많아져서 생긴 문제
예요.

2

장강명: 국내 장편문학상들에 각각 개성이 있나요? 있다
면 어떤 개성이 있나요?

██████ (30대 편집자): 딱 두 가지 상에 색깔이 있다고 봐요.
세계문학상과 한겨레문학상. 두 상은 문단문학이
아닌 대중문학에 대한 문학상이라고 생각했어요.
이게 나쁜 의미가 아니에요. 한국에 대중문학이
없는데 그나마 이 두 상이 대중문학을 지탱하고
있다고 보거든요. 그중에서 한겨레문학상이 좀
더 문단문학 쪽이고, 세계문학상은 좀 더 대중문
학 쪽인 것 같아요. 나머지는 별 개성 없다고 생
각해요.

3

장강명: 국내 장편문학상들에 각각 개성이 있나요?

██████ (중견 편집자): 문학동네작가상 수상자들이 좀 파릇
파릇하다는 느낌이 있죠. 이미지가.

장강명: 저도 문학동네작가상 받았는데…….

███: 아…… 그러면…….

장강명: 다른 문학상들은요? 한겨레문학상이 좀 사회성이 있지 않나요?

███: 한겨레문학상은 다양한 작품, 다양한 작가들, 그런 색깔이 있는 거 같아요. 아무래도 문예지가 있는 출판사 문학상 수상자들은 문예창작학과에서 습작을 많이 한 사람들인데 한겨레문학상은 그렇지 않은 느낌이죠. 그런데 그건 사회성이 있느냐하고는 관련이 없어요. 대중문학이냐 문단문학이냐의 스펙트럼에서 색깔이 그렇다는 거죠. 한겨레문학상 옛날 수상작들은 사회성이 좀 있었던 것 같긴 해요. 요즘은 굳이 상의 색깔, 그런 것보다는 그냥 잘 쓴 작품이면 뽑히는 것 같아요. 예를 들어 이번 한겨레문학상 수상작 원고가 다른 문학공모전에 갔다, 그래도 뽑혔을 거라고 생각해요.

어쩌면 나는 '대표작의 오류'에 빠져 있었던 건지도 모르겠다. 한겨레문학상이건 문학동네작가상이건, 나는 가장 유명한 소설 몇 편을 읽어 봤을 뿐이었다. 그런데 이 작품들은, 말하자면 한 산맥의 가장 높은 산에 해당했다.

설악산에는 물론 태백산맥 산들의 특징이 상당 부분 있을 것이다. 그러나 설악산 고유의 특징도 있을 것이다. 어쩌면 설악산은 태백산맥에서 예외적인 산일 수도 있다. 태백산맥의 일반적 특성에 대해 말하려면 설악산에 더해 최소한 태백산과 오대산 정도는 알아야 한다. 미시령도 한계령도 가 보는 게 좋다. 그런 다음 소백산맥의 산들도 보고 차령산맥 산들도 올라 봐야 비로소 '태백산맥의 산에는 어떤 특성이 있다'고 말할 수 있다. 나는 그러지 못했다.

출판사 편집자들은 나나 한은형 작가와는 의견이 달랐다. 각 출판사나 언론사가 운영하는 장편소설공모전 자체에는 별 특징도, 개성도 없다는 얘기였다. 팔릴 만한 작품을 선호하느냐 아니냐 하는 정도의 차이가 있었는데, 그조차 거의 없어지고 있다고 한다.

말하자면 나는 대기업 인사팀에 있는 친구에게 이런 질문을 던진 셈이었다.

"삼성은 1등 인재를 원하고, 현대차는 추진력 있는 지원자를 원하고, LG에서는 인성 좋은 구직자를 선호하지?"

친구는 한숨을 쉬며 대답한다.

"글쎄, 옛날에는 그랬는지 몰라도 요즘은 그런 거 없어. 삼성 최종 합격하는 애가 현대차도 최종 합격해."

그렇다면 보다 심각한 다른 질문을 던지지 않을 수 없게 된다.

성향도 목표도 엇비슷한 장편소설공모전이 왜 이렇게 많이 생겨난 거죠?

고액 상금 공모전의 등장

그건 20년 전에 한겨레문학상과 문학동네작가상이 생겨서 성공을 거뒀기 때문 아닐까?

2017년 현재 운영 중인 장편소설공모전 중 가장 역사가 오랜 공모전은 문학동네소설상이다. 이 상은 1회 수상작이 1995년에 나왔다. 그보다 한 해 늦게 시작한 공모전이 한겨레문학상과 문학동네작가상이다.

문학동네소설상과 함께 1995년에 한겨레신문이 실시한 '해방 50주년 기념 장편소설 공모'가 한겨레문학상의 시범 사업이었다. 고료 3000만 원을 건 해방 50주년 기념 장편소설 공모는 일회성 행사였는데 성과가 무척 좋았다. 당선작 『인샬라』는 10만 부 넘게 팔렸고, 영화로도 만들어졌다.[*]

당시만 해도 한겨레신문의 출판 부문(아직 한겨레신문에서 한겨레출판이 분리되기 전이었다.)이나 문학동네 모두 작은 신생 출판사들이었다. 국내 출판사들에게 한국 문단문학 소설은 돈은 안 되지만 폼이 나는 상품이다. 어느 출판사가 종합출판사라는 평가를 받으려면 한국 소설 시장에 진출해야 한다. 그러나 이 시장은 진입 장벽이 매우 높다. 작가도 독자도, 검증이 안 된 출판사에게는 선뜻 손을 내밀지 않는다.

그런 출판사에게 고액 상금을 내건 장편소설공모전은 해 볼

[*] 「두 번의 '당선작 없음' 그리고 공대생 남자들」, 《한겨레신문》 2015. 7. 3.

만한 도전일 수 있다. 검증된 원고를 구할 수 있고, 심사위원으로 참여한 비평가들의 지원을 얻을 수 있고, '문학상 수상작'이라는 타이틀을 마케팅에 활용할 수도 있다. 단점은 상금과 심사비로 초기 투자비가 꽤 든다는 거다.

(장편소설공모전의 시초를 거슬러 올라가면 민음사가 1977년 제정한 오늘의작가상이 효시라 할 수 있다. 그러나 어지간한 작가의 인세 수입을 웃도는 거액 상금이 걸리게 된 것, 그리고 이 제도가 본격적으로 출판사와 예비 작가들의 '사업 전략'이 된 것은 문학동네소설상, 문학동네작가상, 한겨레문학상이 생긴 1990년대 중반으로 봐야 할 것 같다. 오늘의작가상은 2000년대까지 장편소설에만 주는 상은 아니기도 했다. 당선작으로 시집이 뽑힌 해도 꽤 있었다. 1991년에는 세계사가 500만 원 고료 작가세계문학상을, 1993년에는 국민일보가 1억 원 고료 국민일보문학상을 만들었다. 그러나 두 상은 오래가지 못했다.)

한겨레문학상, 문학동네소설상, 문학동네작가상 등 새로 생긴 장편소설공모전에 대한 반응은 즉각적이었다. 1997년 1월 14일자 경향신문에 실린 「신인 작가 '장편소설 등단' 새 흐름」이라는 제목의 기사를 보자.

장편소설을 통한 문단 입문 현상이 최근 문학계에서 두드러지고 있다. 신인 작가들이 신춘문예를 거치지 않고 문예지의 장편공모나 단행본 출간 등을 통해 소설가로 데뷔하는 경우가 부쩍 늘고 있는 것. 이 같은 현상은 1990년대 들어 더욱 활성화돼 신춘문예 등단-문학 수업-장편 쓰기의 과정을 정통 문학 코스로 여기던 1980년대 이전 상황과는 큰 대조를 보여 관심을 모은다.

(……)

신인 작가들의 장편소설 붐은 각 문학 계간지의 문학상에 응모하는 작품의 수에서도 확인된다. 지난해 말 원고를 마감하고 심사에 들어간 제2회 문학동네소설상 장편 공모에는 1회 때 30여 편의 2배에 가까운 54편이 응모됐다.

꼭 일주일 뒤에 실린 동아일보 1997년 1월 21일자 기사도 보자. 제목은 「문학상 '고액 상금 시대'」다.

1980년대까지는 언론사나 정부 기관이 부정기적으로 고액의 상금을 내걸고 문학작품을 공모했지만 최근 들어 각 출판사가 주축이되어 시행하는 수천만 원대의 문학상 제도는 과거의 것과 질적으로의미를 달리한다. 출판사들이 인기 작가와 베스트셀러가 될 작품을확보하는 통로로 문학상 제도를 활용하고 있기 때문이다.

(……)

한 출판사 관계자는 "뛰어난 글재주를 가진 사람들이 방송 작가나 시나리오 작가로 빠져나간다. 문단이 우수한 인력을 확보하기위해서는 더 많은 출판사들이 고액의 상금을 내걸고 작가를 길러내야 한다."라고 주장했다.

문학동네와 한겨레출판의 장편소설공모전은, 처음에는 모험처럼 보였지만 결국에는 성공했다. 공모전 자체로만 보면 수지맞는 장사는 아니었다. 상금을 회수할 정도로 많이 팔린 당선작은 생각보다 적다. 그러나 상의 권위는 확실하게 섰고, 두 회사의 위상도 20년 전과는 비교도 되지 않는다.

1회 문학동네소설상을 실시했을 때 접수된 원고는 30여 편이었는데, 20회 문학동네소설상에는 장편소설 원고가 246편 왔다. 20회 문학동네작가상 경쟁률은 271 대 1, 20회 한겨레문학상 경쟁률은 291 대 1이었다. 김영하, 박민규, 박현욱, 심윤경, 은희경, 정유정, 천명관 같은 중견 소설가들이 모두 1990년대 중반 이후 만들어진 장편소설공모전으로 등단했거나 첫 단행본을 낸 이들이다.

2000년대가 되자 한국 소설 시장에서 뭔가 해 보려는 출판사들은 너도나도 고액 상금을 걸고 장편소설공모전을 만들었다.

자음과모음은 자음과모음문학상과 네오픽션문학상을 각각 만들었는데 두 상 모두 상금이 5000만 원이었다. 계간지《문학의문학》은 5000만 원 상금 장편공모전을 만들었다. 문학사상사는 화끈하게 1억 5000만 원 상금의 문사장편소설상을 만들었다. 이미한국 소설 시장의 한 축을 차지하고 있던 창비조차 뒤늦게 3000만원 상금의 창비장편소설상을 만들었다.

몇몇 출판사들은 언론사와 손잡고 언론의 이름값을 빌려 오거나 홍보를 지원받았다. 돈은 출판사가 전액 또는 일부를 대고, 상 이름에는 언론사의 이름을 붙이는 식이었다.

웅진씽크빅은 중앙일보와 함께 1억 원 고료 중앙장편문학상을 만들었다. 위즈덤하우스는 SBS, 쇼박스와 손잡고 1억 원 상금의멀티문학상을 만들었다. 문학수첩은 조선일보와 손잡고 역시 1억 원 상금의 조선일보판타지문학상을 만들었다.(조선일보는 이와 별도로 같은 액수 상금을 주는 대한민국뉴웨이브문학상도 만들었고, 문학수첩 역시 문단문학 소설을 대상으로 하는 문학수첩작가상을 만들었다.) 세계일보의 세계문학상은 처음에는 문이당 출판사가 파트너였고, 예담과 은행나무, 나무옆의자를 거쳐 지금은 해냄 출판사가 당선작 원고를 가져간다. 한국경제신문은 은행나무와 함께 '한경 신춘문예'를 여는데, 이 공모전의 장편소설 부문 상금은 3000만 원이다.

방식은 다소 다르지만 전주문화방송도 상금 5000만 원인 혼불문학상을 만들었다. 이 상은 전주문화방송이 주최하고 다산북스에서 책을 만든다.

문화재단이나 지방자치단체도 장편소설공모전을 만들었다. 홍보라는 관점에서 장편소설공모전은 꽤 쏠쏠한 사업일 수 있다. 홍보 예산 2억 원으로 TV 광고를 하면 제대로 하기도 어렵고 해봤자 그 광고를 기억하는 사람도 거의 없다. 그런데 상금 1억 원짜리 문학상을 만들면 적어도 작가 지망생과 문학계 인사들 사이에서는 여러 차례 입에 오르내릴 수 있다.

수림문화재단은 연합뉴스와 함께 상금 5000만 원인 수림문학상을 만들었다. 제주4·3평화재단은 제주4·3평화문학상을 만들었는데 장편소설 부문 상금은 7000만 원이다. 정선아리랑문화재단은 상금 2000만 원인 정선아리랑문학상을 만들었다.

논산시는 은행나무와 함께 상금 3000만 원인 황산벌청년문학상을 만들었다. 남해군은 상금 1500만 원인 김만중문학상을 만들었다. 경상북도와 포항시가 후원하고 매일신문사가 주최한 포항

국제동해문학상은 상금이 1억 원이었다.

이들 장편소설공모전에는 응모 자격 제한이 거의 없었다. 대부분은 신인뿐 아니라 기성작가도 응모할 수 있었다. 신인 및 등단 10년차 미만의 기성작가만 응모할 수 있는 수림문학상이 예외적인 편이다. 한경 청년신춘문예에는 당초 만 39세 이하 신인이어야 한다는 조건이 있었는데 2016년 그 제한을 없애면서 이름도 한경 신춘문예로 바꾸었다.

장편소설공모전이 이렇게 우후죽순으로 생긴 이유는, 그게 여러 영역의 이해관계자들에게 모두 좋은 제도였기 때문이다. 적어도 초창기에는 말이다.

우선 등단을 원하는 작가 지망생들이 환영했다. 이전까지는 원로 문인들이 아는 예비 작가들을 문예지에 추천해서 등단시키는 제도가 있었다. 그러니 예비 작가 입장에서는 그 '선생님들'의 눈치를 보지 않을 수 없었다. 원고를 단체로 접수받아 블라인드 테스트 방식으로 심사하는 공모전은 당연히 그보다 훨씬 더 공정하다.

단편으로 등단하면 다른 원고를 모아 책이 나올 때까지 한참을 기다려야 한다. 말만 등단 작가일 뿐, 원고 청탁을 기다리며 시간을 죽여야 했다. 장편소설공모전은 바로 단행본 출간으로 이어지기 때문에 그럴 우려가 없다.

상금이야 높으면 높을수록 당연히 좋다. 책이 많이 팔려서 인세 수입이 상금을 넘을 경우 별도로 인세를 지급한다는 조건은 대환영이다.

출판사들은 몇 페이지 앞에 적었던 이유로 장편소설공모전에 뛰어들었다. 사실 한국 소설 시장에서는 '문학상'의 마케팅 파워가 예상 외로 크다. 국내 문학과 해외 문학을 모두 담당했던 한 편집자의 말을 빌리면 이렇다.

"독자들은 기본적으로 베스트셀러 위주로 읽는다는 게 출판사 생각이에요. 그러니까 베스트셀러 목록에 어떻게든 올라가는 게 중요해요. 그걸 못하면 명사가 추천을 했거나 상 이름이 하나라도 박혀 있어야 독자들이 책을 들춰 본다고 생각해요. 외국 소설도 들여올 때 상을 받았느냐, 못 받았느냐를 따집니다. 상을 못 받았으면 '오바마가 휴가 갈 때 가져간 책' 같은 타이틀이라도 있든지. 한국 독자에게는 '읽어야 하는 책'이라는 당위성을 줘야 먹혀요. 그 당위성을 위해 문학상이나 명사의 권위가 필요한 거고요. 학교에서 '꼭 읽어야 할 책' 같은 독서 목록을 받아 왔기 때문에, 학교를 졸업한 뒤에도 그런 식으로 책을 고르는 것 같아요."

이건 독자들에게 장편소설공모전이 좋았던 이유로 해석할 수도 있다. 읽어야 할 책을 골라야 하는 수고를 문학상 수상작이라는 딱지가 대신해 주었다는 얘기다. 평론가들도 장편소설공모전을 마다할 이유가 없었다. 문학평론가의 권위를 높이는 작업이기도 했고, 작품 기획과 생산에 그들이 참여할 수 있는 길이기도 했다. 예비 작가, 출판사, 평론가, 독자들이 모두 장편소설공모전을 좋아했다. 반대하는 사람이 없었다.

그렇게 '고액 상금 공모전'은 한국 출판계에서 일종의 시장 개척 모델이 되었다.

청소년 소설 시장이 커지고 원고 확보 경쟁이 벌어지자 출판 사들은 여기에도 1000만~3000만 원의 상금을 걸고 청소년소설 공모전을 만드는 방식으로 대응했다. 창비의 창비청소년문학상(상금 2000만 원), 문학동네의 문학동네청소년문학상(상금 2000만 원), 비룡소의 블루픽션상(상금 2000만 원), 자음과모음청소년문학상(상금 3000만 원), 사계절출판사의 사계절문학상(상금 2000만 원), 푸른책들의 푸른문학상 장편소설 부문(상금 1000만 원), 살림출판사의 살림청소년문학상(상금 1000만 원)이 이렇게 생겨났다. 김려령, 구병모 같은 소설가들이 이런 청소년소설공모전 당선작으로 이름을 알리고 이후 성인 소설 시장으로 옮겨 왔다.

전자책을 활성화시켜야 하는 기관들은 전자책용 장편소설공모전을 만들었다. 대상 상금이 1억 원이었던 삼성리더스허브문학상은 삼성전자가 전자책 확산을 위해 조선일보와 손잡고 만들었다. 한국출판문화산업진흥원은 대한민국전자출판대상을 만들었는데, 여기에는 대상 상금 2000만 원, 최우수상 상금 1000만 원인 장편소설공모도 포함돼 있다.

웹 소설이 뜨자 포털 사이트나 인터넷 서점들이 웹 소설 공모전을 만들었다. 교보문고는 교보문고퍼플로맨스공모전, 교보문고로맨스공모전, 교보문고스토리공모전이라는 식으로 이름과 대상을 조금씩 바꾸며 소설공모전을 실시했다. 네이버, 인터파크, 리디북스도 로맨스 소설이나 웹 소설 분야에서 비슷비슷한 공모전을 만들었다.

문학동네가 상금 2000만 원인 대학소설상을 만든 것도 이런 차원에서 이해할 수 있을까? 문학동네대학소설상에는 심사위원들조차 "문학동네에서 대학소설상을 만든다고 했을 때 기대보단 걱정이 앞섰다."*, "5년 전만 해도 나는 대학소설상이 왜 필요하냐며 반신반의했던 사람 중 하나였다."**라며 멋쩍어했다.

다들 상금만 크게 걸면 좋은 원고가 알아서 찾아올 거라고 믿는 것 같았다.

그리고 몰락이 시작되었다.

장편소설공모전의 당선작이 없는 해가 많아졌다. 2014년에는 문학동네소설상, 문학동네작가상, 창비장편소설상, 중앙장편소설상이 모두 당선작을 내지 못했다.

'출판사에 돈이 없다'는 흉흉한 소문도 돌았다. 그러나 그보다는 '정말 될 만한 원고가 없다더라'는 해석 쪽이 좀 더 설득력이 있었다. 어선 수십 척이 저인망을 던져 바다 밑바닥을 훑으면서, 치어까지 다 잡아가 버렸다는 얘기였다. '당선작 없음'을 발표한 심사위원들은 "응모작들의 수준이 낮았다."라고 해명했다.

문학상의 마케팅 파워도 쪼그라들었다. 상이 그렇게 많으니 상의 가치가 떨어지는 건 당연했다. 무슨무슨 문학상 수상작이라고 해서 독자들이 선뜻 손을 내밀지 않았다. 장편소설공모전의 대표작으로 꼽히는 작품들은 대개 초기 수상작들이었다.

---

* 박성원 소설가 「심사평」, 임솔아, 『최선의 삶』(2015, 문학동네).
** 신형철 문학평론가 「심사평」, 위의 책.

한겨레문학상은 13회에 5000만 원으로 올렸던 상금을 22회에 다시 3000만 원으로 내렸다. 한 작품을 뽑아 상금 1억 원을 주던 세계문학상은 5000만 원 상금을 주는 대상과 1000만 원 상금을 주는 우수상 2편을 뽑는 방식으로 바뀌었다. 출판사는 더 적은 비용으로 원고를 2편 더 확보하게 되었다. 오늘의작가상은 공모제를 폐지하고 출간된 작품에 상을 주는 방식으로 바뀌었다. 상금도 3000만 원에서 2000만 원으로 줄었다.

아예 문을 닫은 장편소설공모전도 부지기수였다. 대한민국뉴웨이브문학상, 문학수첩작가상, 조선일보판타지문학상, 삼성리더스허브문학상 등등. 중앙장편문학상은 상금을 1억 원에서 5000만 원으로 줄이더니 결국 사라졌다. 멀티문학상은 1회 당선작만 냈다. 문사장편소설상은 단 한 회도 수상작을 내지 못하고 없어졌다. 문학동네작가상과 문학동네대학소설상은 문학동네소설상에 흡수되었다. 자음과모음에서 운영하던 5000만 원 상금의 자음과모음문학상과 네오픽션상도 사라졌다. 자음과모음은 2017년 현재 1000만 원 상금의 경장편소설공모전을 진행한다.

한편 반대편에서는 등단 작가들이 원고를 쓴 뒤 출판사에 투고하지 않고 공모전에 보내는 현상이 벌어지고 있었다. "장편소설공모전이 원고를 빨아들이는 블랙홀이 되었다.", "공모전을 운영하지 않는 출판사는 원고를 구할 수가 없다."는 비판이 나왔다.

단편으로 등단한 작가가 장편소설공모전에 당선되는 사례는 일일이 거론하기 힘들 정도로 많다. 소설가 천명관, 백영옥, 이영훈은 모두 문학동네신인상으로 등단했는데, 천명관과 이영훈은 이후 문학동네소설상에 응모해 당선되었고, 백영옥은 세계문학상에 원고를 보내 상을 받았다. 중앙일보 신인문학상으로 등단한 장은진은 문학동네작가상을, 창비신인소설상으로 등단한 최민석은 오늘의작가상을, 실천문학신인상으로 등단한 최진영은 한겨레문학상을, 동아일보 신춘문예로 등단한 김혜진은 중앙장편문학상을, 세계일보 신춘문예로 등단한 이유는 문학동네소설상을 받았다. 김언수는 2002년 진주신문 가을문예공모에 당선된 뒤 2003년 동아일보 신춘문예에 다시 당선되고, 2006년 문학동네소설상에 도전해 수상했다.

그렇게 뽑힌 작가들은 "등단 이후 단편 청탁이 1년에 한 건, 많아야 두 건이었다."[*]라고, "문학상이라도 받지 않으면 독자의 관심을 끌지 못한다."[**]라고 항변했다. 문학공모전이 아니면 원고를 구할 수 없다고 울상인 출판사들 앞에서 젊은 작가들은 문학공모전이 아니면 책을 낼 수가 없다고 울고 있었던 셈이다.

한 장편소설공모전 당선자가 다른 장편소설공모전에 또 당선되는 사례도 적지 않았다. 모두 2000년 이후의 일이다. 박민규는 문학동네작가상과 한겨레문학상을, 정유정은 세계청소년문학상과 세계문학상을, 안보윤은 문학동네작가상과 자음과모음문학상을, 서유미는 문학수첩작가상과 창비장편소설상을, 이재찬은 오

---

[*] 「"내 존재 알리자" 신인 문학상 도전하는 등단 작가들」, 《경향신문》 2013. 3. 27. <http://news.khan.co.kr/kh_news/khan_art_view.html?art id=201303262141205>.

[**] 위의 글.

늘의작가상과 네오픽션상을 받았다. 2010년대가 되자 장편소설공모전 네 곳에 당선되는 사람도 나왔다. 나, 장강명.

이런 현상은 앞으로 더 심해질 전망이다. 솔직히 말하자면, 내 영향도 없지 않으리라 본다. 이미 등단한 작가가 다시 장편소설공모전에 응모하는 일에 대해 다들 '장강명도 있는데, 뭐.'라고 여기지 않을까.

장편소설공모전 당선자가 다른 공모전에서 다시 상을 받는 사례는 2016년 한 해에만 세 건이 나왔다. 이해에는 오늘의작가상(2006년) 수상자인 박주영이 혼불문학상을, 오늘의작가상(2011년) 수상자인 김혜나가 수림문학상을, 문학동네소설상(2011년) 수상자인 조남주가 황산벌청년문학상을 받았다.

2017년에는 다섯 건이 나왔다. 2016년 문학동네소설상 당선자로 뽑힌 도선우는 몇 달 뒤에 2017년 세계문학상 대상도 받게 되었다. 이때 세계문학상 우수상 수상자 2인 중 한 명은 박생강(본명 박진규)이었는데, 그는 2005년 문학동네소설상을 받은 등단 13년차 소설가였다.

2016년 비룡소문학상 대상을 받은 김진나는 2017년 사계절 문학상도 받게 되었다. 그는 비룡소문학상을 받기 전에도 청소년소설을 2편 낸 바 있다. 2016년 창비청소년문학상에 당선된 손원평은 다음 해 제주4·3평화문학상을 받았고, 2012년 블루픽션상 수상자인 이진은 2017년 수림문학상을 받았다.

표 2.1 장편소설공모전 다관왕(청소년문학상 포함)

박민규	문학동네작가상(2003), 한겨레문학상(2003)
박생강(박진규)	문학동네소설상(2005), 세계문학상 우수상(2017)
안보윤	문학동네작가상(2005), 자음과모음문학상(2009)
박주영	오늘의작가상(2006), 혼불문학상(2016)
서유미	문학수첩작가상(2007), 창비장편소설상(2007)
정유정	세계청소년문학상(2007), 세계문학상(2009)
조남주	문학동네소설상(2011), 황산벌청년문학상(2016)
김혜나	오늘의작가상(2011), 수림문학상(2016)
장강명	한겨레문학상(2011), 수림문학상(2014), 제주4·3평화문학상(2015), 문학동네작가상(2015)
이진	블루픽션상(2012), 수림문학상(2017)
이재찬	오늘의작가상(2013), 네오픽션상(2013)
도선우	문학동네소설상(2016), 세계문학상 대상(2017)
김진나	비룡소문학상(2016), 사계절문학상(2017)
손원평	창비청소년문학상(2016), 제주4·3평화문학상(2017)

'○○문학상을 받은 사람이 이번에 ○○문학상에도 원고를 내서 본심에 올랐다더라.' 하는 뒷얘기는 출판계에서 새롭지도 않았다. '이번 ○○공모전 본심에 오른 사람 중에는 이미 전에 장편소설공모전에 당선된 작가가 둘이나 있다더라.'쯤은 돼야 겨우 놀라는 표정을 이끌어낼 수 있었다.(그런 일이 최소한 두 번 이상 있었다.)

'공모전이 한국 소설을 망친다'는 고함이 터져 나올 차례였다.

1990년대 한국 소설

20회 한겨레문학상 시상식 뒤풀이는 공덕역 근처 '세븐브로이펍'에서 열렸다. 새로 문을 연 아주 맛있는 에일 맥주 전문점이라고 해서 마음이 혹하긴 했지만, 마감이 있어서 나는 그냥 집에 왔다.

버스 안에서는 내내 뭔가 머릿속이 간지러운 듯한 느낌이 들었는데, 한강을 건널 때쯤 그 정체가 뭔지 알아차렸다. 1996년이라는 연도가 문제였다. 아마 내가 그때 600번 버스를 타고 있어서, 6이라는 숫자 때문에 거기까지 생각이 미쳤나 보다. 1996년은 한겨레문학상과 문학동네작가상이 1회를 실시한 해라는 것 외에도 소설과 관련되어 '뭔가'가 있는 해였다.

유레카!

1996년은 나의 첫 장편소설이자 흑역사인 SF『클론 프로젝트』가 세상에 나온 해였다! 내가 대학교 2학년 때 하이텔 과학소설 동호회에 연재한 원고였다. 지금은 어디서 발견하면 찢어 버리거나 불태워 버리고 싶은, 바로 그 책.(세계의 모든 종이책을 스캔해서 전자도서관을 만들겠다는 구글의 프로젝트를 내가 반대하는 이유는, 그랬다가『클론 프로젝트』를 읽는 사람이 한 사람이라도 더 생기는 걸 막고 싶어서다.)

그러니까 1996년은 은희경이 1회 문학동네소설상 당선작인『새의 선물』을 출간하고, 김영하가『나는 나를 파괴할 권리가 있다』로 1회 문학동네작가상 당선자가 되고, 한겨레문학상이 1회 공모전을 실시했으나 작품을 뽑지 못하고, 장강명이 두고두고 후회

할 첫 책이 나왔다고 좋아하던 해였다.

아울러 그해는 신경숙이 창비가 제정한 문학상인 만해문학상을 받은 해이자 그녀가 창비에서 처음으로 책을 출간한 해였다. 문화비평가 정해윤에 따르면 '당시 자기 사람을 빼앗겼다고 생각한 문학과지성사에서는 펄펄 뛰었다고 한다.'* 이후 신경숙과 창비는 '문단문학이면서 베스트셀러인 소설'을 함께 만들었다. 그들의 첫 책, 1996년에 냈던 『오래전 집을 떠날 때』(나중에 『감자 먹는 사람들』로 제목을 바꾸었다.)는 2015년에 다시 화제가 되었다. 수록작의 표절 사실이 드러난 것이다. 작가와 출판사는 수렁에도 함께 빠졌다.

그런데 한국 소설계에는 1996년만큼이나 2015년도 특이한 해였다. 한겨레문학상 시상식 한 달 전에 인터넷 서점 중 가장 큰 예스24가 '2015년 상반기 베스트셀러 및 도서 판매 동향' 보고서를 발표했다. 예스24의 2015년 상반기 종합 베스트셀러 목록에는 1~99위까지 한국 소설이 단 한 편도 없었다. 100위가 39회 이상 문학상 수상 작품집이었다.** 한국 독자들이 한국 소설을 얼마나 외면하는지 웅변하는 사건이었다. 그즈음 언론에서는 한국 소설이 위기라는 내용의 기사들이 잊을 만하면 나왔다.

2015년 2월에 민음사는 장편소설공모전 자체가 한계에 왔다

* 「자본이 만든 '문단 아이돌' 웃자란 순수문학의 위기」, 《신동아》 2015. 8. <http://shindonga.donga.com/docs/magazine/shin/2015/07/22/201507220500015/201507220500015_1.html>.
** 「올 상반기 베스트셀러 100위 들여다보니 국내 문단문학 全無… 3040, 책 구매 74%」, 《국민일보》 2015. 6. 9. <http://news.kmib.co.kr/article/view.asp?arcid=0923110355&code=13150000&cp=nv>.

고 선언하고 오늘의작가상을 개편했다. 5월에는 장편소설공모전 네 군데에서 당선되는 작가가 나왔다. 6월에는 소설가 이응준이 신경숙의 표절 사실을 폭로했다. 문예지가 아닌 신생 인터넷 매체 허핑턴포스트코리아에 기고하는 방법을 썼다. 표절 사태의 배후에 '문학 권력'이 있고, 문학 권력을 지탱하는 큰 기둥이 문예지와 문학공모전이라는 주장이 사람들 입에 오르내렸다. 7월에는 은행나무 출판사가 평론 대신 서평에 초점을 맞춘 문예지《악스트》를 창간해 화제를 일으켰다. 10월에는 민음사가 40년 역사의 문예지《세계의 문학》을 폐간하겠다고 발표했다. 당시 정기 구독자는 50명이 안 되었다. 문학 권력으로 지목됐던 문학동네에서는 같은 달 강태형 대표와 1기 편집위원들이 물러났다. 문학동네와 함께 문학 권력으로 꼽혔던 창비에서는 다음 달 백낙청 편집인이 50년 만에 퇴임했다.

이게 다 우연일까?

왜 하필 1996년이었을까?

그리고 왜 하필 2015년일까?

내가 1996년에 『클론 프로젝트』를 낼 수 있었던 이유는 간단하다. 그때 출판사들이 완결된 PC통신 연재 원고를 확보하느라 혈안이 되어 있었다.

1996년은 이우혁이 하이텔에 『퇴마록』을 연재하기 시작한 지 4년째 되는 해였다. 『퇴마록』은 1994년에 종이책으로 나왔는데, 나오자마자 슈퍼 베스트셀러가 되었다. 1994년 한 해에만 100만

부가 넘게 팔렸다.

1996년은 출판사들이 눈에 불을 켜고 제2의 『퇴마록』을 찾던 해였다. 제2의 이우혁을 꿈꾸는 작가 지망생들이 각종 접속 오류에도 굴하지 않고 통신망에 꿋꿋이 자작 소설을 올리던 때이기도 했다. 이영도가 하이텔에 『드래곤 라자』를, 김근우가 『바람의 마도사』를 연재하기 시작한 해도 그해였다.

1996년은 PC통신에 연재된 소설이 처음으로 영화로 만들어진 해이기도 했다. 유상욱의 『피아노 맨』이다.(이승연과 최민수가 주연을 맡았다.) 1996년에는 심지어 'PC통신문학'을 모토로 내건 문예 계간지 《버전업》이 나오기도 했다. 이 계간지는 "컴퓨터 통신공간에서는 작가가 되기 위해 등단 절차를 거칠 필요가 없다."*라고 주장했다.(이 잡지 편집위원 중 한 사람이 소설가 김영하였다.)

대중문학판에서는 이런저런 책들이 말 그대로 쏟아졌다. 그런데 이우혁과 이영도를 뛰어넘는 작가는 나오지 않았다. 사실 책이 나오면 나올수록 점점 수준이 떨어졌다. 나중에는 책이라고 하기 민망한 수준이었다. 『클론 프로젝트』가 번듯해 보일 정도였다.

작가가 되기 위해 딱히 등단 절차를 거칠 필요가 없으니까, 그냥 찍어 내면 되는 거니까.

조금 괜찮아 보인다 싶은 필자가 있으면 출판사들이 달려들어 교정 교열도 제대로 하지 않고 무조건 책을 펴냈다. 한창때에는 도서 대여점 수가 전국에 2만 곳이 넘었다. 그 도서 대여점에 한 권

* 「'컴퓨터 통신 인기 소설' 활자로 읽는다 'PC문학' 계간지 탄생」 《동아일보》 1996. 9. 4.

씩만 팔아도 초판 2만 부가 팔린다는 얘기다. 출판계에 이런 시장은 없었다. 그래서 거의 복사라고 해도 좋을 내용을 마구 찍어 냈다. 표지만 그럴싸했다. 나중에는 독자들조차 그런 소설을 비웃었다. 이제는 이런 책들을 싸잡아 '양판소'라고 부른다. '양산형 판타지소설'의 약자다.

이게 1990년대 후반부터 2000년대 초반까지 한국 대중문학 시장에서 벌어졌던 일이다. '시장이 커지다 보니 수준이 떨어지는 작품도 나오게 된 것'이 아니다. 진입 장벽이 없는 시장에 악화가 밀려들어 양화를 쫓아냈다. 훗날 장르소설 작가나 독자들이 주장하는 것처럼 문단문학이 대중문학을 죽인 게 아니다. 대중문학이 천천히 자살했다. 대중문학 작가와 편집자, 출판사 들이 한 치 앞을 고민하지 않으면서, 당장 쉬워 보이는 길로만 가면서, '초판 2만 부' 너머를 보지 않고, 제 살을 열심히 파먹었다. PC통신에서 일어난 거대한 에너지가 이렇게 한심하게 망했다.

그런데 1990년대 중반에 도서 대여점이 생기고 판타지소설 붐이 일고 문학동네와 한겨레출판이 장편소설공모전을 도입하고 창비가 신경숙을 발탁한 데에는, 그 밑바닥에 공통의 원인이 있었던 게 아닐까?

한국 소설의 1980년대가 그즈음에서 완전히 저물었다는 것 말이다. 1990년대 중반에 이르러 한국 독자들은 더 이상 독재 정권과 싸우는 문학을 원하지 않았다. 그들은 투쟁의 방편이 아닌, '읽을거리'를 원했다. 1980년대를 풍미한 거장들의 대하소설은 너무 길었고 민중문학은 너무 부담스러웠다. 무협지는 너무 낡아 보였다.

그래서 한 권짜리 단행본에 맞춘 출판 기획으로서 장편소설 공모전이 생겨났다. 창비는 1980년대 소설과 결이 다른 글을 쓰는 신예에게 만해문학상을 주고 돈독한 관계가 되었다. 장르소설 독자들은 중국 무협지에서 서양 중세풍 퓨전 판타지로 눈을 돌렸다. 어떤 기획은 성공적으로 자리를 잡았고 어떤 기획은 오래가지 못했다.

말하자면 한국 소설의 1996년은 한국 정치·사회의 1987년에 대한 10년 늦은 응답 아니었을까?

신도림역 앞에서 버스에서 내렸을 때, 나는 거의 20년간 이어져 온 한국 소설의 '1996년 체제'가 지금 삐걱거리는 것 아닌가 하는 생각을 하고 있었다. 거의 30년간 이어져 온 한국 정치·사회의 1987년 체제가 그 시스템 안에서 쌓인 모순 부조리로 삐걱대듯이 말이다.

1996년에 솟아오른 거대한 에너지가 2015년에 와서 꺼지는 것 아닐까?

'하지만 이게 다 그냥 착시 현상일 수도 있어.'

현대백화점 앞 횡단보도를 건너며 생각했다. 인간은 큰 사건 몇 개를 던져 주면 자동적으로 그 사건들을 잇는 이야기를 만드는 오류를 저지르곤 한다. 별 몇 개를 이어 큰곰이니 물병이니 하는 보이지 않는 그림을 밤하늘에 그리듯, 사건들 사이에 존재하지 않는 인과관계를 만들어 낸다.

한국 소설의 1996년 체제라는 게 과연 있을까? 아니면 이건

다 별로 의미심장할 것 없는 우연의 일치이고 나의 착각일까?

혼자 고민하지 말고 사람들에게 물어보자 싶었다. 기자 생활을 하면서 얻은 지혜다. 모르겠으면 물어라.

상을 만든 당사자들부터 찾아가 봐야겠다는 생각이 들었다. 나는 오늘의작가상을 만든 박맹호 민음사 회장, 문학동네소설상과 작가상·대학소설상을 만든 강태형 문학동네 대표, 한겨레문학상을 만든 이기섭 한겨레출판 대표에게 인터뷰를 요청했다.

놀랍게도 그들은 모두 흔쾌히 응하겠다고 했다.

2.5

신입 사원 채용 시
가장 중요한 자격 요건은 '경력'

취업 반수(半修) 현상

이미 등단한 작가들이 소설공모전에 계속 원고를 보내는 이유는 "신인 작가의 책 출간을 꺼리는 출판계 상황에서 책을 내기 위한 수단이나 두둑한 상금을 확보하기 위한 방편"*이다. '등단 ⇒ 꾸준한 작품 활동 ⇒ 점차 출판계의 인정을 받음 ⇒ 책을 내고 인세 수입을 올림'의 길은 막혔거나 너무나 좁다고 보는 것이다.

내부 사다리가 너무나 허약하기 때문에 복권이나 다름없는

---

* 「"내 존재 알리자" 신인 문학상 도전하는 등단 작가들」,《경향신문》2013. 3. 27. <http://news.khan.co.kr/kh_news/khan_art_view.html?art id=201303262141205>.

공모전이 오히려 가장 합리적인 선택이 된다. 유능한 인재들이 투고보다는 공모전 도전을 택하면서 업계의 내부 사다리는 더욱 부실해지는 악순환이 되풀이된다. 공모전 경쟁률은 점점 더 높아지며, 신인들은 여기에서 경력자들과 경쟁해야 한다.

나는 똑같은 현상이 지금 한국의 취업 시장 곳곳에서 벌어지고 있다고 생각한다. '공모전'이라는 단어를 '공채'로 바꾸기만 하면 된다.(1장에서 말한 바와 같이 공모전도 공채의 일종이며, 등단 제도도 인재 발탁 시스템의 하나다.)

서울의 한 아나운서 아카데미 강사는 내게 최근 아나운서 채용 시장 현황에 대해 다음과 같이 설명해 주었다.

인터뷰

"공중파 방송사 공채에 도전하는 경력 아나운서는

몇 명이나 되나요?"

장강명: 아나운서 공채는 경쟁률이 얼마나 되나요?

████ (아나운서 아카데미 강사): 공중파 3사는 기본적으로 1500 대 1 정도라고 보시면 돼요. 지원을 몇 명이나 하는지는 공개하지 않지만, 2015년 KBS 경우 1차 서류 합격자가 864명이었어요. 그런데 문제는 공채가 매년 있는 게 아니라는 거죠. KBS는 그래도 1년에 최소한 두 명 이상은 뽑고 있어요.

SBS는 요즘 격년으로 뽑는 느낌이에요. 2013년 과 2015년에는 아예 채용 공고가 나지 않았어요. MBC는 2012년에 파업을 겪고 앞으로 신입 사원을 뽑지 않겠다고 했죠.

장강명: 공중파 아나운서 공채에 다른 중소 방송사의 경력 아나운서들도 많이 지원합니까?

■■■■: 엄청나게 많이 하죠. 아까 2015년 KBS 1차 서류 합격자가 864명이라고 말씀드렸잖아요? 그중에 1차 카메라 테스트를 합격한 사람이 60명이에요. 그 60명 중에 현역 지역 방송 아나운서도 있었고, 현역 스포츠 채널 아나운서도 있었어요. 저희 아카데미 출신이라서 제가 아는 사람이 그렇게 두 명인데, 제가 모르는 다른 현역들도 더 있었겠죠. 지역 MBC나 지역 민방 공채에서도 마찬가지 현상이 벌어지는데, 그런 곳에서는 오히려 경력자를 선호하기까지 해요. 신입 아나운서들을 트레이닝시킬 여력이 없거든요.

장강명: 지역 민방에 지원하는 경력 아나운서들은 어디에서 일하는 분들이죠?

■■■■: 방송사라는 이름이 붙은 곳이 굉장히 많아요. 증권 방송, 소비자 TV, 복지 TV, 육아 TV, 그 외에

이름을 들어도 모르실 인터넷 방송이나 유선방송, 그 인터넷 방송에서 또 하청을 받는 곳…… 우리나라에 방송사라는 이름으로 등록된 기업이 3000곳이라고 해요. 그 3000곳에서 일하는 아나운서들이 모두 그 한 줄 경력을 갖고 공중파 3사 공채를 노리고 있다고 보시면 돼요. 조금 더 넓게 잡으면 사내 방송 아나운서, 기상 캐스터, 프리랜서 리포터들도요. 아이들이 제일 가고 싶어 하는 곳이 공중파 3사고, 지역 MBC와 지역 민방이 그 다음이에요. 그리고 종편과 보도 채널이 있고, 요즘은 스포츠 채널도 인기가 있어요.

왜 현역 지역 방송 아나운서와 현역 스포츠 채널 아나운서가 아무런 경력이 없는 대학생과 함께 공중파 방송사의 공채에 입사 지원서를 내는가? 그것은 아나운서 업계의 내부 사다리가 허약하기 때문이다. 증권 방송이나 소비자 TV에서 아무리 애를 써도 공중파 방송사로 스카우트되거나, 공중파 방송사의 아나운서만큼 대우를 받을 수 없다는 걸 그들 자신이 누구보다 더 잘 알기 때문이다. 이 업계에서 성공하려면 처음부터 공중파 방송사 아나운서로 시작해야만 한다! 이는 지방 신문의 신춘문예나 장르 문학으로 등단한 젊은 작가들이 겪는 고민과 정확히 똑같다.

이게 문학계와 아나운서 업계만의 특수한 상황일까? 그렇지 않은 것 같다. 대기업 대졸 신입 사원 공채에서도 비슷한 현상이 벌어지고 있다. 경력 6년차 취업 컨설턴트의 이야기를 들어 보자.

인터뷰

"대졸 신입 사원 공채에 지원하는 직장인이 얼마나 되나요?"

장강명: 죄송하지만 일대일 취업 컨설팅이라는 게 어떤 일입니까?

▇▇ (취업 컨설턴트): 제가 다루는 상품이 여러 개인데, 제일 비싼 건 일주일 동안 50만 원을 받고 자기소개서부터 면접 때 하는 1분 스피치까지 봐 주는 겁니다. 그럴 때에는 3일간 면담만 하면서 고객의 인생을 다 기록해 보고, 스토리 라인을 6, 7개 잡습니다. 값이 비싸니까 학생들에게는 부담이죠. 이미 직장 생활을 하시는 분이 저에게 자기소개서 작성을 위임하려고 이용하시는 경우가 많아요.

장강명: 직장인 중에 다른 대기업 신입 공채 준비하는 사람이 많은가요?

▇▇: 많죠. 중견·중소기업은 물론이고 일명 '롯동금'(롯데그룹-동부그룹-금호아시아나그룹 및 금호석유화학) 직원들까지도 경력 2, 3년차 때까지 삼성이나 LG

신입 사원 공채에 지원해요. GSAT(삼성직무적성검사)는 무조건 보는 거고요. 특히 인문계가 그런 경향이 심해요. 뽑는 기업도 갓 대학 졸업한 사람보다는 조금이라도 경력이 있는 지원자를 훨씬 더 선호합니다.

장강명: 반대 아닌가요? 어디로 또 떠날지 모른다고 별로 안 좋아하는 거 아닌가요?

███: 아니요. 어차피 요새 애들은 빨리 나간다, 그러니까 조금이라도 교육 비용이 덜 드는 애들로 뽑자, 그런 것 같아요. 그게 요즘 채용 트렌드입니다. 2014년 정도까지는 졸업생보다 재학생이 유리하다는 말이 통용됐는데 이제는 그렇지 않아요. 최종 면접 테이블에 5명이 올라가면 그중 3명은 관련 직종 종사자들이고 한 명이 대학원생, 다른 한 명이 대학생인 상황입니다. 대졸 신입 공채가 사실상 3년차 미만 경력직 공채가 되었습니다.

장강명: 그러면 자기소개서에도 다른 회사에 다니고 있다는 사실을 쓰나요?

███: 저는 무조건 쓰라고 합니다. 보통 자기소개서가 6가지 카테고리로 구성됩니다. 성장 환경, 성격 장단점, 직무 경험, 공동체 경험, 향후 포부 및 지원

> 동기. 여기에 추가로 창의력 발휘한 경험이라든가
> 살면서 성공하거나 실패한 경험 적어 내는 정도
> 죠. 저는 성장 환경도 직무 경력 위주로, 성격도
> 직무 경력 얘기로, 포부나 지원 동기도 다 직무 경
> 력 얘기 위주로 쓰게 합니다.

왜 중견·중소기업에 잘 다니고 있는 젊은 회사원이 삼성과 LG 신입 사원 공채에 입사 지원서를 내는가? 내부 사다리가 없다고 믿기 때문이다.

이제 한국 청년들은 '중견·중소기업에 입사 ⇒ 성실한 직장 생활 ⇒ 점차 업계의 인정을 받음 ⇒ 삼성·LG로 스카우트되거나, 다니던 회사에서 받는 대우가 삼성·LG 직원만큼 좋아짐'이라는 전망이 비현실적이라고 본다. 그래서 공채에 한번 합격한 뒤에도 다른 공채에 재도전한다. 채용 담당자들도 그 트렌드를 받아들이고, 신입 사원 공채를 통해 경력자를 뽑으려 한다.

「신입 사원 채용 시 가장 중요한 자격 요건은 '경력'」이라는 이 장의 제목은 말장난이 아니다. 아시아경제 2015년 11월 3일자 기사 제목을 그대로 옮긴 것이다. 잡코리아에서 기업 인사 담당자 238명을 상대로 설문 조사를 벌였는데, 신입 사원을 뽑을 때 가장 중요하게 생각하는 사항에 대해 '경력'이라는 응답이 42.9퍼센트 (복수 응답 허용)로 가장 많았다는 것이다.

요즘 젊은이들 사이에는 '경력의 뫼비우스의 띠'라는 말이 유행이라고 한다. 경력이 없으니 취업을 할 수 없고, 취업을 못하니 경력을 쌓을 수 없는 상황을 자조하는 용어라고 한다.

3

출판인과 평론가 들의
문예운동

장편소설공모전을 만든 사람들

"다 물어보세요."

내가 질문지를 적은 종이를 우물쭈물 내밀자 박맹호 민음사 회장은 웃으며 그렇게 말했다. 우리는 민음사 5층 회장실에 있었다. 그는 그해 5월 오늘의작가상 심사 방식을 개편하고 기자간담회를 열어 내용을 직접 발표했다. 우리는 그 몇 달 뒤에 만났다. 그 사이에 구병모의 소설집 『그것이 나만은 아니기를』이 39회 오늘의작가상 수상작으로 뽑혔다.

그해 오늘의작가상 심사는 이런 식으로 진행됐다. 먼저 평론가, 작가, 기자, 서점 관계자, 독자 등 50명의 추천을 받아 2014년 6월

1일부터 2015년 5월 31일까지 출간된 소설 중 22편을 추렸다. 알라딘에서 그 22편을 놓고 독자 투표를 벌여 10편을 본심에 올렸다. 독자 투표에는 1만 5903명이 참여했다. 본심 심사위원 5명이 그 10편 중에 『그것이 나만은 아니기를』을 최종 수상작으로 뽑았다. 참고로 독자 투표 1위는 성석제의 『투명인간』이었고, 『그것이 나만은 아니기를』은 6위였다.

구병모 작가는 그때까지 민음사에서 단행본을 낸 일이 없었다. 『그것이 나만은 아니기를』은 문학과지성사에서 나온 책이다. 민음사는 창작 지원금 2000만 원과 심사비 등을 부담했으며 금전적인 이익은 전혀 거두지 않았다.

우리가 만난 때는 박 회장이 세상을 떠나기 1년여 전이기도 했다. 그는 투병 중이었고, 인터뷰 중에 화장실을 가려 일어서야 할 때마다 "아주 고약해." 하며 한숨을 쉬었다. 나에게는 그렇게 거동이 불편한 상태에서도 회사로 출근해 일을 한다는 사실 자체가 하나의 투쟁으로 보였다.

그는 말투가 온화했고, 목소리는 힘이 약했다. 그러나 눈빛은 형형하기 그지없었다. 이야기 중에 가끔 나를 쏘아보면 고양이 앞에 선 쥐처럼 몸이 위축되는 느낌이었다. 일 못하는 직원 여럿 잡았겠다 싶었다.

특정 방향의 답변이 듣고 싶어 의도가 있는 질문을 던지면 그는 그걸 바로 알아챘다. 대화의 고수였다. 나는 몇 번 그런 질문을 던졌다가 곧 항복하고 말았다.

"오늘의작가상을 만들 당시 문학인들은 자기 작품을 신문이나 잡지를 통해서만 낼 수 있었어요. 그리고 그다음은 절망이었죠. 아무것도 되지 않았어요, 그때는. 창작집을 낸다는 건 기적이었죠. 장편소설은 없었고. 그래서 오늘의작가상 공고를 냈을 때에도 당선 즉시 책으로 출간한다는 것이 가장 화제였어요."

오늘의작가상은 1977년에 생겼다. 1970년대 한국에서 출판업이란 서적 외판원들이 가정집을 돌아다니며 책을 파는 방문판매에 크게 의존하는 비즈니스였다. 그러다 보니 한 번에 여러 권을 팔 수 있는 상품이 각광을 받았다. 각종 백과사전, 일어판을 중역한 세계문학 선집, 조악하게 축약한 명작 동화 등 전집류들이었다.

동아일보 1970년 12월 26일자 5면에 실린 「소비 시대의 개척자 도서 외판원」 기사가 전하는 그 시절 풍경은 이렇다.

지금의 대(大)출판사는 대부분 60년대 전반기, 1, 2종의 전집이 외판으로 대히트하여 부쩍 일어선 곳들이며 한양사, 선문사 같은 150명의 외판원을 거느린 대센터를 비롯, 서울에만도 70, 80개의 센터가 붐비고 있었다.

(……)

전집에서 재미를 본 출판사는 전집에 재투자하는 것이 당연하며 전집을 내는 이상 어쩔 수 없이 월부 외판에 의존하게 되고 따라서 외판 사원에 더욱 굴욕적이었다. 또한 외판 성과를 본 단행본사도 전집 기획에 유혹되지 않을 수 없었고 그리하여 마침내 단행본 또는 잡지에까지 외판을 활용하게 되었다. 따라서 외판 수당률은 오히려 인상되기만 했다.

근래 참고서와 전문서를 제외한 일반 단서 부문의 약 7할 정도가 전집 또는 전집 형태로 발간되고 있고 그 전집의 9할 이상이 외판원의 손으로 나간다.

기사는 외판원이 얼마나 잘나가는 직업인지 열띤 어조로 보여 주는데, 읽다 보면 슬며시 웃음이 날 정도다. 아르바이트 대학생이라도 얼마를 벌 수 있고, 중급이면 얼마, 상급이면 얼마를 벌 수 있는데, 어떤 외판원은 대영백과사전을 팔아 한 달에 무려 82만 원을 벌기도 했다고 한다. 어느 외판원은 집을 세 채나 갖고 있기도 하고, 어느 대학교수의 아들은 아버지가 쓴 전집을 지인들에게 판 돈으로 도요타의 소형차 '퍼블리카'를 굴린단다.

출판 산업이 외판에 의존하다 보니 주객이 전도되는 현상이 일어났다. 출판사들이 좋은 책을 펴내는 일을 게을리 하고 마케팅과 영업에만 신경을 쓰게 된 것이다. 기사를 계속 읽어 보자.

뿐만 아니라 계속 전집을 내줄 것을 요구하고 그 전집이 질보다 양, 내용보다 장정을 요구한다. 근대 책대가 오르고 부피가 방대해지며 표지가 호화롭고 히트물의 유사품이 나오며 무책임한 저서가 많은 원인의 상당 부분은 이들 외판 사원의 압력 때문이고 그 압력은 출판사의 중추인 편집국이나 영업과는 물론 사장까지도 감당 못한다. S 출판사의 중견 편집책임자였던 S 씨가 "요즘 출판사는 외판국(局) 영업과(課) 출판계(係)로 돼 버렸다."라고 개탄하는 이유가 여기에 있다.

사정이 이런 만큼 외판 조직을 잘 활용하는 출판사가 성공하는 출판사로 되는 게 당연. 서가에 책도 웬만큼 차고 너무 많은 외판원의 경쟁으로 구독자들이 염증이 생겨 활기를 잃게 되자 외판술의 새로운 개발이 이루어져야 했다.

그 외판의 신기술 중 하나는 이렇다. 중상류층 인사를 만나 학문과 문화에 대한 설문 조사를 벌이는 척하다가 슬쩍 '선생은 대영백과사전을 소유할 자격이 있다.'라고 운을 띄우고 '누구누구도 샀다.'라며 허영심을 유발하는 거다. '반듯한 정장을 하고도 서점 한 번 들르지 않는 쁘띠 인텔리들에게 인간의 가장 깊은 정신의 산물을 사들일 것을 권고하는' 1970년대 도서 외판원들 얘기를 더 읽고 싶으신 분은 네이버 뉴스 라이브러리에서 위의 기사 제목으로 검색해 보시기 바란다.

상황이 이렇다 보니 단행본 출간 자체가 드물었고, 신인 작가의 한국 소설 출간은 당연히 없었다. 그나마 간신히 가능성을 기대할 수 있는 건 통속소설이었다. 사진이나 동영상이 드물었던 시대라 책이 그 역할을 했다. 1968년 한국의 책 광고 문구들이 이랬다. "러쉬아워에 전개되는 섹스의 이색 풍경", "파격적인 섹스의 넌픽숀! 이 풍요한 섹스 파티", "이 책 섹스 그림만 보고 있어도 내가 오늘 살고 있다는 것이 기뻐질 것"……*『그레이의 50가지 그림자』는 명함도 못 내민다. 이런 시대의 소설가 지망생들에게 진지한 원

* 「건전한 모랄을 좀먹는 외설 서적 범람」, 《동아일보》 1968. 6. 29. 5면.

고를 써서 책을 낸다는 건 정말 기적 같은 일이었다.

박맹호 회장의 자서전『책』은 총 6부로 이뤄져 있는데, 제4부의 제목이 "단행본 출판을 개척하다"이다. 자화자찬이 아니다. 한국문학 출판의 단행본 시대를 연 장본인이 민음사고 박맹호다. 그 자서전 제4부에서 가장 비중 있게 다뤄지는 대목이 오늘의작가상 창간과 관련한 부분이다. 출판 문화를 단행본 중심으로 바꾼다는 프로젝트의 핵심이 장편소설공모전이었던 것이다.

"작가에게 그런 기회를 주겠다, 그들에게 그런 에너지를 만들어 주겠다, 그렇게 생각했죠. 사람들이 나더러 꿈을 꾸고 있다고 했어요. 처음에는 상금이 없었죠. 그보다는 작품을 성공시켜 주느냐, 마느냐를 생각했죠. 작품을 성공시키면 작가한테 돈이 들어오니까. 기본적으로 작가들에게 경제적으로 도움이 돼야 한다는 생각이 있었어요. 큰돈이 돼야지."

박 회장이 말했다.

그는 오늘의작가상 초기 수상작들을 모두 성공시켰다. 그냥 성공 정도가 아니라, 센세이션을 일으켰다. 수상자들은 정말로 큰돈을 벌었다.

1회 수상작은 한수산의『부초(浮草)』였다. 이 책은 30만 부가 팔렸고, 한수산은 그 인세로 아파트를 두 채 샀다. 2회 수상작은 박영한의『머나먼 쏭바강』이었다.『머나먼 쏭바강』은 20만 부 넘게 팔렸다. 3회 수상작은 이문열의『사람의 아들』이었다.

"이문열처럼 돈을 많이 번 작가는 지금까지 없을 거야."

박 회장이 웃으며 말했다.

"반은 회장님이 벌어다 주신 거죠."

내가 맞장구를 쳤다.

"반 이상이지."

이날 인터뷰 중에 유일하게 박 회장이 자만심을 드러낸 대목이었다. 2000만 부 가까이 팔린 이문열의 평역 『삼국지』가 자신의 기획이었기 때문에 그렇게 자부심을 표현했던 것이리라.(박 회장의 자서전 『책』에 따르면 이문열 자신은 『삼국지』를 써 보라는 제안에 꽤 주저했고 한동안 그 일을 부업이라 여겼다.)

공모전의 성과에 대한 박 회장의 자부심은 확고했다.

"오늘의작가상 이후 출판 문화나 문학 풍토가 확 바뀌었죠. (공모전 제도를) 다 따라왔고. 그리고 장편소설은 전통이 쌓여야 나오더라고. 밤낮 단편소설만 읽고 자라면 작가들이 거기에 맞춰져요. 홍명희 같은 작가가 더 있었으면 좋은 소설들이 많이 나왔을 텐데. 분단이 되는 바람에 그런 분들이 쫓겨나고 올라가고 그랬죠."

"하지만 장편소설공모전이 출판을 도박판으로 만들었다는 비판도 있는데요."

"몰라서 하는 이야기야. 자금력이 있으면 해 봐야지. 투자를 해야죠. 다른 업계는 투자를 하는데 문학판은 안 하잖아요. 못해. 소심해서."

그렇다면 오늘의작가상을 개편한 이유는 무엇인가? 왜 이제 와서 공모전 방식을 폐지하나?

"그 제도가 타락했어요. 완전히 석화됐어요. 이제는 없애야겠다, 그렇게 생각했어요. 우리의 문학이 너무 자기 자신이 중심인 소설을 쓰고, 시대정신이나 시대 흐름을 제대로 파악하지 못하고 있다고. 내가 딴사람보다 조금 더 낫다는 게, 내 직감력이 낫다는 생각이 있어요."

"요즘 소설들이 시대 흐름을 못 따라잡는 게 공모전 탓인가요?"

"독자들의 의식 수준이나 판단 능력이 아주 높아요. 지금의 독자는 그래요. 우리 회사에서 아주 어려운 책들을 내놓는데, 그게 몇천 권씩 나가요. 그런데 평론가들은 시야가 좁아. 자기 취향을 고집하고. 그런 데서 어떻게 천재가 나오겠어요. 우리 문학이 대체적으로 하향 평준화가 됐어요. 가장 중요한 건 얼마나 탁월한 사람이 나오느냐예요. 그래서 한국을 대표하는 그해의 문제작을 선출하겠다는 생각을 하게 된 거죠. 돈을 벌겠다는 생각은 전혀 없어요. 장강명 씨 『한국이 싫어서』가 잘 나가는 걸 보고 내가 제대로 흐름을 파악했구나 생각했어요. 본인도 그런 흐름을 느끼지 않아요?"

"문학동네라는 출판사를 처음 만들 때 생각했어요. 창비, 문학과지성사, 민음사 같은 출판사들이 잘하고 있는데 지금 왜 문학출판사가 더 필요한가. 그 이유를 모르면, 그냥 먹고살자고 하는 거 아닙니까. 먹고살자면 다른 길도 많은데 굳이 출판사를 하려면 이유를 찾자. 그 이유 없이는 출판사를 못 하겠다고 생각했습니다."

강태형 문학동네 대표는 경기 파주시의 한 식당에서 만났다. 권투 선수 출신인 그는 사람을 링에 오른 것 같은 기분이 들게 하는 사나이였다. 박맹호 회장도 그랬고 강 대표도 그렇고, 문인보다는 무인 같다는 느낌이었다. 후끈했다.

"그렇게 고민하다가 찾은 이유가 '신인 작가 발굴'이었습니다. 사실 그때까지는 창비, 문지, 민음사는 신인 작가 발굴을 활발하게 하지는 않았어요. 신춘문예 당선이나 현대문학 추천 등 어딘가에서 등단한 신인 작가가 작품 활동을 하는 걸 보고 잘한다 싶으면 청탁을 하고 책을 내는 방식이었죠."

강 대표는 1993년 12월에 문학동네를 세웠다. 그전에는 시인이었고 편집자였다. 문학동네를 세울 때부터 창비, 문지, 민음사 같은 회사를 염두에 뒀다는 얘기는 나중에 지어낸 말이 아니다. 창립식 뒤풀이 자리에서 그는 "10년 뒤에는 존경하는 창비, 문지와 같은 출판사들과 어깨를 견주는……"이라고 각오를 밝혔다고 한다. 뒷부분은 말하지 못했다. 그 자리에 있던 김훈 — 당시 그는 아직 소설가는 아니었고, 문학·출판 분야를 오래 취재한 고참 기자였다. — 이 "떽!" 하고 소리쳤기 때문이다.* 그 시절 한국문학계에서 창비와 문지의 권위는 그 정도로 높았던 모양이다.

당시 강 대표의 눈에는 창비나 문지가 노력을 기울이지 않는 일이 하나 더 있었다.

"저는 출판사는 '작가가 창작 활동만으로 먹고살 수 있게 해야 한다'는 책임감을 가져야 한다고 생각했어요. 그때 창비나 문지는, 제 식으로 표현하자면, '선비 출판'을 했어요. 좋은 책 잘 만들

---

* 「"문지·창비와 어깨 견주고 싶다 했다가 '떽' 혼나던 시절도 있었죠"」, 《한국일보》 2013. 12. 7. 21면.
http://news.naver.com/main/read.nhn?mode=LSD&mid=shm&sid1=103&oid=038&aid=0002448327

어서 내면 독자들이 알아볼 거다, 굳이 광고까지 해 가며 책 팔 생각 없다, 그런 선비 정신이 있었죠. 그런데 아무리 잘 쓰고 열심히 쓰는 작가라도 1년에 책을 한 권밖에 못 써요. 그렇게 1년에 한 권 나오는 책은 출판사가 책임져야 한다고 생각했어요. 그 책을 알리려고 열심히 노력해야 한다고. 문학을 하는 사람은 그런 걸 신경 쓰지 않아야 할지 모르지만, 문학출판을 하는 사람은 신경 써야 한다고. 그게 내가 문학출판사를 하는 이유다, 나는 그렇게 하겠다, 그렇게 생각했죠."

창대한 꿈이었지만 시작은 초라했다. 문학동네 사무실은 처음에 서울 종로구 명륜동 후미진 골목의 우유보급소 2층에 있었다. 소설가 김영하는 처음 문학동네를 찾아갔을 때 한참 헤맸다. 이 에피소드는 문학동네 2013년 겨울호에 실린 에세이 「재고가 없던 신인 작가와 우유보급소 2층의 신생 출판사」에 나온다.

김영하는 이 에세이에서 당시 문단의 원고 청탁 문화와 신인 작가의 처지에 대해서도 말한다. 그는 《리뷰》라는 잡지에 단편소설 「거울에 대한 명상」으로 데뷔한다.(한석규 이은주 주연의 영화 「주홍글씨」의 원작이다.) 그리고 몇 달 동안 원고 청탁 요청을 한 건도 받지 못한다. 주변 사람들은 '권위 있는 문예지나 신춘문예로 등단했어야 했다'며 그를 탓한다. 그러면서도 김영하가 단편을 써서 출판사에 투고하겠다고 하자 "명색이 등단작가인데 청탁이 올 때까지 고고하게 기다리는 게 맞다."고 말린다.

박맹호 회장과 민음사가 단행본 출간이라는 바람을 일으키긴 했으나 1990년대 초반까지만 해도 신인 소설가들에게 작품을 발표할 기회를 잡기란 그만큼 힘든 것이었다. 문단문학을 쓰는 젊은 한국 소설가가 자기 책을 낸다는 것은 여전히 현실보다는 기적 쪽에 더 가까웠다.

강 대표가 말을 이었다.

"우리나라의 신춘문예나 기존 등단 제도에는 문제가 있다고 그때도 생각했고, 지금도 그렇게 생각합니다. 등단을 했다는데 책이 없는 경우가 많아요. 단편 한두 편 발표하고 등단했다고 하는 게, 전 세계에 없는 특이한 제도죠. 시인이라면 그럴 수도 있겠지만, 자기 책이 없는데 소설가라는 칭호를 받는다는 건 좀 말이 안 된다고 생각해요. (작가 발굴을) 당장 출간할 수 있는 장편소설 공모인 문학동네소설상으로 시작한 것도 그런 이유였어요."

그는 외국 출판사처럼 투고를 받아 책을 내는 방식을 시도하고 싶었으나 당시 문학동네에는 그럴 만한 문학적 권위랄 게 없었다. 그래서 공모전을 만들고 고액 상금을 걸어 작가 지망생들의 관심을 모으는 길을 택했다.

1993년 말에 문을 연 문학동네는 자리를 잡자마자 장편소설 공모전을 시작했고, 그렇게 발굴한 신인작가들의 책을 냈다. 2장에서 쓴 대로 1996년에는 은희경, 김영하, 조경란의 장편소설이 나왔다.

이후 이 신인들이 어떻게 성장했는지는 다들 아시는 대로다. 그들뿐 아니라 다른 신인들도 주목을 받았다. 문학동네는 신인 공모를 많이 했다. 2005년이 되자 문단에서 "최근 10년간 떠오른 신진 작가의 70퍼센트는 문학동네가 만들어 냈을 것"이라는 말이 나

올 정도였다.[*]

"공모전들이 문학동네의 발전에 지대한 공헌을 했죠. 정말 성 공적이었어요. 한국문학에도 기여했다고 생각합니다. 그 당시로 서는 색다른 공모전 제도였기 때문에 작가들을 독자에게 널리 알 리는 기회가 됐어요. 그때 그들이 그냥 단행본으로 책을 냈다면, 그렇게 부각되고 주목받지 못했을 거라는 생각이 들기도 해요. 그 런 공모전이 아니었더라도 새로운 작가들이 문학판을 흔들며 등 장할 수 있었을까요."

"그분들이 정말로 새로웠던 건가요, 아니면 그냥 공모전과 고 액 상금 때문에 화제를 모은 건가요?"

내가 물었다.

"새로웠습니다. 당돌했죠. 은희경의 『새의 선물』에는 이전까 지 한국문학에서 볼 수 없었던 캐릭터들이 있었죠. 김영하의 『나 는 나를 파괴할 권리가 있다』에서 당시 한국소설에선 찾을 수 없 었던, 장르적이고 탈일상적인 상상력을 가지고 들어왔습니다. 이 전의 문학 엄숙주의, 무거운 진지함에 대해서 당돌하게 도전한다 는 느낌이 있었어요."

나는 문학동네소설상과 작가상의 형식에 대해 물었다. 문학 동네소설상과 작가상을 포함해 문학동네에서 실시하는 모든 공모 전의 심사위원은 평론가와 소설가로 구성되는데, 평론가는 문학

---

[*] 「'올해의 출판인상' 강태형 문학동네 사장」, 《동아일보》 2005. 12. 8. http://news.naver.com/main/read.nhn?mode=LSD&mid=sec&sid1=102&oid= 020&aid=0000327217

동네 편집위원이고, 소설가는 문학동네 외부 인사를 불러온다.

"신인의 원고를 책으로 만든다는 게 목적이었다면 편집부에서 심사를 하면 좋지 않았을까요? 심사료도 안 들고, 편집자들이 자기들이 선택한 원고로 책을 만들게 되면 책을 더 잘 만들 수 있는 거 아닌가요? 왜 평론가나 소설가로 심사위원을 구성했습니까? 편집자는 작품을 알아볼 수 없다고 여기셨나요?"

"편집자는 어쩔 수 없이 그 원고가 잘 팔릴까 안 팔릴까를 먼저 고려하게 됩니다. 거기에만 신경을 쓰진 않겠지만 그게 1순위가 될 수밖에 없어요. 편집자는 회사 직원이에요. 회사 경영을 의식하게 되고, 상금을 회수해야 한다는 부담도 느낄 겁니다. 그런데 심사위원은 그런 걸 느끼지 않습니다. 잘 팔리고 말고는 출판사에서 알아서 할 문제고, 자기 안목과 감각, 자기가 봤을 때 문학작품은 이래야 한다는 생각만 가지고 심사에 임할 수 있죠."

강 대표는 "문학동네 편집위원들은 일주일에 한 번씩 만나서 대화를 나누는 사이기 때문에 공통분모가 있다. 외부의 시각, 특히 소설을 쓰는 작가의 시각이 필요하다고 판단했다"고 설명했다. 그렇다고 문학동네 편집위원들의 의견이 늘 비슷하냐 하면 꼭 그렇지는 않다. 내가 『그믐, 또는 당신이 세계를 기억하는 방식』으로 문학동네작가상을 받을 때에는 외부 소설가들보다 오히려 문학동네 편집위원인 평론가 심사위원들 사이에 치열한 찬반 격론이 벌어졌다.

강태형 대표의 이야기는 박맹호 회장의 말과 겹치는 구석이 있었다. '책을 내야 작가다, 작가들이 돈을 벌게 해 주고 싶었다'는 등의 얘기가 그랬다. 인터뷰를 하다 보니 포개지는 대목이 더 나왔다. 장편소설에 대한 옹호나 현재의 공모전에 대한 평가, 신인 발굴에 대한 투자 등에 대한 두 사람의 생각은 거의 같았다.

내가 "대학소설상까지 만들 필요가 있었느냐"고 묻자 강 대표는 이렇게 대답했다.

"작가 지망생들이 20대 초반에 장편을 쓰게 해야 한다고 생각했습니다. 전 정말 문예창작학과에서 학생들에게 단편 쓰게 하면 안 된다고 생각해요. 소설 창작을 단편부터 시작하면 안 됩니다. 문학동네신인상을 만들 때 단편소설 부문을 뺄 생각도 했죠. 단편으로 소설 쓰기를 시작하면 소설을 구상할 때부터 자세나 호흡이 다를 수밖에 없어요. 단편과 장편, 둘 다 잘 쓰는 작가는 세계적으로도 드물어요. 대부분 둘 중 하나예요. 우리나라 작가들 중에는 장편 잘 쓰는 작가가 많지 않아요. 단편은 세계적인 작가들과 비교해도 뛰어날 만큼 정말 빛나는데 말이죠. 문학을 처음 시작하는 젊은 시기에 단편으로 길이 들어서라고 봅니다. 그래서 대학생을 상대로 하는 장편소설상을 만들자고 생각했습니다."

현재의 장편소설공모전과 수상작에 대한 평가도 냉정했다.

"지금 공모전이 많이 생기면서 열기가 쇠퇴했잖습니까. 새로운 작가가 문학판을 흔들면서 등장하는 모습이 안 보이죠. '대형 신인'이라는 말이 사라졌잖아요. 그래서 사실 문학 출판사나 편집자들이 지금도 뭔가 고민해야 한다고 생각해요. 지금 활동하고 있는 작가들 책을 잘 만들고 알리는 것도 중요하지만 새로운 작가에 대한 투자를 하지 않으면 안 됩니다. 새로운 신인이 스포트라이트를 받으며 등장하지 않으면 그 판에 희망이 없어요. 변화가 없다는 건 무서운 일이죠. 세상에 아기들이 태어나지 않는 것과 같아요."

그는 내게 바둑을 두느냐고 묻더니 '조-서 시대' 이야기를 꺼냈다. 조-서 시대란 1980년부터 1990년대 중반까지 한국 바둑이 조훈현 9단과 서봉수 9단의 양강 구도였던 시기를 말한다. 15년 가까이 모든 바둑대회의 결승전이 늘 조훈현 대 서봉수의 대결이었으니 재미가 있을 리 없었다. 강태형 대표는 "그때 바둑계가 완전히 죽었어요. 신선한 도전자가 없으니까."라고 설명했다.

강 대표는 "문학동네소설상의 상금을 1억 원으로 올리자고 편집위원들에게 제안한 적이 있다."고 소개했다. 그렇게 해서 당선작이 확실한 주목을 받게 하자, 금액이 부담스럽다면 문학동네소설상과 문학동네작가상을 합쳐서 상금을 1억 원으로 하자는 생각이었다고 한다. 그러나 상금을 올린다고 해서 정말 좋은 작품이 들어올 것인지 확신이 서지 않았다. 심사위원들이 '이 작품에 1억 원이나 줘야 하나'라는 고민을 하다가 자꾸 '수상작 없음'이라는 결론을 내지 않을까 하는 부담도 있었다.

그런 고민을 했다는 것은, 요즘 수상작들의 수준이나 성취에 대해 그만큼 불만을 품었다는 의미일까?

"최근 문학동네소설상이나 문학동네작가상 당선작은 과거와 같은 당돌함이 없다고 보시나요?"

내가 물었다.

"있지만, 그 정도로는 안 되죠. 넘어서야죠."

그 이유에 대해 박맹호 회장은 '심사위원인 문학평론가들이 시야가 좁아서'라고 주장했다. 여기서부터 강 대표는 박 회장과 의견이 다르다.

"문학공모전이 너무 많아지고 식상해지긴 했죠. 하지만 솔직히 말씀드리면 지금 문학동네 공모전이나 다른 공모전이 판을 깨지 못하는 것은, 그럴만한 작품이 없어서라는 생각이 들어요. 새로운 도전이 필요한 때입니다. 그리고 그건 작가들이 해야 하는 일이죠. 출판사는 다만 그런 작품이 응모됐을 때 그걸 놓치지 않으려는 열린 자세를 갖고 심사에 임해야 하는 것이고. 진부한 표현이지만 전복적 상상력이 필요하다고 생각해요."

"이런 의견도 있잖습니까? 그런 당돌함이나 전복적 상상력은 어떤 시스템에서 배양되는 게 아니다, 공모전은 시스템이라서 그런 공격성 있는 작가의 작품을 뽑지 못한다는."

"그런 비판은 불신에서 비롯된 건데, 한국문학 출판사들이 다 생각이 같지 않고요, 심사를 하는 분들의 생각도 다 다릅니다. 다들 정말 그런 작품을 기다리고 찾고 있어요. 그런데 단순히 공격적인 것이 좋은 작품일 순 없는 거죠. 공격적이면서 뭔가 갖춰야 하는 거죠. 그런 작품이 있는데 우리가 몰랐다거나, 시스템이 외면했다거나 그런 건 말이 안 돼요. 어디선가 나올 겁니다. 소위 문학 권력으로 불리는 출판사들만 공모전을 하는 게 아니잖습니까. 다른 곳에서도 공모전을 하고 있는데, 못 알아볼 리가 없습니다. 정유정 작가 같은 분을 못 알아보지 않았느냐고 하시는데, 과연 그럴까요? 정유정 작가도 공모전 출신입니다."

"공모전으로 작품을 뽑기 때문에 응모작들의 야생성이 떨어진 게 아니라, 애초에 응모작들의 야생성이 먼저 떨어져 있고, 그런 작품들 중에 당선작이 나온다고 보시는 거죠?"

"네, 맞습니다."

그는 '한국소설 위기론'에도 동의하지 않는다고 했다.

"한국소설 위기론을 말하는 분들께 묻고 싶네요. 한국소설이 위기가 아니었던 때가 언제입니까? 1970년대? 1980년대? 한국소설은 지금처럼 융성했던 때가 없어요. 엄청나게 치밀하고 놀랄 만한 작품이 나오지 않고 있다는 점에서는 저도 아쉬움을 갖고 있지만, 지금이 위기라고 하는 주장에는 동의힐 수 없어요. 어느 때보다 한국문학의 지평이 넓어졌고 깊어졌다고 생각해요."

다만 그는 '장르 문학이나 서사성이 강한 소설들이 약하다'는 지적에는 공감한다고 말했다. 그래서 배명훈 같은 작가를 주목하고, 미스터리 전문잡지인 《미스테리아》도 창간했다는 것이다.

"공모전이 아닌 방식으로, 투고를 받아 신인을 발굴하는 게 가능할까요? 미국 출판사처럼요."

"가능하다고 봅니다. 그리고 우리도 지금 그 방식을 병행하고 있어요. 그런데 대부분의 예비 작가들은 상금이 있는 공모전에 원고를 내죠. 그리고 비판론자들은 공모전에 대해서는 불신하면서 투고 제도에 대해서는 너무 믿어요. 투고 방식에서는 편집장이나 편집자 한 사람의 안목으로 원고 채택 여부가 결정이 나요. 그 사람이 불성실하면 원고를 제대로 읽지도 않아요."

"오히려 공모전이 작가 지망생들에게 더 기회를 많이 주는 제도라는 말씀입니까?"

"쳐수한 한 사람의 판단이 아니라 여러 사람의 판단을 거치죠. 공모전은 심사 기간 동안 심사위원들이 다른 업무 없이 그 심사만 하고, 한 사람의 의견을 다른 사람들이 보완도 해 주죠."

어떻게 보면 박맹호 회장이나 강태형 대표는, 목적도 관심사도 같은 사람들이었다. 그들이 발견하고 키우고자 했던 것은 '재능'이었다. 한 명의 뛰어난 소설 천재를 발굴할 수 있다면 그 비용은 거액이 들어도 아깝지 않다는 게 그들의 생각이었다. 진흙 속의 천재를 평론가가 더 잘 알아볼 수 있는 시대인지, 그렇지 않은지와 같은 문제에 대해 의견이 달랐을 뿐이다.

박 회장과 강 대표는 낙선자들, 또는 고만고만한 신인들에 대해서는 큰 관심이 없었다. 사실 문학계에 있는 사람은 모두 그런 생각을 한다. 평범한 작가들의 범작 백 권, 천 권을 한데 모았다고 해서 그게 『햄릿』이나 『율리시스』가 되지는 않는다. 다른 예술 분야도 마찬가지다. 좋지도 나쁘지도 않은 그림 백 점, 천 점을 모았다고 해서 그게 「모나리자」나 「게르니카」보다 귀하다고 할 화가나 미술평론가는 없을 것이다. 예술가들은 모두 근본적으로 엘리트주의자다.

그러나 이 책은 예술에 관한 책이 아니며, 나는 천재가 아니라 보통 사람들에게 관심이 있다. 공모전을 준비하는 사람들, 낙선자들, 세상을 뒤흔들며 나오지 못한 신인들에 대한 이야기는 6장과 7장에서 해 보겠다.

"새로운 것도 아니고, 다 아는 얘기잖아요? 내가 뭐, 도움이 될 수 있을지 모르겠는데요."

이기섭 한겨레출판 대표는 웃으며 나를 맞아 주었다. 이미 그와 나는 술자리에서 몇 번 만난 적이 있어서 박맹호 회장이나 강태형 대표를 만날 때보다는 분위기가 훨씬 부드러웠다. 우리는 서울 마포구 공덕동 한겨레출판 사무실에서 만났다. 한겨레문학상 20회 시상식이 열렸던 청암홀 바로 위층이다.

"내가 여기에 1994년에 왔거든요. 그때는 출판부가 없었어요. 그때 한겨레신문사에《한겨레21》잡지가 시작될 때여서, 단행본 출판도 새롭게 시작했어요. 그때 내가 와서 혼자 그걸 했죠."

이 대표가 말했다.

"처음에는 한겨레신문사에 단행본 출판 계획이 없었나 보죠?"

"그건 있었어요. 이미 한겨레신문사에서 나온 책이 있었죠. 신문 연재물이었던 『이곳만은 지키자』나 『발굴 한국 현대사 인물』 같은. 그때는 기획실 안에 출판팀이 있었어요. 그런데 그 담당자가《한겨레21》창간준비팀으로 갔거든요. 그 빈자리에 출판 전문가를 외부에서 뽑은 거예요. 그렇게 해서 내가 한겨레신문에 왔고, 단행본을 만드는 출판팀의 팀장이 됐죠. 그때부터 시작된 거죠."

이기섭 한겨레출판 대표는 박 회장이나 강 대표와는 다소 결이 다른 이야기를 들려주었다. 한겨레출판은 민음사나 문학동네와 달리 출발할 때부터 문학 출판을 목표로 한 회사는 아니었다. 이 대표도 1994년에 한겨레신문사에 경력 입사하기 전까지 문학이 아니라 인문 사회 분야 편집자였다. 반면 박맹호 회장은 출판사를 차리기 전에 소설가였고, 강태형 대표는 시인이었다.

한겨레신문이 단행본 출판에 뛰어든 초창기 분위기를 보여주는 일화가 있다. 막 출판팀장이 된 이기섭 대표에게 당시 한겨레신문사 김중배 사장이 이렇게 얘기하더란다.

"한겨레도 『무궁화 꽃이 피었습니다』 같은 책을 내야 됩니다."

김진명의 『무궁화 꽃이 피었습니다』가 화제인 때이긴 했지만…… 이 대표는 "네? 한겨레가 그런 책을 내도 됩니까?"라고 반문했다. 그 책처럼 많이 팔리는 책을 만들라는 말인가, 그 책 내용이 좋다는 얘기인가 어리둥절해하면서.

한겨레신문 안에 있던 단행본 출판팀은 2006년 주식회사 한겨레출판으로 분사한다. 그사이에 박민규, 심윤경 같은 작가들이 한겨레문학상을 수상하며 평단과 독자의 환호를 받았다. 그러나 그 두 사람은 이후 한겨레출판에서 책을 내지 않는다. 15회까지 한겨레문학상 수상자들이 다 같이 참여한 작품집 『끝까지 이럴래?』에 단편을 한 편씩 실었을 뿐이다.

이문열-민음사, 김영하·은희경-문학동네처럼 한겨레출판과 돈독한 관계를 맺은 한겨레문학상 수상 작가는 아직 없다. 계간 《세계의 문학》이나 《문학동네》처럼 단편을 게재할 수 있는 별도의 매체가 없었던 탓이기도 하지만, 이 역시 그런 매체를 만들 만큼 문학 출판에 강한 의지가 있지는 않았다는 뜻으로 해석되기도 한다. 사실 한겨레출판의 진짜 스타 작가는 홍세화, 박노자, 한홍구, 법륜, 주강현 같은 이들이었다.

"1994년에 각 부서별로 내년도 사업 아이디어를 내라고 하더라고요. 그런데 1995년이 해방 50주년이잖아요. 나는 출판팀에 있었으니까 장편소설 공모를 해 보자고 제안했죠. 마침 한겨레신문에는 신춘문예가 없잖아요. 신춘문예를 만들라는 요구도 있었고요. 그래서 신춘문예가 아니라 장편소설공모전 아이디어를 냈는데 그 아이디어가 채택이 됐고, 대성공을 거뒀죠."

해방 50주년 장편소설 공모전의 상금은 3000만 원이었는데, 당시 일반적인 기준으로서도 그렇거니와 한겨레신문으로서도 상당한 거액이었다. 당선작은 권현숙의 『인샬라』. 책은 10만 부 정도 팔렸고 최민수·이영애 주연의 영화로도 제작됐다. 그런 반응에 고무된 한겨레신문은 이듬해 한겨레문학상을 제정했다.

"문학동네소설상도 1995년에 1회 공모를 하지 않았습니까? 지금 대표적인 장편소설공모전이 엇비슷하게 시작한 건데, 당시 어떤 시대적 배경이나 요구가 있었다고 보세요?"

"저희는 해방 50주년이어서 공모를 한 건데, 공교롭게 문학동네소설상도 그때 하더라고요. 저희는 일찍 마감을 해서 1995년 9월에 『인샬라』를 냈는데, 문학동네는 가을이 마감이라서 1996년 초에 『새의 선물』을 내요. 우리가 한 계절 빨랐죠. 하지만 저희는 문학 출판사가 아니었고, 그 분야에 대한 전문성도 없었고, 해방 50주년이라는 절묘한 타이밍이 아니었더라면 그런 공모전을 하지 않았을지도 모르죠."

"그냥 우연이었다고 보시나요?"

"그때 출판사로 투고 원고가 참 많이 들어왔거든요. 운동권 후일담도 있었고, 자서전 형식도 많았고. 그런 이야기들을 책으로 내 보자, 문학상을 통해 걸러 보자, 그런 생각도 있었어요. 1990년 대 중반은 군부 독재 시대가 지나고 사회 분위기가 풀어질 때였어요. 사람들이 자기 경험을 말하고 싶었던 욕구가 정말 많았던 것 같아요. 그렇게 자기 이야기를 쓰고 싶은 욕망이 많으니 문학상도 많이 생긴 것 아닐까요."

그러나 막상 한겨레문학상을 만들어 놓고 나니 『인샬라』만큼 팔리는 작품은 쉽게 나오지 않았다. 이 대표는, 요즘이야 문학상 수상작들이 상금만큼 출판사에 수익을 벌어 주지 못한다는 게 자명한 사실이지만, 그때는 그걸 몰랐다고 설명했다. 한겨레신문 내부에서는 문학상을 만든 것이 잘못된 판단 아닌가라는 의견도 나왔다.

"그리고 몇 년 사이에 다른 문학상들이 막 생기더라고요. 고료가 1억 원인 문학상도 생기고. 저희도 우리가 상금이 적어서 좋은 원고가 안 오는 게 아닌가 싶어서 상금을 3000만 원에서 5000만 원으로 올렸죠. 한동안은 한겨레문학상 수상자에 대한 관리를 어떻게 해야 하는지 몰랐어요. 당선자들이 작품 활동을 해야 하는데 우리한테는 그 공간이 없잖아요. 창비나 문학동네의 힘이 그런 데서 나오는구나 하고 절감했죠. 문학 출판을 하려면 그 틈에서 싸워야 하는구나. 그런데 다른 사람들 눈에는 한겨레도 다른 출판사 못지 않은 문학 권력으로 보이는 것 같더라고요."

"한겨레문학상 20년의 성과를 평가해 주신다면요?"

"크진 않지만 우리가 신진 작가를 발굴해 가면서 문단에서 역할을 하는 것 같아요. 작가들이나 독자들도 그 부분은 어느 정도 평가해 주시고요. 우리는 심사위원을 구성할 때도 중립, 무소속인 분들을 모셔 왔죠. 한겨레니까 무겁고 역사적이고 사회적인 작품을 뽑아야 한다는 생각은 없었어요. 실제로 당선작을 보면 후일담 문학이나 역사소설은 적습니다. 뭔가 새롭다, 젊다, 그런 느낌을 주는 작품이 많았다고 생각해요. 하지만 그런 걸 우리 측에서 심사위원들에게 주문하지는 않았어요."

2015년 7월에는 윤고은, 주원규, 한은형 등 한겨레문학상 출신 소설가들과 여러 차례 이 상의 심사위원을 맡았던 박범신이 한겨레신문사에서 한겨레문학상 20주년 대담을 했다. 그때도 이기섭 대표의 자평과 비슷한 의견들이 나왔다. 박범신은 "수상작이 의외로 다양하다. '한겨레' 하면 낡은 운동권이라는 선입견이 있는데, 문학상만큼은 그렇지 않다."라고 말했다. 윤고은은 "수상작 목록에서 어떤 규칙을 찾기 힘들다. '젊음'이라는 느낌이 우선 다가온다."라고 말했다.*

"그런 특성을 정반대 방향에서 비판하는 사람도 있잖습니까? 요즘 문학상들은 개성이 없다, 한겨레문학상은 한겨레문학상다운 개성이 있어야 한다, 사회 현실을 다루는 소설을 뽑아야 한다, 그런."

내가 물었다.

"고민하는 지점이죠. 20년쯤 되다 보니 한겨레문학상은 과연

* 「부정하고 공략하며 한국문학의 경계를 넓혀 온 20년」, 《한겨레신문》 2015. 7. 2. A21면, <http://news.naver.com/main/read.nhn?mode=LSD&mid=sec&sid1=103&oid=028&aid=0002280662>.

뭔가, 다른 문학상과 어떻게 차별성을 둬야 하는가, 하는 게 고민입니다. 작품의 질도 거기서 거기 아니냐는 이야기도 듣습니다. 그런데 이제 문학공모전도 너무 많이 생겼고, 응모자들도 자기 원고를 여기저기에 다 내잖아요. 작가 지망생 풀이 너무 좁다는 생각이 들어요. 개작을 거치면서 매번 돌아오는 작품들이 있습니다. 그러다 보니 그렇게 생긴 공모전들도 대부분 실패했거든요. 개인적으로 한겨레문학상의 대상 분야를 소설로 꼭 한정해야 할까 하는 의문은 있어요. 좀 범위를 넓혀 줘야 하지 않을까, 그래서 논픽션이나 르포르타주를 생각해 봤는데 그것도 쉽지 않고."

그 역시 '응모작들의 수준이 문제'라는 의견인 걸까? 나는 좀 더 물어보았다.

"한국 소설이 위기라는 진단에는 동의하시나요? 그 위기가 문학공모전 제도에서 왔다는 의견은 어떻게 생각하시나요?"

"지금 한국문학이 위기인 건 분명해요. 베스트셀러가 전부는 아니지만, 문학 베스트셀러에 한국 소설이 없어요. 하루 이틀 사이에 이렇게 된 게 아닙니다. 지금의 독자들은 읽는 재미, 대중적인 소설을 원합니다. 그런데 한국 문단이나 작가나 출판사는 대개 문단문학적인 미를 추구하는 평가 기준을 갖고 있어서, 그게 주류가 되면서 독자들과 멀어졌다고 생각해요. 그런 부분에서 문단에 있는 작가, 평론가, 출판사에게 상당히 책임이 있다고 봐요. 그런데 저희도 공모전을 할 때 기존 문단에서 활동하는 평론가를 심사위원으로 모셨으니까, 결과적으로 그런 데 일조했죠."

"심사위원을 바꾸거나 구성을 달리하면 어떻습니까. 아니면 아예 편집부에서 심사를 하면 어떤가요?"

"그런 것도 한번 고민해 볼 생각입니다. 이번에 최종심을 없애 봤죠. 그런데 아직 편집부의 역량이라는 게, 한국적 출판의 현실이기도 한데, 축적된 역량이 적어요. 소설 원고가 300편씩 오는데, 거기서 작품을 골라낼 때 비평가의 도움이 필요해요. 그러다 보니 편집자의 역할은 더 좁아지고. 최종 평가는 편집자나 독자가 한다는 것도 하나의 방안이 될 것 같긴 한데, 출판사가 원하는 방향의 작품을 뽑는다는 비판도 받을 것 같고……."

"문학공모전이 아닌 방식으로 작가를 발굴하는 건 어떻습니까? 미등단 소설가를 발탁해서 책을 내는 건?"

"한겨레문학상에서 떨어진 작품이 있었는데, 심사 과정에서 다들 아까운 작품이라고 해서 저희가 출간한 적이 있죠. 그게 결국 작가한테도 도움이 안 됐어요. 수상작이 아니면 별 도움이 안 되더라고요. 그다음부터는 편집부에 투고가 와도 한겨레문학상으로 응모해 달라고 말씀드립니다."

오늘의작가상, 문학동네소설상, 한겨레문학상은 대성공을 거둔 기획이었다. 민음사, 문학동네, 한겨레출판은 새로운 작가의 새로운 장편소설을 읽고 싶어 하는 시대의 요구를 예리하게 파악했다.

그들은 신인 발굴 작업에 '위원회-사무국' 시스템을 도입했다. 출판사 편집부가 사무국 역할을 했다. 원고를 받고, 문의 전화에 응대하고, 당선 원고를 다듬어 출간하고, 홍보하고 유통했다.

어떤 원고를 수상작으로 뽑느냐 하는 가장 중요한 판단은 위원회가 내렸다. 그 위원회는 외부 전문가로 구성된 합의제 기구였다. 어떤 전문가는 상임위원이 되어 상당 기간에 걸쳐 심사에 참여했다. 어떤 전문가는 비상임위원으로, 한두 회만 와서 의견을 냈다. 이 전문가들은 작품을 쓰거나 비평하는 이들이었다. 작품을 팔거나 읽는 사람은 부르지 않았다.

선거관리위원회, 감사원, 공정거래위원회 같은 기관들이 이런 위원회와 사무국 시스템으로 운영된다. 독립성과 중립성을 지니고 첨예한 쟁점을 다뤄야 하기 때문이다.

문학상 심사위원회는 무엇으로부터 독립되고, 어떤 가치에 중립적이어야 하는가? 상업성, 금전적 가치다. 잘 팔릴 작품이 아니라 뛰어난 작품을 뽑기 위해 위원회를 둔 것이다. 장편소설공모전 수상작들의 대중성이 썩 높지 않을 것임은 이런 설계 단계에서부터 예고된 일이었다.

그럼에도 출판사들은 당선작이 화제를 모아 흥행까지 잘 되길 기대했다. 처음부터 모순이 내재해 있던 셈이다. 출판사들이 문학 출판 시장을 공급자가 주도하는, '밀어내기'가 가능한 부문으로 여겼다고 볼 수도 있다. 그런 판단 전후에는 계몽적, 엘리트주의적인 분위기가 다분히 깔려 있다. 나는 장편소설공모전이 출판인과 평론가 들의 문예운동이었다고 생각한다.

2010년대 중반에 이르러서는 그 운동의 에너지가 눈에 띄게 줄어들었다. 제도의 창시자들도 시인할 정도였다.

그런데 위원회는 기본적으로 사안에 반응하는 곳이지, 정책이나 상품을 개발하는 곳이 아니다. 정부 부처나 기업을 위원회 방식으로 운영하지 않는 것은 그런 이유 때문이기도 하다. 좋은 응모작이 오지 않을 때 심사위원회는 할 수 있는 일이 없었다. 당선작이 없다고 발표하는 것 말고는.

3.5

신춘문예, 과거제도, 그리고 공채

신춘문예와 과거제도

장편소설공모전이 쉽게 받아들여진 이유는, 이미 신춘문예라는 제도가 있었기 때문일 것이다. 사람들은 장편소설공모전을 신춘문예의 확장판으로 받아들였다.

한국의 신춘문예는 역사가 100년이 넘었고, 여전히 활발하게 이뤄지고 있다. 1915년 매일신보에서 신춘문예를 처음 실시했는데, 당시 이름은 '신년문예'였다. 이후 1920년부터 이름이 서서히 '신춘문예'로 바뀌었다. 동아일보는 1925년에, 조선일보는 1928년에 신춘문예를 각각 시행한다.

흔히 신춘문예는 한국에만 있는 독특한 제도라고 하는데, 아주 틀린 말은 아니다. 실은 발상지인 일본에도 아직 명맥이 남아 있긴 하다. 몇몇 신문이 여전히 시와 소설을 연말에 공모해 1월 1일자에 발표한다. 그러나 인지도나 영향력은 미미해서, 일본 작가들조차 그런 제도가 있다는 사실을 잘 모르는 듯하다.

한국에서 신춘문예는 시행하자마자 폭발적인 호응을 얻었다. 1939년 조선일보 신춘문예 응모자 수는 5300명에 이르렀다.

이 제도가 그렇게 쉽고 빠르게, 확고하게 이 땅에 자리 잡은 이유는 뭘까? 나는 그것이 과거제도의 전통 때문 아닌가 생각한다.

신춘문예가 도입될 당시 한국 사람들에게 '다수 응모자의 문예 창작 능력을 누군가 하나의 잣대로 평가할 수 있으며, 심지어 가장 뛰어난 작품이 무엇인지 가릴 수도 있다.'라는 개념은 전혀 낯설지 않았다. 고려와 조선 시대 과거제도의 상당 부분은 작문이었다.

과거제도는 대규모 공개 시험을 거쳐 엘리트를 채용하는 공채 시스템의 원형이기도 하다. 이 시스템은 민주주의보다 900년 이상 먼저 이 땅에 왔다. 고려 광종이 중국에서 들여왔다.

과거제도에 대해서는 심지어 조선 시대에도 그 폐해가 심각하다고 부르짖는 사람들이 많았다. 나는 세 가지만 지적하고 싶다.

첫째, 사회적 낭비가 심했다. 조선 시대 문과 급제자의 나이는 평균 36.4세였다. 10대 중반부터 공부를 시작했다고 쳐서, 합격하는 데 20년이 걸린 셈이다. 60대, 70대까지 시험을 준비하는 장수생도 있었고, 아버지와 아들이 함께 시험을 치기도 했다.

문과 시험(정시 초시)을 치는 사람이 정조 때에 이르면 10만 명이 넘었다, 19세기 후반에는 응시자가 20만 명을 넘었다. 최종 합격자는 한 해 서른 명 남짓이었다. 청년 수십 만 명이 한창 일할 나이에 수십 년 동안 공부에만 매달렸다. 실생활에는 아무짝에도 쓸모가 없는 유교 경전 공부였다. 그걸 외국어 원전으로 공부해서 외국어로 답안을 쓰는 훈련만 주야장천 받았다.

둘째, 정작 필요한 인재는 뽑지 못했다. 최종 합격자들이 과연 관료로서 유능한 인재들이었을까? 좋은 성적을 받아 높은 자리에 임명되는 사람일수록 암기력과 논리력, 그리고 중국어 독해와 작문 실력이 뛰어나기는 했다. 그러나 그들은 과학기술이나 경제, 민생은커녕, 그 시대 국제 정세에 대해서도, 행정에 대해서도, 군사에 대해서도 무지했다. 사회생활을 오래 했다거나 처세에 능한 사람도 아니었다.

그들은 현실을 몰랐고, 현실을 제대로 살피는 능력도 키우지 못한 인간들이었다. 그러니 사라진 명나라를 섬기기 위해 초강대국 청나라를 상대로 전쟁을 벌이자는 따위 헛소리를 진지하게 펼칠 수 있었을 것이다.

"어린아이 때부터 과거 문장을 공부하여 머리가 허옇게 된 때에 과거에 급제하면 그날로 그 문장을 팽개쳐 버린다. 한평생의 정기와 알맹이를 과거 문장 익히는 데 전부 소진하였으나 정작 국가에서는 그 재주를 쓸 곳이 없다."

실학자 박제가가 과거제도를 두고 비판한 말이다. 내가 위에 적은 두 가지 문제점과 정확히 같은 내용이다.

그런데 내 생각에 과거제도에는 그 두 가지보다 더 나쁜, 그리고 더 중요한, 세 번째 문제점이 있었다.

과거제도는 사회의 창조적 역동성을 막았다.

이 제도는 블랙홀처럼 온 나라의 젊음과 재능을 빨아들였다. 철저한 계급사회에서, 시험만 잘 치면 순식간에 기득권 핵심부에 들어설 수 있다는 약속만큼 달콤한 것도 없다. 유능한 청년들이 자기 주변에 있는 중소 규모의 지적, 산업적 프로젝트에서 관심을 거두고 중앙에서 실시하는 시험을 통과하는 데 모든 힘을 쏟았다.

합격자들은 그 질서의 가장 열렬한 수호자가 되었다. 고작 생원이나 진사 정도의 자격증을 얻은 이조차 그랬다. 나중에 사람들은 고위 관료가 되기 위해서가 아니라 생원과 진사가 되기 위해, 봉건 질서에서 자기 신분을 겨우 한두 칸 더 끌어올리기 위해 모두 같은 방향으로 노력했다. 입신양명, 출세라는 가치가 삶의 목표가 되었다. 자식들은 구체제의 이념과 법규를 부모보다 더 철저하게 따르고 수호했다.

사회 개혁에 대한 논의가 없지는 않았으나, 그 방향은 대부분 옛 성현의 가르침으로 되돌아가자는 것이었다. 복고적이고 근본주의적이었다. 오히려 그런 주장을 펼치는 이들이 과거제를 통해 유무형의 권력을 더 쥐게 되었다. 다른 종류의 지식인들은 '못 배운 것들'이라고 간단히 정리되었다. 그렇게 성리학 엘리트들이 조선 후기의 여러 가지 가능성을 봉쇄했다. 사회는 점점 변화에 대응하는 능력을 잃었다.

1866년 프랑스 함대가 강화도를 점령하고 외규장각 도서를 약탈해 간 뒤에도, 1871년 조선 군대와 미국 군함 다섯 척이 싸워 미군은 세 사람이 죽고 조선군은 300명 이상이 사망한 뒤에도, 1875년 일본 해군이 증기기관을 갖춘 배를 타고 와서 한 명의 전사자도 내지 않고 조선군 35명을 살해한 뒤에도, 그래서 굴욕적인 강화도조약을 맺은 뒤에도, 조선의 지식인들은 여전히 과거시험에 매달렸다. 1879년 문과 정시 응시자 수는 21만 명이 넘었다.

미국의 사회학자 토비 허프는 서양에서 근대 과학이 발전하고 동양에서는 그러지 못한 것을 인재 평가 방식의 차이에서 찾는다. 동양에서는 국가나 스승이 젊은이들의 능력을 평가했다. 그런 사회에서는 젊은이들이 선배들이 세운 기준을 충실히 따르게 된다. 반면 유럽의 대학에서는 일찍부터 논쟁과 토론이 발전했고 이는 체계적인 회의론으로 이어졌다는 게 그의 주장이다.

중국에서 생겨난 과거제도를 받아들인 나라가 한국과 베트남이다. 일본에는 과거제도가 뿌리내리지 않았다. 한자 문화권 국가 중 과거제를 도입한 중국, 한국, 베트남은 근대화에 뒤처져 외세에 시달리고, 그렇지 않았던 일본은 반대로 승승장구한 역사가 내 눈에는 우연으로 보이지 않는다.

내가 청소년일 때에는 학교에서 조선 통신사(通信使)에 대해 이렇게 배웠다. 조선의 앞선 문물을 문화 후진국이었던 일본에 전수했다고. 조선이 임진왜란 이후 외교를 단절하려 했는데 일본이 제발 통신사를 보내 달라고 빌었고, 조선 통신사 일행은 일본에서 한류 스타처럼 대환영을 받았다고. 그 통신사들이 전한 '선진 문물'의 핵심은 성리학이었다.

그러나 일본은 이미 청나라 상인들을 통해 직접 중국 서적을 수입하고 있었고, 지식인들의 분위기도 주자학에 몰두한 조선과는 달랐다. 17~18세기 일본의 정치인이자 시인이고 뛰어난 성리학자이기도 했던 아라이 하쿠세키(新井白石)는 조선 통신사를 만난 자리에서 세계 지리를 물었다. 조선의 내로라하는 지식인이었던 통신사들은 네덜란드와 이탈리아가 어디에 있는 나라인지 몰랐다. 아라이는 "조선에는 세계지도도 없는가?"라고 비웃었다.

공채와 과거제도

21세기 대한민국의 공채 제도는 조선 시대의 과거제도와 얼마나 다를까?

2011부터 2015년까지 5년 동안 국가 공무원 시험 응시자는 127만 명이었다. 합격자는 2만 명도 되지 않는다. 9급 공무원 시험을 몇 년씩 준비하는 장수생도 흔하다. 사회적 낭비도 이런 사회적 낭비가 없다. 현대경제연구원은 공무원 시험 준비생들이 경제활동에 참여하지 않아 생기는 사회적 손실이 2016년 기준으로 한 해 17조 원이 넘는다고 분석했다.*

공무원 시험 외에도 경쟁률이 수십 대 일이 넘거나 몇 년씩 준

---

* 「현안과 과제: 공시의 경제적 영향 분석과 시사점」, 현대경제연구원, 2017. 4. 4.
<http://hri.co.kr/upload/publication/201745181243[1].pdf>.

비하는 공채 시험이 많다. 회계사, 변리사, 법무사, 감정평가사와 같은 자격사 시험도 있고, 공기업과 금융권 직원, 신문사와 방송사의 기자·PD직, 국공립학교 교사가 되기 위한 경쟁도 치열하다. 이미 2.5장에서 4대 그룹에 들어가기 위해 중위권 대기업 신입 사원들이 취업 재수를 하거나 아나운서가 되기 위해 몇 년을 공부하는 젊은 이들의 이야기를 살폈다. 이게 사회적 낭비가 아니면 뭐란 말인가.

나 역시 언론사에 입사하기 위해 재수를 했다. 대학교 4학년 때 신문사와 방송사 이곳저곳에 원서를 냈지만 다 떨어졌다. 조선일보, 매일경제신문, SBS에 최종 면접까지 올라갔는데 낙방했다. 그래서 건설 회사를 다니다 사표를 내고 다시 '언론고시생'이 되었다. 그 건설사는 삼성 계열사였는데, 거기도 공채로 들어갔다. 공채에 합격하는 것 외에 다른 구직 방식은 생각해 본 적도 없다. 교수의 추천으로 부동산 회사에 입사한 과 선배가 있었는데, 다들 그런 방식은 뭔가 부적절하고 수치스럽다고 여겼다.

나는 사표를 낸 뒤 부모님과 대판 싸우고 집에서 나와 고시원에서 살았다. 낮에 아르바이트를 하고 밤에 대학 도서관에서 공부했다. 동아일보 공채에 합격할 때까지 반년 정도를 그렇게 보냈다. 소중한 경험을 한 시기였다고 진심으로 믿고 있으나, 결과가 좋지 않았더라도 그렇게 말할 수 있었을지는 모르겠다.

그런데 그 공무원 시험, 공기업 시험, 대기업과 금융권 입사 시험들은 과연 자신들에게 필요한 인재를 뽑는 문제를 내고 있을까?

언론사 입사 시험으로 말할 것 같으면, 아니라고 단언할 수 있다. 내 경우 15년 전 도서관에서 붙들고 있던 책들 중 하나는 최신

시사 상식을 모은 두툼한 사전이었다. 단답형 상식 시험을 치르는 언론사들이 있기 때문에 그런 책을 봐야 했다.

그때도 그게 웃기다고 생각했다. 퀴즈 대회 출전자를 뽑는 것도 아니고, 이걸 잘 외웠다는 게 기자로서의 자질과 무슨 관련이 있을까. 취재하다 모르는 부분이 있으면 전문가에게 묻거나 검색을 하면 될 게 아닌가.

그런데 아직도 그런 책들이 나온다. 언론사와 공기업 입사 준비생들은 아직도 상식 시험을 치른다. 2017년에 나온 참고서만 살펴보자. 『최신시사상식 187집』, 『SPA 문제상식』, 『시험에 강한 에듀윌 시사상식』, 『에듀윌 언론사 기출 일반상식 3일끝장』, 『한 눈에 쏙! 시사용어사전』, 『공사공단 일반상식 핵심공략』, 『최신 이슈&상식』, 『손에 JOB히는 속성 일반상식』……. 책 소개에 보면 다들 언론사 지망생의 필독서라고 한다. 무슨 단어든 금방 검색해 볼 수 있는, 스마트폰이라는 훌륭한 휴대 기기의 국내 가입자가 4000만 명을 넘은 시대에 예비 저널리스트들이 정말 이런 걸 공부해야 할까?

내 경우에는 정말 무의미한 공부였다. 동아일보 전형에는 아예 상식 시험이 없었기 때문이다. 동아일보 필기시험은 논술과 작문이었다. 최신 시사 상식 사전을 밑줄 그어 가며 열심히 읽었다고 교양이 그만큼 늘어난 것 같지도 않다. 그 시간에 고전을 읽는 편이 훨씬 나았을 것이다.

공무원 시험은 어떨까. 2017년 6월 17일에 시행된 지방직 9급 공무원 임용 시험 국어 과목 문제를 몇 개 소개한다.

문 3. 괄호에 들어갈 숫자의 합은?

· 쌈: 바늘 ( ) 개를 묶어 세는 단위

· 제(劑): 한약의 분량을 나타내는 단위. 한 제는 탕약(湯藥)

  ( ) 첩

· 거리: 한 거리는 오이나 가지 ( ) 개

---

① 80   ② 82   ③ 90   ④ 94

문 12. 밑줄 친 말이 표준어인 것은?

① 그 사람은 허구헌 날 팔자 한탄만 한다.

② 사업에 실패했던 원인을 이제야 깨단하게 되었다.

③ 아주머니는 부엌에서 갖가지 양념을 뒤어내고 있었다.

④ 큰 죄를 짓고도 그는 뉘연히 대중 앞에 나섰다.

문 13. 밑줄 친 말의 한자 표기가 옳지 않은 것은?

지조란 것은 순일한 정신을 지키기 위한 불타는 신념이요, 눈
물겨운 정성이며, 냉철한 ㉠확집(確執)이요, 고귀한 투쟁이기까지

하다. 지조가 교양인의 ⓛ위의(威儀)를 위하여 얼마나 값지고 그것이 국민의 교화에 미치는 힘이 얼마나 크며, 따라서 지조를 지키기 위한 괴로움이 얼마나 가혹한가를 헤아리는 사람들은 한 나라의 지도자를 평가하는 기준으로서 먼저 그 지조의 ⓒ강도(强度)를 살펴려 한다. 지조가 없는 지도자는 믿을 수가 없고 믿을 수 없는 지도자는 따를 수가 없기 때문이다. 자기의 명리만을 위하여 그 동지와 지지자와 추종자를 ⓔ일조(日照)에 함정에 빠뜨리고 달아나는 지조 없는 지도자의 무절제와 배신 앞에 우리는 얼마나 많이 실망하였는가.

- 조지훈, 「지조론」 중에서 -

① ⓛ   ② ⓛ   ③ ⓒ   ④ ⓔ

내가 한국어로 글을 쓰면서 20년 가까이 밥을 벌어먹고 있는데, 저 문제들의 답은 하나도 모르겠다. 그리고 그걸 몰라도 글 쓰는 데 조금도 불편하지 않다.

영어 시험도, 국사 시험도 저런 지엽 말단을 묻는 문제투성이다. 지방자치단체에서 일하는 9급 공무원들은 그런 걸 알아야 하는 건가? '쌈'은 바늘 24개이고, '거리'는 가지나 오이 50개이고, '오랫동안 생각해 내지 못하던 일 따위를 어떠한 실마리로 말미암아 깨닫거나 분명히 알다'라는 뜻의 '깨단하다'라는 표준어가 있다는 사실을, 위의(威儀)나 일조(日照) 혹은 일조(一朝)가 무슨 의미이고 한자로 어떻게 쓰는지를? 그래야 9급 공무원 업무를 잘할 수 있는 건가?

그렇다 치자. 이날 시험에 원서를 낸 응시자는 22만 501명이고, 합격자는 1만 315명이었다. 시험에 합격하지 못한 수험생 21만 186명에게는 저런 지식이 무슨 도움이 될까?

좋다. 허수 응시자가 반이라 치자. 그러면 젊은이 11만 250명이 고시촌에서 저런 공부에 매달리는 게 한국 사회가 지식사회로 탈바꿈하는 데 득이 될까, 해가 될까?

이게 과거제도와 많이 다른가?

대기업 공채는 어떨까?

몇 년 전부터 한국 대기업들은 필기시험에 역사 문제를 내고 있다. 현대자동차는 2013년 하반기 대졸 공채부터 인·적성 검사에 역사 에세이를 도입했다. 정몽구 회장이 경영 회의에서 "글로벌 인재의 핵심 역량은 뚜렷한 역사관"이라고 강조했다고 한다.

첫해에는 응시자에게 "고려·조선 시대 인물 중 가장 존경하는 사람과 그의 업적을 설명하고 이유를 쓰시오."와 "세계의 역사적 사건 중 가장 아쉬웠던 결정과 자신이라면 어떻게 바꿀지 기술하라."는 두 문항 중 하나를 선택하게 했다. 이후에 나온 문제들은 "한국 위인 가운데 역사적으로 저평가된 인물을 재조명하라."이거나 "석굴암, 불국사, 남한산성 등 세계문화유산으로 지정된 한국 문화유산 중 두 개를 골라 설명하라." 등이었다.

(이 책 초고를 교정 중인 2018년 3월, 현대자동차는 입사시험에서 역사 에세이를 빼겠다고 발표했다. 원래 의도와 달리 현대차 입사 준비 사교육이 성행하는 등 사회적 비용이 크다는 이유에서였다.)

SK그룹은 2014년부터 필기시험에 역사 영역을 추가해 열 문 제를 냈다. LG그룹도 같은 해 인·적성검사에서 인문 역량 부문을 새로 만들어 한자와 한국사 문제를 열 개씩 냈다. 그해 삼성그룹 직무적성검사에는 역사 문제가 14개 나왔다. GS칼텍스는 인·적 성검사와 함께 한국사 주관식 시험을 치르고, GS샵은 1차 실무 면 접에서 한국사 지식을 평가한다. CJ그룹은 인·적성검사에 인문학 영역이 있는데 거기서 한국사 문제가 나온다.

언론 보도에 따르면 대기업들이 구직자들이 이런 질문을 던 지는 이유는 "역사와 인문 소양을 갖춰야 진짜 창의적 인재라고 판단하기 때문"이라고 한다. 몇몇 신문은 칼럼으로 '기업이 정부 보다 역사의 중요성을 더 잘 알아본다'고 호의적으로 평가하거나, '기업이 단순히 인문학 소양이 있는 이공계 학생을 가리는 수준에 서 벗어나 인문학과 산업의 진정한 융합을 시도해야 한다'고 주문 했다.

나는 의견이 다르다. 자동차 회사에 필요한 글로벌 인재는 역 사관이 뚜렷한 사람이 아니라, 자동차를 잘 만들거나 자동차를 잘 파는 사람이라고 생각한다. 구직자의 논리력이나 표현력을 보고 싶었다면 고려·조선 시대 인물 중 가장 존경하는 사람에 대해서가 아니라 자율 운행차나 카셰어링 문화가 가져올 변화에 대해 물었 어야 한다고 본다. 현대차에 아쉬운 점, 10년 뒤에 유행할 자동차

디자인, 고급 자동차가 패션 명품과 같거나 다른 점 등 논술 주제
는 무궁무진하다.

정작 대기업들이 낸 역사 문제는 이런 식이었다. 근초고왕, 광
개토대왕, 법흥왕, 진흥왕, 장수왕을 시대순으로 배열하라든가(삼
성), 의금부, 교정도감, 도병마사의 역할을 묻거나(LG), 장군총, 훈
민정음, 팔만대장경, 고려청자, 석굴암 중 같은 시대 유물을 고르
라거나(SK). 그런 문제 잘 푸는 사람이 역사와 인문 소양을 갖춘 창
의적 인재인 건가?

좋다. 역사 공부야 해서 나쁠 거 없다 치고…… 내가 정말 이
해를 못하겠는 건 이런 문제들이다. '정육면체에서 아래 같은 도형
을 제거했을 때 나올 수 없는 도형은?', '종이를 이렇게 접어 구멍
을 뚫은 다음에 펼치면 나오는 그림은?' 그런 문제들이 대기업 필
기시험에 버젓이, 그것도 꽤 많이 나온다. 시각적 사고, 공간 지각
능력을 평가한다고 한다. 그게 구체적으로 어느 부서에서 어떤 일
을 할 때 필요한 능력인가? 주차할 때?

대한민국의 젊은 취업 준비생들이 지금 이 순간에도 참고서
를 사서, 또는 인터넷 강의로, 또는 비싼 수강료를 내고 학원에 가
서 그런 문제를 푸는 법을 배우고 있다. 실리콘밸리의 청년들이 새
로운 알고리즘이나 특허를 궁리할 때 서울의 청년들은 머릿속으
로 색종이를 접거나 돌리거나 오려 내는 훈련을 한다.

이런 시험들, 이런 시험에 몰두하는 사회 분위기가 우리의 창
조적 역동성을 어떻게 막고 있을까. 요즘 젊은이들은 너무 체제에

순응적이다, 면접장에서 구직자들을 보면 다 똑같은 답안을 외워 온 듯해 한숨이 나온다 같은 얘기들은 일리가 있는 걸까.

문학장(場)에서는 어떨까. 공모전 문화가 한국 소설의 창조적 역동성을 막고 있을까. '요즘 젊은 작가들은 기교만 능하다, 등단용 작품을 쓰는 훈련만 되어 있다, 전복적인 작품이 안 나온다'는 지적은 일리가 있을까.

4장과 6장에서 그 얘기를 해 보자.

4

2000년 이후 생겨난
장편소설공모전들

후발 주자 공모전들

이제 2000년대와 2010년대로 넘어와 보자.

문학동네소설상과 한겨레문학상의 성공 이후 여러 출판사와 언론사들이 장편소설공모전에 뛰어들었다. 결과는 신통치 않았다. 2000년 이후 생긴 장편소설공모전 중 현재까지 성공했다는 평가를 받는 건 제정 당시 국내 최고 상금 1억 원을 내건 세계문학상 정도다.

원인은 별것 없다. 한국 문학계가 1년에 예닐곱 명씩 되는 '대형 신인'을 감당할 정도로 크지 않기 때문이다. 영화계나 대중음악계에서도 대형 신인은 1년에 한두 명 나올까 말까다.

2013년 한 해에 개최된 고액 상금 장편소설공모전은 무려 13개였다. 문학동네소설상, 문학동네작가상, 세계문학상, 수림문학상, 오늘의작가상, 자음과모음 네오픽션상, 조선일보판타지문학상, 중앙장편문학상, 제주4·3평화문학상, 창비장편소설상, 한겨레문학상, 한경신춘문예, 합천 다라국문학상. 상금을 다 합하면 7억 원이 넘는다. 상금이 1억 원인 상만 세 개였다. 각종 청소년문학상과, 상금이 2000만 원 미만이고 장편과 단편을 구분 없이 접수하는 직지소설문학상, 전자책 대상 문학상인 디지털작가상을 제외한 것이다.

그렇게 해서 당선작이 없었던 문학동네소설상을 제외하고 2013년에 원고를 받은 장편소설공모전 수상작 12편이 연달아 나왔다. 그러면 그즈음에는 대형 신인이 다달이 나와서 한국 문학계가 사람들의 주목을 왕창 받았을까?

최소한 내 주변에는 그 수상작 12편을 다 읽어 본 사람이 아무도 없다. 문학 담당 기자와 문학평론가, 편집자, 작가 지망생을 포함해도 그렇다. 나 역시 한국 소설 제법 읽는 사람인데, 그 12편을 다 못 읽었다. 이것이 지금 한국에서 한국 소설 읽는 사람들의 현주소다. 신작 한국 영화를 1년에 12편 관람하는 사람은 간혹 보는데, 신작 한국 소설을 1년에 12편 읽는 사람은, 직업과 상관없이 자기가 좋아서 읽는다는 사람은 정말 정말 드물다.

2013년의 당선자들은 공모전이 많아서 다른 때보다 쉽게 소설가가 되고 책을 낼 수 있었던 행운에 감사해야 할까, 아니면 독자들의 관심을 쪼개어 누리게 된 처지를 서럽게 여겨야 할까. 분명한 것은 장편소설공모전 13개는 한국 소설 독자의 규모를 염두에 두지 않은 출혈 경쟁이었다는 사실이다.

어쩌면 한국의 예비 작가 규모도 장편소설공모전 13개를 감당하지 못할 수준인지도 모른다. 2013년에 오늘의작가상과 자음과모음 네오픽션상 당선자는 같은 사람이었다. 이재찬 작가다. 김혜진의『중앙역』은 그해 같은 기간에 공모를 진행한 중앙장편문학상과 창비장편소설상 양쪽의 본심에 다 올라 그중 중앙장편문학상을 받았다. 최홍훈의『홀리건 K』도 그해 수림문학상과 문학동네작가상 본심에 모두 올라 수림문학상을 받았다.

최종 당선되지는 않았지만 한 원고는 2013년 문학동네소설상, 창비장편소설상, 조선일보판타지문학상 등 공모전 세 곳의 본심에 올랐다. 이 작품은 다음 해 수림문학상에도 본심에 올랐다. 또 다른 원고는 2013년 문학동네소설상 본심, 2014년 제주4·3평화문학상 본심, 2015년 세계문학상 본심에 올랐다.

장편소설공모전에 원고를 보내는 응모자들에게 위안이 되는 말일지, 오히려 가슴을 후벼 파는 소리일지 모르겠다. 공모전의 진짜 경쟁률은, 주최 측이 발표하는 것보다 훨씬 낮다고 봐야 한다. 중복 투고가 허용되고, 진지하게 글을 쓰는 응모자들은 같은 원고를 여러 해 동안 여러 곳에 보내기 때문이다.

2010년 이후 장편소설공모전 수상작 중에서만 따져도 이전에 다른 공모전의 본심에 오른 적이 있었던 작품은 다음과 같다. 한겨레문학상을 받은『모던 하트』와『상실의 시간들』,『누운 배』, 세계문학상 수상작인『컨설턴트』, 창비장편소설상 수상작인『컴백홈』, 혼불문학상 수상작인『프린세스 바리』, 황산벌청년문학상 수상작인『고마네치를 위하여』.

수림문학상 수상작인『나의 골드스타 전화기』와 조선일보판타지문학상 수상작인『아홉 개의 붓』은 각각 수상 2년 전에 같은 공모전의 본심에 올랐던 작품들이다. 낙선하고 개작하고 같은 공모전에 다시 응모해서 2년 만에 본심에 또 올라 당선된 것이다. 두 공모전 모두 심사위원 구성은 2년 사이에 크게 달라지지 않았다. '어, 이거 재작년에 본 원고인데, 그때 떨어뜨리면서 심사평도 썼는데, 이번에는 최종 당선작으로 뽑아야 하나.' 하고 망설였을 것이다. '새로운 원고 없나.' 하고 고민도 했을 것이다.

2017년 10월 현재 전통적인 방식으로 시행되고 있는 고액 상금의 장편소설공모전은 모두 9개(문학동네소설상, 세계문학상, 수림문학상, 제주4·3평화문학상, 창비장편소설상, 한겨레문학상, 한경신춘문예, 혼불문학상, 황산벌청년문학상)인데, 그 각각의 경쟁률이 200대 1에서 300대 1 정도다. 그 200~300편의 응모 원고가 서로 상당수 겹치고, 당선작은 8편이 나온다고 계산하면 실제 경쟁률은 수십 대 1 정도 아닐까.

역으로 주최 측이나 심사위원들 눈에는 새로운 원고가 그만큼 많지 않다는 뜻도 된다. 2장에서 소개한 고참 편집자의 푸념이나 3장에서 이기섭 한겨레출판 대표가 한 얘기를 다시 옮긴다.

"응모하는 사람들이 원고를 여기 보내고 저기 보내고 하니까 당선작도 그 작품이 그 작품이에요."

"작가 지망생 풀이 너무 좁습니다. 개작을 거치면서 매번 돌아오는 작품들이 있어요."

후발 주자 출판사들은 공모전이 생각보다 비용이 많이 들고 성과가 금방 나오지 않는다는 사실을 알고 당황했다.

그중에는 2009년 멀티문학상을 만든 위즈덤하우스 미디어그룹도 있었다. 멀티문학상은 야심 찬 상이었다. 상금은 1억 원이었고, 수상작은 책으로 출간하는 동시에 영화와 TV 드라마로도 제작한다는 계획이 있었다. 출판사인 위즈덤하우스가 처음 아이디어를 냈고, 영화 투자 배급사인 쇼박스와 SBS가 함께 비용을 부담해 공동 주최자가 됐다.

멀티문학상 예심 심사위원은 모두 9명이었는데 문학계 전문가 3명, 드라마 전문가 3명, 영화 전문가가 3명이었다. 1회 본심 심사위원단에는 정이현 소설가, 고흥식 SBS CP, 영화 『음란서생』을 연출한 김대우 감독이 참여했고, 이외수 작가가 심사위원장을 맡았다.

'책으로도, 영화로도 만들어진다'는 조건은 예비 작가들에게는 무척 매력적으로 들렸고, 1회 응모작은 448편이나 됐다. 1회 수상작은 김이환의 『절망의 구』였고, 최종 후보작인 진소라의 『D등급 그녀』도 위즈덤하우스가 책으로 펴냈다.

같은 해에 비슷한 상이 또 있었다는 사실도 흥미롭다. 살림출판사와 영화 배급사 프라임엔터테인먼트가 만든 '대한민국 문학&영화 콘텐츠 대전'이다. 이 공모전에는 장편소설뿐 아니라 청소년소설, 동화, 과학 저술, 사회 문화 비평, 만화, 시나리오 부문까지 있었다. 총 상금은 3억 원, 장편소설 부문 상금은 1억 원이었다. 그즈음 엔터테인먼트 산업의 원천 콘텐츠로서 글이 가진 힘에 주목하고 그와 같은 기획 아이디어를 떠올린 사람들이 꽤 있었던 것 같다.

그러나 멀티문학상은 2회를 끝으로 사라졌다. 2회에는 수상작을 내지도 못했다. 살림출판사의 대한민국 문학&영화 콘텐츠대전도 장편소설 부문 당선작을 내지 못했다. 대한민국 문학&영화 콘텐츠대전은 이후 공모도 찾을 수 없다. 나는 그 이유를 물으러 경기 고양시에 있는 위즈덤하우스 미디어그룹을 찾아갔다.

연준혁 위즈덤하우스 미디어그룹 대표는 개량 한복을 입고 있었는데 굉장히 동안이었다. 인상도 아주 좋았다. 그는 당시 상황을 차분히 들려주었다.

인터뷰

"멀티문학상은 왜 실패했나요?"

장강명: 멀티문학상을 만든 배경부터 들을 수 있을까요?
연준혁 위즈덤하우스 미디어그룹 대표: 제일 처음에 제안한 곳은 저희였어요. 회사 안에서 종이책과 전자책 외에 콘텐츠를 멀티유즈할 수 있는 길을 찾아야 한다고 생각했죠. 그때 저희가 방송국이나 영화사와도 네트워크가 있었거든요. 그래서 자연스럽게 얘기가 나왔어요. 세계문학상이 1회부터 5회까지 반응이 되게 좋았잖아요. 영화나 드라마로도 만들어지고.(세계문학상 1회 수상작인 『미실』은 20만 부

이상 팔렸고, 2회 수상작 『아내가 결혼했다』와 5회 수상작 『내 심장을 쏴라』는 영화로, 4회 수상작 『스타일』은 드라마로 만들어졌다.) 세계문학상은 세계일보 혼자서 하는데도 이런데, 처음부터 출판사, 영화사, 방송사가 함께하면 영상화하기 좋은 작품을 더 잘 고를 수 있을 거라고 기대했죠.

장강명: 그러면 돈도 세 곳이 똑같이 부담한 건가요?

연준혁: 저희, SBS, 쇼박스가 각각 5000만 원씩 투자했어요. 1억 원은 상금으로 지급하고 5000만 원은 운영비로 쓰자고 했죠. 몇 년치 예산을 확보한 건 아니고 매년 그렇게 내기로 했어요. 행사 주관과 작품 검토는 저희가 하고, 영상화는 영화사와 방송사에서 알아서 진행하고요. 다들 뭔가 대단한 게 나올 거라고 기대한 거예요. 그런데 1회 수상작이 영화와 드라마화가 잘 안 됐어요. 그러다 보니 주최 측이 무안해졌죠.

장강명: 2회 수상작을 내지 못한 건 심사위원들 결정이었나요? 아니면 주최 측 의견이 좀 반영됐나요? 영화화하기 어려운 건 뽑지 말라든가.

연준혁: 심사위원들이 뽑지 말자고 했어요. 책으로 낼 만한 수준의 작품이 있었으면 냈을 거예요. 그런데

그럴 만한 수준이 되는 게 없었어요. 응모작은 많았는데. 출판사, 영화사, 방송사, 이렇게 세 군데가 손을 잡다 보니까 장르소설로 당선작을 내야 하는데, 정말 요즘 전자책으로 내기도 민망한 수준의 원고들이었어요. 심사위원장이 '내 이름 걸고 상 주기 어렵다'고 했을 정도였으니까요. 기발한 아이디어는 많았어요. 그런데 소설로서는…… 문장은 정말 안 되더라고요. 거의 대부분 그랬던 것 같아요.

장강명: 이유가 뭐였을까요?

연준혁: 깊게 생각해 보지는 못했는데요. 쓰는 사람들이 두 그룹으로 갈라져 있던 게 가장 큰 원인 아니었나 싶어요. 소설가 지망생과 영화 시나리오작가 지망생으로. 소설가 지망생들은 문예창작과 출신이 많고, 정식으로 글 쓰는 훈련을 받고, 등단해서 문예지에 실리고, 그런 과정을 거치잖아요. 그런데 멀티문학상 같은 상을 받으면 자기가 걸으려는 길에서 벗어나는 느낌이라서 여기에 원고를 낼 생각을 못 했던 것 아닐까, 그런 생각이고요. 영화 시나리오작가 지망생들은 이게 소설 공모전인데 소설을 쓰는 훈련이 안 되어 있었던 거 같고요. 그

중가 지대가 없었던 것 아닐까.

장강명: 그래도 2회 만에 상을 접은 건 너무 빠르지 않습니까?

연준혁: 제가 2010년에 위즈덤하우스 대표가 됐는데, 그해 여름에 그만두자고 결정을 내렸습니다. 더 이상 진행이 어렵겠다고 판단했어요. 2009년부터 회사가 초고속으로 성장해서 이때가 성장통을 겪느라 제일 힘들 때였어요. 직원들 급여를 제대로 줄 수 있을지 걱정해야 할 상황이더라고요. 5000만 원을 문학상에 투자하기가 어려웠어요. 폐지 얘기는 저희가 먼저 꺼냈는데, 다른 두 곳에서도 거의 비슷한 이야기가 나왔어요. 반응이 시원치 않고, 그만했으면 좋겠다. 저희가 그 상황에서 아니다, 더 해 보자고 할 수는 없었고, 그러면 접자, 이렇게 된 거죠.

장강명: 멀티문학상이 없어진 가장 큰 이유는 응모작이 받쳐 주지 않았기 때문이라고 보면 될까요?

연준혁: 그때는 그렇게 판단했는데, 지금은 저도 만 5년 이상 회사를 경영해 보니 아무리 좋은 아이디어라도 당장 성과를 내는 경우는 드물더라고요. 안 좋은 아이디어도 꾸준히 노력하고 정성 들여 가꾸

면 기본은 하더라고요. 아마 지금이었다면 바로 접지는 않았을 것 같아요. 굉장히 정성을 들여 가꿔야 한다고 판단했을 것 같아요.

장강명: 응모작을 다듬는 작업을 말씀하시는 건가요?

연준혁: 그것뿐 아니라…… 좋은 응모작을 받으려면 우선 홍보를 많이 해야겠죠. 재능 있는 사람들이 응모를 고려할 만큼 기존 성공작도 있어야 하고요. 그런 성공작들이 소문이 나면 조금씩 사람들이 관심도 가질 테고요. 물이 끓을 때까지 군불을 땔 때 가면서, 그렇게 다듬고 정성을 들이고 하는 부분이 필요하다는 걸 절실히 느껴요. 바로 성과가 나는 건 없어요, 해 보니까. 그런데 그때는 회사가 너무 급했어요. 세 곳의 주체가 모두 너무 마음이 급해서. 당장의 성과가 안 나니까 동력이 확 떨어졌어요.

장강명: 꾸준히 갔다면 소설가 지망생들도 "그 상 역사가 있는 상이래." 하면서 원고를 냈을 수 있고, 시나리오작가 지망생들도 "더 공들여 봐야지."라면서 문장을 더 고민했을 수 있다는 말씀인가요?

연준혁: 네, 그런 생각도 해요. 등단 준비를 하면서도 등단한다고 삶이 대단히 바뀌지 않는다고 생각하는 분들도 있을 것 같고, 문장 훈련은 따로 하지 않지만

문학에 대한 꿈이 있는 분들, 그런 분들이 원고를 낼 수 있지 않았을까 싶고. 그때 안 접고 계속 운영했으면 일정 정도 성과는 내지 않았을까, 지금도 하고 있다면 작년이나 올해쯤 수상작 중에서는 대중의 주목을 받는 작품이 나오지 않았을까, 하고요.

장편소설공모전을 평가해 본다면

그렇게 2000년대 우후죽순 생긴 장편소설공모전들의 성과를 평가하는 방법이 있을까? 인재 선발 비용이 너무 돈이 많이 들어 몇 년 가지 못한 제도라면 그 자체로 실패라고 볼 수 있겠지만, 5년 이상 지속된 공모전이라면?

장편소설공모전을 문학계의 신인 채용 사업이라고 간주하고, 기업 인사팀의 성과를 평가하는 잣대를 들이대 보면 어떨까. 선발한 인재들이 이후에 일을 얼마나 잘 했는지, 금방 퇴사하지 않았는지 등을 살피는 거다.

표 4.1은 1995년 이후 5년 이상 진행된 장편소설공모전과 그 당선자를 모은 도표다. 예술적 성취에 대해서는 평가할 재주가 없다. 당선자가 이후에 작품 활동을 얼마나 활발히 했는지만 따져봤다.

표 4.1 주요 고액 상금 장편소설공모전과 당선자

연도	문학동네 소설상	문학동네 작가상	세계 문학상	수림 문학상	오늘의 작가상	자음과모음 네오픽션상	작가세계 문학상	조선일보 판타지 문학상	중앙장편 문학상	제주4.3 평화문학상	창비장편 소설상	한겨레 문학상	한경 신춘문예	혼불 문학상
1995	은희경				이혜경		최문희							
1996	전경린	김영하 조경란			김이소		정정희							
1997	윤애순	전혜성			김호경							김연		
1998					이치은		손종일					한창훈		
1999	김영래	이신조			고은주 우광훈							김곱치		
2000		이지민			이만교									
2001		박현욱			박경원							박정애		
2002	이해경				정미경							심윤경		
2003		박민규			김종은							박민규		
2004	천명관	전수찬			한수영							권리		
2005	박진규	안보윤	김별아		윤순례							조두진		
2006	김언수	이상운	박현욱		권기태 박주영							조영아		
2007	김진규	정한아	신경진		이홍						서유미	서진		
2008		백영옥			고예나						한재호	윤고은		
2009	김기홍	장은진	정유정		우승미			이준일	임영태		문진영	주원규		
2010		김유철	임성순		김혜나	유현산			고은규 오수완		황시운	최진영		
2011	조남주	황현진	강희진		전석순			김재석 정진영	심재천		기준영	장강명		최문희
2012	이영훈		전민식		최민석			구한나리	이수진		김학찬	강태식		박정윤
2013		홍희정	박향	최홍훈	이재찬	이재찬		박지영	김혜진	구소은	정세랑	정아은	최지운	김대현
2014			정재민 이동원	장강명	김기창					양영수		최지월	김의경	박혜영
2015	이유	장강명	김근우						이지	장강명		한은형	홍준성	이광재
2016	도선우		조영주	김혜나						정범종	금태현	이혁진	하유지	박주영
2017	황여정		도선우	이진						손원평		강회길	박유경	권정현

　흰색 바탕의 칸에 이름이 적힌 작가는 당선 이후 자기 이름을 건 소설 단행본을 두 권 이상 낸 사람이다. 옅은 회색 칸에 이름이 있는 작가는 당선 이후 소설 단행본을 한 권 낸 사람이고, 짙은 회색 칸에 이름이 있으면 당선작이 소설로는 마지막 책이었다는 의미다. 최근에 당선된 신인은 당연히 대부분 이 칸에 이름이 적혀 있다. 공모를 했는데도 사람을 뽑지 못한 해는 더 진한 색으로 칸을 칠했다.

　거칠게 말해 흰 칸이 많고 짙은 회색이 적을수록 성과가 좋은 공모전이다. 물론 다른 모든 당선자를 압도하는 한 명의 천재도 있을 수 있고, 작품을 많이 썼다는 게 어느 작가의 질을 설명하지도 않는다. 어느 출판사가 자신들이 주최한 공모전 당선자에게 기고와 출간 기회를 더 많이 줬을 수도 있다.

　그러나 진짜 '물건'이다 싶은 신인은 어느 공모전 출신이건 여러 출판사로부터 원고 청탁과 출간 계약 제안을 받았을 것이다. 데뷔작 이후로 3, 4년 이상 책 한 권 내지 않는 신인을 선뜻 옹호하기도 어렵다. 그 데뷔작이 아무리 훌륭했다 하더라도.

도표를 살펴보면 먼저 문학동네소설상과 문학동네작가상은 2008년 이후 성적이 좋지 않다. 두 상은 결국 2017년에 합쳐졌다.

2001년 이후 오늘의작가상과 한겨레문학상 당선자를 살펴보면 한겨레문학상이 확연하게 우위에 있다. 오늘의작가상은 2015년부터 공모 방식을 포기했다.

현재 신문사가 주최하는 장편소설공모전인 세계문학상과 한경신춘문예의 최근 5년간 성과를 비교해 보면 세계문학상의 승리다. 역사가 오래됐고 상금도 훨씬 더 많으니 당연하다면 당연한 결과다.

5~7회 만에 사라진 공모전 중에는 그나마 중앙장편문학상이 선방했다. 네오픽션상이나 조선일보판타지문학상의 결과는 문자 그대로 어둡다.

네오픽션상보다 조선일보판타지문학상이 더 큰 실패였다. 들어간 돈의 단위가 달랐다. 네오픽션상은 2회 상금이 5000만 원, 5회 상금이 3000만 원이었다. 조선일보는 1회부터 5회까지 대상 상금이 내내 1억 원이었고, 초등부와 중등부 공모가 따로 있어 거기서 최우수상과 우수상도 뽑았다.

홍보도 굉장했다. 조선일보에서 원고를 보내 달라는 사고(社告)만 스무 번 가까이 냈다. 데릭 랜디, 줄리아 골딩, 패트릭 네스, 캐스린 래스키, 피터 비글, 몬스 칼렌토프트 같은 해외 유명 판타지 작가를 인터뷰하는 시리즈 기사도 있었고, '대런 섄 시리즈'의 작가 대런 섄으로부터 응원 편지도 받았다. 장르소설 전문가들이 각자 추천작 서평을 올리고, 문학평론가가 「조선일보 판타지문학상에 거는 기대」 같은 특별 기고문을 썼다. 「판타지문학상 심사위원이 말하는 당선 요령」 같은 기사도 실었다. 당선작도 화끈하게 밀어 줬다.

표 4.2 조선일보에 실린 조선일보판타지문학상 공고 모음

알립니다	대한민국의 '해리 포터'를 찾습니다…고료 1억 원	2009. 1. 13.	1면
알립니다	조선일보판타지문학상 2009 "한국의 해리 포터를 찾습니다"	3. 16.	24면
알립니다	'판타지문학상' 공모 내달 마감	7. 13.	21면
알립니다	당선작 고료 1억 원…이달 말 마감	8. 10.	21면
알립니다	'한국의 해리 포터' 공모…일주일 남았습니다	8. 25.	1면
알립니다	한국의 '해리 포터'를 찾습니다	2010. 5. 11.	1면
알립니다	고료 1억 원 '판타지문학상'… 한국의 조앤 롤링을 찾습니다	5. 31.	23면
알립니다	고료 1억 원 '판타지문학상' 한국의 조앤 롤링은 바로 당신!	7. 19.	23면
알립니다	2010 판타지문학상, 이달 말 공모 마감	9. 6.	23면
알립니다	'2010 판타지문학상' 마감 열흘 앞으로	9. 20.	20면
〔조선일보판타지문학상 2010〕 판타지문학상 마감, 내년부터 4월로 앞당겨		11. 22.	23면
알립니다	도전하라 '1억 판타지'	2011. 2. 7.	1면
알립니다	1억 원! 판타지에 도전하라…'조선일보판타지문학상' 공모	3. 3.	2면
알립니다	1억 원의 판타지, 당신이 주인공	2012. 1. 16.	2면
〔조선일보판타지문학상 2012〕 한국의 존 그리샴을 찾습니다		3. 27.	23면
알립니다	〔조선일보판타지문학상 2012〕 마감 일주일 남았습니다	4. 23.	2면
알립니다	없나요, 한국의 조앤롤링…1억 고료 '판타지문학상' 공모	2013. 1. 30.	2면
판타지문학상, 1억 고료의 주인공을 찾습니다		3. 18.	21면
판타지문학상, 4월 30일에 마감합니다		4. 15.	21면

그런데 대상 당선자 다섯 사람 중 이후에 소설 단행본을 출간한 사람이 한 명밖에 없다. 그나마 딱 한 권을 낸 건데, 당선작의 속편이었다. 『치우와 별들의 책』으로 1회 대상을 수상한 이준일 작가가 『치우와 파수꾼의 탑』을 낸 것이다. "치우 시리즈 두 번째 이야기"라는 홍보 문구로 봐서는 시리즈물로 이어 가려 했던 모양이나, 3권은 나오지 않았다.

당선자들이 장르소설, 판타지소설 작가라서 출간 기회를 얻기 힘들었을 것이라는 반론도 있을 수 있다. 그런데 2010년대가 장르소설 출간이 그리 어려운 시대도 아니고, 자음과모음 네오픽션상도 장르소설을 뽑는 상이었다.

조선일보판타지문학상 5회 수상작인 박지영의 『지나치게 사적인 그의 월요일』이나 네오픽션상 2회 수상작인 유현산의 『살인자의 편지』는 둘 다 추리 스릴러물이다. 그런데 박지영은 그 뒤로 책을 더 내지 못했고, 유현산은 스릴러를 두 권 더 출간했다.

무엇보다 국내 장르소설, 판타지소설 독자들이 조선일보판타지문학상 당선작에 시큰둥한 반응을 보였다. 이쯤 되면 장르소설을 폄하하는 문단의 분위기 때문에 좋은 작품이 제대로 평가를 받지 못했다는 말은 하기 어렵다. 장르소설을 폄하하지 않는 애독자들도 당선작들을 높게 평가하지 않았다. 조선일보의 영향력이 문예지보다 약하지도 않을 테고 말이다.

주최 측에는 몹시 미안한 얘기지만, 신인 발굴이라는 측면에서 조선일보판타지문학상은 1995년 문학동네소설상이 생긴 뒤로 5년 이상 지속된 장편소설공모전 중 가장 초라한 결과를 낸 공모전이다.

좋은 의도에 시의적절한 기획이었음에도 불구하고 조선일보 판타지문학상은 왜 큰 성과를 올리지 못했을까? 좀 더 깊이 들여 다보자. 그 문제를 살피면 똑같은 장르소설공모전인데 왜 조선일보판타지문학상이 네오픽션상보다 더 성과가 빈약한지, 지금의 장편소설공모전들이 왜 전복적 상상력의 수상작을 내지 못하는지에 대해 힌트를 얻을 수 있다.

조선일보판타지문학상의 한계

먼저 밝혀 두고 싶은 게 있다. 조선일보판타지문학상은 그동안 문학계와 출판계에서, 또 장르소설 독자들로부터 많은 비판을 받았다. 나도 그 비판자 중 한 사람이었고, 지금부터 이어질 내용도 역시 비판이다.

그러나 공정하게 말하자면, 대중소설과 장르소설을 상대로 한 2000년대 장편소설공모전 중에서 이 상만큼 주최 측이 책임감을 지니고 성의 있게 콘테스트를 운영한 예도 달리 없다. 아마 전체 장편소설공모전 중에서도 그럴 것이다. 홍보와 마케팅은 대단했고, 심사위원들은 모두 묵직한 권위를 갖춘 문학계 인사들이었다. 주최 측의 준비나 정성이 부족했다는 말은 결코 할 수 없다.

앞에서 언급한 멀티문학상은 2회, 대한민국 문학&영화 콘텐츠대전은 1회로 끝났고, 황금가지 출판사가 만든 황금드래곤문학상은 3회, 북하우스가 만든 한국판타지문학상은 4회로 끝났다. 그

상들 역시 대단한 반향을 불러 모은 수상작은 내지 못했다.

제2회 황금드래곤문학상에서 가작을 받은 판타지소설 작가 김주영은 이렇게 한탄했다.

지금도 장르 문학을 지향하는 문학상이 화려하게 나타났다가 흐지부지 사라지는 일은 비일비재하다. 장르문학상은 하나같이 5년이 한계였다. 아마도 투입한 자본을 거둬들이지 못한 점이 크지 않나 한다. 문학상의 생명이 전통성임을 생각하면 몹시 아쉬운 점이다. 전통성을 이어 가지 못하는 장르문학상은 수상자들에게 많은 수혜를 주지도 못했고, 주최했던 출판사들은 수상자들을 지속적으로 뒷받침하지 못했다.*

이런 공모전들, 특히 크게 공을 들인 조선일보판타지문학상이 성과를 내지 못하자 장르소설 전문가, 애호가 사이에는 한국의 장르소설 작가 지망생들은 수준이 낮다는 회의감이 퍼졌다. 응모작의 수준이 낮으니 어쩔 수 없다는 얘기다. 특히 공모전 심사를 하거나 투고를 받아 본 사람들이 그렇게 말했다.

SF 평론가 고장원은 자신이 심사위원으로 나섰던 SF 공모전인 과학기술 창작 문예의 성과에 대해 2006년 이렇게 적었다.

하지만 아쉽게도 양적인 풍성함에도 불구하고 3년간 3회에 걸쳐

---

* 김주영, 「15년 생존 표류기」, 『B평』(환상문학웹진 거울, 2011), 286쪽.

공력(?)을 쌓은 과학기술 창작 문예는 출품작들의 대다수가 수상작 후보의 반열에 오르기에는 상당히 미흡한 것이 또한 사실이다. 이 것은 매년 수상작이 수많은 경쟁작을 아슬아슬하게 물리치고 영광의 자리에 오른다기보다는 몇 편 되지 않는 우수작들 중에서 가려진다는 뜻이다.

(……)

문학작품으로서 최소한의 기본을 갖춘 작품들은 매년 열 손가락으로 꼽기도 힘겨울 정도이다.*

장르 문학 전문 출판사인 북스피어의 김홍민 대표는 한 발 더 나갔다. 조선일보판타지문학상이 사라진 다음 해인 2014년 《주간경향》 7월 29일자에 실린 그의 칼럼 「왜 한국의 추리소설이 발전해야 하는가」 중 일부다.

한국의 히가시노 게이고를 만들기 위해 억지로 비평적 담론을 만들고 거액의 상금을 지급하여 한 방에 뭔가를 구축하려는 움직임 역시 이제까지 아무런 성과를 거두지 못한 것처럼 앞으로도 성공할 가능성은 희박하다. 이것은 비유하자면 유소년 축구나 국내 리그에 대한 체계적이고 장기적인 비전 없이 무턱대고 월드컵에서의 선전을 바라는 심리와 비슷하다.

* 고장원, 「과학기술 창작문예 문학상: 3년간의 결실을 돌아보다—과학소설은 어떻게 써야 하는가?」, 『Happy SF 2호』(행복한책읽기, 2006); 최진석, 「한국 장르 문학을 둘러싼 정황 — 장르 작가들이 문학상을 타기까지」, 『B평』, 342쪽에서 재인용.

(……)

어차피 히가시노 게이고는 일본에 있는데 굳이 여기에 한 명 더 만들 필요가 있을까. 그러한 투자에 얼마만큼의 효용성이 있을까. 추리소설(장르 문학)은 그냥 추리소설을 잘 쓰는 나라에서 들여오면 되지 않을까. 반대급부로, 한국은 한국이 잘하는 순문학(본격문학)을 지금처럼 열심히 육성하여 내수는 물론 수출에도 기여하게 만드는 것이 정서적으로나 전략적으로 볼 때 더 효율적이 아닌가 하는 생각이 든다.

이 과격하고 위악적인 논리는 일종의 반어법일까? 이 책 뒷부분에 김홍민 대표 인터뷰가 나오니 그때까지 각자 고민해 보기로 하자. 나는 문학을 산업 논리로 접근하는 관점에 대해 같은 산업 논리를 동원해 반박한 얘기로 이해한다. 그리고 한국 장르소설 작가 지망생들이 외국에 비하면 수도 적고 그만큼 부족함이 많다는 데에는 나 역시 동의한다.

그러나 동시에 조선일보판타지문학상, 멀티문학상, 네오픽션상, 황금드래곤문학상, 한국판타지문학상의 기본 전제 자체가 잘못이었다는 생각도 한다.

이 공모전들은 기존 장편소설공모전의 틀을 그대로 가져왔다. 고액 상금을 걸고, 사무국과 위원회 시스템을 갖추고, 비평적 권위가 높은 전문가를 심사위원으로 앉혔다. 말하자면 선배 문학 엘리트가 후배 문학 엘리트를 뽑는 구조였다. 특히 그런 공식에 가장 충실했던 게 조선일보판타지문학상이었다.

그래서인지 조선일보판타지문학상은 여러 장르소설문학상 줌에서도 엘리트 의식이 두드러지게 강했다. '엘리트인 우리가 낙후 산업 종사자들을 계도해서 이 부문을 육성, 진흥하겠다'는 기운이 느껴지는 기사 문장을 몇 개 옮겨 본다.

지금까지 한국문학에서 판타지가 주변부 장르로 폄하된 것은 주제, 문체, 구성, 스토리 등등에서 문단문학에 버금가는 자질을 갖추지 못했기 때문이다. 그러나 이제 문단문학과 장르 문학의 경계가 허물어지는 가운데, 본격문학의 품격을 갖춘 한국형 판타지가 나와야 한다는 문화 산업계의 요구를 충족시켜야 당선권에 들 수 있다.*

이런 사정을 감안할 때 이번 조선일보사가 제정하는 판타지문학상의 의미는 결코 작은 것일 수 없다. 무엇보다도 우리나라 문화를 대표할 만한 판타지 문학의 육성에 밑거름이 될 수 있다는 점에서 그러하다. …… 무엇보다도 상의 영광이 주어질 수 있는 작품은 문학적 품격을 갖춘 것이 되어야 할 것이라는 점이다. 그동안 우리 주변에서 부침을 거듭했던 기존의 판타지 문학에 대한 차분한 반성과 냉철한 비판이 요구됨은 이 때문이다.**

이런 작가 정신을 결여한 판타지 문학 작가들은 종종 기성 판타

---

* 「'조선일보판타지문학상'에 당선되려면」, 2009. 1. 13. A20면.
** 「'조선일보판타지문학상'에 거는 기대」, 2009. 1. 19. A20면.

지 문학 작가들의 스타일을 답습하거나 이미 상투화된 환상 요소 및 서사 구조에 의존하게 마련인데, 이래서는 판타지 문학의 문학적 완성도는 물론 독창성도 확보할 수 없다. 독창성 확보라는 측면에서 한국의 판타지 문학은 특히 취약하다.*

이런 주장을 펼친 문학 엘리트들은 표 4.3과 같은 이들이었다. 주로 문학평론가와 문단문학을 쓰는 소설가들로, 대부분 대학교수들이었다.

표 4.3 1~5회 조선일보판타지문학상 심사위원

1회 (2009년)	장경렬(서울대 교수·문학평론가), 정재서(이화여대 교수·문학평론가), 박진(숭실대 교수·문학평론가), 오현종(소설가), 백가흠(소설가), 정이현(소설가), 강유정(문학평론가)
2회 (2010년)	장경렬(서울대 교수·문학평론가), 정재서(이화여대 교수·문학평론가), 박진(숭실대 교수·문학평론가), 박성원(동국대 교수·소설가), 오현종(소설가), 강유정(문학평론가)
3회 (2011년)	장경렬(서울대 교수·문학평론가), 정재서(이화여대 교수·문학평론가), 김동식(인하대 교수·문학평론가), 박성원(동국대 교수·소설가), 강유정(문학평론가), 전민희(소설가)
4회 (2012년)	장경렬(서울대 교수·문학평론가), 정재서(이화여대 교수·문학평론가), 김동식(인하대 교수·문학평론가), 박성원(동국대 교수·소설가), 박형서(고려대 교수·소설가), 전민희(소설가)
5회 (2013년)	장경렬(서울대 교수·문학평론가), 정재서(이화여대 교수·문학평론가), 김동식(인하대 교수·문학평론가), 박성원(동국대 교수·소설가), 박형서(고려대 교수·소설가), 강지희(문학평론가)

---

* 「〔특별기고〕 판타지문학상 심사위원이 말하는 '이렇게 하면 당선된다'」, 2011. 2. 7. A23면.

네오픽션상, 한국판타지문학상, 황금드래곤문학상도 심사위원 구성은 주 서일보판타지문학상과 크게 다르지 않았다.

황금드래곤문학상 1회 심사위원은 서울대 교수이자 문학평론가인 김성곤, 한신대 교수이자 문학평론가인 서영채, 그리고 소설가 이영도 등이었다. 한국판타지문학상 1회 심사위원은 소설가이자 번역자인 이윤기, 문학평론가 이성욱, 서영채였다. 네오픽션상 1회 심사위원은 동국대 교수이자 소설가인 박성원, 문학평론가 복도훈, 손정수, 심진경, 정여울, 황광수였다.

그런데 이들이 정말 한국의 조앤 롤링이나 존 그리샴을 발견하는 데 가장 뛰어난 눈을 가진 사람들이었을까?

조선일보판타지문학상 심사위원 중에는 3회와 4회에 참여한 전민희 작가를 제외하면 대중소설, 판타지소설을 써 보거나 팔아 본 경험이 있는 사람은 아무도 없었다. 그들은 장르소설 독자들이 원하는 바를 몰랐다. 궁금해하지도 않았다. 대신 자신들이 문학상 수상작을 뽑으면 장르소설 독자들이 그걸 원하게 되리라고 믿었다. 착각이었다.

나는 3장에서 장편소설공모전을 공급자가 주도한, 계몽적·엘리트주의적 문예운동이라고 표현한 바 있다. 그리고 조선일보판타지문학상이 실패한 가장 큰 이유는 그 개념을 가장 충실하게 따랐기 때문이라고 생각한다. 장르소설은 '밀어내기'가 가능하지 않은 분야였다. 재미있는 읽을거리를 찾는 독자들은 평론가의 조언을 귀담아듣기보다는 귀찮아 한다.

게다가 엘리트들이 전혀 도움이 안 되는 영역이 엔터테인먼트 시장 전망이다. 이 분야는 기본적으로 날씨와 같다. 어떤 작품이 성공하고 어떤 작품이 실패할지 아무도 모른다. 사후 분석만 가능할 따름이다.

『해리 포터와 마법사의 돌』원고를 거절한 출판사들은 도대체 무슨 생각으로 그런 실수를 저지른 걸까? 한두 곳이면 몰라도, 어떻게 열두 곳이나 되는 출판사의 편집자들이 그 원고의 가치를 못 알아보고 퇴짜를 놓을 수 있었을까? 자신들이 아동문학 전문가라고, 그 시장을 잘 안다고 생각했기 때문이다. 『해리 포터와 마법사의 돌』은 어린이용 소설로는 지나치게 길었다. 대사가 너무 적고 지문은 너무 많았다. 아이들은 점점 더 책을 안 읽는데 말이다. 게다가 그즈음 아동문학 트렌드는 따돌림 문제 등을 다루는 현실적인 책이었는데, 『해리 포터와 마법사의 돌』은 완전 딴판이었다. 그러면 블룸즈버리 출판사는 왜 조앤 롤링과 계약을 맺었을까? 신생 출판사라 아동문학 출간 경험이 거의 없었기 때문이다. 담당 편집자는 그냥 원고가 재미있다고 생각했다.

소설뿐 아니라 영화나 드라마, 음악도 마찬가지다. 수십 년 경력의 프로듀서와 누구나 천재라고 평가하는 감독과 수백만 명의 팬을 거느린 스타 배우와 MBA 학위 소지자로 가득한 마케팅팀이 뭉쳐 만든 할리우드 대작 영화가 늘 성공하던가? 그렇지 않다. 매년 재앙이나 다름없는 성적을 내는 블록버스터가 꼭 한두 편씩 나온다. 그런가 하면 가난하고 배경도 별것 없는 젊은 감독이 아르바이트로 모은 돈으로 친구들과 후다닥 찍은 영화도 매년 한두 편씩 엄청난 성공을 거둔다.

싸이의 「강남스타일」이 그렇게 세계적인 히트곡이 되리라고 내다본 대중음악 전문가가 한 명이라도 있었을까? 이 노래를 발표 직후에 정부 기관에 들고 가 '글로벌 한류 콘텐츠 수출 지원 사업' 예산을 요청했다면 어떤 반응이 나왔을까? 한국 정부가 막걸리 세계화를 위해 '드렁큰 라이스(drunken rice)'라는 영문 명칭을 제안했을 때 세계인들은 "근육보다 사상이 울퉁불퉁한 사나이"라는 한국어 가사를 따라 부를 준비가 되어 있었다. 대중문화의 역동성이란 그런 것이다.

1996년에 경제학자 아서 드 바니와 데이비드 월스가 1980년대 영화 300편이 어떻게 흥행했는지를 분석했는데, 결론은 '별 패턴이 없다'는 것이었다. 나는 이 연구에 대한 이야기를 미국 시사 잡지 《애틀랜틱》의 부편집장인 데릭 톰슨이 쓴 『히트 메이커스』에서 읽었다. 대중문화의 메가히트작들이 어떻게 해서 성공했는지 과정을 분석한 이 책에서 저자는 "문화 시장은 카오스 그 자체"라고 간단히 정의한다.

"창의력이 곧 상품인 문화 사업은 확률 게임이라고 해도 과언이 아니다. …… 이른바 '창의력 시장'에 내재한 카오스 특성을 치유할 해결책은 존재하지 않는다. 오로지 카오스를 이겨 내는 불굴의 투지와 끈기만이 문제를 해결할 수 있을 뿐이다."*

---

* 데릭 톰슨, 이은주 옮김, 『히트 메이커스』(21세기북스, 2017), 306~307쪽.

혁명적인 신인

엘리트들이 한계에 부딪히는 영역이 한곳 더 있다. '전복적이고 혁명적인 작품'을 알아보는 분야다. 전복적인 작품은, 문자 그대로 체제를 전복하려 든다. 따라서 구체제의 엘리트들은 자기도 모르는 사이에 거기에 저항하게 되기 쉽다. 상상을 뛰어넘는 혁명적인 작품은 엘리트의 상상력 밖에 있다. 그러므로 엘리트는 그런 작품을 이해하지 못한다. 종종 엘리트들이 일반인보다 더 느리다. 왜냐하면 자기 상상력 바깥에 뭔가가 더 있다는 사실은, 엘리트보다 엘리트가 아닌 사람들이 더 잘 알기 때문이다.

1860년대 프랑스 화가들의 꿈은 '살롱전'에 자기 작품이 걸리는 것이었다. 그때 살롱전은 프랑스뿐 아니라 유럽에서 가장 중요하고 가장 이름난 예술 전람회였다.

프랑스를 포함한 세계 각국의 화가들은 매년 4월 1일까지 이 전람회에 그림을 두세 점 제출했다. 그러면 전문가들이 투표로 작품을 심사했다. 이 선배 미술 엘리트들은 사진 같은 그림, 엄숙하고 진지한 그림을 선호했다. 오늘날 우리가 신고전주의, 그리고 낭만주의라고 부르는 작품들이다. 이렇게 선발된 작품은 파리 샹젤리제 거리와 센강 사이에 있는 전시회장인 산업궁에 걸렸다. 전시 기간은 한 달 반이었는데, 100만 명이 넘는 관람객이 왔다. 그 시대 화가에게 이 살롱이 어찌나 중요했던지, 자기 작품이 뽑히지 못했다고 자살하는 사람도 있었다.

1863년은 살롱전의 인기가 최고조에 이른 시기였다. 출품작은 무려 5000점이었다. 이해에 1등상은 알렉상드르 카바넬의 「비너스의 탄생」이 차지했다. 꽤나 야하고 관능적이기 때문에 관람객들이 가장 보고 싶어 한 그림이기도 했다. 당시 프랑스 황제였던 나폴레옹 3세도 홀딱 반해 이 작품을 사들였다.

이 그림은 우리가 흔히 아는 보티첼리의 「비너스의 탄생」과는 다른 작품이다. 카바넬의 그림에서 비너스는 옆으로 누워 있고, 커다란 조개도 없다. 오늘날 이 그림을 1863년 살롱 출품작 중 가장 중요한 작품으로 꼽는 이도 없다.

그해의 가장 중요한 응모작은 살롱에 뽑히지 못했다. 그 그림은 '낙선전'에 걸렸다. 살롱에서 떨어진 작품이 3000점이나 되고, 거기에 반발이 심하게 일자 나폴레옹 3세가 특별 지시를 내려서 생긴 1회성 전시회였다.

1863년 최대의 문제작은 낙선전에서도 엄청나게 욕을 먹었다. 당대 사람들은 대부분 진심으로 그 그림이 형편없다고, 그건 그림도 아니라고 생각했다. 나폴레옹 3세는 직접 보고 나서 "참으로 뻔뻔하다."라며 비난했다. 그 작품은 마네의 「풀밭 위의 점심식사」다. 여자의 나체가 그려져 있다고 욕을 먹은 것은 아니었다. 어떤 기준으로 봐도 1등상이었던 「비너스의 탄생」이 훨씬 더 야한 그림이다. 노출 정도도 그렇고 인물의 표정도 그렇다.

하지만 마네의 그림을 좋아한 화가도 소수 있었다. 살롱전에서 인정받지 못한 젊은 화가들이었다. 소심하고 보수적이었던 마네가 어쩌다 보니 그 반골 무명 화가들의 구심점이 되어 버렸다.

이들은 살롱에 작품을 꾸준히 냈지만 계속 떨어지거나 간신

히 입선하는 데 그쳤다. 「풀밭 위의 점심 식사」가 낙선전에 걸리고
나서 꼭 10년이 지난 1873년, 마침내 젊은 화가들은 살롱에 더 이
상 기대를 걸지 말자고 의견을 모았다. 그러고는 자기들끼리 그룹
전을 열기로 했다. 그룹 이름은 '무명화가협회'라고 붙였다.

1874년 그들의 1회 전시회가 열렸는데, 일정은 살롱전보다 보
름이 앞섰다. 살롱에서 떨어진 작품을 전시했다는 비판을 피하고
싶었기 때문이다. 걸린 작품이 165점이었는데 첫날 관객은 175명
이었다. 그중 절반 정도는 작품을 전시한 무명 화가 10여 명의 지
인이나 친척들 아니었을까? 참고로 내가 사는 서울 신도림동의 지
하철역 지하에는 '고리'라는 이름의 작은 전시 공간이 있는데, 거
기에서 지역이나 대학 동호회의 작품전을 해도 하루 관객이 그보
다는 많이 온다.

한 달 동안 열린 무명화가협회 전시회의 누적 관객은 총 3500
명이었다. 비평가 루이 르루아가 이 전시회를 둘러보고 잡지에 혹
평하는 기고문을 썼다. "벽지도 이 그림보다는 낫겠다. 이 그림에
는 인상만 듬뿍 담겨 있다……." 무명 화가들을 부르는 명칭이 거
기에서 나왔다. 인상파. 이때 작품을 낸 젊은 화가들은 모네, 세잔,
드가, 르누아르, 피사로 등이었다. 현대미술사에서 가장 혁명적이
었고 가장 유명하고 가장 중요한 전시회다.

예술의 역사에서 이런 사건은 결코 드물지 않다. 논쟁과 함께
등장해 악평을 듣고 야유를 받고 조롱당한 혁명적인 작가와 작품
들이 많다. 마네 이후에도 피카소와 뒤샹이 그랬다. 음악에서는 쇤

베르크가 그랬고 스트라빈스키가 그랬다. 「봄의 제전」 초연에서는 거의 폭동이 일어났다.

옛날에만 그런 일이 있었던 게 아니다. 지금은 걸작으로 추앙받는 영화 「블레이드 러너」가 1982년에 나왔을 때 뉴욕타임스는 엉망진창이라고 깎아내렸다. 다른 영화평론가들의 평도 비슷했다. 얼터너티브 록이 처음 등장했을 때 골수 헤비메탈 팬들의 반응은 거의 증오에 가까웠다. 외국에서만 있었던 일도 아니다. 서태지와 아이들이 결성 직후 MBC 「특종 TV 연예」의 신인 평가 코너에 출연했을 때 심사위원들의 평가는 '멜로디가 약하다, 가사가 진부하다, 과격한 춤에 노래가 묻혔다' 등이었다. 서태지와 아이들은 이 코너의 역대 최저점 득점자였다.

공교롭게도 1995년 이후 장편소설공모전 수상작 중 가장 성공적이라고 꼽히는 작품 두 편도 심사 과정에서 논란이 심했다. 박민규의 『삼미슈퍼스타즈의 마지막 팬클럽』은 8회 문학동네소설상 본심에서 낙선한 뒤 다음 해 한겨레문학상에 당선됐다. 이때 문학동네소설상 본심 심사위원 한 사람은 심사평에서 "예선을 거쳐서 넘어온 소설들이 어느 것 하나 쉽게 읽히지 않았다. (……) 그 대부분의 작품들은 내게 문학적 평가는커녕 단순한 이해에도 너무 많은 시간과 거의 힘에 겨운 집중을 요구했다."라고 소감을 밝혔다.

천명관의 『고래』는 '붉게 구운 슬픔'이라는 제목으로 10회 문학동네소설상에 당선됐다. 《문학동네》 2004년 겨울호에 실린 심사 경위에 따르면 심사 분위기는 이랬다.

"무엇보다도 심사위원들은 두세 작품으로 논의가 모아진 뒤 당선작을 결정하기까지 서로 간의 입장 차이를 좁히기가 힘들었다. 결국 예심 위원들까지 가세해 몇몇 작품에 대한 독후가 오간 뒤에야 천명관 씨의 『붉게 구운 슬픔』을 당선작으로 결정할 수 있었다. 물론 그것은 심사 당일 완전한 합의를 보여 주지 못했던 본심 위원 가운데 한 사람이 그다음 날 흔쾌히 동의 의사를 밝혀 옴으로써 이루어진 일이기도 하다."

오늘날 우리는 「풀밭 위의 점심 식사」가 당대 부르주아와 미술계의 가식을 고발했기에 사람들이 거기에 불쾌해했다고 배운다. 그런데 1860년대 보수적인 미술 평론가들이 '이 작품이 우리의 위선을 드러내고 있군! 괘씸하도다!'라는 식으로 생각했던 것은 당연히 아니었다. 그들은 진심으로 「풀밭 위의 점심 식사」가 추하다고 여겼다.

「풀밭 위의 점심 식사」를 자세히 보면 원근법이 맞지 않는다. 가운데 윗부분에 속옷 차림으로 개울에 들어가 있는 여인은 오른쪽에 있는 나룻배에 비해 이상하게 크다. 그리고 전체적으로 갈색과 녹색이 과하다. 당시 평론가들은 그에 대해 '색채가 칙칙하다, 색조를 제대로 쓰지 못한다.'라고 비판했다. 이 그림은 명암에 공을 들이지 않아 상당히 평면적이고 세부 묘사도 꼼꼼하지 않다. 신고전주의 작품들이 사진이라면 「풀밭 위의 점심 식사」는 만화에 가깝다.

무엇보다 심오한 주제를 담고 있지 않다. 당시 회화 작품의 주제는 아름다움의 일부였다. 그래서 화가들은 책을 열심히 읽었고, 신화와 역사에 나오는 신과 영웅들을 그렸다. 그런데 「풀밭 위의 점심 식사」가 전하는 메시지는 대체 뭐람? 그냥 그 시대의 어떤 남자 두 명과 여자 두 명이 소풍을 가서 밥을 먹었는데 분위기가 질척해져서 한 여자가 옷을 홀랑 벗은 장면을 묘사하고 있지 않은가.

이런 점들 때문에 신고전주의나 낭만주의에 익숙한 당대 평론가들은 마네의 그림 실력 자체가 부족하다고 생각했다. 그런데 이런 '단점'들은 그대로 인상주의 회화의 특징을 예고한 것이었다. 실생활의 모습을, 원근법이나 입체감에 얽매이지 않고, 화가가 인상 깊게 받아들인 부분을 크게, 강렬한 색채로 쓱쓱 그리는 것. 그런 특징은 뭔가의 부족함이 아니었다. 새로운 장점이었다.

골수 헤비메탈 팬들은 얼터너티브 록의 단순한 곡 구성과 혼란스러운 가사, 대충 치는 듯한 연주를 하나의 특성이라고 이해하지 못했다. 작곡, 작사, 연주 실력이 부족해서 그런 곡을 쓰고 부르는 거라고 여겼다. 그러나 얼터너티브 록은 되려다 만 헤비메탈이 아니었다. 인상주의가 되려다 만 낭만주의가 아니듯.

이것이 예술 엘리트의 함정이다. 그들은 어떤 흐름의 첨단에 있고, 섬세한 분별력을 익혀 이 파도와 저 파도의 미세한 차이를 구분하게 된다. 그러다 새로운 조류마저 그 관점으로 바라보게 된다.

나는 여기에서 '그러니까 비평가들은 다 바보 멍청이고, 공모전은 전부 헛짓거리'라고 주장하는 게 절대 아니다. 평론가와 공모전의 역할에 대한 내 견해는 오히려 그 정반대에 가깝다.

파리 살롱은 수많은 화가 지망생들에게 꿈과 희망을 주었다. 살롱에서 좋은 성적을 거두기만 하면 당장 대스타가 될 수 있었다. 그들은 그 전 시대 화가들과 달리 돈 많은 후원자의 동향에 신경을 덜 쓰면서 그림에 집중할 수 있었다. 마네를 비롯한 인상파 화가들이 무명을 버티며 꾸준히 그림을 그린 것도 살롱 덕분이었다. 마네는 끝까지 살롱을 고집했다. 그는 무명화가협회에 합류하지 않았고 다른 화가의 참여를 말리기도 했다. 모네와 르누아르는 살롱에 출품하지 않겠다는 약속을 깨고 1회 인상주의 전시회 이후에도 살롱에 작품을 냈다.

살롱은 우수한 작가와 작품을 뽑아 대중에게 알렸다. 다비드, 밀레, 앵그르, 들라크루아가 그렇게 스타가 되었다. 1863년의 1등상 수상작 「비너스의 탄생」도 훌륭한 작품이다. 그 그림은 오르세 미술관에 인상주의의 걸작들과 함께 걸려 있다. 살롱 덕분에 당내 사람들이 미술에 관심을 가졌고 미술 평론이 생겨났다.

신고전주의와 낭만주의 화가들은 살롱에서 격론을 벌였다. 인상주의 앞에 놓고 보면 그 둘의 차이는 사소해 보이지만 말이다. 사실주의를 주장하며 노동자와 농민, 여성 성기를 그린 쿠르베처럼 논쟁적인 인물도 있었다. 쿠르베는 보수적인 화단에 격렬히 저항했지만 그 역시 살롱을 통해 이름을 얻었다. 그 정도의 역동성은 있는 제도였던 것이다.

살롱에서 떨어진 사람이 모두 전복적인 천재 화가였던 것도 당연히 아니다. 예술사에는 제도권의 심사를 거부한 예술가와 전시회와 공연, 상영회, 출판물이 수없이 많다. 그러나 그네들이 다 뛰어나지는 않았다. 사실은 그 반대쪽이 훨씬 더 많으리라. 높은 평가를 받지 못해서 그렇지, 마네, 모네, 드가는 모두 살롱 입선자였다. 무엇보다, 매년 혁명이 필요하지는 않다. 그럴 수도 없다.

내가 말하려는 바는, 전문가들의 합의제 심사로는 놓치기 쉬운 뛰어난 신인들이 있다는 것이다, 대중문화 영역에서 그렇고, 아주 낯선 주장을 펼치는 신인인 경우에 그렇다. 그러니 신인이 데뷔하는 방법이 공모전밖에 없으면 안 된다는 것이다.

2010년 이후 몇몇 장편소설공모전들은 그런 한계를 감지하고 변화를 시도하는 것 같다.

대중소설을 지향하는 공모전들은 실제로 그 책을 팔 사람들인 출판사의 편집부가 심사위원에 참여하거나, 그 책을 읽을 사람들인 독자의 반응을 반영하는 오디션 방식을 도입한 곳들이 많다.

네이버 웹 소설 공모전의 경우 해마다 장르 제한을 두고 있는데, 가장 최근인 2017년에는 로맨스 판타지(판타지 요소가 있는 로맨스 소설) 분야 대상이었다. 응모자가 네이버 게시판에 연재한 소설 2500여 편을 보고 네이버 편집부와 장르소설 전문 출판사 네 곳의 편집부가 함께 9편을 추렸다. 이 9편을 놓고 2주 동안 독자들이 투표를 벌여 최종 수상작 3편을 선정했다. 본상 수상자 세 사람은 각각 1000만 원과 네이버 웹 소설 정식 연재 기회를 받았다.

교보문고와 북이십일, 더스토리웍스가 함께 주최하는 '교보문고스토리공모전'도 예심과 본심 뒤 독자 투표를 거치고, 다음에 최종심을 치른다. 인터파크도서가 실시한 '제1회 K-오서 어워즈'에는 장르소설 출판사 네 곳의 편집부가 심사에 참여했다.

기존의 장편소설공모전은 심사위원 중 원로의 비중을 줄였다. 상당수 공모전들이 2000년대 초반까지도 예심-본심-최종심의 구조로 운영되었다. 먼저 중견 소설가와 평론가들이 응모작을 나눠 받아 각자 한두 편씩 작품을 고른 뒤, 그걸 돌려 읽고, 모여서 서너 편으로 추린다. 그러면 원로 작가들이 그 작품 중에 당선작을 고르는 형태였다.

그러다 보니 최종 당선작에는 원로들의 취향이 많이 반영됐다. 본심 심사위원들이 강력히 지지한 작품이 최종심에서 떨어지고 다른 작품이 당선된 경우도 내가 알기로 최소한 두 건은 있다. 본심 심사위원들이 주최 측에 '이 작품을 눈여겨봐 달라고 최종심 심사위원들에게 전해 달라'고 부탁하기도 했다.

2004년 1회 응모를 받아 2005년 첫 당선작을 뽑은 세계문학상이 먼저 최종심을 없앴다. 세계일보는 심사위원 9명이 문단 경력이나 나이에 관계없이 똑같이 한 표씩을 행사하는 형태를 도입하면서 이렇게 의미를 부여했다.

예심위원들이 초기 단계부터 열심히 작품을 읽고 최종 후보작을 압축해 놓은 뒤에는 손을 놓고 본심(최종심) 위원들 몇 명의 심사 결과를 기다릴 수밖에 없었던 통상적인 심사 방식을 바꾸어, 예심위원들도 마지막 결정 과정까지 참여하기로 했다. 이 방식이 가능하기 위해서는 한국 문단의 대선배들이 흔쾌히 젊은 후배들과 심사를 함께하는 '기득권' 양보가 필수적인 전제였다. 다행히도 그들은 이 과정을 두말없이 받아들였다.*

* 「1회 세계문학상 심사평」,《세계일보》, 2005. 2. 1.

세계문학상을 시작할 때 표방했던 이런 취지는 1회 수상작에 그대로 반영됐다. 당시까지만 해도 예심은 소장층이, 본심(최종심)은 중진 내지는 원로가 맡는다는 불문율이 모든 문학상 심사에 적용되고 있었다. 이 때문에 실험적이거나 파격적인 내용의 작품이 예심에서 걸러진다 해도 본심(최종심)에서 탈락하는 경우가 많다는 불만이 컸다.

세계문학상은 노·장·청 9명의 심사위원단을 구성, 이들이 최종심까지 같이 가는 시스템을 선택했다. 아울러 마지막 심사에서도 젊은 층이 노장의 눈치를 보지 않도록 전원이 한 표씩을 행사하는 무기명 비밀투표 방식을 선택했다.*

최종 당선작을 결정할 때 소장파 작가와 평론가들도 참여토록 하는 게 그렇게 대단한 시도였다니…… 문학동네소설상은 2006년에, 한겨레문학상은 2015년에 본심과 최종심을 통합했다.

지금은 원로 심사위원들의 최종심이 따로 있는 장편소설공모전이 거의 없다. 제주4·3평화문학상이 소설과 시 부문에서 각각 예심을 중견 작가 5명이 심사하고, 원로 3명이 최종심을 맡는 정도다. 오히려 이렇게 한두 개의 공모전 정도는 과거 방식대로 최종심을 고집하는 편이 결과적으로 다양한 개성의 당선작들이 나오는데 도움이 되지 않을까 하는 생각도 든다.

웹소설 공모전들이 편집자와 독자의 의견을 반영하는 것이

* 「파격 상금·심사로 '숨은 보석' 발굴… 문학 다양화 기여」, 《세계일보》, 2016. 2. 1.

나, 장편소설공모전의 심사 구조가 약간 바뀐 것이 어떤 변화를 가져왔는지 지금 평가하기는 힘들다. 솔직히 말하자면 나는 두 가지 다 대단한 혁신이라고 여기지 않는다. 공모전이라는 한계를 깨트릴 정도는 아니라고 본다.

4.5

이 중 성격이 다른 것을
고르시오

입사 시험 문제들

대중문화 시장만 혼돈계인 게 아니다. 인간 활동 전체가 카오스다. 우리는 어떤 작품이, 어떤 상품이, 어떤 사상이 성공할지 모른다. 학자, 전문가, 평론가, 컨설턴트, 애널리스트들도 매한가지다. 그런데 세상은 매 순간 변한다. 새로운 위기와 낯선 도전이 찾아온다. 어떻게 답을 구할 것인가?

한국은 수십 년 동안 모방과 추격이라는 전략에 기댔다. 우리보다 앞선 나라, 앞선 기업들이 있으니 그들이 간 길을 열심히 연구해 그걸 따라잡는 방식이었다. 이런 일은 엘리트들이, 모범생들이 잘한다.

한국의 대표 수출 상품인 휴대전화기를 예로 들어 보자. 중국의 휴대전화 제조사들은 어떤 제품을 만들어야 할지 별로 고민하지 않을 것이다. 지금 시장 점유율 1, 2위인 삼성전자와 애플의 최신형 모델과 비슷한 제품을 만들면 된다.

그러나 삼성전자의 모델이 될 회사는 없다. 애플과 삼성전자는 같은 고민을 하고 있으며, 똑같이 답을 모른다. '내년에는 어떤 제품이 잘 팔릴까? 5년 뒤에는? 10년 뒤에는?' 사실 5년 뒤나 10년 뒤에 휴대전화기라는 제품이 세상에 존재할지 존재하지 않을지도 우리는 정확히 모른다.

내가 이 글을 쓰고 있는 건 2017년인데, 스마트폰이라는 물건이 세상에 나온 게 꼭 10년 전인 2007년이다. 그때 마이크로소프트의 최고 경영자였던 스티브 발머는 "아이폰이 의미 있는 시장 점유율을 확보할 가능성은 전혀 없다."라고 단언한 바 있다. 발머는 자신의 상상력을 벗어난 제품을 이해하지 못했다. 그는 IT 업계의 엘리트였으므로 자신이 옳다고 믿었다.

지금 삼성전자는 얼마나 다를까? 어떻게 보면 삼성전자는 '10년 뒤에 우리가 뭘 만들고 있을지는 모르지만 그 물건을 만들 사람에게 필요한 능력은 아주 잘 알고 있다'는 식으로 행동하고 있다. 심지어 그들은 그 능력을 자신들이 평가하고 점수로 수치화할 수도 있다고 믿는 것처럼 보이기까지 한다.

Q. 이 중 성격이 다른 것을 고르시오.

① 아침 점심 저녁

② 5월 6월 7월

③ ㄱ ㄴ ㄷ

④ 가을 겨울 봄

⑤ 일요일 월요일 화요일

이것은 2014년 4월에 실시됐던 삼성그룹 상반기 신입 사원 공채 필기시험인 삼성직무적성검사 문제 중 하나다. 시험이 있고 나서 며칠 뒤 YTN 뉴스에 「삼성 고시 "올해 많이 당황하셨죠"」라는 기사가 나왔는데, 거기에서 이 문제가 소개됐다.* 1.5장에서도 언급했지만, 방송 뉴스에서 삼성그룹 입사 필기시험을 '고시'라고 부르고 그 출제 경향 분석까지 한다.

2014년 4월의 YTN 기사는 취업 준비생 인터뷰로 시작했다. 그 취준생은 삼성그룹 필기시험을 위해 졸업을 미루고 강의까지 들었다고 한다. 상당수 학원들이 삼성직무적성검사 기출문제를 분석하고 해법을 가르쳐 주는 특강과 실전 모의고사반, 온라인 강좌를 절찬리에 운영 중이다. 관련 문제집도 엄청나게 많다. 대학이든 기업이든 시험으로 사람을 뽑으면 사교육 시장이 따라서 열린다.

거기까지는 이해한다. 내가 이해하지 못하는 것은 저 문제 자체다. 아무리 봐도 내 눈에는 정답이 없는 문제 같다.

* <http://www.ytn.co.kr/_ln/0102_201404151047332277>.

YTN 뉴스의 남녀 앵커는 저런 문제를 풀려면 평소에 책과 신문을 많이 읽어야 한다고, 논리적이고 창의적인 사고를 할 줄 아는 인재를 선발하려고 기업들이 저런 문제를 냈다고 설명했다. 남자 앵커는 저 문제의 답을 ③번이라고 풀었다. 다른 항목에서는 단어들이 모두 시간 순서로 배열돼 있는데, 'ㄱ ㄴ ㄷ'은 그렇지 않다는 이유에서였다.

그런데 내 생각에는 ①, ②, ④, ⑤번도 전부 정답이 될 수 있을 것 같다.

①번 '아침 점심 저녁'은 나머지 네 보기와 확연히 다르다. '삼시 세끼'라는 한 집합을 이루는 모든 원소가 다 들어가 있다. 나머지 보기에는 1년 열두 달이나 한글 자음, 사계절, 일주일의 일부 원소만 있다.

②번 '5월 6월 7월'은 나머지 네 보기와 확연히 다르다. 다른 보기에는 한글밖에 없는데 ②번에는 아라비아 숫자가 있다.

④번 '가을 겨울 봄'은 나머지 네 보기와 확연히 다르다. 한 주기가 끝나고 새로운 주기가 시작하는 배열은 ④번뿐이다. 나머지 보기들은 모두 한 회차 안에서 시작하고 끝난다.

⑤번 '일요일 월요일 화요일'은 나머지 네 보기와 확연히 다르다. 종교적인 기원을 가진 것은 ⑤번뿐이다. 서양에서 들어온 개념도 ⑤번뿐이다.

삼성그룹은 삼성직무적성검사 정답을 공개하지 않는다. 대체 몇 번 보기를 고른 사람이 점수를 얻은 것일까? 역시 ③번? 그런데 ③번이 정답이라고 생각하는 사람만으로 이뤄진 회사가 제대로 굴러갈 수 있을까? 그 정도 사고력으로 우리 시대의 다양한 요구에 대응할 수 있을까? 혹시 삼성은 ③번을 고른 사람을 주로 뽑고(상식파), ①, ②번을 고른 사람도 일부 뽑고(통일성에 대해 예민한 타입), ⑤번을 고른 사람은 배제하는(종교 문제에 관심이 많은 타입) 식으로 자기들에게 필요한 비율을 맞추는 것일까?

정말 창의적인 응시자는 도대체 어떤 보기를 골라야 할까? OMR 카드 옆에 '정답 없음' 또는 '모두 정답'이라고 적는 게 진짜 정답일까? YTN 뉴스에 나왔던 취업 준비생이 다녔던 학원에서는 이 문제의 정답이 몇 번이라고 가르칠까? 왜 다른 보기는 정답이 될 수 없느냐고 강사에게 따진다면 어떤 답을 듣게 될까?

빌 게이츠나 스티브 잡스나 마크 저커버그라면 몇 번을 고를까? 이런 문제로 게이츠나 잡스나 저커버그 같은 창의적인 인재를 알아볼 수 있을까?

필기시험은 그렇다 치고, 면접은 어떨까?

표형종의 『취업 면접 기출 질문 300』은 주요 대기업과 공기업 취업 면접장에서 나온 질문을 수집해 모범 답안과 함께 제시한 책이다. 이 책에 소개된 삼성전자의 질문들은 다음과 같다.

표 4.5.1 최근 삼성전자 면접 기출문제

— 내부고발자에 대해 어떻게 생각하는가?

— 노조와 노동운동에 대한 견해는?

— 일, 돈, 명예를 중요하게 생각하는 것 순서대로 답한다면?

— 우리 회사를 재차 지원한 동기는? 왜 떨어졌나?

— 인생에서 가장 몰두한 일은 무엇인가?

— 고집이 센 성격이라고 했는데, 어려움은 없었나?

— 노래가 취미라고 적었는데, 한 소절 불러 본다면?

— 창의적인 아이디어를 내서 문제를 해결한 경험이 있는가?

— 이 자격증은 왜 취득했나? 회사에 도움이 될까?

— 오늘 신문 톱기사는? 최근 관심 있게 본 시사 뉴스는?

— 경험이 없는 일을 맡게 된다면?

— 최근 대두되는 신기술과 직무의 연관성을 설명한다면?

— 인문학에 관심이 있는가? 특히 어떤 분야인가?

— 입사하면 어디까지 승진하고 싶은가?

— 당신이 왜 이 일의 적임자인지 설명한다면?

— 본인이 특별히 내세울 만한 점은 무엇인가?

— 마지막으로 하고 싶은 말은?

— 최근에 부모님을 속상하게 한 일이 있다면?

— 자신의 강점은? 가장 잘하는 일을 말한다면?

— 동아리 활동 경험이 있는가? 어떤 역할을 했나?

— 대인관계는 어떤가? 친구가 많은 편인가?

— 남들이 싫어하는 일을 나서서 한 적이 있는가?

— 친구들이 당신을 어떻게 평가하는가?

— 희망 부서가 있는데 다른 곳에 배치 받았다면?

— 회사가 부도 위기에 처한다면?

— 이 직무를 선택한 이유는? 어떤 준비를 했는가?

— 휴학한 동안 무슨 일을 했는가?

— 세계 경제가 불안정한 이유는? 우리나라는 앞으로 어떨까?

— 사회적 기업이란? 우리 회사의 사회적 공헌에 대해 알고 있는가?

— 왜 영업직에 지원했는가? 영업을 잘하기 위해 필요한 역량은?

저런 질문에 대해 『취업 면접 기출 질문 300』이 제시하는 답변 요령은 이렇다. 노조와 관련된 질문에는 무색무취하게 답할 것, '일, 돈, 명예 중 중요한 것'을 물으면 가치관을 솔직하게 말하되 차별화할 것, 단점을 물으면 그게 장점으로 들리게 말할 것, 노래를 불러 보라는 요청에는 열정을 보여 줄 것…… 아, 휴대전화기에 미리 반주 파일을 저장해 가면 좋다고 한다.

젊은 빌 게이츠나 스티브 잡스나 마크 저커버그라면 '친구가 많은 편인가?'라든가 '세계 경제가 불안한 이유는?'이라는 질문에 뭐라고 대답했을까? 게이츠나 잡스나 저커버그가 저런 면접을 통과할 가능성이 있을까?

만약 젊은 게이츠, 잡스, 저커버그가 삼성전자 면접장에 와서 저런 질문들을 받았다면 분명히 떨어졌을 것이다. 저런 문제들의 일차 목적은 '또라이'들을 걸러 내는 것이다. 회사에 들어와 사고 안 치고 주변과 잘 융화하며 위에서 시키는 걸 문제없이 이행할 사람들을 찾는 것이다. 그런데 게이츠, 잡스, 저커버그는 젊을 때 주변 사람을 불편하게 하는 또라이들이었다.

(잠시 한국 기업 처지에서 변명을 하자면, 뽑는 이들로서는 또라이들을 걸러 내는 것이 대단히 중대한 과제다. 한국에서는 기업이 정규직 근로자를 한번 채용하면 그가 또라이라는 이유로 해고하기가 정말 힘들기 때문이다. 이런 여건에서 또라이 한 명이 미치는 악영향이 너무나 크기 때문에, 기업으로서는 적어도 정규직 채용에서는 모험을 하기 어렵다. 또라이처럼 보이는 지원자 중에 괴짜 천재가 섞여 있다는 점을 알아도 어쩔 수 없다.)

저런 문제들의 두 번째 의도는 성실한 인재를 뽑는 것이다. 한 회사에 원서를 낼 때에는 그 회사가 어떤 사회적 공헌을 했는지, 자기가 맡고 싶은 직무가 어떤 일인지 미리 살펴보는 사람. 자기소개서에 적은 내용에 대해 나올 수 있는 질문을 미리 연구해 오는 사람. 그날 뉴스에 대해 물어볼지도 모르니 미리 신문을 읽어 오는 사람. 그 외에도 예상 가능한 질문에는 답변을 준비해 암기해 오는 사람.

그리고 이것이 의도인지 아닌지 모르겠지만, 저런 질문들에는 순발력 강한 사람들이 유리하다. 그들은 예상치 못한 질문을 받을 때 더 자신 있게, 준비한 것처럼, 생각이 깊은 사람처럼 대답할 수 있다.

외모와 목소리가 호감 가는 사람도 유리하다. 눈이 크고 초롱초롱하면 총명해 보이고, 허리와 어깨선이 반듯하면 정직해 보이고, 발음이 분명하면 똑 부러지는 인상을 주고, 발성이 좋으면 신뢰감이 든다. 반면 피부가 나쁘거나 얼굴에 흉터가 있거나 양쪽 눈 크기가 다르면 손해를 본다.

아, 무엇보다 그날 컨디션이 좋은 지원자가 유리하고, 그렇지 않은 지원자는 불리하다.

물론 면접관들도 15분 남짓한 면접으로는 자신들이 지원자의 외모와 임기응변 능력과 그날의 운수에 속아 넘어갈 수 있다는 점을 잘 안다. 그래서 그들은 압박 면접이라는 방식을 동원하기도 하고, 토론이나 발표 평가를 시키기도 한다. 합숙 평가를 실시하는 기업도 있다.

그런 평가는 얼마나 정확한 걸까? 행동경제학을 창시해 노벨 경제학상을 받은 심리학자이자 경제학자인 대니얼 카너먼은 저서 『생각에 관한 생각』에서 자신이 이스라엘 육군에서 장교 후보생을 평가했던 사례를 소개한다.

카너먼과 그의 동료들은 장교 후보생들이 계급장을 떼고 8명이 한 팀을 이뤄 여러 장애물에 닿지 않게 하면서 긴 통나무를 들고 옮기게 했다. 그런 과제를 수행하면서 누가 아이디어를 내는지, 누가 리더십을 발휘하는지, 누가 다른 사람을 쉽게 원망하고 탓하는지, 누가 화를 잘 내는지 등을 메모했다. 그렇게 해서 내린 판단을 근거로 실제로 장교 훈련을 받을 사람을 골라냈다.

카너먼은 자신이 '통나무 옮기기 과제'를 통해 선발한 장교 후보생들이 이후에 장교 훈련 학교에서 어떤 성적을 거뒀는지 비교할 수 있었다. 통나무를 옮길 때 높은 성적을 받았던 후보생들은 장교 훈련 학교에서도 평가가 좋았을까? 카너먼은 이렇게 말한다.

"결과는 항상 똑같았다. 우리의 훈련 학교 성과 예측 능력은 무시해도 좋은 수준에 불과했다. 눈 감고 하는 추측보다는 약간 더 나은 정도였지만 극도로 미미했다. …… 인위적으로 조성한 환경 속에서 한 시간 동안 군인의 행동을 관찰해 놓고서, 우리는 그가 다른 훈련과 전투에서 리더로 활약하며 겪을 도전들을 해결하는 능력을 알았다고 느꼈다. 그러나 이 예측은 완전히 잘못되었다."*

시험으로 뽑지 못하는 인재

나는 대니얼 카너먼이 이스라엘 육군에서 경험했던 일을 신문사에서 자주 겪었다. 1년에 최소한 두 번 이상 대학생 인턴 기자와 아직 사회부에서 혹독한 훈련을 받기 전인 수습기자들이 현업 부서에 왔다. 그러면 그 젊은이들이 쓴 자기소개서를 읽고 저녁을 함께 먹으며 자연스럽게 미니 면접 같은 시간을 가졌다.

수십 대 일 이상의 경쟁을 뚫고 논술과 작문 시험을 거쳐 선발된 이들이니만큼 기본적인 글쓰기 실력은 아무도 모자라지 않았다. 다만 어떤 현장에 가서 빠르게 팩트를 찾고, 사람들을 만나 이야기를 듣는 능력은 제대로 검증되지 않은 상태였다.

어떤 청년들은 나이답지 않게 태도가 의젓하고 이야기도 조리가 있어 얼굴에서 광채가 나는 듯했다. 반면 어떤 젊은이들은 말도 횡설수설하고 외모도 꾀죄죄해서 눈길이 가지 않았다. 명문대 출신도 있었고 지방대 졸업생도 있었다. 때에 따라 달랐지만 대학

* 대니얼 카너먼, 이진원 옮김, 『생각에 관한 생각』(김영사, 2012), 289~290쪽.

생 인턴 기자들은 대개 한 출입처에서 멘토 선배와 2주 정도 같이 일했다. 수습기자들은 여러 부서를 돌며 사나흘씩 일한 뒤 사회부를 거쳐 정식으로 부서를 배치받았다.

그런데 첫 만남과 그 뒤 하루 이틀 동안 내가 받은 인상과 초짜 기자로서 상대의 실력은 아무런 상관도 없었다. 일간지 기자의 실력은 금방 드러난다. 신문기자들은 대개 독립적으로 혼자 일하고, 업무 주기가 짧고, 같은 사안을 맡은 경쟁자가 많다. 특종했는지 낙종했는지, 마감을 지켰는지, 기사를 잘 썼는지 등 평가 기준도 명확하다.

어린 시절 해외에서 자라 한국 문화에 묘하게 서툴거나 명품 패션으로 몸을 치장하고 다녀 여러 선배들이 뒤에서 몰래 고개를 설레설레 저었던 신참 기자가 동기 중에 가장 실력이 뛰어난 것으로 드러나기도 했다. 각종 인문학 지식에 해박하고 얼굴까지 잘생겼던 후배가 현장 취재에는 영 꽝이기도 했다. 학벌은 무의미했다. 안타깝지만 '이런 사람을 도대체 왜 뽑았을까' 싶은 사례도 꽤 있다. 선배 중에도 있고 후배 중에도 있다. 인사팀과 면접관이 잘못 판단한 것이다.

점차 나는 '어떤 젊은이가 기자로서 성공할지 안 할지 시험이나 면접으로 예단한다는 것은 불가능하다, 기자 일을 시켜 봐야 안다.'라고 생각하게 됐다. 지금도 그렇게 믿고 있다.

1.5장에서 소개한, 한국의 신입 기자 채용 방식을 듣고 큰 소리로 웃었던 미국 기자들이 옳았다. 어떻게 저널리스트들을 시험을 쳐서 뽑을 수 있는가. 저널리스트로서의 잠재력을 어떻게 필기

시험이나 면접 평가로 알아볼 수 있단 말인가.

동아일보는 신입 기자 공채 때 하루 합숙이 포함된 실무 평가도 4일 동안 실시했다. 내 경우 그 기간 치렀던 시험은 월드컵공원에 가서 르포 기사 쓰기, 영문 기사 읽고 번역 기사 쓰기, 영어 면접, 탤런트 박중훈 씨를 집단 인터뷰한 뒤 기사 쓰기, 대통령 중임제 도입을 주제로 토론하기, 어떤 단어를 받고 즉석에서 3분 동안 연설하기 등이었다. 그런 과정이 특별한 것은 아니다. 동아일보도, 다른 언론사도 지금까지 그런 형태의 합숙 평가를 실시하는 걸로 안다.

운 좋게 그 시험에서 합격해 신문기자가 될 수 있었고, 나와 함께 뽑힌 동기들도 모두 훌륭한 인재들이었다. 그 실무 평가 과정은 내게 즐거운 추억으로 남아 있다.

그러나, 그때 떨어진 지원자들 역시 훌륭한 인재들 아니었을까? 어쩌면 더 잠재력이 뛰어난 인재가 있지는 않았을까? 대니얼 카너먼이라면 그런 합숙 평가를 보고 '인위적으로 조성한 환경'이라고 부르지 않을까?

평온한 월드컵공원의 일상을 스케치하는 것은 사고 현장을 취재하는 것과 완전히 다르다. 선배 기자가 입회한 가운데 다른 구직자들과 함께 영화배우에게 1인당 한두 개씩 질문을 던지고 그 답변으로 기사를 쓰는 것은 인터뷰를 피하는 정치인이나 수사 중인 강력계 형사와 대화하는 일과 완전히 다르다. 즉석 3분 스피치나 개헌 관련 토론이, 방송기자도 아닌 신문기자로서의 업무 능력과 얼마나 관련이 있는 걸까. 평가하는 사람은 창의력이나 논리력을 본다고 믿겠지만, 실제로 드러나는 것은 임기응변 능력 아닐까.

나도 그럭저럭 중견 기자가 되었을 때, 채용 담당 업무를 맡게 된 선배로부터 어느 날 실무 평가에서 추가할 만한 테스트와 관련해 아이디어를 내 달라는 부탁을 받았다. 나는 진지하게 대답했다.

"쌀가마니 하나씩 지고 산을 오르게 하면 좋을 것 같아요. 체력이 좋은 애들이 일을 잘하더라고요."

진심이었다. 즉석 3분 스피치를 잘하는 화술보다 지구력이 저널리스트에게 더 필요한 능력이라고 믿는다.

그래도 지금이라면 다르게 대답할 것 같다.

"선배, 기자의 자질을 시험으로 알아본다는 발상 자체가 잘못인 것 같아요. 우리 그러지 말고 인력 충원 방식 자체를 신규 채용보다 경력직 채용을 더 중시하는 방향으로 확 바꾸면 어떨까요? 각 기자들이 같은 출입처에 나가는 경제지와 인터넷 신문 기자들 중에서 괜찮다 싶은 젊은 기자들을 수시로 추천하고, 그 사람들을 인사팀에서 살피면 어떨까요? 어떤 사람이 기자 일을 잘할지 못할지 알려면 그 일을 진짜로 시켜 보는 수밖에 없더라고요."

세상에는 맹비난과 논란 속에 공격적으로 모습을 드러내는 신인들이 있다. 그들은 처음에는 거부당한다. 구체제 엘리트의 평가와 시험이라는 벽을 넘지 못한다. 그럼에도 선발되지 못한 이들이 퇴출당하지 않고 세상 한쪽에 작은 자리를 잡아 격렬하게 자기주장을 펼치며 싸울 때, 거기에 소수의 열성 지지자들이 가세할 때, 그걸 운동이라고 부른다. 마네에게는 모네와 드가, 세잔이 있었고, 에밀 졸라와 보들레르도 마네의 팬이었다.

그러다 가끔, 드물게 어느 순간, 정말 순식간에 시대가 휙 바뀌어 버린다. 옛 주장을 하던 사람들은 바보처럼 보이고, 새 주장은 그걸 왜 여태까지 몰랐는지 어리둥절해질 정도로 당연해 보인다. 혁명이다. 그렇게 그 분야가 시대를 따라잡는다.

내가 말하려는 바는, 그런 운동이 언제나 사회 한구석에서 일어나고 있어야 한다는 것이다. 사회 한 모퉁이는 늘 그렇게 부글부글 끓는 상태여야 한다는 것이다. 가난하고 배경도 보잘것없는 젊은 감독이 아르바이트로 모은 돈으로 친구들과 후다닥 영화를 찍고는 돈방석에 올라야 다른 가난한 천재들이 희망을 품고 영화에 도전한다. 이런 일이 꾸준히 발생하지 않는 분야는 18세기 조선처럼 시대에 뒤떨어진다.

세상에는 또라이처럼 보이는 괴짜 천재들도 있다. 나는 젊은 시절의 빌 게이츠나 스티브 잡스나 마크 저커버그가 한국은 물론이고 미국에서도 어느 대기업 입사 시험을 통과할 수 있었을 거라고는 생각지 않는다. 세 사람 다 대학도 제대로 마치지 않았잖은가.

사회 부적응자들과 괴짜 천재를 구별할 수 있는 방법이 있을까? 허황된 야망을 말하는 대학 중퇴자 중에서 미래의 게이츠, 잡스, 저커버그를 골라낼 좋은 테스트가 있을까? 나는 없다고 생각한다. 한국에서도 미국에서도 마찬가지다. 페이스북이 성공하기 직전까지 저커버그가 또라이인지 천재인지 알아볼 방법은 없었다.

상상을 뛰어넘는 혁신은, 시도 단계에서는 '어처구니없다, 황당하다'는 핀잔을 듣는다. 상상을 뛰어넘으니까. 아무도 그걸 이해 못하니까. 특히나 두툼한 인사 평가 매뉴얼을 가진 대기업이나 공기업의 관료 조직이 그런 혁신과 혁명가를 알아볼 가능성은 0에 가깝다.

세상을 바꾸는, 혁명적인 아이디어를 원하는가? 그러면 또라이, 반항아, 괴짜들이 설칠 땅을 마련해 줘야 한다. 한국 기업이 모두 공채를 없애고 또라이들을 뽑아야 한다는 주장이 아니다. 전문가들이 많은 후보 중에서 신인을 선발하는 공채 시스템은 공정하고 치열하다. 과거에 성공적인 제도였고, 현재도 효율적이며 믿을 만한 제도라고 생각한다.

그러나 그것만으로는 충분치 않다. 공채와 별개로 또라이들이 사회 한구석에서 무모한 모험과 실험을 더 많이 벌여야 한다. 대담한 아이디어들은 실제로 구현해 보기 전에는 괜찮은 것과 황당한 것을 구분할 길이 없다. 모험가들이 황당한 아이디어를 성공시키면 그다음에 더 큰 회사가 정당한 가격을 지불하고 인수하거나 창안자를 영입해야 한다. 또는 모험가들이 직접 자기 회사를 키우거나. 그런 과정이 더 쉬워지고 더 많아져야 한다. 어떤 아이디어들은 그런 식으로만 건질 수 있다.

나는 미국에는 또라이들이 이것저것 황당한 짓거리를 시도해 볼 수 있는 운동장이 있는데 한국은 그렇지 않다고 생각한다. 그래서 한국 경제가 모방과 추격의 시대 이후 고전하고 있다고 생각한다.

5

21회 한겨레문학상과
5회 수림문학상 심사기

접수와 원고 배분

3장에서 장편소설공모전을 만든 이들을 만났고, 공모전의 의의와 처음 생겨날 당시 출판계 상황을 들었다. 4장에서는 2000년대 들어 갑자기 많아진 공모전들이 어떤 환경에 놓여 있는지 살피고, 왜 예전 같은 성공을 거두지 못하는지에 대해서도 생각해 봤다.

이제 공모전 심사 현장으로 들어가 구체적으로 어떻게 작품을 가리고 고르는지, 어떤 과정을 거쳐 당선자가 나오는지 보자. 21회 한겨레문학상과 5회 수림문학상 심사에 참여해 내가 겪고 느낀 감상도 함께 풀어 볼까 한다.

먼저 취재한 것은 2016년에 있었던 21회 한겨레문학상이었다. 21회 한겨레문학상 공모는 2015년 12월 말에 한겨레신문에 처음으로 공고가 실렸다. 마감은 2016년 3월 31일까지. '미발표 원고여야 한다.'라는 조건 말고 응모 자격에 딱히 제한은 없다. 기성작가도 원고를 낼 수 있으며, 실제로 그렇게 기성작가가 당선된 사례가 있다.

이렇게 정식 공지가 뜰 때까지 준비하는 작가 지망생들은 안심할 수 없다. 장편소설공모전들이 사라질 때 "올해부터는 안 뽑습니다. 그동안 감사했습니다."라고 안내하고 사라지는 게 아니기 때문이다. 그냥 어느 해에 공고가 뜨지 않고, 그걸로 끝이다.

그래서 공모전 공지가 늦으면 작가 지망생들의 애타는 문의 전화들이 주최 측에 쏟아진다. "올해 공고 언제 나나요? 시행하긴 하는 거죠?" 그러나 전화를 받는 사람들은 대개 실무자다. 이미 심사위원을 정하고 시행 계획을 짜고 있다면 "곧 뜰 거예요."라고 시원하게 답할 수 있겠지만 확실히 결정된 게 없다면 해 줄 수 있는 말이 별로 없다. "지금 논의 중입니다"라는 대답뿐.

21회 한겨레문학상 공모 알림에는 어디에도 적혀 있지 않지만 모두 대하 서사시나 르포르타주가 아니라 장편소설을 내야 한다고 생각한다. 작품 분량은 200자 원고지 1000매 안팎. 원고지 10장 분량으로 내용 요약서를 덧붙이고, 분량도 적어 내야 한다. 우편으로만 접수하며, 보낼 곳은 한겨레출판 문학팀이다.

21회 한겨레문학상 상금은 5000만 원인데, 이것은 선인세 개념이다. 당선자는 시상식날 세금을 제외한 목돈을 받지만 이후에는 한동안 인세를 받지 못한다는 얘기다. 상금을 먼저 받은 인세로 간주한다. 저자 인세는 책 정가의 10퍼센트이고, 19회 이후 한겨레문학상 당선작의 책 가격은 1만 3000원이다. 즉 당선작이 3만 8461권 팔릴 때까지 21회 한겨레문학상 수상자에게 책 판매로 인한 추가 수입은 없다. 이후에는 한 권이 팔릴 때마다 1300원을 받게 된다. 상금이 3000만 원으로 조정된 22회부터는 2만 3076권을 판 다음부터 추가 인세가 들어온다.

애초에 공고문에 다 적혀 있는 내용이니까, 당선된 뒤 이 조건이 불공평하다고 불만을 터뜨리면 안 된다. 다른 장편소설공모전들도 다 상금이 선인세다. 그리고 당선작이 3만 부가 아니라 1만 부만 그해에 팔려도 당선자는 '한국문학을 이끌어 갈 슈퍼 루키' 대접을 받으며 강연과 기고 요청을 엄청나게 받을 테니 돈 걱정을 미리 할 필요는 없다.

영화나 드라마로 제작됐을 때 저작권 수입이나 해외 판권에 대해서는 "작가와 한겨레출판이 협의하여 결정한다."라고만 되어 있다. 한겨레문학상 수상작 중에 영상화되는 작품이 생기면 그게 선례가 되어 규정이 마련되지 않을까 한다.

다른 몇몇 문학상들은 분란이 생기지 않도록 미리 2차 저작권 규정을 준비한 경우가 있다. 제주4·3평화문학상은 5년 동안 당선작의 2차 저작권을 제주도가 보유한다. 세계문학상은 대상 수상작의 2차 저작권은 5년 동안 세계일보가 갖고, 우수상 수상작의 경우에는 작가와 출판사가 공동 소유하도록 한다.

한겨레문학상 심사위원을 맡게 됐을 때, 나는 한겨레출판에 내가 취재하는 내용을 알리고 원고 접수 과정을 스케치할 수 있게 해 달라고 요청했다. 마감일인 3월 31일 한겨레출판 사무실을 르포하면 어떨까 싶었다.

들자 하니 마감일에 접수되는 원고가 가장 많다고 하는데, 그 풍경을 지켜보면 재미있을 것 같았다. 우편으로만 접수한다고 공지했어도 굳이 원고를 들고 출판사 사무실로 찾아오는 사람도 있을 테고, 자기 원고가 잘 도착했는지 묻는 전화도 빗발치겠지. 퀵서비스는 우편 접수로 쳐 주겠지? 편집부 직원들은 그날 몇 시에나 퇴근을 할까?

그런데 뜻밖에도 한겨레출판 측에서 그날 르포는 허락할 수 없다고 답변해 왔다. 아직 접수받은 원고에서 응모자 이름을 지우기 전이므로, 그날 내가 사무실에 왔다간 어떤 원고를 쓴 사람이 누구인지 알 수 있고 그게 심사에 영향을 미칠 수 있다는 이유에서였다.

내가 한겨레출판 사무실을 찾아갈 수 있었던 것은 원고 접수 마감일에서 한참 지난 4월 6일이었다. 그사이에 한겨레출판에서는 마감일에 우체국 소인이 찍혔지만 실제로 출판사에는 이후에 도착한 원고를 받았다.

"아, 보낸 분 인적 사항을 적은 페이지를 뜯어낸 거군요?"

내가 제일 가까이에 있는 응모작을 펼쳐 보고 물었다.

"먼저 원고들을 보고 응모자 인적 사항을 엑셀로 정리해요. 그런 다음에 응모자 이름과 연락처가 따로 한 페이지에 적혀 있으면 그걸 뜯어내고, 본문과 같이 있으면 수정액으로 지우죠. 원고를 제본을 안 하고 보내 주시는 분도 계세요. 그러면 저희가 구멍을 뚫고 끈으로 묶어서 페이지가 섞이지 않게 하죠. 그렇게 작업하는 데 하루 여덟 시간씩 꼬박 4일이 걸렸어요."

한겨레출판 담당 편집자가 설명했다.

우리는 한겨레출판 회의실에 있었다. 회의실에는 긴 책상과 원형 테이블이 있었는데, 그중 긴 책상 위에 21회 한겨레문학상 응모 원고 238편이 쌓여 있었다. 큰 사과 상자에 담아도 열 상자 분량은 족히 나올 부피였다.

"가끔 워드프로세서 기능을 이용해서 모든 페이지에 자기 이름을 적는 분도 계시거든요. 작년에는 그 부분을 작두로 잘라냈는데, 올해는 연락해서 이름이 적히지 않은 원고를 다시 보내 달라고 부탁드렸어요. 사실 올해 그렇게 보내 주신 분이 두 분인데, 한 분은 전화를 안 받으셔서 계속 연락을 시도하는 중이에요."

원고 모습은 각양각색이었다. A4 용지에 프린트해서 링 제본을 한 원고가 가장 많았지만, 대형 철제 집게로 집거나 노끈으로 묶은 종이 뭉치도 있었다. 단행본처럼 깔끔하게 제본한 응모작도 있었고, 컬러 인쇄로 인상적인 사진을 실은 표지를 만들어 붙인 원고도 있었다.

제주4·3평화문학상의 경우 워드프로세서 문서로 작성하되 글씨체는 바탕체, 글자 크기는 12포인트로 하고 용지 좌우 여백은 각각 30밀리미터로 하라는 등의 지시가 있다. 한겨레문학상은 그렇지 않았다. 그래서 응모작의 본문 스타일도 제각각이었다. 심지어 200자 원고지에 볼펜으로 쓴 원고도 한 편 눈에 띄었다.

"저희가 미리 '원고는 반환하지 않는다'고 안내를 하거든요. 그래도 손으로 쓴 원고들은 버리지 않고 보관해 둡니다. 보내신 분한테 사본이 없을 수도 있으니까요."

편집자가 설명했다.

원고와 함께 제출해야 하는 내용 요약서도 제각각이었다. 원래는 200자 원고지 10장 안팎으로 적어야 하지만 A4 용지 서너 장에 걸쳐 작품의 주제와 작가의 의도, 집필 배경을 장황하게 적은 글도 있었고, 예고편처럼 소설 앞부분 줄거리만 쓴 글도 있었다. 아예 요약서가 없는 응모작도 많았는데, 그중 한 편에는 '요약하기가 너무 싫다, 이해해 달라'고 적혀 있었다.

한겨레출판 회의실에는 나, 담당 편집자, 그리고 아르바이트 학생이 한 명 있었다. 이날 한겨레출판에서 해야 하는 일은 그 원고들을 나눠 심사위원 8명에게 보내는 것이었다. 마구잡이로 서른 편 정도씩 택배 상자에 넣고 심사위원에게 부치면 끝나는 작업이 아니었다. 어느 원고가 어느 심사위원에게 가는지 파악해야 했다. 또 역사소설과 추리·SF 등 장르소설은 따로 모아 미리 정해 둔 심사위원 두 사람에게 보내야 했다.

"두 장르는 왜 별도로 분류하죠?"

내가 물었다.

"그 두 분야를 선호하는 심사위원들이 별로 없거든요. 그러다 보니 역사소설과 장르소설들이 예심을 통과하지 못해요. 심사위원들이 각자 받은 응모작에서 자기가 좋다고 생각하는 작품 한두 편만 본심으로 올리는 구조니까 거기서 역사소설, 장르소설이 많이 걸러지죠. 역사소설의 경우 응모작도 꽤 많은데 그게 좀 문제가 있다 싶어서 올해는 방식을 바꿔 봤어요."

담당 편집자가 설명했다. 장편소설공모전에서는 먼저 심사위원들이 응모작을 나눠 받아 각각 한 편이나 두 편을 본심으로 올린다. 그 심사위원들은 대개 문단에서 활동하는 소설가와 평론가들이다 보니 역사소설이나 장르소설이 아예 1회전에서 탈락하는 경우가 많다. 그래서 아예 한 심사위원에게 역사소설을 몰아줘서 그 중 한 작품을 본심에 올리게 하고, 장르소설도 그런 식으로 모아 한 작품을 본심까지 진출하도록 했다는 설명이었다.

'어차피 당선되지 못할 거라면 본심까지 올라오는 게 의미가 있을까, 다른 장르 응모작에 대한 역차별은 아닐까' 하는 생각도 들었지만 나는 더 묻지 않았다. 논쟁을 벌이려고 그 자리에 간 것도 아니었고, 내게 그럴 자격도 없었다. 한겨레출판 역시 '이번에 한번 그런 시도를 해 본다'는 정도 분위기였다.

"장르소설은 어떻게 분류하죠? 어떤 장르를 말하는 거예요?"

아르바이트생이 물었다.

"그냥 작품 요약문 보고 추리소설 같다든가, 배경이 미래라든가, 외계인, 로봇, 좀비가 나오면 한쪽으로 모아 놓으세요."

한겨레출판 편집자가 대답했다.

나는 르포를 하며 편집자와 아르바이트생을 거들었다. 신기하게도 응모작 중 역사소설을 모았더니 그게 30편가량이었고, 추리와 SF소설을 모았더니 그것도 30편 정도 나왔다. 소설 요약문을 보고 나눈 것이라 분류가 정확하지는 않을 테지만, 따지고 보면 그 분류가 정확해야 할 필요도 없었다. 예년에 비해 역사소설 응모작 수는 다소 적다고 했다.

역사소설은 A 심사위원에게, 장르소설은 B 심사위원에게 보내기로 했는데 그들은 자신들이 두 분야를 맡게 된다는 사실을 그때까지는 몰랐다. 한겨레출판은 응모작을 보내면서 두 심사위원에게 그 사실을 알려 줄 거라고 설명했다. 나는 역사소설도 장르소설도 아닌 원고 31편을 맡았다.

"한겨레문학상 공모 알림에는 내야 하는 원고 분량이 200자 원고지 1000매 안팎이라고 적혀 있잖아요. 그러면 턱없이 양이 부족하거나 너무 넘치는 원고는 편집부에서 자격 미달로 탈락시켜 버리기도 하나요? 심사위원들에게 보내기 전에?"

원고 배분 작업을 하며 내가 물었다.

"아니요. 그러진 않아요. 전화로 문의를 해 오시면 800매에서 1200매 사이면 괜찮다고 말씀드리는데, 그걸 어긴다고 저희가 작품을 떨어뜨리지는 않아요."

"올해 응모작이 238편이라고 하셨죠? 작년에는 291편이 왔으니까 작년보다 꽤 줄었네요?"

"창비장편소설상이랑 접수 기간이 겹쳐서 그런 것 같아요. 원래 창비장편소설상이 여름에 원고를 받아서 계간지 겨울호에 당선작을 발표하는데, 지난해 한 해 건너뛰고 대신 올해 50주년 기념 특별공모를 하거든요. 상금도 원래 3000만 원인데 올해는 특별히 7000만 원이에요."

"한 원고를 양쪽에 중복 투고해도 되는 거죠?"

"원칙적으로는 상관없어요. 그래도 전화로 문의를 해 오시면 권하진 않는다고 말하긴 해요. 심사 일정이 겹칠 경우 같은 작품이 동시에 최종심에 오르는 경우도 있어서요. 그런 경우에는 작가에게 유리할 수도 있고 불리할 수도 있을 것 같아요. 여태까지 큰 문제는 안 됐어요. 장편소설상이 겹치는 경우가 별로 없기도 하고, 한 번 내고 또 낼 때 작가가 어느 정도 수정을 하거든요."

정말로 그해 한겨레문학상의 경쟁률이 전해보다 낮아진 게 창비장편소설상 때문이었을까? 그게 사실이라면 창비장편소설상에만 원고를 보내고 한겨레문학상에는 응모하지 않은 작가 지망생들은 무슨 생각이었을까? 창비장편소설상에 당선되어 7000만 원을 받을 수 있는데 한겨레문학상에 당선되면 안 된다고 걱정한 걸까? 중복 투고가 허용되는 줄 몰랐던 걸까? 알 수 없다.

"왜 이렇게 종이 출력물로 원고를 받는 거죠? 그냥 문서 파일로 받아서 심사위원들에게 이메일로 보내면 더 편하지 않을까요?"

"글쎄요. 문서 파일로 내라고 하면 응모자들이 꺼리지 않을까요. 자기 작품이 도용당할까 봐 걱정하는 지원자들이 많거든요. 심사 뒤에는 정말 원고를 파기하느냐는 문의 전화도 많이 와요."

역사소설과 장르소설을 분류하고 나서는 각 심사위원들에게 갈 원고들의 제목을 확인했다. 한 사람이 원고를 보면서 제목을 부르면 다른 사람이 미리 정리해 놓은 목록에서 그 제목을 찾고 옆에 심사위원 이름을 적어 넣는 식으로 작업했다. 제목이 똑같은 응모작에는 번호를 매겼다.

제목을 읽다 보니 정말 뻔한 단어를 제목으로 쓰거나 한국어가 아닌 영어로, 심지어 영문자 알파벳으로 제목을 적은 응모작들이 눈에 띄었다. 예를 들어 '사랑'이라든가, 'Still waiting'이라든가 하는 식이었다.(실제로 그런 제목의 원고는 없었고, 말하자면 그렇다는 얘기다.) 제목이 같은 응모작도 두 편 있었다. 당연히 그런 제목들이 좋은 제목은 아니라고 생각하는데, 그런 이야기는 뒤에 부록에서 다루기로 하겠다.

"이러다 어떤 원고 제목이 목록에는 있는데 실물은 사라졌다든가, 어느 심사위원에게로 배분됐는지 확인하지 못한다든가 하면 큰일이죠. 전부 다 다시 확인해야 해요."

담당 편집자가 말했다. 다행히 이날 그런 일은 벌어지지 않았다. 원고들을 택배 상자에 담고 비닐 테이프로 봉인한 뒤 작업을 마쳤다. 상자 하나에 원고 15편, 또는 16편을 담았다. 모두 16 상자가 나왔다.

인터뷰

"문학동네에서는 공모전 응모작을 어떻게 배분하나요?"

장강명: 문학동네소설상이나 문학동네작가상도 특정 장르 응모작을 따로 분류하나요?

문학동네 편집부 팀장: 그렇지는 않아요. 저희는 대신 심사위원들에게 원고를 배분할 때 응모작들이 도착 순서대로 가지 않도록, 섞어서 보내 드려요.

장강명: 그건 왜 그렇습니까?

팀장: 저희는 원고 접수 기간이 따로 정해져 있지 않거든요. 1년 내내 접수해요. 그래서 어떤 분들은 예를 들면 8월 30일이 마감이라 치면 그냥 1월부터 보내시는 분들이 계세요. 그걸 저희가 모아 놓죠. 그런데 마감일에 맞춰 막판에 들어오는 원고들이 더 수준이 높다는 속설이 있어요. 그런 원고들이 한 심사위원에게 몰리지 않도록 조정하는 거죠.

장강명: 막판에 들어오는 원고들은 급하게 마감에 맞추느라 오히려 질이 낮지 않을까요?

팀장: 끝까지 애정을 가지고 고치시는 분들의 작품 아닐까요?

장강명: 심사위원들에게 원고를 보낼 때에는 응모자 이름을 지우지요?

팀장: 저희는 원고와 별도로 신상 정보를 적은 접수 신청서를 작성해 제출하게 하죠. 그리고 원고에는 응모자 신상을 짐작할 수 있는 어떤 정보도 쓰지 말라고 미리 공지해요. 그런데도 원고에 자기 이름을 적어서 보내시는 분들이 계시거든요. 그래서 저희가 원고를 넘겨 보면서 혹시 이름이 적혀

있나 미리 살펴봅니다. 그래서 이름이나 신상 정보가 있으면 검은색 펜으로 뭉개 버려요. 그렇게 이상이 없는지 확인하고 한 박스에는 원고만, 다른 박스에는 접수 신청서만 모아 놔요. 그리고 액셀 파일로 응모자 이름과 연락처, 작품 제목을 따로 정리하죠. 2인조로 작업하면서 어느 원고가 어느 심사위원에게 가는지 이중으로 체크합니다. 당선작이 나오면 그때 액셀 파일에 제목을 검색해서 어느 분이 보냈는지를 찾아요.

장강명: 심사위원들에게 원고를 발송하는 날에는 굉장히 바쁘겠네요.

팀장: 다른 작업은 모두 중단하고 전부 달라붙어서 거기에만 매달리죠. 그런다고 밤을 새지는 않아요. 택배 마감이 오후 4시 반 정도거든요. 실수가 나오면 안 되니까 부담도 크고 다들 긴장해서 하죠. 그리고 마감일 즈음해서 전화가 많이 걸려 와요. 일주일 내내 문의 전화들이 와요. 원고를 집게로 집어야 하느냐, 제본을 해야 하느냐, 제본을 한다면 스프링 제본을 해야 하느냐, 이런 것도 많이 물어보시고 글자 크기, 자간, 장평 관련한 질문도 많고요. 홈페이지로 안내를 하지만 보내시는 분들

로서는 그걸 사람 목소리로 듣고 확인하고 싶으신 거죠. 또 자기 작품이 무사히 접수가 됐는지 알고 싶어 하시고요. 원고를 보냈는데 오자(誤字)가 있었다며 전에 보낸 원고를 폐기하고 새 원고로 접수해 달라고 부탁하는 분들도 많으세요. 그러면 그 원고를 찾느라 시간이 걸리죠. 중단편소설과 시, 평론 부문이 각각 있는 문학동네신인상이 제일 작업이 힘들어요. 원고가 1000편 이상 와요. 단편은 한 사람당 2편 이상, 시는 한 사람당 5편 이상을 받거든요. 그런데 시를 책 한 권 분량으로 보내시는 분도 계세요.

장강명: 허수 지원자가 얼마나 될까요?

팀장: 그건 저희는 알 수 없죠. 원고를 거르는 건 저희 권한이 아니니까요. 저희는 접수 작업만 해서 심사위원들께 보냅니다. 그런데 원고지에 직접 육필로 써서 보낸다든가, 싸이월드에 쓴 것 같은 글을 모아서 보내시는 분도 계시긴 해요.

예심과 본심

다음 날 집으로 한겨레문학상 응모작 31편이 왔다. 택배 상자로 두 상자였다. 한겨레출판에서는 원고를 받으면 꼭 문자메시지로 '받았다'고 확인해 달라고 몇 번이나 신신당부를 해 왔다. 5월 2일까지 한 작품을 선정해서 그 원고를 한겨레출판으로 다시 부쳐 달라고 했다. 25일 동안 장편소설 31권을 읽어야 하는 셈이었다.

나는 원고를 받은 날부터 심사에 돌입했다. '아무리 시시해 보이는 원고라도 모두 끝까지 다 읽겠다'고 다짐했고, 실천했다.

내가 예심 심사를 마친 건 4월 27일이었는데, 21일 동안 31편을 다 읽은 셈이었다. 여간 중노동이 아니었다. 그 심사를 하는 동안 다른 일은 아무것도 하지 못했다. 그즈음 나는 대학 강의도 하지 않고 연재하는 칼럼도 없어서, 문자 그대로 심사에 전념할 수 있었다.

그러나 종일 읽어도 하루에 마칠 수 있는 원고는 4편이 한계였다. 그렇게 하루에 4편을 읽은 날이 딱 두 번 있었는데, 한 번은 원고를 받은 당일이었고, 또 한 번은 4월 17일이었다. 그 밤에는 가만히 있어도 글자들이 눈앞에 어른거렸다. 그런가 하면 무슨 뜻인지 이해가 가지 않아 한 원고를 읽는 데 꼬박 5일이 걸리기도 했다.

나는 액셀로 도표를 만들고 모든 원고에 대해 별점을 매겼다. 서너 줄 정도로 짧은 평가도 달았다. 원고를 읽는 날의 컨디션이나 내가 심사에 익숙해지는 정도에 따라 일관된 기준을 적용하지 못할까 봐 두려웠기 때문이다.

처음에 별점은 상-중-하 3단계로 매겼는데, 나중에 최상-상-중-하-최하의 5단계로 바꾸었다. '상'으로 분류한 작품보다 한 단계 더 뛰어난 작품이 나오고, '하'로 분류한 작품보다 한 차원 더 낮은 작품을 발견하다 보니 그렇게 되었다.

전체 31편 중 이색 소재를 채택한 작품은 7편이었다. 소재나 배경이 특이하면 얼마간 흥미가 더 생긴다는 점은 부인할 수 없었다. 흔히 사(私)소설이라 부르는 경향의 작품은 의외로 많지 않았는데, 단 2편이었다. 장르소설을 따로 분류해 다른 심사위원에게 보냈는데도, 내게 온 원고 중에도 미스터리물이 2편, 판타지가 2편 있었다.

내가 메모한 평가들 중 몇 개를 옮기면 아래와 같다. 구체적으로 작품 내용이 드러내는 대목은 뺐다.

"문장이나 구성이 대단히 세련되고 매끄럽다. 인상적인 장면도 있고, 실제로 벌어지는 사건은 적지만 글을 잘 써서 긴박감이 난다. 뻔한 얘기라 생각했는데 결국에는 끝이 궁금해졌다. 아주 오래 다듬은 듯. 심지어 문서 편집도 굉장히 잘 되어 있다. 이색적인 소재를 활용하는 방식이 지나치게 전략적이라는 거부감도 없진 않았지만, 그렇다고 그걸 나쁘다고 볼 수만은 없음. 뒷부분은 기교로만 밀고 나간 듯한 느낌이지만 기교가 빼어남. 소재가 주제와 잘 연관이 되어 있고, 취재도 충실하다."

"할 말이 없는데 이야기를 늘어놓는 느낌이 든다. 그러나 어쨌든 솜씨가 대단. 이색 소재들을 잘 엮어 내는 기술이나 앞부분 흡인력도 상당하다. 중간은 느슨하지만 결말은 아주 인상적이다."

"아주 공들여 쓴 것 같은데 이야기나 인물이 너무 전형적이면서 시시해서 읽는 사람 가슴이 아플 정도. 공을 들인 방향 자체가 잘못되었다. 중간중간에 맞춤법 틀린 대목도 많음."

"이야깃거리는 매우 재미있는데 풀어 나가는 작문 실력이 부족하다. 미스터리를 엮고 만드는 실력은 훌륭한데 뒷부분이 너무 성급하다."

"저자는 실험적인 시도라고 여기는 듯하지만 전혀 실험적이지 않다. 독서를 좀 더 해야 할 것으로 보임."

심사를 마치고 보니 '최상'으로 분류한 작품이 3편, '상'이 8편, '중'이 12편, '하'가 6편, '최하'가 2편이었다.

나는 상자에 쌓인 순서대로 원고를 읽었는데 하필 두 번째로 집어 든 원고가 너무 마음에 드는 바람에 몹시 당황했다. 첫째 날 읽은 원고를 가장 뛰어나다고 느꼈단 얘기다. 심사 내내 내가 어떤 종류의 '첫인상 효과'에 당한 것 아닌가 하는 생각을 지울 수 없었다. 다른 원고를 읽다가 '이거 괜찮다'는 느낌을 받을 때면 두 번째 응모작과 몇 번이나 속으로 비교하게 되었다.

두 번째 원고에 대해 내가 쓴 메모는 이랬다.

"눈길 끄는 소재와 매끄러운 전개가 매력적. 서사는 우직하다. 실제로 경험담을 쓴 것 아닐까, 어쩌면 작가가 실제로도 소설 화자처럼 전직 잡지사 기자 출신으로 조선소에서 일했던 것 아닌가 싶을 정도로 세부 묘사가 생생하다. 문장은 매우 짧고 건조. 사소한 단점은, 아마도 어떤 의도가 있었던 듯한데 대화를 표시하는 큰따옴표 앞뒤로 개행을 하지 않은 점과, 클립이 너무 깊게 집혀 있어서 각 페이지 맨 윗 문장들이 보이지 않았다는 점. 설교조인 대목들이 있지만 그걸 없애는 게 좋은 일인지는 모르겠다. 내가 쓰는 소설과 스타일이 아주 비슷하다."

결국 나는 두 번째 원고를 본심 진출작으로 정했다. 그 작품이 본심에서 21회 한겨레문학상 수상작으로 뽑혔다. 이혁진 작가의 『누운 배』다.

『누운 배』는 아주 멋진 소설이고, 나는 지금도 이곳저곳에서 기회가 될 때마다 이 작품을 추천한다.

그런데 『누운 배』를 본심에 올릴 때 나는 다소 망설였다. 그것은 『누운 배』 탓이 아니었다. 다음과 같은 문제들 때문이었다.

① 심사 첫날 읽은 작품이라는 점 때문에 내가 제대로 평가한 건지 의심이 들었다.

② 너무 내 취향인 소설이라는 점이 마음에 걸렸다.

③ 내가 예심에서 떨어뜨린 응모작들에는 다른 기회가 없다는 점이 부담스러웠다.

그래서 본심 진출작을 결정하기 전 '최상'으로 분류한 다른 작품 2편과 『누운 배』를 다시 한번 검토했다. 그런데 역시 『누운 배』가 더 좋았다. 이걸로 ①번과 관련된 문제는 해결한 셈 치기로 했다.

②번과 관련한 문제는 좀 더 복잡하다.

심사에 대한 가이드라인은 아무것도 없었다. 문학성이 뛰어난 작품을 뽑아 달라는 부탁도, 잘 팔릴 만한 원고를 골라 달라는 요구도 없었다. 그냥 내가 가장 좋다고 느끼는 원고를 본심에 올리면 되었다.

　그런데 독서가로서 나는 개성이 있다. 그리고 그런 나의 개성이 문학장(場)의 일반적인 합의와 일치하지 않음은 분명하다. 예를 들어 나는 『위대한 개츠비』와 『호밀밭의 파수꾼』을 전혀 좋아하지 않는다. 『위대한 개츠비』는 두 번 이상 읽었지만 대체로 심드렁하게 읽었다. 『호밀밭의 파수꾼』은 주인공의 생각들이 한심하다고 진절머리를 내며 읽었다. 최근의 예로는 퓰리처상 수상작인 코맥 매카시의 『로드』를 별 감흥 없이 읽었다.

　이런 사람이 자기 기준으로 응모작들을 평가해도 되는 걸까?

　심사가 주관적이라는 사실은 당연히 알고 있었지만, 막상 겪어 보니 그 주관성은 당황스러울 정도였다. 나는 『누운 배』가 아주 마음에 들었다. 그런데 이 소설이 그렇게 내 마음에 든 이유가 뛰어난 작품이어서인지, 아니면 그저 내 '취향'에 찰떡같이 맞아서인지 가늠할 수가 없었다.

　앞에서 내가 짧게 평해 놓은 메모들을 다시 한번 살펴보면, 나는 이야기의 흡인력을 높이 사는 것 같다. 긴박감, 끝이 궁금해지는지 여부, 작문 실력, 이색 소재들을 잘 엮어 내는 기술, 미스터리를 만드는 능력 등에 점수를 높이 줬다. 이야기나 인물이 전형적이면 점수를 크게 깎은 반면 작위적이라거나 기교가 많은 부분은 너그럽게 넘어갔다. 문장에 대해서는 매끄럽게 읽히는지 아닌지 정도만 따졌다. 『누운 배』는 그런 기준에 잘 부합하는 소설이었다.

　하필 이 작품은 나의 등단작이자 한겨레문학상 당선작인 『표백』과 아주 닮았다. 나로서는 거의 기시감을 느낄 정도였다. 내용 얘기가 아니라 구조나 스타일 이야기다. 두 작품 모두 기자 경험이 있는 30대 중반 남자들이 기사 문체로 건조하게 쓴 소설이다.(나중에 알고 보니 이혁진 작가는 잡지기자 출신이었고, 나와 마찬가지로 대학 전공은 문학과 별 상관이 없었다.) 두 작품 모두 현실을 강하게 비판하는데, 그렇다고 뭔가 해법이나 대안을 제시하지는 못하고 막연한 다짐과 함께 끝난다. 나는 이게 전형적인 기사 문법이라고 생각한다. 문제점을 잔뜩 지적한 다음 "정부의 대책이 요구된다."라고 마무리하는 것 말이다.

『누운 배』의 심사평에는 "인물들이 전형적이고 몇몇 대목이 장황하다는 점, 감상적인 마무리, 뻣뻣한 문장에 대한 비판도 있었다."라는 문구가 있는데, 이런 단점은 『표백』도 마찬가지다. 두 작품 모두 2부로 구성되어 있으며, 1부와 2부 사이에 한 인물이 작품의 핵심 메시지를 몇 페이지에 걸쳐 직접 설교한다.

②번과 ③번이 얽히면 더 곤혹스러워진다. 내가 떨어뜨리는 원고는 다른 심사위원들은 아예 볼 수도 없다. 한겨레문학상뿐 아니라 다른 장편소설공모전도 모두 이런 방식이다.

그렇다면 『위대한 개츠비』나 『호밀밭의 파수꾼』도 예심에서 나 같은 심사위원을 잘못 만나면 본심은 가 보지도 못하고 탈락하게 된다는 말인가?

뉴욕타임스 북리뷰의 편집장인 패멀라 폴이 현재 영미권에서 가장 유명한 작가들 55명을 인터뷰해서 만든 『작가의 책』이라는 책이 있다. 폴이 작가들에게 던진 질문 가운데 하나가 "당신이 싫어하는 책, 혹은 과대평가되었다고 여기는 책은 무엇입니까?"였다. 그리고 많은 소설가들이 이 질문을 받고는 고전 걸작이라 숭배받는 작품에 대해 "난 잘 모르겠다."라며 고개를 저었다.

풀리처상 수상 작가인 도나 타트는 "헤밍웨이를 별로 안 좋아한다. 그리고 『율리시스』는 대단한 책이란 건 알지만 그다지 와닿지 않았다."라고 고백했다. 역시 풀리처상을 수상한 소설가 리처드 포드는 『율리시스』에 대해 "과대평가된 책이며, 교수들을 위한 책"이라고 말한다.

스콧 터로는 노벨문학상 수상 작가 두 사람의 작품에 대해 가혹한 평가를 내린다. 가즈오 이시구로의 『남아 있는 나날』에 대해 "일종의 잔재주"라고, 토니 모리슨의 몇몇 소설에 대해 "고의적인 흐리기"라고 평한다. 록펠러재단상, 구겐하임재단상, 오헨리상 수상자인 존 어빙은 실망스럽거나 과대평가된 작품을 묻자 "헤밍웨이의 모든 작품"이라고 대답했다.

이런 식으로 계속 목록이 이어지는데……그중에는 『위대한 개츠비』와 『호밀밭의 파수꾼』, 그리고 『로드』를 꼽은 사람도 있다. 제임스 패터슨은 "『위대한 개츠비』에 열광한 적이 없다."라고 대답했고, 프랜신 프로즈는 "『로드』를 열 페이지 정도 읽다가 영원히 내려놨다."라고 고백했다.

『호밀밭의 파수꾼』에 반하지 않았다는 작가는 두 명이다. 풀리처상 수상 작가 애너 퀸들런은 이 책에 대해 "열다섯 나이에는 천재적인 작품으로 보이지만 서른다섯이 되면 그렇게까지 열광하지는 않게 된다."라고 말한다. 『연을 쫓는 아이』와 『천 개의 찬란한 태양』을 쓴 할레드 호세이니는 아무 설명 없이 『호밀밭의 파수꾼』을 꼽았다.

나는 여기에서 '나도 그렇게 별종은 아님'이라고 주장하는 게 아니다. 내가 주장하려는 바는, '문학장(場)의 일반적인 합의'와 정확히 일치하는 문학관을 지닌 소설가나 평론가는 아무도 없다는 것이다. 얼굴이 정확히 한국인 평균처럼 생긴 한국인이 존재하지 않는 것과 마찬가지다.

그러므로 장편소설공모전에서는 예심 심사위원 운이라는 게 생기고야 만다. 토너먼트 방식의 스포츠 대회에서 대진운이라는 요소가 발생하듯. 그리고 지금껏 실시된 여러 공모전에서, 많은 뛰어난 응모작들이 불운하게도, 그 원고 취향이 아닌 예심 심사위원을 만났다는 이유만으로 1차전에서 낙방했을 거라고 생각한다.

코맥 매카시가 한국에서 태어나 『로드』를 써서 장편소설공모전에 투고했는데 예심 심사위원이 프랜신 프로즈라면 열 페이지 만에 탈락하는 것이다. 참고로 문학상 심사위원으로서 프로즈보다 더 자격 있는 인물을 떠올리기도 쉽지 않다. 그녀는 소설가이자 평론가이자 논픽션 작가이자 에세이 작가이며, 편집자 경력도 있고, 각종 문학상을 받았고, 소설 한 편은 전미도서상 후보까지 올랐고, 하버드 대학교와 컬럼비아 대학교 등 여러 대학에서 소설 창작을 가르쳤고, PEN 미국 지부 회장을 지냈다.

나는 심사의 주관성이 장편소설공모전의 진짜 문제는 아니라고 생각한다. '좋은 작품'이라는 질문에 대해 우리는 모두 견해가 조금씩 다르고, 예비 작가의 원고 중 극소수만 출판 기회를 얻는다. 그렇다면 '관문'의 문제가 발생할 수밖에 없다. 취사선택을 하는 주체나 방식이 바뀐다고 해도 마찬가지다.

공모전이 없어지고 모든 작가 지망생들이 자기 글을 출판사로 투고하는 식으로 데뷔 방식이 바뀌게 된다고 치자. 그때도 출판사에서 누군가가 출간할 원고를 고르게 된다. 아마 편집자가 하게 될 것이다. 또는 편집자가 골라낸 원고를 편집장과 편집주간이 동의하면 출간하는 식으로 원고를 선택하게 될 것이다. 이때도 원고의 운명은 어떤 문학적 취향을 지닌 편집자의 손에 걸리느냐에 달려 있다.

마르셀 프루스트는 『잃어버린 시간을 찾아서』를 NRF 출판사에 보냈다. NRF는 프랑스에서 가장 권위 있는 문학 출판사인 갈리마르의 전신(前身)이다. NRF는 한 번이 아니라 여러 번 『잃어버린 시간을 찾아서』를 거절했는데, 그런 판단을 내린 사람은 편집장으로 일하던 앙드레 지드였다. 프루스트는 결국 이 소설 1권을 다른 출판사에서 자비 출판했다. 그 책이 비평가들의 호평을 얻자 그때서야 NRF는 『잃어버린 시간을 찾아서』 2권을 출간했다.

2017년에는 프랑스 작가 두 사람이 1985년 노벨문학상 수상자인 클로드 시몽의 소설 일부를 발췌해 출판사 열아홉 곳에 보냈다. 그랬더니 일곱 곳에서는 아무런 응답이 오지 않았고, 열두 곳은 출간 거절 의사를 밝혔다.*

* 「노벨문학상 수상자 작품, 지금도 편집자 선택 받을 수 있을까」, 《연합뉴스》 2017. 12. 19. <http://www.yonhapnews.co.kr/bulletin/2017/12/18/0200000000A KR20171218153100081.HTML?input=1195m>.

공모전에서 모든 원고가 예심에서 서로 다른 심사위원 두 사람을 거치도록 심사 방식을 설계할 수도 있다. 실제로 그렇게 심사한 장편소설공모전도 있었다.

2009년에 실시한 1회 자음과모음문학상에는 원고가 32편 왔는데, 심사위원 여섯 명이 응모작을 전부 돌려 읽었다. 같은 시기, 같은 출판사가 공모한 1회 네오픽션상에는 원고가 36편 왔는데, 이것도 같은 심사위원 여섯 명이 응모작을 전부 돌려 읽었다. 그래서 1회 자음과모음문학상 수상작으로는 안보윤의 『오즈의 닥터』가 뽑혔고, 1회 네오픽션상은 당선작을 내지 못했다.

그러나 이는 매우 예외적 사례. 일단 응모작 수가 너무 적었다. 외부 심사위원을 위촉한 게 아니라 계간《자음과모음》편집위원들이 그대로 심사를 했기 때문에 출판사 측에서 부담도 덜했을 것이다.

응모 원고가 많아지면 출판사로서는 이런 방식을 택해서 얻는 부담이 커진다. 심사위원을 더 섭외해야 하기 때문이다. 반면 이점은 확실치 않다. 본심까지 올라오는 작품은 약간 더 다양해질 수 있겠지만, 그런다고 해서 이전과 완전히 다른, 참신하고 파격적인 최종 당선작이 나오는 일이 자주 일어날 것 같지는 않다.

이와 별도로 심사의 주관성과 예심 운이라는 문제를 아주 쉽게 해결하는 방법이 하나 있는데, 이미 많은 응모자들이 그 방법을 사용하는 중이라고 본다. 여러 공모전에 같은 원고를 보내는 것이다. 그래서 여러 예심 심사위원에게 자기 원고를 보여 주는 것이다.

5월 7일에 다른 심사위원들이 고른 예심 통과작들을 받았다. 『누운 배』를 포함해 모두 6편이었다. 예심에 참여한 심사위원은 8명인데 본심 진출작은 왜 6편인고 하니, 몇몇 심사위원들이 올릴 작품이 없다고 밝혔기 때문이다.

본심 진출작을 다 읽는 데에는 꼭 일주일이 걸렸다. 그중에 『도덕 18번 문제』라는 응모작이 눈길을 끌었다. 『누운 배』와 비슷하면서 여러 가지로 반대되는 작품이었는데, 나는 이 작품이 『누운 배』와 거의 같은 정도로 좋았다.

다른 원고들을 읽으면서는 심사의 주관성을 다시 한번 느꼈다. 이걸 왜 본심에 올렸을까 싶은 작품도 있었던 것이다. 나중에 알게 된 사실이지만, 문학상 심사위원들은 모두 본심 심사를 하며 그때마다 '세상에는 참 다양한 취향이 있구나'라고 생각하게 된다고 한다.

21회 한겨레문학상 본심은 5월 17일 한겨레신문사 8층 회의실에서 열렸다. 본심 심사위원은 모두 9명이었다. 예심 심사위원 8명에 심사위원장이 합류했다. 장편소설공모전 심사위원 수는 홀수인 경우가 많은데, 반반으로 의견이 갈릴 경우를 우려한 것 아닐까 하는 생각이 들었다.

테이블에는 심사위원들이 앉았고, 그 뒤로 한겨레신문과 한겨레출판 관계자들이 따로 자리를 잡았다. 한겨레신문과 한겨레출판 측에서 심사 전에 총 응모편 수가 몇 편인지 설명하고, 심사평을 쓸 사람을 정해 달라고 요청했다. 심사평은 다음 날까지 써서 보내야 했다.

"여태까지는 제일 젊은 사람이 썼어요."

한겨레신문에서 설명했는데, 그 순간 거기서 제일 젊은 사람이 나였다. 1976년생인 정여울 평론가가 나보다 한 살 더 젊긴 한데, 라디오 프로그램 녹음 때문에 약간 늦게 오는 바람에 그때 자리에 없었다. 그러니까, 최종심을 없앴다고 하지만 심사위원들은 모두 우리 나이로 40세 이상이었다.

"심사평을 쓰면 고료를 주나요?"

한 심사위원이 나를 대신해 물어 주었다.

"고료는 따로 없어요. 대신 아직 젊다는 자부심을 얻을 수 있죠."

한겨레신문에서 설명했다.

본심에 들어가기 전에 심사 방법을 먼저 논의했다. 만장일치가 되지 않으면 투표를 하자, 심사위원 과반수의 지지를 얻은 작품을 당선작으로 정하자고 합의했다.

"투표에서 1위 작품이 과반수 득표를 못하면 어떻게 해요? '당선작 없음'으로 발표해요, 아니면 거기서 결선 투표를 다시 해요?"

한 심사위원이 물었다. 모두 잠시 머리를 긁적이다가 그 문제는 그런 상황이 벌어지면 그때 가서 생각해 보기로 했다. 이후에는 심사가 끝날 때까지 한겨레신문과 한겨레출판 측 참석자들은 아무 말도 하지 않았다.

심사위원들은 테이블에 앉은 순서대로, 반시계방향으로 심사 소감을 이야기했다. 어떤 작품이 좋았고 어떤 작품이 마음에 들지 않았는지를 말하는 데 한 사람당 3~5분 정도 걸렸다. 그렇게 돌아가며 모두 한 번씩 독후감을 말하는 데 30분이 걸렸고 그다음에는 자유 토론이었다.

응모작에 대한 평가는 굉장히 솔직하고 구체적이었다. 비판의 각도와 기준은 그야말로 전방위였다. 문장, 인물, 주제, 소재, 구조, 대사, 배경, 사실성, 서사성, 서정성, 예술성, 진실성, 시대성, 설득력, 흡입력, 완성도, 성숙도, 세련미, 참신함, 꼼꼼함, 날카로움…… 듣다 보니 등골이 서늘했다. 그런 날선 비평을 직접 듣거나 본 적이 없어서 충격적이기까지 했다. 내 작품의 단점을 누군가 저렇게 직접적으로 지적하는 말을 들으면 울면서 뛰쳐나가게 될 것 같았다. 그래 놓고 심사위원들은 다들 내게 '심사평은 응모자들이 용기를 얻도록 잘 써 달라, 모든 원고들에 대해 한 줄씩이라도 언급해 달라'고 부탁했다.

신기하게도 토론은 저절로 치열해졌다. 직접 공모전 심사에 참여하기 전까지 나는 심사위원들의 태만을 가장 걱정했다. 어차피 무임승차를 한다고 해도 외부인은 눈치챌 수 없지 않나, 그러니 대충 심사하는 시늉만 하다가 다른 사람 의견에 적당히 동조하고 당선작이 결정되면 박수 치면 되는 일 아닌가 싶었던 것이다. 그래서 이 책을 준비하는 동안 문학상 심사장의 열기가 꽤나 뜨겁다는 이야기를 들을 때 잘 이해가 가지 않았다. 심사위원들끼리 격론을 벌이다가 누가 자리를 박차고 나갔다는 둥 심사를 이틀에 걸쳐 했다는 둥 하는 에피소드를 들으면 '왜 그렇게까지 공을 들이나' 싶었다.

그런데 막상 해 보니 그 이유를 알 것도 같았다. 내가 "참 좋게 봤다."라고 평가한 작품을 다른 사람이 면전에서 비판하면 발끈하는 감정이 일었다. "하지만 이런 점도 짚어야 하지 않을까요?"라고 반박하게 됐다. 나뿐 아니라 다른 심사위원들도 마찬가지였다. 얼굴이 굳어지는 게 눈에 보일 정도였다. 심사위원들은 각자 지지하는 원고를 쓴 응모자의 대리인이나 마찬가지였다.

자유 토론으로 넘어갈 때 이미, 논의해야 할 작품은 3편으로 자연스럽게 압축된 상태였다. 『누운 배』, 『도덕 18번 문제』 그리고 『이토록 다정한 밤』이었다. 그중에도 『누운 배』와 『도덕 18번 문제』에 보다 관심이 집중되었다. 좀 더 시간이 지나자 『누운 배』에 찬성하는 심사위원과 반대하는 심사위원들의 논쟁이 되었다. 찬성하는 사람들은 여러 가지 이유를 들어 가며 점점 더 찬성하고, 반대하는 사람들은 마찬가지로 다양한 근거를 대며 점점 더 반대했다. 발언은 점점 더 직설적으로 변해서 나중에는 "이게 논쟁거리가 된다는 사실이 의아할 지경인데요." 같은 말까지 나왔다.

심사를 시작한 지 두 시간이 지났을 때 "이제 그만 투표하죠. 배고파요."라는 말이 나왔다. 각자 지지하는 작품을 한 편씩 메모지에 무기명으로 적어 제출했다. 한겨레출판에서 개표했다.

『누운 배』 5표, 『도덕 18번 문제』 2표, 완전히 다른 작품 1표, 기권 1표.

한겨레출판 편집주간이 다른 방에 가서 당선자에게 연락했다. 간혹 전화를 받지 않는 당선자도 있다고 하는데, 다행히 이혁진 작가는 한 번에 연결이 되었다. 통화를 마치고 돌아온 편집주간에게 심사위원들이 질문을 정신없이 쏟아냈다.

"누구예요? 진짜 조선소에서 일했던 경력이 있대요? 이거 자기 이야기래요? 신인이에요? 몇 살이에요?"

좋은 작품을 뽑았는가

나는 이듬해인 2017년 5회 수림문학상 심사에도 참여했다. 수림문학상은 수림문화재단과 연합뉴스가 공동 주최한다. 수림문학상 심사는 다음과 같은 점들이 한겨레문학상과 달랐다.

우선 원고를 전자 파일로 접수했다. 지원자가 보낸 문서 파일을 연합뉴스 출판국에서 응모자 신상 정보를 지운 뒤 양면 인쇄해서 같은 형식으로 제본하고 심사위원들에게 보내 주었다. 그러나 지원자가 사용한 글자체나 글자 크기는 바꾸지 않았다. 심사하는 처지에서는 보기도 깔끔하고, 이 원고는 세상에 단 하나밖에 없으니 잃어버리면 큰일 난다는 부담감도 없어서 편했다.

심사위원은 다섯 명이었고, 응모작은 모두 221편이었다. 나는 예심에서 49편을 받았다. 박스 2개 분량이었는데 퀵서비스로 받았다. 8월 1일에 원고를 받아 31일까지 본심 진출작을 골라야 했다. 하루에 읽어야 하는 원고 분량은 한겨레문학상과 비슷했지만 기간은 좀 더 길었다. 수림문학상 역시 원고를 접수한 순서대로 심사위원들에게 보낸 것 같지는 않았다. '작품 번호'라는 번호가 있기는 했는데, '4, 10, 14, 17……' 이런 식으로 불규칙하게 배열돼 있었다.

예심에서는 역사소설이나 장르소설을 따로 분리하지 않았다. 내게 들어온 작품들을 세어 보니 역사소설이 4편, 판타지가 4편, 스릴러가 2편, SF가 2편, 로맨스 소설이 2편, 추리소설이 1편이었다. 그 원고들은 다른 응모작 평균에 비해 완성도가 더 뛰어나지도 딱히 못하지도 않았다. 내가 받은 판타지와 SF 원고에 대해서는, 그 원고들이 장르 문학 공모전에 간다 한들 당선권에 들지는 못하리라고 생각했다. 장르소설 문법에 대해 잘 모르는 사람들이 쓴 것 같았다.

그런데 이런 사항들을 제외하고는 수림문학상도 심사 방식은 큰 틀에서 한겨레문학상과 거의 같았다. 예심 심사위원들에게 원고를 배분하고, 거기서 한두 편씩 뽑은 작품을 돌려 읽은 뒤 최종심 없이 본심에서 심사위원 합의로 당선작을 선정했다.

나는 이번에도 최상에서 최하까지 5단계로 원고를 분류하고 짧은 평가를 혼자 매겼다. '최상'에 해당하는 원고가 5편이나 나오는 바람에 한참 고민하다가 그중 2편을 본심으로 올렸다. 그런데 다른 심사위원 한 사람도 본심에 원고를 2편 올렸다. 그래서 본심에 진출한 응모작은 모두 7편이 되었다.

본심은 9월 20일 수림문화재단 사무실에서 진행했다. 한겨레문학상을 심사할 때보다는 토론 시간이 짧았다. 이번에도 의견은 한데 모아지지 않았고, 다시 한번 사람마다 문학관은 참 제각각이라고 느꼈다.

이번에도 무기명 투표를 했고, 1960년대 미8군 연예인들의 삶을 성장소설 기법으로 다룬 『기타 부기 셔플』이 3표를 얻어 당선작으로 뽑혔다. 나도 그 원고에 표를 던진 사람이었다. 『기타 부기 셔플』이 너무 재미있어서 다른 원고에는 마음이 가지 않았다. 그런 걸 보면 의외로 나의 취향은 별종이라기보다는 소설가나 평론가들의 평균에 가까운지도 모르겠다.

연합뉴스 출판국 차장이 『기타 부기 셔플』을 쓴 이진 작가에게 전화를 걸었고, 심사장에 돌아와 작가의 신상 명세를 알려 주었다. 이진 작가가 35세 여성이라는 사실에 우리는 모두 깜짝 놀랐다. 소설 주인공이 남성이고, 주인공의 행동이나 생각, 그걸 전하는 문장들이 모두 남성적이어서 당연히 남자 작가가 썼을 거라고 여겼던 것이다.

나는 하도 신기해서 여성 심사위원인 김숨 작가에게 혹시 이거 여성이 쓴 글일 거라고 짐작하셨느냐고 물어보았다. 김숨 작가는 고개를 저었다. 나로 말하자면 1960년대 미8군에서 연예인 생활을 한 60~70대 지원자가 자기 얘기를 직접 썼거나, 그런 사람의 아들이나 손자가 아버지나 할아버지의 이야기를 자세히 듣고 옮겼을 거라고 추측하고 있었다.

나중에 인터뷰를 보니 이진 작가는 순전히 자료 조사만으로 이 글을 썼다고 했다. 이진 작가는 이전에 청소년 소설인 『원더랜드 대모험』으로 블루픽션상을 수상했고, 다른 청소년 소설 『아르주만드 뷰티 살롱』을 펴낸 적도 있는 기성작가였다.

나는 심사를 제대로 한 걸까? 내가 탈락시킨 원고 중에 『율리시스』나 『잃어버린 시간을 찾아서』가 들어 있지는 않을까? 정말 그럴 수도 있다. 『율리시스』나 『잃어버린 시간을 찾아서』가 내 손에 들어왔더라면 나는 아마 그 가치를 못 알아봤을 것이다. 어쩌면 무슨 뜻인지 이해가 가지 않아 읽는 데 꼬박 5일이 걸렸던 원고가 바로 그런 작품인지도 모른다.

내가 이해할 수 있는 원고 중에서 나도 모르게 배제한 작품은 없었을까? 대중소설은 어떨까? 만약 이우혁의 『퇴마록』 같은 작품이 응모작 중에 있었다면 어땠을까? 나는 이 작품을 대학생 때 읽었고, 아주 좋아했다. '국내편'과 '세계편'까지는 다 읽었고 '혼세편'은 읽다 말았다.

한겨레문학상이나 수림문학상 심사장에 『퇴마록』이 올라온다면, 아마 떨어지리라 생각한다. 나도 표를 던지지 않을 것 같다. 20대 초반에는 이 소설을 좋아했지만 40대 초반이 된 지금은 그렇지 않다.

이런 맥락에서, 한겨레문학상과 수림문학상 심사위원 중에 20~30대 심사위원이 없는 것은 당선작의 다양성에 선을 긋는 치명적 단점일까? 『퇴마록』은 부당한 대우를 받고 있는 걸까?

만약 이영도의 『눈물을 마시는 새』가 응모작 중에 있었다면 어땠을까? 나는 표를 던졌을까, 그러지 않았을까? 정말 모르겠다. 이런 고민에 빠트리는 원고를 접하지 않아서 다행이라는 생각마저 든다.

나는 40대 초반인 지금도 『눈물을 마시는 새』가 대단하다고 생각한다. 그러나 한겨레문학상이나 수림문학상 수상작이라는 막연한 이미지에는 뭔가 딱 들어맞지 않긴 한다. 동시에 '그게 구체적으로 어떤 점이냐, 한겨레문학상 또는 수림문학상이 추구하는 문학성은 무엇이냐'라고 묻는다면 할 말이 없어져 버린다.

어떤 성향의 작품을 뽑겠다는 뚜렷한 방향을 지니지 않은 채로 문학상 두 곳의 심사에 참여한 것은 괜찮은 일일까? 지금도 신

춘문예와 신인문학상을 포함해 공모전 심사를 맡아 달라는 요청
은 계속 들어오고 있는데, 이곳저곳에 겹치기 참여해 심사를 맡아
도 될까?

　　장편소설공모전에 심사위원으로 참여한 경험이 있는 문학평
론가나 소설가들을 만났을 때 나는 그에 대해 어떻게 생각하는지
물었다.

인터뷰

"장편소설공모전 심사에 대해 들려주세요."

1

장강명: 원고를 심사하실 때 재미나 가독성도 따지시나요?

전성태 소설가(한겨레문학상, 창비장편소설상 등 심사): 장편을 심사
　　　　하다 보면 실험성이나 미학성도 중요하지만 가독성
　　　　을 안 따질 수가 없어요. 단편은 참고 읽으면 되는
　　　　데 장편은 참고 읽기 힘들잖아요. 장편이라는 서사
　　　　장르 자체에 그런 속성이 내장돼 있다고 봅니다.
　　　　많은 독자들이 한 권의 책을 다 읽도록 앉혀 놓아
　　　　야 하니까요. 장편소설공모전이 대중성 있는 작품
　　　　을 배제한다는 지적은 안 맞는 거 같아요. 물론 대
　　　　중성이 떨어지더라도 우리 문학사에 남을 만한 원
　　　　고가 있다면 그걸 뽑아 줘야겠죠. 그렇지만 그 정

도가 아니라면 원고에 '읽히는 힘'이 있어야 해요.

장강명: 장편소설공모전이 자연히 재미있는 대중소설, 장르소설도 발굴할 수 있다고 보시나요?

전성태: 네. 그런데 '재미있다'는 것도 단순히 내러티브만의 문제는 아니죠. 이 서사가 얼마나 새로운가, 이 인물이 전에 보지 못한 캐릭터인가, 그런 것도 보죠. '이건 장르소설이니까 안 돼.'라며 배제하는 건 없어요. 장르소설 요소가 소설 안에 들어온 게 시간도 오래됐고, 다 인정합니다. 저 같으면 구성이나 문장이 좀 부족해도 작가로서 뭔가 돌파하려는 힘, 작가 정신이랄까요, 그런 게 느껴지는 글을 뽑고 싶어 합니다. 장인 정신이 아닙니다. 세계를 자기 나름대로 기획해서 보고, 거기에 자신의 목소리를 실을 줄 아는 사람, 작가로서 자기 필체, 문체를 만들 수 있는 사람의 글을 뽑고 싶죠.

장강명: 대중문학을 배제하지는 않지만, 그냥 '웰메이드'라고 해서 지지하지는 않는다는 말씀이신가요?

전성태: 그렇죠. 난 그렇게 생각해요.

2

장강명: 문학공모전이 '문학상 스타일'의 원고만 뽑는다,

독자들이 좋아할 만한 글을 쓰는 작가 지망생들이 데뷔를 못한다, 그 결과 한국 소설의 다양성이 떨어지고 그래서 한국 소설이 몰락했다는 주장에 대해 어떻게 생각하시나요?

복도훈 문학평론가(자음과모음문학상, 네오픽션상 등 심사): 작가 지망생들이나 문단 권력, 문학 제도에 비판적인 분들께는 직관적으로 설득력 있게 다가오는 이야기인 것 같아요. 그러나 너무 단순한 이론이고, 저로서는 상당히 동의하지 못하는 부분이 있습니다.

장강명: 어떤 부분이 그렇습니까?

복도훈: 저를 포함한 문학평론가들이 문학적 지평을 넓히는 일에 상당히 인색하긴 합니다. 깨져야 하는 전통이고, 깨지고 있죠. 하지만 공모전은 불가피한 선택이라는 생각도 해요. 문제점은 있지만 그렇다고 해서 그 제도가 부패한 시스템의 산물이고, 많은 좋은 작가들을 배제하거나, 좋은 작품을 발견하지 못한 책임이 거기에 있거나 그런 건 아닌 것 같아요. 긍정적인 기능이 많고, 다만 그게 너무 성공해서 다른 발굴 가능성을 막아 버렸다, 부분적으로 그렇게 볼 수 있을 것 같긴 하지만…… 공모전에서 떨어지더라도 좋은 작품을 발견하는 눈

은 어떻게든 있더라고요. 한편으로는 문학에 대한 지평을 넓히는 일은 젊은 소설가와 독자들의 몫이라는 생각도 듭니다.

3

장강명: 문학공모전마다 심사위원이 중복이 된다는 지적에 대해 어떻게 생각하시나요?

강유정 문학평론가(세계문학상, 중앙장편문학상 등 심사): 그렇게 보일 것 같아요. 모든 문학공모전에 다 참여하는 심사위원은 없지만, 두세 곳에 참여하는 작가나 평론가는 있으니까요. 그러면 중복된다는 느낌이 들죠. 그런데 심사위원을 구성하는 입장에서는 그렇게 심사를 부탁할 수 있는 작가나 평론가가 많지 않아요. 일단은 한국에 거주하고 심사할 시간 여유가 있어야겠죠. 또 주최 측에서는 최근에 활발히 활동을 하는, 자신이 글을 쓰고 있고 또 남의 글도 열심히 읽는 사람을 모시고 싶어 해요. 어떤 '감'이랄까요, 현재적 감각을 가진 분을 찾으니까요. 최근에 작품 활동도 하고, 다른 사람 작품도 읽고, 심사할 수 있는 여건이 되는 분들을 찾다 보면 떠오르는 사람이 많지 않아요. 그리고 무엇보다 공모전이 너무 많아요.

장강명: 소설가나 평론가 외에 다른 사람들, 일반 독자라든가 편집자를 심사위원에 넣으면 어떨까요?

강유정: 몇몇 공모전에서 그런 시도도 해 봤죠. 대중적으로 유명한 문화계 인사를 심사에 참여시킨 적도 있고요. 기본적인 취지는 환영해요. 문학에 대한 내공이 있지만 문단 밖에 있는 분이 그렇게 해서 한국문학의 영역을 넓힌다면 좋다고 생각해요. 그런데 막상 그런 분들을 모셔서 심사를 같이 해 보면 한국 소설을 많이 읽지 않으셨더라고요.

장강명: 수상작들이 다 비슷비슷하다, 상의 개성이 없다는 지적에 대해서는 어떻게 보시는지요?

강유정: 어느 정도 일리가 있다고 생각해요.. 그런데 그게 심사위원만의 문제도 아닌 게, 예를 들어 역사소설 당선작이 나오면 역사소설 응모작이 모이고, 노숙자를 다룬 작품이 당선되면 노숙자나 다른 아웃사이더를 다룬 응모작들이 많아지더라고요. 응모자들이 전년도 당선작을 마치 모범 답안처럼 여기는 것 같아요. 뭐가 먼저고 뭐가 나중인지 모르겠지만…….

내가 심사를 잘했는지에 못했는지는, 어쩌면 바라보는 방향에 따라 답이 달라지는 문제인 듯도 하다.

좋은 작품을 뽑았느냐고 묻는다면 단호히 그렇다고 말할 수 있다.

『누운 배』와 『기타 부기 셔플』의 가치에 대해 나는 털끝만큼도 의심이 없다. 당연히 많은 독자를 만나야 할 좋은 소설들이다. 작품들을 선정한 과정도 대단히 공정했다. 문학상 주최 측의 준비나 진행은 내가 예상한 것 이상으로 꼼꼼하고 성실했다.

그런데 좋은 작품을 놓치지는 않았느냐고 묻는다면…….

내가 떨어뜨린 소설들 중에 보석이 있었을지 모른다는 불인함을 완전히 지우기 어렵다. 나의 취향에 더해, 공모전이라는 틀자체에 허점이 있지 않을까 하는 우려도 든다.

나는 이 논의를 좀 더 확장할 수도 있다고 생각한다. 장편소설공모전은 어떤 종류의 좋은 원고를 발견하는 도구로서는 분명히 뛰어나다. 그러나 공모전으로만 신인을 뽑게 될 때, 그래서 공모전이 배제의 도구가 될 때 거기에는 허점이 있다. 그런 상황이 벌어지지 않도록 다른 신인 발견 시스템이 잘 작동해야 한다. 그것이 장편소설공모전이 장점 위주로 잘 작동하게 만드는 길이기도 하다.

그에 대해서는 뒤에서 다시 이야기해 보기로 하자. 그 전에, 이런 상황에서 소설가 지망생들은 어떻게 행동하고 있는지 알아보기로 하자. 과연 강유정 평론가의 말대로 작가 지망생들은 지금 '모범 답안'을 고민 중일까?

5.5

서체는 어떻게
하는 게 좋은가?

합격 비법들

소설가 지망생들의 이야기를 제대로 들어 보기 전에, 먼저 폰트에 대해 이야기해 보자. 공모전 당선에 유리한 서체가 따로 있을까?

이 책을 쓰면서 작가 지망생들을 여러 명 만났다. 그들 사이에 떠도는 '당선 요령'에 대해서도 많이 들었다. 직접 심사를 해 본 나의 결론은, 그 비결들 대부분이 엉터리라는 것이다.

예를 들어 인쇄 용지의 좌우 여백을 늘리고 줄 간격을 넓혀 한 장에 들어가는 글자의 양을 적게 하면 심사위원들이 보기에 페이지가 빨리 넘어가므로 흡입력이 높은 듯한 느낌을 줄 수 있다는 조언이 있다. 글쎄…… 내 입장에서는 누굴 바보로 아나 싶다.

첫 문장, 첫 문단, 첫 페이지에서부터 심사위원을 사로잡아야 한다는 말도 많이 돌아다닌다. 물론 첫 문장과 첫 문단을 잘 쓰면 좋긴 하겠다. 그런데 그게 평이하다고 해서 바로 원고를 탈락시킬 사람이 있을까. 거꾸로 도입부만 강렬하고 중반 이후가 지리멸렬한 응모작이 당선될 가능성이 있을까.

'비에 맞아 원고가 젖고 발송인 이름이 지워질 수 있으므로 봉투에 비닐 테이프를 감으라'는 조언도 있었다. 따라 해서 나쁠 건 없는 제안이다. 지나친 노파심 같긴 하지만.

장편소설공모전을 준비하는 분들께 드리고픈 나의 조언은 뒤의 부록에서 따로 다루기로 하겠다. 여기에서는 한겨레문학상과 이효석문학상, 김용익소설문학상을 수상한 윤고은 소설가에게서 글씨체에 대해 이야기를 들어보자. 윤 소설가는 동국대 문예창작학과에 다니던 시절 대산대학문학상을 받으며 등단했다.

나는 그녀가 패션지《그라치아》에 쓴 에세이를 보고 연락했다. 대학에 다닐 시절, 다른 소설가 지망생 친구들과 함께 신춘문예를 준비하려고 명동 프린스호텔에서 합숙했을 때의 에피소드를 재미있게 쓴 글이었다.

"글씨체는 어떻게 하는 게 좋은가요?"

장강명: 《그라치아》에 쓰신 에세이 잘 읽었습니다. 그런데
　　　정말로 문예창작학과에서는 '폰트는 어떻게 해야
　　　한다'는 식의 팁들이 있나요?

윤고은 소설가: 저희 과 안에서 돌아다니는 정보였는데, 다
　　　허당이었죠. 신춘문예는 1학년 때는 당연히 떨어
　　　지니까 3학년이 돼서 내라든가, 도입부는 문장 시
　　　제를 현재형으로 쓰라든가. 그런데 나중에 당선
　　　작들 보니까 도입부에 과거형 문장을 쓴 작품도
　　　많았어요. 지금 생각하면 재미있죠. 어떻게 이렇
　　　게 엇나가는 정보를 줄 수도 있나 싶어요.

장강명: 글씨체나 크기는 어떻게 하라던가요?

윤고은: 신명조체에 글자 크기는 10포인트, 장평은 90퍼센
　　　트, 자간은 마이너스 7퍼센트로 해야 한다는 거였
　　　어요. 그렇게 해야 잘 읽힌다는 설명이었는데, 돌
　　　이켜 보면 의문이 들죠. 그렇게 하면 글자가 굉장
　　　히 홀쭉해지거든요. 그래도 저는 계속 그렇게 써
　　　와서 지금도 그 글자체로 써요. 폰트만 신명조에
　　　서 네이버나눔명조로 바꿨어요. 그런데 그런 글자

체로 쓴 원고를 보내면 편집자들이 왜 이렇게 글자 간격이 촘촘하냐고, 잘 안 읽힌다 하더라고요.

장강명: 이후에 문학상 심사도 여러 번 하셨잖아요. 응모작의 글씨체에 영향을 받으셨습니까?

윤고은: 영향을 아주 안 받는다고 할 수는 없는 게, 블로그 포스트라고 해도 너무 귀여운 글씨체로 쓰면 안 읽게 되잖아요. 첫 페이지를 볼 때 어떤 인상이 들긴 하죠. 그런데 딱 거기까지예요. 인쇄된 원고를 보면 그게 바탕체인지 무슨 체인지 알 수도 없고, 대부분은 거의 다 비슷한 폰트고요. 또 읽을 원고 분량이 산더미처럼 쌓여 있으니 글자체를 신경 쓸 형편이 아니에요. 예전에 원고지에 직접 글을 쓰던 시대에는 글씨를 잘 쓴 응모작이 좀 유리했을까요?

장강명: 혹시 작가 지망생들에게 글씨체와 관련해서 줄 수 있는 팁이 있을까요?

윤고은: 장평 90퍼센트에 자간 마이너스 7은 아닌 거 같아요. 그게 팁이에요.

어찌 보면 이런 '미신'들이 돌아다니는 것은 자연스러운 현상이다. 응모하는 사람 입장에서는 너무나 절박해 지푸라기라도 잡고 싶은 심정이다. 그러나 심사위원들이 무엇을 기준으로 평가하는지, 심사 과정이 어떻게 되는지는 전혀 알지 못한다. 그러다 보니 그 사이에서 루머가 생겨난다.

2010년대 한국 기업들의 신입 사원 공채 시장도 마찬가지다. 몇몇 황당한 사례를 살펴보자.

구직자들 사이에 널리 퍼져 언론 기사에까지 소개된 루머에 따르면, 각 기업마다 선호하는 얼굴형이 있다고 한다. 삼성그룹은 '착하면서 똑 부러진 인상의 얼굴'을, 현대차그룹은 '반듯한 모범생 이미지'를, SK그룹은 '똑똑하면서 세련된 외모'를 좋아한다는 것이다.[*] 또 남성 구직자는 삼성이나 현대차그룹에서 면접을 볼 때 파란색 넥타이를 매는 게 좋고, 여성은 삼성 면접에서는 검은색 둥근 코 구두를 신는 게 유리하다고 한다.[**] 직종별로 선호하는 외모가 다르다는 변주도 있다. 서비스직은 미소가 상냥해 보여야 하고, 마케팅과 영업 부서는 깔끔하고 부드러운 인상이 중요하다는 식이다.

'취업 부적'이라는 것이 버젓이 팔리고, 취업을 하기 위해 이름을 바꾸는 경우도 있다고 한다. 이쯤 되면 취업 준비생 사이에 '합격 정장'이 인기라는 언론 보도에도 그렇겠구나, 싶어진다. 합

---

[*] 「'기업 맞춤형 얼굴'이 있다고?」,《채널A》 2013. 7. 16. <http://news.ichannela.com/view.php?id=News_View_Print%7C3%7C201307161246 13%7C56476449%7C1>.

[**] 「삼성 직원형 얼굴이 있다? 성형 고민하는 구직자들」,《한겨레신문》 2013. 7. 16. <http://www.hani.co.kr/arti/society/society_general/595790.html>.

격 정장이라는 것은 먼저 입사에 성공한 사람들이 면접 때 입었던 정장이 중고 거래 사이트에 나온 것을 말한다. '증권사 현직이 입사 면접 때 입었던 정장'이라는 식으로 소개되어 있으면 웃돈이 붙는다는 것이다.*

이런 루머를 이용해 돈벌이를 하는 자들도 많다. 포털 사이트에서 '취업 성형'이라는 키워드로 검색하면 엄청나게 많은 성형외과 사이트들이 나온다. 아나운서를 지원한다면 지적인 이미지를 위해 코끝조각술을 받으라고 하고, 승무원을 준비 중이라면 헤어라인시술이나 이마 지방 이식수술을 받아 이마를 깨끗하게 만들어 주라고 한다. 대기업 지원자는 눈꼬리는 내리고 입꼬리는 올려 얼굴이 선량하면서도 미소를 짓는 인상이 되게 하는 수술을 받으라고 한다. 채용 정보 사이트에서 성형외과와 손잡고 무료 시술 이벤트를 열기도 한다.

합격 정장도 허위 매물을 내놓는 사람이 많은 판국에, 사교육이 흥하는 것도 이상하지 않다. 역시 포털 사이트에서 '취업 전문학원'을 검색하면 참으로 많은 학원과 컨설팅 업체 사이트들이 나온다. 100만 원짜리 프로그램은 수두룩하고, 4개월 코스에 200만 원이 넘는 강좌도 있다. 자기소개서를 두괄식으로 썼는지 헤드라인은 매력적인지 확인해 주고, 이력서의 세부 내용을 구체적이고 세부적이 되도록 첨삭해 주고, 지원하는 기업 성향에 맞춘 스토리

---

* 「절박한 취준생들, '합격 정장'까지 찾는다」, 《조선일보》 2017. 11. 2. <http://news.chosun.com/misaeng/site/data/html_dir/2017/11/02/2017110200232.html>.

텔링형 1분 자기소개를 만들어 준다. 실전 같은 환경에서 모의 면접을 치르게 해 주고, 단아해 보이는 눈썹 화장법을 가르쳐 주고, 블라인드 면접에서 자연스럽게 출신 학교를 내비치는 방법도 일러 준다.

이런 요령들은 정말 돈값을 하는 걸까? '공모전에 당선되려면 글씨체는 신명조체, 글자 크기는 10포인트, 장평은 90퍼센트, 자간은 마이너스 7퍼센트로 해야 한다'는 말에 비해 얼마나 믿을 만한 걸까? 누구도 모른다. 어쨌든 취업 성형도, 취업 사교육 강좌도, 취업 부적도, 합격 정장도 잘 팔린다.

얼마나 기괴한가.

얼마나 처연한가.

6

공무원 시험 같은
느낌입니다

자격증 시험인가?

이 책에서 나는 꾸준히 문학공모전을 일종의 채용 시스템으로 묘사하고 있다. 여러 제도 중에서도 단체 시험 형태이고, 경쟁률이 치열하며, 합격하면 갑자기 신분이 상승하고, 이후에는 좀처럼 '합격자'라는 신분을 뺏기지 않는, 국가고시나 대기업 공채에 비유하고 있다.

이 시험을 쳐야 하는 문학계의 당사자들은 어떻게 생각할까? 작가 지망생들은 그렇게 작가가 아닌 사람을 작가로 만들어 주는 특정 단체가 있다고, 그런 채용 시스템도 존재한다고 여길까? 그런 단체와 시스템이 있다고 믿는다면, 그 제도가 공정하다고도 생각할까? 바람직하다고도 여길까? 혹시 그런 시스템은 없어져야 한다고, 낡은 제도를 뒤집고 혁명을 일으켜야 한다고 분을 삭이고 있지는 않을까?

나는 작가 지망생 520명을 대상으로 설문 조사를 벌였다. 각 대학 문예창작학과나 문학동호회에 도움을 청하기도 했고, 글쓰기 강연을 할 때 현장에서 설문지를 돌리기도 했다. 객관식 문항이 5개였고, 쓰고 싶은 의견을 자유롭게 적을 수 있도록 주관식 문항도 하나 만들었다. 이 조사는 젊은이들 위주로만 이뤄지지는 않았다. 서점이나 공공기관에서 글쓰기 강연을 열면 중장년층 참석자가 상당히 많다.

그럼에도 불구하고 설문에 답해 주신 분들이 '한국에서 소설가를 꿈꾸는 사람들'이라는 모집단을 정확히 대표한다고 보기는 어렵다. 강연장을 기웃거리지 않고 대학과 떨어진 곳에서 남몰래 혼자서 원고를 쓰는 예비 작가들도 많으리라. 나도 그런 사람 중 하나였고. 그러나 현실적으로 그런 숨은 지망생들의 의견을 들을 수 있는 방법이 없을 듯하다.

답변 수는 결코 모자라지 않다고 본다. 대통령 선거 여론조사도 응답자 수는 보통 1000명 남짓이다. 그 1000여 명의 답으로 4000만 명이 넘는 전체 유권자의 견해를 가늠하는 것이다.(이때 신뢰 수준을 95%로 잡으면 표본 오차는 대략 ±3%포인트가 된다.) 한국의 소설가 지망생이 몇천만 명 수준은 아닐 거고, 표본 선정에 한계가 있었다 해도 500명 이상의 답변이라면 어느 정도 의미는 있을 것이다.

첫 번째 질문이다. 작가 지망생들은 이 책의 기본 전제에 동의할까? 그들도 문학공모전을 정말 일종의 자격증시험으로 받아들이고 있을까?

답은 아래와 같다.

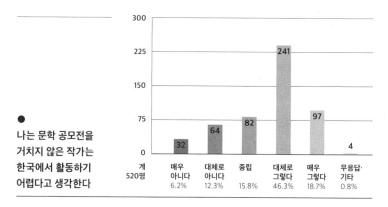

계 520명

[대구 '책쓰기 아카데미' 1기(83명), 성균관대 국어국문학과·창작학회 '필담'·인문학회 '만봄'(59명), 원광대 문예창작학과(59명), 연세대 원주캠퍼스 국어국문학과(50명), 한겨레교육 글터 강연(37명), 예스24·문학동네 소설학교(34명), 중앙대 문예창작학과 평생교육원(33명), 중앙대 국어국문학과 현대문학반(23명), 알라딘·문학동네 북토크(28명), 동국대 '논픽션연습' 과목 2017년도 1학기 수강생(21명), 대진대 문예창작학과(16명), 조선대 문예창작학과(16명), 성균관대 문학 중앙동아리 '글터'와 '행소문학회'(12명), 고려대 국어국문학과 문학 동인 '무소속'(8명), 단편소설 스터디 '소소모임'(가명)과 같은 과 학생들(12명), 2015 대한민국 과학기술창작대전 SF작가와의 만남(9명), 한국예술종합학교 '취재연습' 과목 2016년도 2학기 및 2017년도 1학기 수강생(8명), 단편소설 스터디 'mo'(가명·6명), 기타 작가 지망생(6명)]

답변은 압도적이다. 전체 응답자의 65.0퍼센트가 문학공모전을 거치지 않으면 한국에서 작가로 활동하기 어렵다고 생각했다.

공교롭게도 이 수치는 '한국에서 대학을 나오지 않아도 충분히 성공할 수 있다고 보느냐'고 물었을 때 나오는 답의 비율과 거의 같다. 한국일보와 한국리서치가 2014년 11월 서울, 부산, 대구, 광주, 대전 등 5개 도시의 20~59세 성인 남녀 1000명을 상대로 여론조사를 벌였을 때 64.4퍼센트가 그 질문에 대해 '아니요'라고 대답했다.

내 설문 조사에서 몇몇 응답자는 주관식 항목에 이렇게 적었다.

"작가가 되는 것이 마치 공모전에 당선되어야 이루어지는 것 같다는 느낌이 있다. 글을 쓰면 작가 아닌가. 그래도 검증된 소설이라는 느낌을 주기는 한다."

"작가가 되고 싶은 사람들의 공무원 시험 같은 느낌입니다."

"군이 공모전이 아니어도 작가로 활동하고 싶다."

"문학공모전이 작가 지망생들에게 일종의 목표를 갖게 하고 목적의식을 주는 의의는 있다고 보지만, 동시에 그것이 단단한 장벽으로 기능하는 측면도 있는 것 같습니다."

"한국에서는 아직은 문학공모전을 통해 당선이 되어야 그나마 작가로서의 길이 조금은 열린다고 생각합니다. 어쩔 수 없는 구조이겠지요."

"문학공모전이 특히 더 우수한 작가를 발굴하는지는 모르겠는데, 등단이 아니면 작가로 인정해 주지 않는다는 게 음…… 더욱 다양하고 우수한 작가·작품을 찾기 위해서라도 좀 더 열린 문학세계였으면…… 하는 뭣 모르는 문창생의 생각입니다. 예술은 자유로워야 하잖아요."

"등단을 하려면 왜 군이 공모전을 통과해야 하는지 모르겠다. 우리나라에만 있는 제도라고 들었다."

나는 장편소설공모전을 준비 중인 ▮▮▮▮▮ 작가를 합정역 근처 한 카페에서 만났다. 대학에서 문예창작을 전공한 그는 등단 절차는 거치지 않았지만 장편소설 출간을 앞둔 상태였다. 기획안과 샘플 원고를 출판사로 직접 보내 출간 계약을 맺은 희귀한 경우였다. 그 책은 ▮▮▮▮▮ 작가와 내가 만나고 나서 몇 달 뒤 세상에 나왔다.

나와 인터뷰할 때 그는 그 책 준비와 별도로 다른 미등단 작가 4명과 함께 3개월째 장편소설 합평 스터디를 하는 중이었다. 이 스터디는 일주일에 한 번씩 만나 서로 그때까지 쓴 원고를 돌려 보면서 평을 해 주는 방식으로 진행했다. 목표는 장편소설공모전이었다. 어차피 저자가 될 텐데, 새 책에 대한 독자 반응을 지켜보지도 않은 상태에서 왜 공모전을 준비하고 있을까? 나는 그 이유를 물어보았다.

인터뷰

"어차피 저자가 될 텐데 왜 장편소설공모전을 따로 준비하시나요?"

장강명: 장편소설 합평 스터디는 왜 참여하시게 됐나요?

▮▮▮▮▮ (미등단 작가, 장편소설공모전 준비 중): 저도 그렇지만 다른 멤버들도, 단편은 써 본 적이 있는데 모두 장편소설은 처음이었거든요. 그런데 혼자 하기가 너무 막막했어요. 쓰다 보면 어렵고, 자꾸 포기하게 되죠. 스터디를 만들면 서로 그런 점에서 자극을 줄

수 있지 않을까 기대하는 마음이 가장 컸어요.

장강명: 다 쓴 원고가 아니라 미완성 원고를 돌려 본다는 말씀이시죠? 그렇게 하면 단편소설 합평하는 것과는 좀 다르겠네요?

■■■: 대체로 비슷해요. 다만 처음 어떻게 쓰기 시작했는지, 어느 부분을 힘들어 했는지, 앞으로 되돌아가서 다시 쓴 부분이 어디인지 알고 있으니 좀 더 기대감을 품고 읽게 돼요. 적극적인 독자라고 할까요.

장강명: 그 스터디 멤버가 모두 장편소설공모전을 준비합니까?

■■■: 네.

장강명: 그러면 모두 경쟁자인 셈이네요?

■■■: 저희들끼리 농담으로 '어디 낼 건지는 알려 주라'고 얘기도 해요. 그런데 이 스터디를 하던 중에 한 분이 단편소설로 등단했거든요. 그때 다들 진심으로 좋아해 줬어요.

장강명: 어차피 작가님 책이 곧 나오잖아요. 그러면 저자가 되는 건데요. 그럼에도 불구하고 장편소설공모전을 준비하는 이유가 뭔가요?

■■■: 등단이라는 게 '제도권의 인정을 받았다'는 느낌을 주잖아요. 한국에서 등단을 못하면 정식 소설

가가 아니라는 기분이 들더라고요.

장강명: 그 인정을 받기 위해서 공모전에 응모하는 건가요? 상금 때문이 아니라?

▮▮▮: 네.

장강명: 공모전을 거치지 않고 책을 내서 작가 생활을 한다면, 그렇게 인정을 못 받아서 당하는 불이익이 얼마나 크다고 보세요?

▮▮▮: 공모전을 거치지 않고 책을 내면 아주 특출한 몇 명만이 주목을 받을 수 있는 것 같아요. 다음 작품을 발표할 수 있는 기회도 등단 작가에게 먼저 가는 것 같고요. 공모전 출신이 아닌데도 계속 작품을 써서 출판을 한다는 건 정말 특별한 재능이 있는 몇 명에게만 가능한 일 아닐까요.

장강명: 그건 차별이라고 볼 수 있을까요?

▮▮▮: 네. 심지어 어느 매체를 통해 어떤 방식으로 작품 활동을 시작했느냐, 거기에 대한 영향도 큰 것 같거든요. 똑같이 문예지 신인문학상 출신이라도 어떤 문예지냐를 따지는.

장강명: 작가님이 젊은 한국 작가의 소설을 읽을 때, 독자로서도 그런 영향을 받으세요? 그 작가가 어디서 어떻게 등단했는지를 살피세요?

■■■: 저도 보게 되더라고요. 그 사실로 작품을 평가하지는 않아도, 어느 정도 작가에 대한 이미지는 생기는 것 같아요.

시험은 공정한가

상당수 작가 지망생들이 소설공모전을 일종의 자격증 시험, 면허시험으로 본다.

그렇다면 그 '시험'은 공정합니까?

이 질문에 예비 작가들은 답을 머뭇거리는 것처럼 보였다.

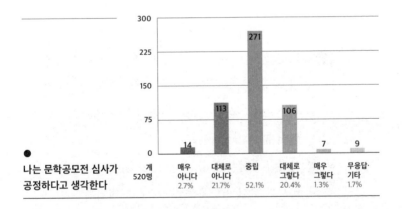

나는 문학공모전 심사가
공정하다고 생각한다

	계 520명	매우 아니다 2.7%	대체로 아니다 21.7%	중립 52.1%	대체로 그렇다 20.4%	매우 그렇다 1.3%	무응답· 기타 1.7%
		14	113	271	106	7	9

"아직까지는 믿고 있지만 계속 믿을 수 있었으면 좋겠어요."

"역시 사람이 선정하는 것이기 때문에 공정하지 않다고 답할 수밖에 없다. 이는 비단 문학공모전만의 문제가 아니라 모든 종류의 공모전에서도 그러하다."

"특정 학교 출신의 공모전 수상자가 많습니다. 특정 학교(학과)의 커리큘럼이나 교수진(평가자)이 공모전 당선에 어느 정도 영향을 미치는지 궁금한 적이 많습니다."

"심사위원과 아는 사람이 있으면 살짝 잘 봐달라고 부탁한다고 들은 적이 있어요."

"시상식 할 때 보면 관계자들과 수상자들끼리 아는 사이가 많았다. 왕따 된 것 같고 기분 나쁨."

서울 종로 탑골공원 바로 옆에 '육의전빌딩'이라는 9층짜리 건물이 있다. 이 건물을 지을 때 공사 현장에서 육의전(六矣廛) 유적이 나왔다. 육의전이란 명주, 종이, 어물, 모시, 비단, 무명 등 여섯 가지 상품을 독점적으로 팔던 조선 시대 국가 공인 상점이다.

이 건물 지하 1층에는 육의전박물관이 있고, 그 한 층 아래에는 박물관만 한 크기의 스터디 카페가 있다. 박물관 때문에 계단으로 가려면 한참 걸어 내려가야 하는데, 그래서인지 서울 한복판에 있고 시설이 상당히 괜찮은데도 이용료가 싸다.

나는 여기에서 소설공모전을 준비하는 합평 모임 'mo'(가명)의 회원들을 만났다. 이들은 한 대학 문예창작학과 졸업생들로, 모두 6명이었다. 대부분은 직장 생활을 하고, 서울에 살지 않는 사람도 있는데 꾸준히 모이는 열성 스터디였다.

"공모전 심사는 공정하다고 보시나요?"

장강명: 공모전 심사는 공정하다고 생각하세요?

■■■ (합평 스터디 'mo' 회원, 공모전 준비 중): 공정하다, 그렇지 않다를 제가 판단할 수가 없다고 생각해요. 심사를 어떻게 하는지 공개하지 않잖아요. 제가 심사위원이 아닌 이상 알 수 없죠.

■■■ (또 다른 회원): 공정하다고 생각을…… 전 그냥 그런 믿음이 있나 봐요. 심사하는 사람들이 그렇게 편협하게 심사하지는 않을 것 같아요.

■■■ (또 다른 회원): 믿는 수밖에 없는 것 같아요. 수학문제처럼 정답이 있어서 채점할 수 있는 문제가 아니잖아요. 90점 이상이면 등단이다, 이런 식으로 할 수 있는 건 아니니 심사위원의 취향도 어느 정도 반영되고, 그 사람의 공부에 따라서 기준도 왔다 갔다 할 거고요. 운도 좀 필요한 것 같고요. 그리고 실제로 등단한 사람들이 공정하다고 그러시더라고요. (웃음) 어느 작가가 공모전을 10년을 준비했대요. 10년 동안 계속 떨어지면서, 분명히 뒷돈 넣는 사람이 있을 거라고 생각했대요. 그런데 당선되던

해 '아, 역시 공정하구나.' 하고 깨달았대요. (웃음)

■■■■ (또 다른 회원): 심사위원들이 완성도 있고 취향에 맞는 작품을 뽑았으리라고 믿어요. 자기 이름을 걸고 심사하는 거니까 웬만하면 좋은 작품을 뽑으려고 노력하지 않았을까, 그런 정도예요. 어쨌든 심사평을 보면 이걸 왜 뽑았는지에 대한 이유가 있어요. 그 이유에 납득하는 건 또 다른 문제지만요.

■■■■ (또 다른 회원): 과락을 걸러 내는 데에는 분명히 정확한 심사 기준이 있다고 믿고요. 그 외에는 정말 운이라고 생각해요.

■■■■ (또 다른 회원): 저도 비슷해요. 운인 것 같아요. 비슷하게 좋은 작품이 2편 있을 때 그중에 심사위원 취향에 더 맞는 게 있을 수 있잖아요. 주사위 던져서 나오는 결과가 공정하다고 말하는 정도의 공정함이 있죠.

장강명: 혹시 이 중에 공모전을 거치지 않고 책을 내서 미등단 작가로 유명해질 수 있다면 그렇게 하겠다, 그런 분도 계신가요?

■■■, ■■■, ■■■, ■■■, ■■■, ■■■ (이구동성으로): 그게 더 어려울걸요? 그게 더 어려워요. 어떻게 해야 하는지도 모르겠고.

질문을 약간 틀면 좀 더 분명한 반응들이 나온다. '공정함'과 관련해 응답자들이 우려하는 바는 심사위원의 개인적 부정은 아닌 것 같았다. 그보다는 심사의 틀 자체가 한 방향으로 치우쳐 있을 가능성을 말하는 것 같았다.

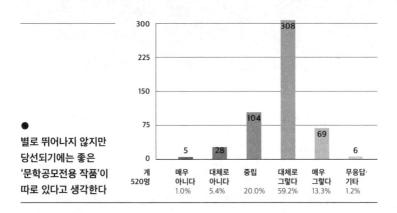

● 별로 뛰어나지 않지만 당선되기에는 좋은 '문학공모전용 작품'이 따로 있다고 생각한다

	계 520명	매우 아니다 1.0%	대체로 아니다 5.4%	중립 20.0%	대체로 그렇다 59.2%	매우 그렇다 13.3%	무응답·기타 1.2%
		5	28	104	308	69	6

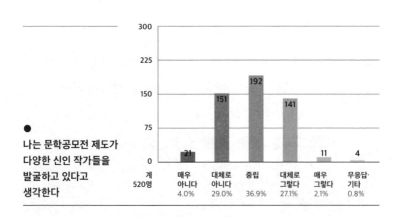

● 나는 문학공모전 제도가 다양한 신인 작가들을 발굴하고 있다고 생각한다

	계 520명	매우 아니다 4.0%	대체로 아니다 29.0%	중립 36.9%	대체로 그렇다 27.1%	매우 그렇다 2.1%	무응답·기타 0.8%
		21	151	192	141	11	4

위 두 가지 문항과 관련된 주관식 의견들은 다음과 같다.

"공모전 준비 중입니다. 서사보다는 지나치게 문체를 강조하기 때문에 정작 독자와 소통할 수 있는 작품을 습작하기 어려운 구조입니다."

"이미 논술과 비슷하게 '정답'이 있다고 말할 수 있을 정도라고 생각한다."

"공모전이 비판을 받는 이유는 비슷한 심사위원이 비슷한 작품을 뽑는다는 데 있는 것 같습니다."

"심사위원의 취향이 많이 반영된다고 생각합니다. 어쩔 수 없는 문제라고 여겨지긴 합니다만, 매해 심사위원이 똑같은 공모전이라면 고쳐야 합니다. 심사위원들도 너무 문단문학 작가로 치중되어 있어서 불만입니다. 그렇게 뽑힌 작품들 중에 얼마나 훌륭한 작품이 있는지? 그들만의 리그, 그들만의 잔치라고 여겨져요."

"심사위원이나 공모전 참가하는 사람들이 비슷해서인지 늘 비슷한 작품이 나오는 것 같다. 한국 시장 자체가 협소해서 다양한 작품을 기대하기 어려운 것 같기도 하지만⋯⋯ 개인적으로는 당선작들이 문장은 예쁜데 주제가 재밌던 적은 별로 없다."

"신춘문예를 비롯하여 한국에 넘쳐 나는 공모전은 새로운 시각, 새로운 장르를 개척하려는 도전자가 상을 타기 힘든 구조라고 생각합니다. 분명히 공모전에서 상을 타기 좋은 글이 있고, 심사위원들이 주장하는 파격이란 언제나 기존 문단문학의 틀 안에서 이루어져 왔기 때문입니다. 그러나 문단의 권위를 무시할 수 없기에 심사위원의 성향이 바뀌는 일은 좀처럼 없을 것이고, 결국 한국 문단문학은 이제껏 그래 왔듯 천천히 고사해 가겠지요."

"심사위원들이 원하는 스타일로 적어야 된다고 들었는데, 새로운 스타일도 많이 받아들이면 좋겠습니다."

"나의 스타일로 입상할 수 있을지 모르겠다."

실제로 그러한지 여부와 상관없이, 지금 절대 다수(72.5퍼센트)의 작가 지망생들은 소설공모전에 '모범 답안'이 있다고 믿고 있다.

많은 문인을 배출한, 유서 깊은 어느 대학 문예창작학과에 다니는 재학생은 내게 이렇게 설명해 주었다.

인터뷰

"소설공모전용 작품이 따로 있다고 생각하세요?"

장강명: 등단을 준비하는 동기들이 많은가요?

▇▇▇(B대학 문예창작학과 재학생): 아무래도 그렇죠. 학교 다니다가, 아니면 20대 중후반에 등단한 작가 분들이 많이 있잖아요. 그런 경우 보면서 빨리 등단하고 싶어 하죠. 대학원 가기는 애매하고, 졸업한 다음에 취업 안 하고 등단 준비할 생각을 하면 막막하니까 더 학교 다닐 때 등단하고 싶어 하죠. 그런데 학년이 올라가면 포기하는 친구가 많아져요. 그래서 수업 분위기도 좀 달라져요. 1, 2학년 때에

는 합평을 하면 서로 얘기하고 싶어 하고 공격도 하고 전쟁 같은데, 3, 4학년이 되면 '선생님이 시키면 말하고 아니면 뭐'라는 식으로.

장강명: 동기들과 4년 내내 계속 합평을 하는 건가요? 8학기 동안?

▇▇▇▇: 요즘은 휴학을 많이 하잖아요. 그래서 합평 수업 때에도 학년은 같아도 여러 학번이 섞여서 듣게 돼요. 문창과 학생들은 특히 휴학을 많이 하거든요. 여행 가기도 하고 휴학하고 소설을 더 쓰고 싶다고 하고. 휴학한 상태에서 쓰는 거랑 졸업한 뒤에 쓰는 거랑 불안감이 다르잖아요.

장강명: 문학공모전용 작품이 따로 있다고 생각하세요?

▇▇▇▇: 그럼요.

장강명: 그게 어떤 건가요?

▇▇▇▇: 그게 공모전마다 다 다른 것 같은데, 신춘문예는 새롭다기보다는 문장이나 플롯에서 흠잡을 데 없고 단련되어 있어 보이는 게 중요하죠. 한국 단편소설에서 많이 보이는 정형화된 플롯 같은 거 있잖아요. 익숙한 구성, 안정적인 문장.

장강명: 좀 더 구체적으로 설명해 주실 수 있나요?

▇▇▇▇: 그게 뭐라고 하기가…… 잘 설명은 못하겠는데,

과거와 현재를 넘나들 때의 타이밍이라든가, 설정이라든가, 상징이라든가, 그런 게 눈에 익은 듯하지만 완성도가 높다고 생각하는 작품을 신춘문예에서 뽑는 거 같아요. 제가 하는 얘기가 아니라 대체로 하는 얘기예요. 선생님들도 하시고요.

장강명: 문예지의 공모전은 신춘문예와 다릅니까?

■■■: 문예지는 기본적으로 신춘문예보다는 새롭고 신선한 걸 찾으려는 경향이 있는데, 출판사마다 다른 것 같아요. 문지는 스토리가 강조된 소설을 뽑지 않고 상징적이고 언어 실험이 많은 소설을 몇 해 연속으로 뽑고 있거든요. 합평에서 친구가 난해한 작품을 써 오면 농담으로 저희들끼리 "이건 문지에 내라."라고 말해요. 문학동네는 가독성 있고 젊은 느낌? 제가 느끼기엔 그랬어요.

장강명: 창비는요?

■■■: 창비…… 창비는 별다른 특징을 모르겠네요.

장강명: 학생들이 자기 글을 그런 스타일에 맞춰 바꾸기도 하나요?

■■■: 알게 모르게 등단작에 가까운 소설 스타일로 바꾼 친구들이 많을 것 같아요. 기본적으로 수업에서 다루는 텍스트들이 젊은작가상(문학동네)이

나 문지문학상(문학과지성사) 수상작, 올해의 젊은 소설(현대문학), 이런 것들이거든요. 바로 윗세대 젊은 작가들의 텍스트를 보면서 수업하기도 하고, 기본적으로 등단 준비 열심히 하는 친구들은 당선된 작품들 다 읽거든요. 그래서 4년쯤 학교 다니면서 등단 준비를 하다 보면 글 스타일이 변하는 것 같아요.

장강명: 공모전으로 다양한 신인이 발굴된다고 보지는 않으시겠네요?

▆▆▆: 네, 한 스타일로 수렴되는 것 같아요. 『신춘문예 당선 소설집』 같은 책이 나오잖아요. 심사평에는 만날 "신인다운 패기를 보고 뽑았다." 이렇게 적혀 있는데 저희는 그거 보고 비웃거든요. 이게 무슨 신인다운 패기야, 하면서. '젊고 새로운 감각' 그런 말들도요. 제가 젊어서 젊은 대로 쓰면 되는 게 아니라 '어른들이 이걸 보면 젊다고 생각하겠지?' 그런 걸 써야 등단하게 되는 거 같아요.

장강명: 예를 든다면요?

▆▆▆: 저 같은 경우에는 제가 쓰고 싶은 일화나 단어를 쓰다가도 '이 정도면 알아듣겠지? 젊다고 생각하겠지?' 따져 봐서 그럴 거 같으면 쓰고, 그게 아니

라 '이건 아예 캐치도 못한다, 못 알아들을 것 같
다.' 그러면 안 써요.

위의 대학생은 주로 단편소설을 대상으로 하는 신춘문예나 문
예지 신인문학상을 예로 든 것이지만, 장편소설공모전으로 등단한
소설가 가운데에서도 같은 주장을 펼치는 이가 있다. 301대 1의 경
쟁을 뚫고 3회 중앙장편문학상을 수상한 심재천 작가는 모범 답안
대로 써서 공모전을 통과했다고 말한다.

그의 당선작인 『나의 토익 만점 수기』는 토익 590점을 받은
젊은 주인공이 어학연수를 위해 호주로 떠나 겪는 우여곡절을 그
렸다. 중앙장편문학상 심사위원들은 이 작품을 당선작으로 뽑으
며 "유머러스한 설정과 재치 있는 서술이 빛을 발하는 가운데 우
리 시대가 가장 공감할 만한 청년 실업 문제를 다루고 있다는 점에
서 의미가 있다."라고 평가했다.*

그러나 심 작가는 이 작품이 원래 자기가 쓰려고 했던 소설도
아니며, 철저히 당선 전략을 연구해서 썼다고 고백한다. 사이버문
학광장 웹진이 "2000년대 작가로 살아간다는 것, 낯설거나 혹은
낯익은"을 주제로 그를 비롯한 젊은 소설가들을 모아 좌담을 열었

---

* 「시대의 화두 청년 실업 다뤄… 재치 있는 서술 큰 점수」,《중앙일보》 2011. 11. 21.
  26면, <http://news.joins.com/article/6708398>.

을 때 나온 말이다.

본격적으로 습작을 시작했던 시기에는 순수한 마음이 컸어요. 기성 작가들이 쓰지 않는 걸 쓰겠다는 야망이 있었어요. 하지만 신춘문예나 문예지 신인상에 응모해도 계속 떨어지니까 좌절감이 심해서 도중에 그만 변절해 버렸어요. 초반 2년까지는 굉장히 순수한 마음으로 썼어요. 기존 소설을 다 뒤집어엎고 싶다는 건방진 의욕이 철철 넘쳤죠. 하지만 2년 내내 등단에 실패하자 슬슬 교활한 마음이 생겼습니다. 원래는 소설을 쓰기 위해 등단 관문에 도전하는 게 정상이죠. 좋은 소설을 쓰는 게 먼저고, 등단은 부차적인 절차입니다. 하지만 어느 순간 저는 등단을 위해 소설을 써 대는 '공모 사냥꾼'이 됐어요. 본말 전도죠. 나중에는 아주 속물적인 목적을 가지고 썼습니다. 그런데 그런 식으로 쓴 게 당선이 됐어요. 그게 제 데뷔작 『나의 토익 만점 수기』예요. 이 작품은 제가 진짜 쓰고자 했던 소설은 아니에요. 등단을 위해서 심사위원들이나 독자들이 듣고 싶어 하는 것들, 혹은 재미있어 할 만한 것들을 예측하고 계산해서 쓴 거예요. 처음부터 끝까지 '전략'의 냄새가 납니다.*

야심 있는 작가 지망생이 연이은 탈락에 지쳐 쓰고 싶지 않은 형태의 글을 쓰게 되는 일은 슬프다. 그래도 심 작가는 저런 말을 하

* 고봉준 외 「[좌담] 2000년대 작가로 살아간다는 것, 낯설거나 혹은 낯익은」, 《사이버문학광장 문장 웹진》 2012. 9. <http://webzine.munjang.or.kr/archives/4100>.

는 걸로 봐서 '쓰고 싶은 소설'에 대한 욕망과 감각을 놓지 않은 걸로 보인다. 그는 저 좌담이 열린 해, 도발적인 제목의 작품집 『본심』을 내기도 했다. 여기 실린 소설 7편 중 5편은 신춘문예나 문예지 공모전에서 본심까지 오른 글들이다. 심 작가는 그 작품들이 어느 공모전에서 낙선했는지, 당시 심사평은 어땠는지까지 책에 함께 적었다.

내가 정말 슬프고 안타깝게 생각하는 일은, 작가 지망생 중에 공모전에 모범 답안이 있다고 믿는 걸 넘어서 그게 소설의 규범이라고 여기는 사람까지 있다는 것이다. 젊은 장르소설 작가 중에 그런 이를 몇 봤다. '내가 쓰는 글은 절대로 공모전을 통과하지 못한다, 그러니까 내가 쓰는 건 소설이 아니다, 그러므로 내가 하는 일은 창작이 아니라 매문(賣文)'이라고 자기 비하하는.

여기까지 설문 결과를 보면 대다수 응답자들이 현 시점에서 문학공모전의 의의나 역할에 대해 대체로 부정적인 견해임을 알 수 있다. 그러면 문학공모전을 폐지하자는 게 이들의 결론일까? 천만의 말씀!

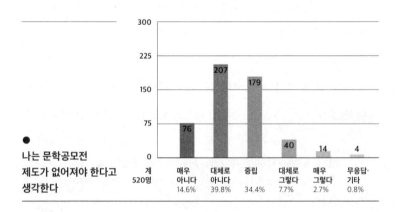

	계 520명	매우 아니다 14.6%	대체로 아니다 39.8%	중립 34.4%	대체로 그렇다 7.7%	매우 그렇다 2.7%	무응답· 기타 0.8%
나는 문학공모전 제도가 없어져야 한다고 생각한다		76	207	179	40	14	4

"공모전은 꼭 필요하다고 생각한다. 한국에선 활동의 기회가 많지 않기 때문."

"문학공모전 제도에 문제가 있지만 충분한 논의를 통해 다른 대안을 마련하지 않은 상태에서 폐지를 논하는 것도 적절치는 않다고 생각합니다."

"공모전 자체가 없어져야 한다고 생각하지 않아요. 다만 공모전 자체가 작가의 필수 요건이 되어서는 안 된다고 생각해요."

"부조리가 있다면 부조리를 기뻐하며 넘어서면 된다고 생각합니다."

"제도를 없앨 필요는 없지만 바뀔 필요는 있습니다. 기성 작가, 비평가 외에도 심사에 참여할 수 있는 사람들이 많아야 한다고 생각합니다."

"현재 문학공모전이 받는 주목도나 영향력에 비해 공정하다거나 의미 있다고 생각하지 않는다. 그럼에도 공모전이 아니고서는 작가로서 인정받기 힘든 부분이 있기도 하고, 표면적으로는 배경에 상관없이 오로지 글만으로 평가받고 주목받을 수 있는 기회이기 때문에 없어져야 한다고도 생각하지 않는다. 다만 심사위원 선정이나 작품 선정 과정이 개선되기를 바란다."

"계륵 같은 존재가 아닌가 싶다. 없어서도 안 되지만 가끔은 있어서 짜증이 나는."

"양날의 검이다."

왜 이런 결과가 나오는 걸까?

문학공모전은 어떤 면에서 복권처럼 보일 때가 있다. 복권을 사는 사람들은 대부분 확률보다는 상금에 대해 더 많이 생각한다. 문학공모전을 없애는 것은 작가가 되려는 사람에게 한 번에 부와 명예를 거머쥘 수 있는 지름길을 막는 것처럼 느껴질 수 있다.

한 응답자는 문학공모전 심사가 공정한가를 묻는 질문에 '매우 아니다'라고, 공모전용 작품이 따로 있느냐는 질문에는 '매우 그렇다'고 답했다. 그럼에도 그는 문학공모전을 없애야 하느냐는 질문에 고개를 끄덕이지 않았다. 그리고 주관식 답변에는 "합격 비법을 알고 싶다."라고 답했다. 그에게는 당장 당선이 되는 것이 중요했다.

그러나 주관식 답변을 보면 그보다는 대안이 없으니 어쩔 수 없다는 의견이 훨씬 더 많았다. 필요악이라는 답을 한 응답자들도 여럿이었다. 사람들은 공모전을 차악(次惡)이라고 여기는 듯했다.

공모전을 폐지하고 난 뒤에는 어떤 방식으로 신인을 선발할 것인가? 기성작가들이 제자를 추천하던 옛 방식으로 다시 돌아갈 것인가? 그게 더 공정하고, 다양성을 담보할 수 있는 길인가? 이에 대해 작가 지망생들은 고개를 젓는 것 같다.

로스쿨과 학생부종합전형

한국에는 장편소설공모전과 비슷한 형태의 인재 선발 제도가 여럿 있다. 경쟁률이 무지막지하게 높고, 그래서 준비하는 기간이 길거나 힘들고, 합격하면 갑자기 신분이 상승하는, 1년에 한 번이나 두 번 보는 시험들. 국가고시가 그렇고, 대기업 공채가 그렇고, 명문대 입시가 그렇다.

이들 시험의 폐해에 대해서는 수많은 사람들이 수십 년에 걸쳐 지적해 왔다. 사람들이 말하는 그 시험들의 병폐는 다음과 같다. 뛰어난 인재를 제대로 가려내지 못한다, 응시자를 '문제 푸는 시험 기계'로 만든다, 응시 자격 제한이 없거나 적다 보니 너무 많은 사람들이 거기에 매달려 시간을 허비한다, 상대평가를 하기 때문에 비인간적인 경쟁을 일으킨다, 합격과 불합격 여부로 신분이 달라지므로 계급사회를 조장한다, 한 번 시험에 걸린 게 너무 많으므로 수험생들의 중압감이 크다, 실시하고 관리하는 비용이 너무 많이 든다…….

그런데 정작 그 폐단을 없애겠다며 선발 주체가 선발 방식을 바꾸려 할 때에는 어마어마한 저항이 따랐다. 바로 그 시험을 준비하는 당사자들이 가장 극심하게 반발했다.

법학전문대학원(로스쿨) 체제로 법조인을 양성하겠다는 정부 정책에 가장 강하게 맞선 사람들은 사법시험을 준비하는 고시생들이었다. 이미 법조인이 된 옛 사법고시 합격자들 중 이 문제에 관심을 가진 사람은 소수였다.

사법시험은 누구나 볼 수 있으며, 상대평가 방식으로 법조인을 뽑았다. 정부는 이 제도를 고쳐서 3년제인 법학전문대학원(로스쿨)에서 석사 학위를 받은 사람만 절대평가 방식인 변호사 시험을 치를 수 있게 바꿨다. 로스쿨이 한국에서 개교한 게 2009년이고,

사법시험이 마지막으로 치러진 게 2017년이다.

ㄱ 8년 동안 사시 수험생들은 사법시험 존치를 위해 처절하게 투쟁했다.

고시생들은 거리와 국회와 법원과 정부 청사와 정당 당사와 대학 앞에서 시위를 벌였고, 몇 차례나 기자회견을 열었고, 서명운동을 벌였고, 여러 번 삭발식을 감행했고, 다리 위에 올라가 고공 농성을 벌였고, 입법 청원을 국회에 제출했고, 법안을 빨리 처리해 달라고 다시 청원서를 냈고, 사시 존치를 대선 공약으로 삼으라고 정치권을 압박했고, 어느 정당 당사를 점거했고, 자녀가 로스쿨에 특혜 입학했다는 의혹이 불거진 국회의원의 제명을 요구했고, 로스쿨 입시 전수조사 결과 공개를 요구했고, 로스쿨을 고발했고, 로스쿨 학생회 임원들을 고발했고, 로스쿨 교수들을 비판했고, 사시 폐지가 위헌이라며 여러 차례 헌법 소원을 냈고, 헌법 재판관 중 자녀가 로스쿨에 다니는 사람은 이 헌법 소원 심리를 맡으면 안 된다고 주장했다.

이들은 사법시험이 폐지되면 빈부, 나이, 조건, 배경 등에 관계없이 실력으로 법조인이 될 수 있는 공정한 경쟁 기회가 사라진다고 주장했다. 고시생들은 사법시험을 '희망의 사다리'라고, '개천에서 용이 나올 수 있는 길'이라고 말했다.

삼성그룹은 2014년 1월 삼성직무적성검사의 비중을 줄이고 수시 채용을 도입하는 내용의 채용 제도 개편안을 발표했다. 삼성 측은 "삼성직무적성검사에 연간 20만 명에 이를 정도로 지원자가 몰리고 사교육 시장까지 생기는 등 부작용이 너무 크기 때문"이라고 취지를 설명했다.

삼성이 이때 내세운 '찾아가는 채용, 열린 채용' 프로그램 중에는 전국 200여 개 대학 총장에게 입사 지원 추천권을 부여한다는 방안도 있었다. 이 추천권 부여는 삼성이 새로 도입하겠다는 여러 가지 상시 채용 방식의 하나였고, 총장이 추천한다고 삼성 입사가 확정되는 게 아니라 서류 전형을 면제해 주겠다는 내용이었다.

이 개편안은 나오자마자 논란에 휩싸였다. 핵심은 대학 총장 추천제였다. 인터넷에서는 '인맥 좋은 사람을 위한 거네', '조만간 총장들 주머니 두둑해지겠네'라는 조롱조의 비판이 나왔다. 특히 전문대는 "4년제 대학 총장에게서만 추천을 받는다는 것은 큰 잘못"이라며 반발했다.

얼마 뒤 삼성 측이 각 대학에 추천인 수를 다르게 요청했다는 보도가 나오면서 분위기는 완전히 부정적으로 바뀌었다. 서울대에는 110명을, 한동대에는 20명을 요청했다는 식의 구체적인 수치가 나오자 수험생들은 격분했다. '대학 전체 정원, 공대 졸업자 수, 삼성 입사자 수 등을 참고로 정한 수치'라는 해명을 받아들이는 이는 없었다. 대학을 서열화했다는 비난 여론이 거세게 일었다. 정치권은 "대학 위에 삼성이 있다는 오만한 발상"이라고 비판했다. 결국 삼성은 개편안을 발표한 지 13일 만에 정식으로 사과하고 "예전 방식으로 뽑겠다."라고 밝혔다.

대학 입시에서 점점 비중이 커지고 있는 '학교생활기록부종합 전형'을 살펴보자. 2019학년도에는 대학 신입생 4명 중 1명(24.4%)이 이 전형으로 선발된다. 특히 상위권 대학에서 이 방식을 선호한다.

그래서 학부모 사이에서는 '대세 전형'으로 불리기도 한다.

이 전형은 수험생이 제출한 자기소개서, 학교생활기록부, 교사추천서를 보고 대학 측에서 합격자를 선발하는 방식이다. 학교생활기록부에는 내신 성적, 수상 실적, 각종 봉사 활동이나 교내 동아리 활동 등을 기록한다.

이 제도의 장점은 수학능력시험의 폐해라고 꼽혔던 사항들에 정확히 대응한다. 학생부종합전형에 찬성하는 이들은 이 제도가 학생들의 잠재력을 하루짜리 시험을 통해서가 아니라 3년에 걸친 학교생활 기록으로 종합적으로 판단할 수 있고, 그래서 점수로 학생들을 줄 세우는 문화와 과도한 경쟁을 줄일 수 있고, 학생들이 학교에 다니며 다양한 활동을 할 수 있게 하고, 공교육 현장의 권위를 세우는 데에도 큰 도움이 된다고 주장한다.

반면 반대자들은 '로또 전형, 금수저 전형, 깜깜이 전형'이라고 목소리를 높인다. 학생부종합전형과 관련된 기사가 인터넷에 올라오면 '학생부종합전형을 포함한 수시 입학 제도 자체를 다 없애고 전부 수능 시험으로 뽑으라'는 댓글이 줄줄이 달리고, 호응을 얻는다.

왜 그런가. 우선 어떤 학교에 다니느냐, 어떤 교사를 만나느냐에 따라 학생부 기록이 크게 달라진다. 대체로 교내 프로그램이 다양한 대도시 부촌 학교에 다니는 학생이 유리하다. 2017년 국감 자료에 따르면 2016년에 경기도의 어느 고등학교에서는 학생들에게 6364번이나 상을 줬다. 반면 같은 기간 학생들에게 상을 전혀 주지 않은 고교도 다섯 곳이나 있었다. 2017학년도 서울대 수시 모집 합격자의 평균 교내상 수상 개수는 27개였다. 혼자서 상을 120개나 받은 학생도 있었다.*

컨설팅 업체들이 끼어들어 자기소개서를 첨삭해 주고, 아이의 소논문을 대신 작성해 주거나 눈에 띄는 봉사 활동 기록을 만들어 주는 일도 비일비재하다. 천만 원대에 이르는 고액 컨설팅도 있다고 한다. 대학에서 어떤 기준으로 학생부 종합전형 합격자를 뽑는지 알 수가 없어 그에 대한 불만의 목소리도 높다.

로스쿨, 대학 총장 추천제, 학생부종합전형에 대한 비판적인 견해는 따져 보면 다 같은 내용이다. 첫째로는 '못 믿겠다'는 것이고, 둘째로는 '가진 자에게 유리하다'는 것이다. 실제로 로스쿨과 학생부종합전형은 모두 각종 부정 의혹을 사고 있다. 그 두 제도에 붙는 멸칭도 같다. '현대판 음서제'이다.

2017년 사립 로스쿨의 신입생이 내야 할 돈은 평균 1800만 원이 넘는다. 연세대 로스쿨 신입생은 등록금 1945만여 원, 입학금 204만여 원, 전형료 25만 원 등 모두 2175만 원을 내야 했다. 고려대 로스쿨 신입생은 등록금과 입학금, 전형료를 합해 2098만여 원을 부담했다. 국립대도 등록금이 평균 1000만 원이 넘었다. 서울대 신입생은 등록금 1329만여 원, 입학금 30만 원, 전형료 15만 원을 내야 했다. 로스쿨 재학 기간인 3년 동안 직장을 다닐 수 없으므로

---

* 「서울대 수시 합격생, 교내賞 평균 27개…혼자 120개 싹쓸이도」,《중앙일보》2017. 10. 13. <http://news.naver.com/main/read.nhn?mode=LSD&mid=sec&sid1=102&oid=025&aid=0002761855.>

발생하는 기회비용이나 그 기간의 생활비를 따져 보면 중산층 가정에서 쉽게 부담하기 어려운 돈이다.

이와 별도로 법조계 안팎에서는 고위층 자녀가 로스쿨에 특혜 입학했다는 루머가 나돈다. 2016년에는 경북대 로스쿨 교수가 '입시 청탁이 심각하다'고 폭로했다. 대형 로펌 대표인 부모가 자기 자녀를 입학시켜 주면 졸업생 몇 명을 취업시켜 주겠다고 제안하기도 하고, 친분 있는 변호사의 아들이 원서를 냈으니 합격시켜야 한다고 동료를 설득하는 교수도 있다는 주장이었다.

교육부는 이해 전국 25개 로스쿨의 3년간 입학 전형 6000여 건을 전수조사해 발표했다. 그랬더니 자기소개서에 아버지가 지방법원장이라든가, 법무법인 대표라든가, 변호사협회 부협회장이라든가 하는 식으로 친인척의 신상을 적은 사례가 24건 나왔다. 그런데 이런 자기소개서를 써서 합격한 로스쿨생의 입학이 취소되지는 않았다. 이런 자기소개서 때문에 합격이 되었는지 알기 어렵고, 애초에 해당 대학에 '자기소개서에 친인척의 신상을 적으면 안 된다'는 규정이 없다는 이유에서였다.

학생부종합전형에 대해서는 우선 위에 언급한 대로 자기소개서를 대필해 주거나 각종 경력을 만들어 주는 고액 입시 컨설팅 업체들이 극성이다. 2015년에는 울산에서 학부모 24명으로부터 모두 15억 원을 받은 컨설팅 업체 운영자 두 사람이 구속됐다.

아예 대학들이 특목고와 주요 학군에 있는 고등학교 학생들을 우선하지 않느냐는 의심도 많다. 2017년 국정감사 결과에서는 서울대와 연세대 등 전국 11개 대학에서 학생부종합전형으로 학생을 선발할 때 부모의 직업을 블라인드 처리하지 않고 노출해 평가에 반영하고 있음이 드러났다. 같은 해에는 서울대 명예교수인 안경환 전 법무부장관 후보자의 아들이 고교 시절 퇴학 처분을 받을 뻔하고도 학생부종합전형으로 서울대에 입학한 사실이 알려지면서 '도대체 기준이 뭐냐'는 비판이 쏟아져 나왔다.

학생부종합전형의 핵심인 학교생활기록부에 대해서는 조작 사례가 끊임없이 적발되고 있다. 2017년만 해도 경기북부지방경찰청 지능범죄수사대가 수도권과 경북 지역에서 유력 학부모의 자녀, 또는 자기 자녀의 학교생활기록부를 조작한 교장과 교사들을 적발했다. 경기도에서는 한 교사가 자기 딸의 학교생활기록부를 조작한 사실이 들통났다. 해당 학생은 학생부종합전형으로 성균관대에 합격했다가 입학이 취소되었다.

나는 개인적으로 로스쿨이나 학생부종합전형에 찬성한다. 잘만 운영되면 사시나 수능보다 더 나은 선발 제도라고 본다. 문제는 바로 그 '잘 운영되는가'다. 한국 사회는 그 문제에 굉장히 민감하다. 왜냐하면 경쟁은 치열한 반면 신뢰 수준은 아주 낮은 사회이기 때문이다.

지금 상당수의 사람들은, 아무리 장점이 많아도 공정성을 확실히 담보하지 못하는 제도보다는, 여러 가지 부작용이 있더라도 획일적으로 시험을 치러 점수를 기준으로 뽑는 게 차라리 낫다고 여긴다. 이런 분위기가 공채제도를 유지하는 큰 힘이기도 하다.

그런 정서를 비난할 수는 없다. 오히려 이것을 출발점으로 삼아야 한다.

장편소설공모전이든, 공채 제도든, 대학 입시든, 시험의 형식만을 바꾼다고 해결되는 문제는 거의 없다. 그 시험은 많은 부조리의 원인이기도 하지만 동시에 결과이자 타협점이기도 하며, 여러 주체들과 거의 한 몸처럼 묶여 있다. 이 점을 무시하고 피상적으로 접근하면 기기묘묘한 편법과 부작용만 잔뜩 낳기 일쑤다.

대안의 방향에 대해서는 8장과 9장에서 이야기해 보기로 하자. 그 전에, 작가 지망생들에게는 던지지 않은 질문을 다음 장에서 짚고 넘어가자.

문학공모전은 '문학 권력'을 만들거나 떠받치고 있는가?

6.5

영화계는
어떻습니까?

영화감독이 되는 방법

소설가가 되는 일과 영화감독, 시나리오작가가 되는 일을 비교해 보면 어떨까?

영화 제작과 문학 출판은 모두 예술인 동시에 산업이다. 그래서 프로와 아마추어를 구분하는 상당히 명확한 사회적 기준이 있다. 극소수만이 프로로 데뷔할 수 있고, 고로 데뷔 경쟁이 아주 치열하며, 준비에 몇 년 이상 걸리는 경우도 흔하다. 데뷔하지 못하면 남는 게 없는 전부 아니면 전무의 도전이라, 데뷔 준비는 도박과도 비슷하다.(그래서 부모들이 말린다.)

그럼에도 불구하고 많은 젊은이들이 그 길을 꿈꾼다. 지망생들 사이에서는 데뷔 자체가 선망의 대상이 된다. 데뷔를 각각 '입봉'과 '등단'이라는, 다른 업계에서는 쓰지 않는 용어로 부르며 특별하게 여길 정도다. 그 길을 걷고자 하는 청년들이 다니는, 학술 연구보다는 실무 지식 습득에 중점을 두는 대학 학과도 있다.

그러나 영화감독을 공모전으로 선발하지는 않는다. 시나리오 공모전이 있긴 하지만 존재감은 미미하다. 그럼에도 한국 영화계에는 좋은 신인들이 꾸준히 나오고 있고, 한국 영화의 흥행이나 국제적 위상도 한국 소설을 압도한다. 비결이 뭘까?

그 답을 찾기 위해 나는 영화감독과 제작자들을 여러 명 만났다. 영화계에서는 감독이나 시나리오작가가 되는 일반적인 코스가 있는지, 그게 문학계의 데뷔 방식과는 어떻게 다른지 물었다.

그리고 나는 그들의 이야기를 듣고 나서 참으로 뜻밖에도, 장편소설공모전에 감사하게 되었다. 영화학도가 감독이 되어 그 영화가 극장에 개봉하는 것은, 문학도가 소설가가 되어 그 책이 서점에서 팔리는 것과 비교도 할 수 없이 어려운 일이었다. 이후에 얻게 될 부와 명예는 영화 쪽이 훨씬 클지 모르겠지만, 어쨌든 데뷔 과정만 놓고 보면 그렇다.

「한여름의 판타지아」로 부산국제영화제 한국영화감독조합상을 수상한 연출자이자 영화사 모쿠슈라의 대표이기도 한 장건재 감독은 영화계 이야기를 이렇게 들려주었다.

"보통 어떤 과정을 거쳐서 영화감독이 되나요?"

장강명: 젊은 감독 지망생들은 보통 어떻게 영화감독이
되나요?

장건재 감독 (장편영화 「한여름의 판타지아」, 「잠 못 드는 밤」 제작 및 연
출, 데뷔작인 「회오리바람」으로 밴쿠버국제영화제 용호상, 페
사로국제영화제 뉴시네마 대상 등 수상: 20세기에 가장 일
반적인 방식은 연출부로 시작해서 세컨드, 퍼스
트 조감독까지 올라간 후 감독 데뷔를 노리는 식
이에요.

그다음에 등장한 새로운 방식은, 단편영화를 찍
고 영화제에서 주목을 받거나 상을 받은 후에 영
화제작사에 발탁이 되는 경우가 있었고요. 그러
면 그 영화사에 들어가서 자기가 만들고 싶은 영화
의 시나리오를 쓰는 거죠. 입사하는 것과 비슷하
다고 생각해요. 21세기가 되면서 새롭게 생긴 경향
은 독립장편영화를 만드는 거예요. 그러면 그걸 포
트폴리오 삼아서 영화사에 들어가요. 20세기의 단
편영화랑 비슷한 경우라고 할 수 있어요. 하지만
요즘은 독립장편영화를 만들어도 주목을 받지 못

하거나 개봉까지 이어지지 못하는 경우가 많아요.

장강명: 그러면 이제는 제작 현장에서 일하면서 감독을 꿈꾸는 사람은 없나요?

장건재: 그런 경우도 여전히 있어요. 제작 현장에서 일하면서 자기 시나리오를 쓰는 거죠. 한국에서 영화감독이 되는 가장 빠른 길 중에 하나는 좋은 시나리오를 쓰는 거예요. 본인이 기획하고 개발한 시나리오가 투자로 이어지면 감독이 될 수 있죠. 감독들 사이에선 이런 과정을 '감독 고시'라고 불러요.

장강명: 그게 일종의 시험 같은 면이 있는 건가요? 아니면 그냥 어려워서 고시라고 부르는 건가요?

장건재: 준비하는 기간이 너무 길고 어려워서 그런 거죠. 투자받는 게 쉽지 않거든요. 상업영화의 경우 출연하겠다는 스타 배우가 없으면 그 프로젝트는 엎어져요. 티켓 파워가 적은 배우한테 시나리오가 가면 투자를 못 받고요. 그러니까 다시 시나리오를 써야 하고요. 시나리오 공모전에 당선되고 오랜 시간 시나리오 작업을 했는데도 프로젝트를 영화화 시키지 못한 사람이 있어요. 작업은 쉬지 않고 했는데, '작가님 작품은 어떤 게 있나요?'라고 질문을 받으면 할 말이 없는 거죠.

장강명: 소설가 지망생은 그런 걱정은 안 해도 돼서 행복하군요. 장편소설공모전에 당선되면 몇 달 안에 반드시 책이 나오니까.

장건재: 그렇죠. 감독 고시 생활을 10년 정도 해서 결국 데뷔한 선배들도 있어요. 예전엔 천재 소리를 들으면서 그해의 모든 단편영화제를 석권하고 유명한 프로듀서에 발탁이 되었는데도 결국 오랜 시간 데뷔를 못한 거죠. 프로젝트가 두세 개 엎어지면 10년이에요. 그러다가 가까스로 영화를 만들었다고 해서 보면 영화사의 기획영화인 경우가 많아요. 자기 프로젝트는 계속 엎어지니까 영화사에서 '이거 우리 작가들이 개발한 시나리오인데 이거 먼저 하자, 이거 잘 되면 네 프로젝트 하자'는 권유를 거부할 수 없죠. 맞지 않는 옷을 입고 나온 중고 신인이 되는 거죠. 자기가 대중영화를 찍고 싶다면 감독 고시도 즐거울 수 있을 거예요. 하지만 '누구의 간섭도 받지 않고 내 이야기를 하고 싶어', 이러면 힘들죠. 영화사에 들어가서 그런 문제로 고생하는 사람들이 종종 있어요.

장강명: 영화사에 들어간 감독들은 그 회사에서 돈을 받습니까?

장건재: 계약금을 받아요. 대기업 사원 초봉 정도 되는 걸로 아는데 많은 건 아니죠. 그게 1년 치가 아니고, 그 돈으로 2~3년을 살아야 하니까요.

장강명: 감독 지망생들은 자기 시나리오가 있으면 그걸 영화사로 직접 보내나요?

장건재: 옛날에는 주로 그렇게 했지만 요즘은 그런 경우가 많지는 않아요. 아이디어를 도둑맞을까 봐 우려하는 부분도 있고요.

장강명: 그러면 어떻게 영화사와 접촉을 합니까?

장건재: 영화사 프로듀서들이 단편영화제를 수시로 다니면서 젊은 감독들을 계속 만나요. 그래서 가능성이 보이면 작가로 고용한다든가, 감독 계약을 맺죠.

신인 감독이나 시나리오작가의 상업 영화 데뷔라는 측면에서 한국 영화계는 1990년대까지 한국 문학계보다 나을 게 없었다. 소설가 지망생들에게는 1990년대 중반 이후 장편소설공모전이라는 지름길이 생겼지만 감독 지망생에게 그 정도로 빠른 데뷔 방법은 아직 없다.

영화감독 지망생은 좋은 자기 시나리오가 있다 해도 소설가 지망생과 달리 데뷔 과정에서 외부의 간섭을 끊임없이 받는다. 애초에 영화는 만드는 데 많은 예산이 필요하지만 소설을 쓰는 데에는 전기료 정도밖에 들지 않는 것 아니냐라고 반박할 수도 있겠다. 그러나 소설을 쓰는 데에는 돈이 들지 않을지 몰라도, 책을 만드는 데에는 돈이 든다. 편집자의 인건비에서부터 디자인 비용, 인쇄와 제본 등 제작비, 유통과 물류비, 홍보와 마케팅비까지.

그 규모가 영화 제작비에 비하면 아주 작긴 하다. 그래도 장편소설공모전을 운영하는 상업 출판사에서 당선자에게 예산을 고려해 더 판매가 잘 되는 방향으로 작품을 고쳐 달라는 요구는 하지 않는다. 공모전에서 당선이 되었는데 출판사 사정이나 시장 상황 때문에 출간이 미뤄지는 일도 없다. 이미 언급했다시피 출판사 입장에서 문학공모전은 대개 적자 사업인데 거꾸로 보면 소설가 지망생들이 그만큼 덕을 본다는 뜻도 된다.

영화감독이 아닌 투자 제작사들은 이 문제를 어떻게 보는지 들어 보자.

인터뷰

"보통 어떤 과정을 통해서 영화감독을 뽑나요?"

장강명: 영화계에서는 신인 감독을 어떻게 선발하나요?

서영희 CJ E&M 프로듀서: 옛날에는 도제식 시스템이었죠. 연출부 생활 오래 하다가 조감독 하고, 조감독 생활 오래 하다가 감독이나 제작사가 이끌어 줘서 입봉을 하는. 지금은 단편영화나 독립장편영화를 잘 찍는 게 제일 빠른 길이에요. 그리고 영화아카 데미나 한국예술종합학교 같은 영화전문학교들이 있으니까 거기 졸업 작품을 저희가 보고 연락하게 됩니다. 또한 감독이 되려고 준비하는 사람들은 시나리오를 쓸 능력이 있어야 해요.

장강명: 감독이 되려는 사람 입장에서는 과거보다는 데뷔 절차가 좀 쉬워졌다고 볼 수 있을까요?

서영희: 좀 더 다양한 루트가 생겼다고 보면 될 것 같습니다.

장강명: 젊은 감독 지망생들은 어떤 방식을 제일 선호하나요?

서영희: 예전에는 연출부 생활을 거치는 코스를 필수적으로 밟아야 한다고 생각했는데 요새 젊은 친구들은 그렇지 않더라고요. 윤종빈 감독의 「용서받지 못한 자」가 중앙대 영화과 졸업 작품이었거든요. 윤 감독은 그 작품으로 입봉을 했는데, 요새는 많은 사람들이 그런 길을 목표로 하는 것 같아요.

장강명: 그건 비교적 최근에 생긴 발탁 경로라고 할 수 있겠네요.

서영희: 네. 2000년 이전에는 그런 경우가 없었고, 영화사에서도 현장 경험 없이 바로 입봉한다는 걸 상식적으로 받아들이질 못했어요. 스태프들도 현장 경험이 부족한 애가 어떻게 감독을 하느냐라며

의심하는 경향이 많았죠.

장강명: 영화 관련 학교를 다니지 않는 사람은 불리한 것
아닙니까? 대학 영화과나 영화전문학교가 무슨
로스쿨처럼 들리는데요.

서영희: 그런데 영화를 만든다는 게, 어느 정도 학습이 되
어야 해요. 그리고 영화 전공자가 아니라도 영화
진흥위원회에서 지원을 해 주기도 하고, '필름게
이트' 같은 단편영화 제작 지원 사업도 있어요. 그
러니 일반인도 아예 기회가 없는 건 아니죠. 쉽지
는 않지만. 그리고 연출부에 들어와서 경험 쌓으
면서 배울 수도 있는 거고요.

장강명: 연출부 경험 없어도 실력이 있으면 바로 감독이
될 수 있게 된 건, CJ E&M 같은 대기업 투자사들
이 생겨서 그런 걸까요?

서영희: 질문을 받고 나니까 그렇게 볼 수도 있겠다는 생각
이 들어요. 예전에는 현장에서 많은 경험을 쌓아야
지만 입봉할 수 있었다면 이제는 직접 쓴 시나리오
라든지 포트폴리오가 주요한 기준이 된 것 같아요.

장강명: 대학 졸업영화제를 많이 찾아다니시나요?

서영희: 졸업 영화제도 찾아다니고요, 미장센단편영화제
같은 단편영화제도 챙겨 봐요.

2002년 시작한 미쟝센단편영화제는 현재 영화감독 지망생 사이에서 가장 유명하고 선망의 대상이 되는 영화제다. 2017년 16회 영화제에는 출품작이 1163편이었다.

이 영화제는 누구나 응모할 수 있으며, 수상자가 영화인들의 주목을 받고 이후 상업 장편영화 감독으로 데뷔할 기회를 얻는다는 점에서 소설공모전과 흡사한 면이 있다. 그러나 그 수상작이 전국 극장에 걸리지는 않는다.

단편영화제에 대응하는 문학계의 행사를 찾는다면 수상작이 바로 단행본으로 나와 서점에 깔리는 장편소설공모전보다는, 문예지의 단편공모전에 가깝지 않나 한다. 상금 총액도 3000만 원이다. 대상은 1000만 원, 장르별 최우수상이 500만 원이다. 그나마 대상이 나온 것은 2002년과 2009년, 2012년 등 세 번뿐이었다.

그런 한편 단편영화제는 승자 독식 방식이 아니라는 면에서 소설공모전과 구분된다. 출품작 중에 단 1편만 외부에 공개되는 것이 아니라, 영화제 기간 중 수십 편의 작품이 상영된다. 지원자는 대상이나 최우수상을 받지 못하더라도 주목을 받고 영화사에 발탁될 수 있다.

한 가지 재미있는 것은 그럼에도 불구하고 미쟝센단편영화제 역시 문학공모전과 비슷한 비판을 받는다는 점이다. 심사 기준을 알 수 없다든가, 심사위원 취향에 맞춘 작품이 유리하다든가 하는. 공모전이라는 제도에는 필연적으로 그런 반발과 뒷담화가 따르기 마련인 모양이다. 미쟝센단편영화제 응모자들 사이에는 '날카롭고 냉소적인 분위기로 만들어야 한다', '심사위원들이 대부분 남성

감독이라서 여배우가 예뻐야 한다', '특정 학교 출신이 유리하다'
는 등의 루머가 퍼져 있다.

막상 소설공모전과 형태가 가장 유사한 시나리오공모전은 한
국 영화계에서 그다지 활발하게 시행되는 편이 아니다. 그나마 점
점 줄어들고 있다. 영화배우 한석규 씨가 만든 막둥이시나리오공
모전은 사라졌고, 영화진흥위원회의 한국시나리오공모전은 같은
기관의 한국영화시나리오마켓 사업으로 통합되었다.

지금 남은 시나리오공모전 중 그나마 지망생들 사이에서 이
름이 알려진 것은 롯데크리에이티브공모전, 경상북도 영상콘텐츠
시나리오공모전, 덱스터스튜디오 SF·판타지 시나리오공모내전
등이다.

시나리오 부문 대상에 상금 1억 원을 주는 롯데크리에이티브
공모전은 2017년을 기준으로 6회가 되었는데, 수상작 중 영화로
만들어진 것은 아직까지 권칠인 감독의 「관능의 법칙」뿐이다. 경
상북도 영상콘텐츠시나리오공모전은 대상 상금이 1200만 원에 불
과하고, 내용이 경북 지역을 배경으로 하거나 경북의 전설, 역사,
문화, 인물을 다뤄야 한다는 조건이 있다. 덱스터스튜디오 SF·판
타지 시나리오공모대전은 2017년 막 시작했으며, SF와 판타지, 어
드벤처 장르만을 대상으로 한다.

영화사들은 왜 시나리오작가를 공모전으로 뽑지 않는 걸까?
거액이 들어가는 영화 제작비에 비하면 적은 상금으로도 뛰어난
시나리오를 구할 수 있는 손쉬운 길로 보이는데 말이다. 최소한 다
양한 아이디어들을 건질 수 있을 것 같은데.

"영화사들은 왜 시나리오 공모전을 많이 열지 않습니까?"

장강명: 시나리오 공모전들이 명맥을 잇지 못하고 사라지
는 이유가 뭔가요?

김유경 싸이더스 프로듀서: 소설 원고는 문학상을 타면 바로
책으로 펴낼 수 있잖아요. 시나리오는 대부분 바
로 영화화할 수가 없어요. 새로운 기획이 들어가
개발해야 하는 시간이 필요합니다. 또 소설과 달
리 시나리오는 최종 결과물이 아닌 영화를 위한
기본 재료입니다. 좋은 재료, 나쁜 재료가 있겠지
만 결국 감독의 연출과 수많은 스태프들의 역할
이 필요합니다. 그래서 좋은 재료의 역할이 소설
에 비해 매우 한정적일 수밖에 없죠. 시나리오 공
모전이 많지 않은 것은 이 때문이라 생각합니다.
그럼에도 불구하고 영화를 만드는 사람들 사이에
서 텍스트의 중요성에 대한 인식이 확산되어야 하
는 것도 사실입니다.

장강명: 좋은 원작을 구하려고 소설이나 웹툰을 많이 살
피시잖아요. 어차피 그런 소설이나 웹툰 판권을
사도 최종 시나리오로 만드는 데 품이 많이 들 테

고요. 그냥 괜찮은 원작을 구한다는 생각으로 시나리오 공모전을 여는 것도 좋은 방법 아닐까요?

김유경: 시나리오 공모전들이 자리를 잡지 못했죠. 당선작 중에 영화화된 것도 드물고요. 그러다 보니 공모전들이 다 상금 주고 끝나 버리는 게 돼서. 저도 모 공모전 예심 심사를 했거든요. 그런데 응모작들의 완성도가 너무 떨어지더라고요. 원고는 엄청나게 들어와요. 그 한 편 한 편이 분량이 100페이지씩인데, 그게 1000편 넘게 들어오고, 그러면 심사위원들이 그걸 다 읽어야 하잖아요. 읽다 보면 완성도 있는 작품이 참 드물다는 생각을 하게 됩니다.

장강명: 응모작이 1000편이 들어오는데 좋은 작품이 없단 말입니까?

김유경: 네. 놀랍죠. 물론 영화화 가능성이 보이는 작품은 있지만 그 작품들도 대부분은 기획 개발을 더 해야 하는 상태인 경우가 많아요. 영화사 입장에서는 상금 1억 원을 걸고 공모전을 여느니, 차라리 그냥 제일 비싼 작가에게 그 돈을 주고 작품을 써 달라고 하는 게 낫지 않을까 싶어요. 그리고 이런 문제도 있어요. 소설과 다르게 시나리오는 여러 사람이 수정해요. 그러다 보면 나중에는 너무 많

은 사람들의 아이디어가 들어가서 이 시나리오를
누구 거라고 말하기가 어려워지는 상황도 발생해
요. 특히 감독님들이 수정을 많이 하고요.

장강명: 그러면 시나리오작가로 데뷔하고 싶은 사람은 어
떻게 합니까? 공모전이 없으면 다른 길이 있나요?

김유경: 시나리오작가 학원 같은 게 있지만 그게 답이라
고 할 수는 없고…… 그런데 소설가 지망생의 꿈
은 소설가잖아요. 시나리오를 쓰는 지망생들의
꿈은 시나리오작가가 아니라 감독이에요. 시나리
오작가 자체를 꿈꾸는 사람은 아마 열 사람에 한
명 정도일 거예요.

장강명: 최종 목표가 영화감독이든 시나리오작가든 어떤
사람이 처음에 자기 글을 영화사에 보여 주는 절
차가 있을 거잖아요? 그건 어떻게 하나요? 영화사
로 투고하나요?

김유경: 투고하는 경우가 있지만 가능성이 희박해요. 일단
영화판이 되게 좁아요. 그래서 소문이 빨라요. '쟤
글 잘 써, 쟤 글 잘 쓴대.' 이런 말이 퍼지면 그 사
람한테 찾아가서 '글 한번 보여 줘.' 이렇게 되는 거
죠. 그래서 '어, 괜찮네.' 싶으면 '저희 회사에서 하
는 작업을 의뢰하고 싶은데요,' 이렇게 되는 경우

가 많아요. 아니면 어떤 영화가 개봉했는데 작품이
괜찮은데 시나리오작가가 따로 있으면 '이 작가 누
구야, 알아봐.' 이런 식으로 이어지기도 하고요.

장강명: 어떤 콘테스트나 정식 면접이 있어서 '얘 글 잘 쓴
다'는 평판이 생기는 건 아니란 말씀이시죠? 술 마
시다가 '이 글 한번 봐주세요.' 그런단 말입니까?

김유경: 네, 그런 경우가 많아요. 몇몇 영화사들은 이제
아예 외부 투고를 안 받아요. 의미가 없다고 판단
한 거죠.

장강명: 지원자 처지에서는 그런 방식보다는 오히려 소설
공모전으로 데뷔하는 편이 더 문도 넓고 공정하
게 보이겠는데요.

김유경: 영화 시나리오는 소설과 달라요. 기획자랑 작가가
합이 안 맞으면 일 하기가 어려워져요. 영화는 여러
사람이 함께 하는 일이라서 합이 제일 중요해요.

장강명: 공동 시나리오가 아니라 혼자 쓴 시나리오라 하
더라도요?

김유경: 네. 작가님이 쓴 소설을 편집자가 페이지 단위로
살펴보면서 '여기 이 부분은 수정해 주세요.' 이렇
게 요구하지는 않잖아요. 그런데 영화는 그렇게
해요. 그래서 합이 안 맞는 사람과 작업하면 상처

받아요. 그런데 솔직히 투자하는 입장에서도 시
나리오만으로 성공 여부를 판단하기는 어려울 거
예요. 대중이 요구하는 걸 워낙 알 수가 없으니까
요. 그래서 여러 사람들의 의견을 듣고, 반영해서
수정하고 이런 작업을 여러 번 거칩니다. 그러다
보면 원래의 시나리오와는 많이 달라져 있죠.

장강명: 소설공모전 심사위원들이 심사를 주관적으로 한
다는 불만은 거기에 비하면 애교 같은 느낌인데요.

김유경: 그럼요.

2016년 12월 영화 잡지 《매거진 M》은 한국 영화 시나리오의
문제점을 특집 기사로 다뤘다. 영화감독, 영화사 대표, 프로듀서,
시나리오작가 등 22명이 《매거진 M》의 인터뷰에 응했는데, 그중
에는 시나리오 공모전에 대한 의견을 밝힌 사람들도 있었다. 김유
경 프로듀서와 크게 다르지 않은, 회의적인 견해들이었다.

"누구나 응모할 수 있는 시나리오 공모전은 접수 분량이 너무
많아 심사가 제대로 이뤄지기 힘들다."(오퍼스픽쳐스 이지영 컨텐츠
기획팀장), "접수된 시나리오의 절반 정도는 읽기 힘든 수준이라는
평가가 지배적"(사나이픽쳐스 한재덕 대표), "정작 새로운 스토리가
드물다."(정서경 작가), "수상작과 실제로 영화화가 가능한 시나리
오는 거리가 있다."(한준희 감독)……* 시나리오작가 지망생들에게

는 안된 일이지만, 시나리오공모전에 대한 영화계 분위기는 이런 모양이다.

시나리오공모전과 장편소설공모전을 비교하면 후자 쪽이 지망생에게 훨씬 더 조건이 좋은 것 같다. 그렇다면 영화계에는 있지만 문학계에는 없는 영화전문학교는 어떨까? 신인들이 데뷔하는 데 얼마나 도움을 주는 기관일까?

문학계에도 소설가 지망생들이 다니는 각 대학 문예창작학과들이 있지만 그 학과를 졸업한다고 등단이 보장되는 것은 아니다. 물론 학부생들의 졸업작품집을 출판사에서 읽어 보지도 않는다. 그러나 영화전문학교 중에는 학생들이 감독이나 촬영감독으로 데뷔할 수 있게 지원하는 곳도 있다. 실제로 이 과정을 통해 장편영화를 극장에서 개봉한 젊은 신인들이 있다. 이런 커리큘럼이라면 소설가 지망생이 부러워할 만하지 않나. 한번 살펴보자.

한국영화아카데미의 '장편영화 제작연구과정'은 영화진흥위원회가 설립한 교육기관인 한국영화아카데미 정규 과정 졸업생이 장편영화를 만들 수 있게 해 주는 프로그램이다. 멘토들이 시나리오 개발에서부터 참여해 조언해 주고, 학교에서 제작비도 8000만 원가량 지원한다. 2017년에는 극영화 부문에서 연출, 촬영, PD, 이렇게 세 전공에서 각각 세 사람씩 아홉 명을 뽑았다.

* 「한국영화, 시나리오가 답이다. ③ 내가 생각하는 좋은 시나리오는?」, 《매거진 M》 194호, <http://news.joins.com/article/21074278>.

한국영화아카데미 홈페이지에 있는 설명은 다음과 같다.

"한국영화아카데미의 장편과정은 세계적으로 그 유례를 찾아볼 수 없는 파격적인 시도입니다. 기존의 제작 지원과 달리 영화의 완성만을 확인하는 데 그치지 않고, 영화의 기획, 촬영, 후반 작업 그리고 개봉까지 전 과정에 걸쳐 전문적인 지도를 하고 있습니다. 영화를 완성해 가는 과정에서 연구생은 자신의 창의적 소양을 발전시키고, 목표를 달성해 가는 방법을 익히게 되며, 교육 과정이 끝날 때에는 더 이상 학생이 아닌 창작자로 성장한 자신을 발견하게 됩니다."

이 과정을 통해 세상에 나온 영화가 윤성현 감독의 「파수꾼」, 홍석재 감독의 「소셜포비아」, 안국진 감독의 「성실한 나라의 앨리스」 등이다.

「소셜포비아」는 나와 아내 모두 정말 감탄하며 본 작품이었다. 솔직히 말하면 영화를 볼 때에는 그게 저예산 영화인 줄도 몰랐다. 변요한, 류준열 같은 눈에 익은 배우들이 나오는 데다 컴퓨터그래픽도 멀끔해서였다. 홍석재 감독은 이 영화로 서울독립영화제 관객상, 부산국제영화제 넷팩상, 부산국제영화제 한국영화감독조합상 등을 받았다. 나는 그를 서울 신도림동의 한 패밀리 레스토랑에서 만났다.

인터뷰

"요즘 젊은 영화감독들은 어떻게 데뷔하나요?"

장강명: 요즘 젊은 영화감독 지망생들은 어떤 데뷔 경로
　　　를 꿈꾸나요? 가장 일반적인 방식은 어떤 건가요?

홍석재 감독 (장편영화 「소셜포비아」 연출, 한국영화아카데미 장편영
　　　화 제작연구과정 7기): 아주 옛날에는 충무로에서 도
　　　제식으로 배우고 바닥에서 굴러서 올라가는 방식
　　　이었는데, 요즘은 독립장편영화를 찍은 다음 상
　　　업영화로 넘어가는 경우가 많아 보여요. 저는 저
　　　희를 대충 3세대라고 봅니다. 박찬욱 봉준호 감독
　　　님 같은 분들을 1세대라고 치고요, 이 1세대들이
　　　미쟝센단편영화제를 만들었죠. 한국에서 최초로
　　　단편영화들만 상영한 영화제예요. 그리고 그때쯤
　　　전국 대학교에 영화학과가 많이 생겼어요. 이게
　　　맞물려서 2세대 감독들이 나온 거 같아요. 학부
　　　를 졸업하면서 졸업 작품으로 단편영화를 찍고,
　　　그걸 영화제에 가져가고, 거기서 두각을 보이면
　　　발탁되는 거죠. 영화사 프로듀서들이 "김 감독,
　　　작품 잘 봤네, 우리 회사에서 한번 시나리오 써봅
　　　시다." 이러면서. 이런 방식으로 데뷔한 분들 중에

서는 잘 된 분도 있고 잘 안 된 분도 있어요.

장강명: 잘 안 된 분은 왜 안 된 거죠?

홍석재: 단편만 작업하다가 장편으로 넘어가려니까 어려 웠던 점이 분명히 있었을 거예요. 소설도 단편을 쓰는 근육과 장편을 쓰는 근육이 다르다는 얘기 들을 하잖아요.

장강명: 감독님을 비롯한 3세대는 그렇지 않은가요?

홍석재: 사실 저희도 비슷한 어려움을 겪고 있어요. 장편 을 한 번이라도 끝내 봤으니 다음은 쉽게 하겠지 라고 저희도 막연히 기대했고 제작사 측에서도 그 렇게 기대하는 것 같아요. 하지만 저와 제 주변 의 현실을 보면 다들 몇 년째 장편 시나리오를 쓴 다고 삽질 중이에요. 예컨대 제가 교육받은 한국 영화아카데미를 기준으로 얘기를 하자면 장편과 정이 2017년 기준 10기까지 진행되었어요. 1기수 당 보통 3편씩 장편이 나오니까 여태껏 30명의 독 립장편영화를 찍은 감독이 배출된 거죠. 그럼 이 들 중 두 번째 장편영화이자 상업영화를 찍는데 성공해서 개봉한 사람이 몇 명이냐 하면 놀랍게 도 2명밖에 되지 않습니다. 그만큼 장편 시나리 오를 쓰는 일이 어렵거나 저희 세대가 충분히 훈

련되지 않았다는 방증이겠지요. 그러니 독립장편을 찍는 일이 별 도움이 안 되는 거 아니냐고 묻는다면 저는 그렇지는 않다고 생각해요. 장편의 호흡을 경험했다는 건 분명 이점이 있습니다. 다만 시나리오를 쓰는 것만큼은 쉬워지지 않는 거죠. 저희 세대에게 있어 장편영화를 만들어 영화제에 가는 건 어느 정도 코스화되지 않았나 싶어요. 상업자본이 들어가지 않은 독립장편영화가 1년에 100편이 넘게 만들어지거든요. 개봉도 안 되고, 영화제도 못 가고 사라지는 경우가 많긴 하지만요. 1, 2세대 감독들은 필름으로 영화를 만들었는데, 그 필름값이 엄청나게 비싸요. 그런데 이제 디지털로 찍게 되면서 학생 신분으로 긴 작품을 찍는 게 가능해졌어요. 물론 그렇다 해도 기본적으로 몇 천만 원은 드니까 여전히 개인이 장편영화를 만드는 건 어렵죠.

장강명: 그래서 한국영화아카데미 같은 기관에 사람들이 몰리는 건가요?

홍석재: 맞는 말인지는 확인해 보지 못했지만 저희 학교 주장으로는 한국영화아카데미가 세계에서 최초로 학생들에게 장편영화를 만들게 한 학교라고

합니다. 제가 7기예요. 한 기수당 장편영화 세 편이 꼬박꼬박 나오는데, 영화사로 친다면 아주 견실한 거예요. 1년에 세 편 이상 작품을 내는 영화사는 정말 드물거든요. 영화 만들겠다며 설립했다가 사라지는 경우도 부지기수고, 몇 년에 겨우 한 편 찍는 곳도 많아요.

장강명: 감독 지망생들한테는 꿈같은 곳이겠네요.

홍석재: 윤성현 감독의 「파수꾼」이 3기 작품인데요, 개인적으로 한국영화 중 최고수준의 데뷔작이라고 봅니다. 다들 보고 엄청나게 놀랐어요. 영화감독을 꿈꾸는 사람들이 그 영화를 보고 아카데미에 대한 관심이 커졌고, 저도 그중 한 명이었어요. 마침 학부를 졸업할 무렵이어서 아카데미 입학설명회에 갔는데 정말 많이 왔더라고요. 그때는 여섯 명을 뽑았는데 100명쯤 몰린 것 같아요.

장강명: 어떤 점이 가장 매력적이었나요? 일찍 데뷔할 수 있다는 점이었나요?

홍석재: 역시 자신의 영화를 더 찍을 수 있다는 점이 가장 큰 매력이라 생각해요. 영화는 혼자서 찍을 수 없어요. 사람과 기재와 돈이 필요해요. 교육기관은 이런 3박자를 다 갖춘 곳이죠. 현장에서 축적

되는 경험과 네트워크가 중요하냐 아니면 내 영화를 더 만들어 보는게 중요하냐. 어느 쪽이 더 우월하다 못하다의 관점은 아닌 것 같아요. 제 경우는 내 영화를 찍어 보고 싶다는 욕망이 더 컸던 것 같아요. 물론 교육기관에 진학하지 않고서도 영화를 찍는 분들이 많으시고 또 훌륭한 작품이 많이 나옵니다. 다만 사람과 기재와 돈을 모으기 좋은 환경이 교육기관인 건 분명해요.

장강명: 여전히 1, 2세대 방식으로 데뷔하는 사람도 많은가요? 아니면 아카데미 방식이 빠르게 퍼지는 중인가요?

홍석재: 통계적으로는 정확히 모르겠습니다. 다만 아카데미처럼 장편영화과정을 프로그램에 포함시키는 교육 기관이 늘어나고 있어요. 한국예술종합학교도 장편영화 과정을 만들었고, 단국대도 하고 있고. 조심스런 사견이지만, 지금 한국 현실에서 사회 진입을 유예하고 스펙을 쌓는 풍경과도 조금 겹치지 않나 생각되기도 해요.

장강명: 그러면 이제 영화제는 덜 중요한가요?

홍석재: 오히려 더 중요해진 거 같아요. 100편이 넘는 독립장편영화들이 모두 개봉할 수 없으니 결국 개봉

할 만한 영화를 걸러 주는 일종의 포커스그룹처럼 영화제가 작동되는 구석이 있지 않나 싶어요. 배급사 쪽 사람들도 영화를 픽업하려면 다들 영화제에 와서 영화와 관객 반응을 체크하는 걸로 알고 있고요.

장강명: 소설가 지망생들 사이에서는 책을 내기 위해 공모전이 중요하고, 공모전에 당선되기 위해 심사위원 취향을 고려한다는 이야기가 나돌거든요. '공모전용 작품'이라는 말도 하고. 영화감독 지망생들도 그런가요?

홍석재: '영화제 영화'라는 말은 저희들끼리 해요. '야, 네 거 영화제 가겠다.' 그런 식으로. 소설 공모전과 가장 큰 차이점이라면, 일단 초청만 되면 수상 여부와는 무관하게 관객들 앞에서 영화를 상영할 수 있습니다. 사실 그 부분이 영화제의 가장 큰 미덕이라고 생각해요. 영화제의 의의이기도 하구요. 독립영화들은 영화제라는 창구가 없으면 일반관객들과 만나기가 정말 어렵거든요. 그러니 영화제 영화를 의식하고 작품을 만드는 사람도 있을 거예요.

장강명: 어떤 걸 영화제 영화라고 하나요? 그게 어떤 분위

기입니까?

홍석재: 이건 정말 제 개인적인 생각인데요, 현실정치 문
제, 당대 이슈들, 소수자 문제, 빈곤 문제…… 한
국문학에서도 리얼리즘 문학이라고 칭하는 그런
작품들 있잖아요. 그런 작품들과 코드가 비슷한
것 같은데 뭐라고 말하기 어렵네요. 막상 영화제
에 상영되는 영화는 굉장히 다양해요. 제 편견일
수 있겠네요. 그리고 저만 해도 「소셜포비아」가 영
화제에 갈 거라고는 생각을 못했는데 갔고, 심지
어 영화제에서 상도 받았거든요.

홍 감독은 인터뷰를 마칠 때 내게 씨네21북스에서 나온 『영화
를 꿈꾸다』라는 책을 선물해 주었다. 이 책은 한국영화아카데미 장
편영화 제작연구과정 7기생들이 쓴 에세이 겸 제작 노트다. 「소셜
포비아」, 「성실한 나라의 앨리스」, 「선지자의 밤」, 이렇게 3편의 영
화를 만든 감독, 촬영감독, 배우와 스태프들의 글이 실려 있다.

이 책을 다 읽고 나서 나의 감상을 한 줄로 요약하면, '소설가
지망생이 영화감독 지망생보다 처지가 낫다'는 것이었다.

한국영화아카데미가 뭘 잘못하고 있다든가, 그곳 교수와 학
생들에게 문제가 있다는 이야기는 전혀 아니다. 젊은 영화인들의
열정은 뭉클했고, 사제들의 건강하고 생산적인 관계도 부러웠다.

장편영화 제작연구과정은 참 좋은 프로그램이고, 앞으로 더 잘되길 바란다.

그러나 애초에 소설은 쓰는 데 돈이 들지 않는다. 한국영화아카데미 장편과정의 연출 전공자들은 촬영 로케이션, 배우 섭외, 스태프 관리, 사운드 믹싱을 신경 써야 하는데 소설가 지망생은 원고만 고민하면 된다. 표지 디자인, 인쇄, 재고 관리, 서점 홍보는 공모전에 당선되고 나면 누군가 알아서 해 준다.

『영화를 꿈꾸다』에 간간이 나오는 독립장편영화 제작 현장의 열악함은 상상을 초월하는 수준이었다. 솔직히 말하면 이거 너무 위험한데 누가 말려야 하는 것 아닌가 싶었다. 책 뒤표지에는 "제작비 6000만 원으로 장편영화 만들기, 그 치열했던 1년의 기록"이라는 문구가 있다. 그 액수는 장편영화를 만드는 데 결코 충분한 돈이 아니다.

장편영화 제작연구과정 학생들이 예산을 아끼기 위해 벌이는 노력은 처절할 정도였다. 책 전체적으로는 '뿌듯하고 흐뭇한 추억이었다'는 분위기인데도, 간혹 소개되는 에피소드가 충격적이었다. 한 스태프는 이틀 동안 한잠도 못 자고 촬영을 하다가 쓰러져 턱뼈에 금이 갔다. 그런데도 촬영을 계속하러 수술을 받지 않고 현장으로 나왔다. 그래서 뼈가 저절로 아물었다.

「선지자의 밤」을 찍은 김성무 감독은 학교 측에 제도 개선을 강하게 요구했다. 스태프들이 인건비를 얼마나 받는지 학교가 감시해야 한다는 것이었다. 그는 "영화를 만들기 위해 모였으니 영화가 가장 중요한 것은 맞지만, 그 목적 하나 때문에 비상식적인 착취나 희생이 이어지는 것은 결코 정당화될 수 없다."라고 썼다. 그 자신 역시 스태프에게 최소한의 임금을 주지 못했다고 고백했다.

「성실한 나라의 앨리스」에 출연한 배우 이정현은 "나야 얼마든지 고생하며 촬영할 수 있지만 더 힘들게 고생하는 스태프들을 위해 적절한 인건비는 챙겨 줘야 하지 않을까. 만약 스태프 비용만이라도 제대로 나왔다면 좀 더 수월하고 기쁘게 촬영할 수 있지 않았을까."라고 썼다.

이 책의 주제와 별도로, 나 또한 이런 현실은 반드시 개선돼야 한다고 주장한다. 방송계, 음악계, 패션계, 게임 업계, 연극, 웹툰, 요리, 모두 마찬가지다. 노동 착취를 꿈이라는 단어로 포장하는 것만큼 역겨운 일도 없다. 동시에 나는 이들 업계에서 '지망생'들이 자기 착취에 빠지게 되는 상황이 현재 각 분야의 채용 또는 신인 선발 시스템과 상당한 연관이 있다고 본다. 그리고 우리가 그걸 바꿀 수 있다고 믿는다.

장강명의 경우

영화는 문학처럼 수많은 청년들에게 선망의 대상이다. 많은 지원자들이 노력하지만 자기 작품을 대중에게 알릴 기회를 얻는 사람은 극소수에 불과하다.

1990년대 초반까지 한국에서 두 분야의 신인 선발 절차는 시스템이랄 게 없었다. 1990년대 중반에서 2000년대 초반 사이에 문학계에서는 장편소설공모전이라는 등용문이 자리 잡았다. 영화계에서는 몇 년 늦게 단편영화제와 영화아카데미라는 제도가 생겼다. 거칠게 분류하자면 문학계의 신인 채용 방식은 한국과 일본 기업들의 공채 시스템과 비슷하다. 영화계의 신인 데뷔 방식은 그와는 다른 방식으로 진화했다.

장편소설공모전은 소설가 지망생들에게 커다란 기회다. 이제는 다 사라졌지만 상금이 1억 원 혹은 그 이상인 공모전이 여러 개 있었고, 아직도 몇몇 공모전은 상금이 수천만 원에 이른다. 어떤 영화제 상금이나 영화아카데미 지원금도 그 액수에 미치지 못했다.

이른바 '문단 권력' 비판자들은 펄쩍 뛸 이야기일지 모르겠으나, 영화계의 데뷔 방식에 비하면 장편소설공모전을 통한 신인 선발에는 자본 논리가 거의 반영되지 않는다. 심사위원들이 당선자를 뽑으면 출판사는 그대로 따른다. 당선작을 마음대로 고치지도 못한다. 그 결과 대중적이지 않은 수상작들이 많이 나와 서점에 깔렸다. 자본 논리에 충실한 영화계에서는 있을 수 없는 일이다.

나는 야심 있는 소설가 지망생이라면, 영화감독 지망생을 부러워할 필요는 없다고 본다. 한국 영화계에 비하면 한국 문학계의 젊은 예술가들은 상대적으로 시장 논리에 덜 신경 쓰면서 더 빠르게 스타덤에 오를 수 있다. 장편소설공모전 덕분이다. 물론 이 공모전이 선발하는 신인의 범위에는 나름의 한계가 있다. 그러나 그 폭이 영화사에서 발탁하는 영화감독들의 스펙트럼보다 좁은지는 모르겠다.

이쯤에서 내 경험을 이야기해 볼까 한다.

내가 처음으로 문학공모전에 도전했던 것은 20대 초반이었다. 그때는 단편소설을 써서 신춘문예에 보냈다. 그런데 다 떨어졌고, 대학을 졸업하고 회사에 다니면서 한동안 소설을 쓰지 않았다.

서른 즈음에 다시 소설을 쓰기 시작했을 때, 나는 장편을 썼다. 내가 신춘문예 응모 자격이 없다고 믿었기 때문이다. 기성작가는 신춘문예에 원고를 보낼 수 없는 줄 알았는데, 나는 그놈의 『클론 프로젝트』를 출간했으니까. 실은 내가 규정을 잘 몰랐던 거였다. 상당수 신문이 그런 제한을 없앴다. 손보미 소설가는 2009년 계간 《21세기문학》에서 단편소설 부문 신인상을 받고 2011년 동아일보 신춘문예 단편소설 부문에 또 당선됐다.

나는 '공모전용 작품'이라는 게 있다고도 믿었다. 그래서 그런 스타일로 글을 쓰려고 무던히 노력했다. 내가 생각하는 공모전 스타일은 문장이 만연체거나 화려체이고, 참신한 비유가 자주 나오고, 서사는 부족한 반면 인물의 내면을 길고 자세하게 묘사하는 작품이었다. 그런데 나는 심재천 작가와 달리, 내 전략을 밀고 나갈 수 없었다. 그렇게 써도 잘 되지 않았기 때문이다. 우유체로 글을 쓰다 보면 도저히 진도가 나가지 않았고 결과물도 마음에 들지 않았다.

나는 글의 스타일은 작가의 성격이라고 믿는다. 성격이 차가운 사람은 건조한 문장을 쓰게 된다. 세계관이 명료하면 단호한 소설을 쓰게 된다. 극단적인 성향의 작가는 논쟁적인 작품을 내놓는다. 나는 내 성격을 바꾸는 대신 그냥 내 스타일로 쓰기로 했다. 그렇게 쓴 소설이 『표백』이다.

아내는 나보다 한국 소설을 훨씬 더 많이 읽었는데, 『표백』원 고를 읽어 보고는 그 작품이 문학상을 받을 일은 없을 거라고 여겼다. 그래서 내가 한겨레문학상 수상 소식을 전했을 때 경악했다. 사실 나도 조금 어리둥절했다.

몇 년 뒤 갑작스럽게 신문사를 그만뒀고, 전업 작가로 살아남는 길을 심각하게 고민했다. 열심히 글을 써서 고액 상금의 장편소설공모전에 원고를 내면서, 내가 보기에 대중성이 있어서 팔릴 것 같은 원고는 출판사에 직접 보내야겠다고 생각했다.

그렇게 출판사에 직접 투고한 장편소설 원고가 4편이었다. 한국 소설을 내는 문학 출판사 홈페이지에서 편집부의 투고 담당 편집자 메일 주소를 찾아 내 소개와 함께 문서 파일을 보냈다. 아예 홈페이지에 그런 연락처를 소개하지 않은 출판사도 있어서, 그런 곳은 빼고 보냈다. 그렇게 직접 나서서 알지도 못하는 출판사에 원고를 보내는 게 등단 작가들 사이에서 굉장히 이례적인 행동이라는 것도 몰랐다.

나는 그때 이미 한겨레문학상 수상작인 『표백』과 단편집 『뤼미에르 피플』을 출간한 기성작가였다. 그런데도 원고를 보낸 다음에 출판사 담당자들로부터 '원고 잘 받았다, 검토해 보겠다'는 의례적인 답장을 받기조차 쉽지 않았다. 그런 형식적인 답이라도 해 준 출판사는 몇 곳 되지 않았다. 그중에서 실제로 내가 보낸 원고를 검토해 자기들 마음에 들었는지, 그렇지 않았는지를 나중에 알려 준 출판사는 2015년 상반기까지 딱 세 곳이었다. 그런 연락도 금방 오지는 않았다. 몇 달씩 걸렸다. 그런 과정을 거쳐 실제로 출간이 된 건 『호모도미난스』 한 편뿐이다.

『열광금지, 에바로드』는 퇴짜를 맞았다. 이 소설은 일본 애니메이션 「신세기 에반게리온」에 푹 빠진 한국의 오타쿠들을 다룬 내용이다. 쓰는 동안 그 작품이 공모전용이라고는 생각지 않았다. 출간하게 되면 애니메이션 팬이나 서브컬처 팬덤에서 화제를 모을 수 있지 않을까 기대한 정도였다.

그래서 내가 원고를 보낸 출판사 편집장이 소재와 주제가 너무 협소하다며 딱 잘라 거절했을 때 무척 상심했다. 이런 내용은 투고로도 안 되는구나 싶었다. "한국에 은근히 에반게리온 팬이 많고, 이 작품은 성장소설로 볼 여지도 있다"고 마지막 불씨를 살려 보려 했지만 편집장은 고개를 저었다. 그는 절대 노땅이 아니었다. 30대 후반이었다. 그는 일부러 시간을 내어 나를 만나 주었지만, 나는 어차피 거절당할 거라면 그냥 전화나 메일로 연락을 받는 편이 더 좋았다.

『열광금지, 에바로드』 원고는 그때 이미 수림문학상에도 보낸 상태였다. 출판사에 투고한 뒤 밑져야 본전이라는 심정으로 공모에도 지원한 것이었다. 수림문학상은 온라인으로 접수를 받으니 우푯값도 안 드니까. 그래서 30대 편집장이 본 원고와 수림문학상 응모 당시의 원고는 한 글자도 다르지 않았다. 그런데 편집장과 만나고 나서 한 달 뒤에 뜻밖에도 수림문학상 당선 연락을 받았다. 나도 아내도 정말 놀랐다.

나중에 물어보니 당시 수림문학상 심사위원 중에 에반게리온을 본 적이 있다는 사람은 아무도 없었다. 심사위원들은 소설가와 문학평론가 들이었고, 나이도 모두 40대 이상이었다. 심사평에는 그 작품을 이견 없이 당선작으로 확정했다고, 한 시대를 갈무리하는 성장소설이라고 되어 있었다.

그 편집장을 비난하고자 이 일화를 소개하는 게 아니다. 그는 후배 편집자들의 존경을 받는, 성실하고 유능한 이였다. 글을 고르는 감각도 뛰어났다. 그러나 그에게도 독서가로서, 편집자로서 그만의 개성이 있다. 취향이라고 해도 좋고 안목이라고 해도 좋다. 『열광금지, 에바로드』는 그와 맞지 않는 작품이었다.

공모전을 통한 신인 선발 방식에는 구조적인 이유로 허점이 생긴다. 하지만 투고 방식 역시 마찬가지다. 더구나 한국 출판사에서 투고 시스템은 대부분 제대로 돌아가지 않는다.

나중에 나는 몇몇 편집자에게 내 경험을 토로했다. 투고 원고에 답장하는 게 그렇게 힘드냐고, 한국 출판사들은 왜 투고 원고를 잘 살피지 않느냐고 따지듯 묻기도 했다. 대답은 한결같았다. 너무 바빠서 투고 원고를 살필 시간이 없다는 것이었다. 그리고 투고 원고 중에 괜찮은 작품은 정말 드물다는 얘기였다. 한편으로는 3장에서 강태형 문학동네 대표가 한 얘기에 나도 동의한다. 비판자들이 공모전에 대해서는 불신하면서 투고 제도에 대해서는 너무 믿는다는.

작가 지망생들에게 물었던 질문에 대한 나 자신의 답은 이렇다.

우선 문학공모전을 거치지 않은 작가는 한국에서 활동하기 어렵다고 생각한다. 심각한 문제이고, 그래서 그런 현실을 바꿔 보고자 이 책을 쓰고 있다.

문학공모전 제도가 다양한 신인 작가들을 발굴하고 있냐고 묻는다면, 보기에 따라 그렇다고도 아니라고도 답하겠다. 당선자들과 당선작들을 보면 색깔이나 성향이 다양하지만, 어떤 영역이 비어 있다. 『퇴마록』이나 『눈물을 마시는 새』와 같은 작품은 공모전을 통과하기 어렵다고 생각한다.

공모전 심사는 공정하다고 본다. 형식적, 절차적인 면에서 공정하다. 공정함에는 여러 종류가 있으며 때로는 신인 선발 제도에서도 실질적, 결과적 공정함을 논해야 할 수 있다. 대학 입시에서는 저소득층이나 농어촌 지역 학생들에게 혜택을 약간 더 주는 게 더 공정하다고 주장하는 사람도 많다. 그러나 장편소설공모전에서 우리가 따질 수 있는 것은 형식적, 절차적 공정성뿐이다.

문학공모전을 없애는 데에는 반대다. 《매거진 M》 기사에는 시나리오공모전의 성과에는 회의적이라고 하면서도 그럼에도 시나리오공모전이 계속 열려야 한다고 주장하는 영화인들이 있었다. 사나이픽처스 한재덕 대표는 "시행착오를 겪더라도 시나리오공모전은 열려야 한다. 신인뿐 아니라 프로 작가에게도 동기 부여가 된다. 그 공모전을 바라보고 한 작품을 완성할 수 있으니까."라고 말했다. 장편소설공모전에 대한 내 의견도 같다.

'공모전용 작품'이 따로 있나? 이건 아니라고 생각한다. 심사위원들의 선택 폭도 대부분의 지망생들이 생각하는 것보다는 훨씬 넓다고 본다. 영화감독 지망생들 사이에서도 '영화제 영화'라는 말을 한다는 이야기를 홍석재 감독이 들려줬다. 지원자 입장에서는 좁은 관문을 볼 때 뭔가 모범 답안이 있을 거라는 생각을 자연스럽게 하게 되는 것 같다.

수림문학상을 받고 나서 국정원의 댓글 조작 의혹 사건을 모티프로 한 『댓글부대』를 쓸 때에는 아내가 말렸다. 그렇게 어둡고 공격적인 분위기의 책을 누가 읽겠느냐는 것이다. 나도 아내의 말에 반쯤 동의했지만, 소설로 쓰지 않으면 화병이 날 것 같은 사건이었던지라 그냥 고집을 부렸다. 아내는 "당신도 어쩔 수 없네, 예술가네, 예술가야."라며 웃었다.

초고를 읽은 아내는 좋은 소설이긴 하지만 그게 문학공모전에서 뽑힐 가능성은 '0'이라고 주장했다. 나이 많은 소설가와 문학평론가들은 인터넷 커뮤니티나 SNS 생태계 이야기가 무슨 소리인지 이해하지도 못할 거라고. 특히 제주4·3평화문학상은 원로들의 최종심이 있는 공모전이었다. 나중에 확인해 보니 그해 최종심 심사위원 세 사람은 모두 1940년대생이었다. 그리고 『댓글부대』의 내용은 제주도와도 아무 관련이 없다.

그래서 이 작품이 당선됐을 때 아내는 정말 어이없어 했다. 나는 아내에게 문자메시지로 소식을 알렸다.

나: 제주4.3평화문학상 당선됐음. 어제 심사했다고 함. 아직은 다른 사람한테 알리지 말래. 발표는 3/5쯤 한다고……. 오예 7000만 원.

아내: 진짜루?

나: 지금 연락받음

아내: 자기가 당선됐다구? 댓글부대 그걸로?

나: 응

아내: 헐. 믿어지지 않는다

나: 되게 놀랍지?

아내: 진짜 그 작품은 문학상에 어울리지 않는데

나: 뭐여……

7

등단 연도를
언제로 할까요

미등단 작가는 차별받는가

흔히들 당인리발전소라고 부르는 발전소의 정식 명칭은 '서울화력발전소'인데, 서울 마포구 당인동에 있다.

그 화력발전소 길 건너편에 '커피발전소'라는 작고 아담한 카페가 있다. 작은 입간판 하나 세워 놓은 것이 대외 홍보의 전부인 카페이지만, 커피 애호가들 사이에서는 맛으로 이름난 가게다. 임경선 작가는 이 카페에서 글을 쓴다. 카페가 문을 여는 오전 10시에 찾아와 자리를 잡고, 중간에 밖으로 나가 점심을 먹고, 오후 4시까지 원고 작업을 한다. 커피발전소에 오면 트위터에 '출근'이라고 써서 올린다.

내가 트위터 메시지로 조심스럽게 인터뷰를 요청했더니 임 작가는 다음 날 만나는 건 어떻겠느냐고 답장을 보내왔다.

"말 나온 김에 해치우죠. 질문지는 준비해 오실 필요 없어요."

그렇게 해서 다음 날 오전 10시에 나는 커피발전소에서 임 작가를 만나게 되었다.

임경선 작가를 인터뷰하려고 마음먹었던 이유는 그의 에세이집 『태도에 관하여』에 실린 「미등단 작가의 어떤 고백」이라는 글 때문이었다. 열다섯 페이지 분량의 이 산문에는 한국에 등단이라는 작가 선발 시스템이 존재한다는 것과, 등단하지 못한 작가는 미묘한, 혹은 보이지 않는 차별을 받는다는 주장이 나온다.

임경선 작가의 원고를 거절할 수 있는 출판사가 한국에 몇 군데나 있을까? 그는 『태도에 관하여』, 『엄마와 연애할 때』, 『나라는 여자』 등의 에세이와 소설집 『어떤 날 그녀들이』를 베스트셀러 목록에 올렸다. 장편소설 『나의 남자』, 『기억해 줘』도 어지간한 동시대 한국 소설보다는 훨씬 많이 팔렸다. 이런 사람도 신춘문예나 문학상 출신이 아니라는 이유로 불이익을 당한단 말인가? 나는 그 이야기를 좀 더 듣고 싶었다.

임경선 작가는 인터뷰 요청을 받아들일 때만큼이나 실제 인터뷰에서도 시원시원하고 직설적이었다.

"문예창작기금이나 해외 레지던스 프로그램 같은 거요. 작가 레지던스 프로그램들은 응모 자격이 모호하게 써 있는 곳이 많더라고요. 어디에는 '책을 낸 사람'이라고 조건이 나와 있는 곳도 있고, 어디에는 등단이라고 돼 있는 곳도 있었던 것 같아요. 그런데 정확한지는 모르겠지만 어디서 전해들은 바로는, 알음알음 추천으로 순서대로 돌아가며 등단 작가들에게 기회를 주다 보니 등단한 사람이 아니면 어차피 안 된다고 하더라고요."

임경선 작가가 말하는 차별은 배제(排除)에 대한 것이었다. 그에 따르면 미등단 작가는 적극적인 공격이나 비판을 받는 것이 아니다. 다만 어떤 무대에 입장하는 것이 부드럽게 거절당하거나, 또는 그 자리에 들어와 있어도 주변 사람들이 인정을 하지 않아 투명인간이 되는 일이 발생한다.

임 작가는 이날 인터뷰와 에세이 '미등단 작가의 어떤 고백'에서 신춘문예·문학공모전 출신이 아닌 작가에 대한 배제를 다음과 같이 정리했다. ▶'정통 문학'을 중시하는 인사들이 상대해 주지 않는다. ▶신문 문학 담당 기자들이 작품을 잘 소개하지 않는다. ▶문인들의 집단 모임에 관련한 아무런 사전 연락을 받지 못한다.(문인 단체에 등록이 되어있지 않기 때문에) ▶해외 레지던스 참가 기회나 창작기금을 받기 어렵다.

에세이에서 그는 어느 식사 모임에서 앞에 앉았던 문학평론가가 자기소개를 듣고 난 뒤 다른 '정통' 작가 앞으로 자리를 옮겼다거나, 문인들이 시국 관련 성명서를 발표할 때 불러 주지 않는 등의 에피소드를 소개한다. 심지어 처음에는 출판계 인사들이 자신에게 '작가'라는 호칭을 붙이느냐 마느냐를 놓고도 망설이는 게 훤히 보였다고 한다. 이 에피소드를 지금 접하는 독자들의 머릿속에는 '설마 그런 문제로 그렇게 치사하게 굴까, 피해 의식 아닌가'라는 생각이 들 수도 있겠다. 호칭 문제는 조금 뒤 정세랑 작가 인터뷰에서 다시 다룰 것이다.

"문단에서는 저를 거론하지도 않고, 아예 평가 자체를 안 해요. 문단의 관심이 아쉬우냐면 그건 전혀 아니지만…… 이름난 국내 문학 출판사들이 마케팅 행사는 저랑 하고 싶어 해요. 예를 들어 다른 저자의 북토크를 할 때 사회자로 저를 부르죠. 모객용이죠. 하지만 그 출판사들이 발간하는 문예지에서 저에게 원고를 청탁해 온 적은 없지요."

임 작가도 문학공모전을 일종의 고시 제도라고 받아들였다. 그는 등단 제도를 사법고시에 빗대기도 했는데, 나 역시 이 책에서 그 비유를 몇 번 든 바 있다.

2015년 인터넷 서점 예스24가 홈페이지에서 '한국 소설의 미래가 될 젊은 작가' 투표를 실시했다. 여기에는 예스24 이용자 2만 7047명이 참여했는데, 4위에 손아람 작가가 올랐다. 1~3위는 각각 김애란, 정유정, 천명관이었다. 용산 참사 사건을 모티프로 삼은 손아람 작가의 소설 『소수의견』은 영화화되었고, 손 작가는 각색 작업에 직접 참여해 청룡영화상 각본상을 받기도 했다.

그러나 손 작가는 신춘문예나 문학공모전 출신은 아니다. 그는 첫 장편소설인 『진실이 말소된 페이지』 원고를 들녘출판사에 보냈고, 들녘에서 그걸 책으로 내면서 소설가로 데뷔했다. 손 작가는 문학공모전 제도를 모두 없애야 한다고 주장하는 강경한 등단 제도 반대론자이기도 하다.

나는 푹푹 찌던 8월 초에 양재역 근처 커피점에서 손 작가를 만났다. 그 역시 임경선 작가처럼 그즈음 카페 '커피 오브 원더'를 작업실로 삼고 있었다.(집에 에어컨이 없기 때문이었다.) 그리고 그 역시 임경선 작가처럼 자신이 배제된 경험에 대해 말했다.

"『소수의견』은 나온 지 5년 동안 몇 만 부가 팔렸는데, 처음에는 거의 안 팔리다가 시간이 가면서 점점 많이 팔렸습니다. 출간 한 달 만에 영화 판권 문의가 들어왔거든요. 작품을 읽고 그 안에서 가능성을 봤으니까 연락을 한 거 아니겠어요? 그런데 주류 문예지에서는 다뤄지지 않았어요. 용산 참사나 철거민 특집을 하는데, 매우 간접적이고 우화적인 작품들을 다루면서도 『소수의견』을 언급하지 않더라고요. 신문이나 논문, 시민 단체에서 쓰는 글에는 이 작품의 인용 빈도가 높은데, 문학잡지에서는 거의 인용이 되지 않아요. 저는 저를 소설가로 생각하고 있고, 늘 소설을 쓰는데 문학 종사자들이 가장 마지막에 제 책을 읽는 거죠. 평론가들보다 대중이 먼저 반응하고, 영화 종사자들이 먼저 반응했고."

'주류 문단'은 책을 발견하는 속도가 느렸을 뿐 아니라 직접적으로 관련이 있는 주제를 다룰 때조차 『소수의견』을 피했고, 그것은 손 작가에게 명백한 거부로 보였다.

손아람 작가는 미등단 작가라는 이유로 일간지 칼럼 연재를 거절당한 일화도 들려주었다.

"한 신문기자 분이 술자리에서 '우리 신문에 칼럼을 쓸 생각이 있느냐'고 물으시더라고요. 그래서 '당연하죠.'라고 대답했더니 알겠다고 하시더라고요. 그런데 얼마 뒤에 안 되겠다며 연락이 왔어요. 편집국장이 등단 작가가 아니면 곤란하다고 말했다는 거예요."

손 작가 역시 문학공모전 제도를 고시에 비유했다.

"문학공모전에서 상을 받는 게 소설가가 되는 유일한 길이 된다면, 가능성 있는 작가 지망생들이 시간을 낭비하는 일이 굉장히 많을 거라고 생각해요. 그리고 지금 이미 그러고 있고요. 고시 폐인처럼. 저는 문학에 그렇게 진지하지 않았고, 등단이 얼마나 대단한지에 대해 감이 없었거든요. 문학상을 받지 않아도 저 혼자서 인정을 받을 수 있을 거라는 순진한 희망도 있었고. 저도 만약 어릴 때부터 문학청년이고 작가를 꿈꿨다, 그랬다면 그런 '공모전 고시'에 응시했을 것 같아요. 그런데 한 5년 하다가 안 되면 그만뒀을 거예요. 그럼 『소수의견』 같은 건 못 쓰는 거죠. 『디 마이너스』 때는 진짜 고민 많이 했어요. 지금이라도 공모전으로 책 한 권 내야 하는 거 아닌가."

손 작가가 신문 칼럼 연재를 거부당했다는 에피소드를 들었을 때 나는 "다른 이유로 칼럼 필자 목록에서 제외됐는데, 담당 기자가 진짜 이유를 털어놓기 곤란했던 것 아닐까요?"라고 물어보았다.

"사실은 그 국장이 손 작가님 정치 성향을 싫어했다든가, 기자가 지면 상황을 제대로 알아보지도 않고 중간에 혼자 설레발을 쳤다든가 하는 게 원인이었을 수도 있지 않을까요?"

"그랬을 수도 있죠. 저로서는 알 수 없고요."

손 작가가 쓴웃음을 지으며 대답했다.

어떨까. 종합일간지 편집국장이 외부 기고자를 섭외할 때 등단 여부를 따질까? 각종 문화 예술 사업 지원 기관들은 작가 레지던스 입주자를 정할 때 등단 여부를 심각하게 고려할까? 주류 문예지들은 미등단 작가의 소설에 대해서는 평하기를 꺼리나?

이런 식의 배제는, 실제로 일어난다고 해도 그걸 피해 당사자가 입증하기는 매우 힘들다. 칼럼니스트를 섭외하거나 레지던스 입주 대상자를 선정하거나 논평할 작품을 고르는 논의에는 어쩔 수 없이 심사자의 주관이 섞이기 마련이다. 또 심사자들이 허심탄회하게 의견을 나누려면 논의 내용을 외부에 공개하지 않아야 한다.

설사 주관자들이 그 기준과 과정을 공개한다 해도 해결될 문제는 아니다. 어떤 자격에 대한 공감대가 심사자들에게 있다면, '진짜 이유'는 한마디도 입에 올리지 않은 채 그 자격을 갖추지 못한 특정인을 배제하는 것은 식은 죽 먹기다.(외모가 마음에 안 드는 이성을 거절할 때 다른 이유를 둘러댄 경험이 다들 있지 않나?)

이렇게 아무런 증거가 없다 보니 이런 배제를 경험했다고 주장하는 사람들은 종종 피해 의식이 지나친 것 아니냐는 반박을 듣는다. 그렇다고 제각각 수준이 다른 작가나 작품을 단순히 더하고 나눠서 '미등단 작가가 레지던스 입주자가 될 확률이 등단 작가에 비해 떨어진다'는 식으로 주장할 수도 없는 노릇이다. 애초에 어느 정도 이름을 얻은 미등단 작가의 수 자체도 별로 많지 않다.

혹시 미등단 작가와 등단 작가를 모두 경험해 본 사람이 있다면 어떻게 생각할까? 문학공모전에서 상을 받기 전과 후에 작가로서 받은 대우가 확연히 달라졌다고 할까?

정세랑 작가는 『이만큼 가까이』로 7회 창비장편소설상을 받았는데, 그 전에도 장편소설 『덧니가 보고 싶어』(난다)와 『지구에서 한아뿐』(네오픽션)을 낸 경력이 있다. 《문예중앙》과 《판타스틱》 등의 문학잡지에 단편소설을 기고하기도 했다. 그는 소설 단행본을 두 권 낸 상태에서도 문학공모전에 여러 차례 도전했는데, 응모 원고가 최종심까지 올라가서 낙선한 적이 무려 아홉 번이었다.(그 상들의 상금을 다 합하면 2억 5000만 원이라고 한다.)

유명 출판사에서 주는 문학상을 받은 뒤로 달라진 게 있느냐고 묻자 정 작가는 예상치 못한 얘기를 들려줬다. 다름 아닌 호칭 문제였다.

"잡지에 글을 실으면 이름 옆에 괄호를 치고 시인이라든가 소설가라든가 하고 직함을 적잖아요. 창비장편소설상을 받기 전에 있었던 일인데, 등단 작가들하고 나란히 원고를 게재했는데 다른 사람은 다 '소설가'라고 쓰는데 저는 '작가'라고 적더라고요. 작가가 비하의 의미가 아닌데, 당하는 입장에서는 왜 나만 표기가 '작가'라고 돼 있나, 싶죠. '너는 정식 소설가가 아니다'라는 말을 듣는 기분? 2등 시민인 것 같은 느낌도 들고. 이제는 그런 일이 없죠."

앞서 임경선 작가가 토로했던 '정통 문학을 중시하는 인사들이 상대해 주지 않는다.'라거나 '문인들의 집단행동 때 연락이 오지 않는다.'라는 지적이 생각나지 않나?

"그리고 전에는 잡지에 글을 실으면 꼭 담당자가 물어왔어요. 등단 연도는 어떻게 해야 하느냐, 어느 매체로 등단했다고 해야 하느냐. 저는 2010년에 《판타스틱》에 단편소설을 실은 게 데뷔라고 생각했는데, 문단에서는 그걸 쳐 주는 사람도 있고 안 쳐 주는 사람두 있고 반반이더라고요. 그래서 잡지마다 표기가 다르게 나갔어요. 어디에는《판타스틱》으로 등단했다고 나가고, 어디에는《문예중앙》으로 등단했다고 나가고, 미등단이라고 나가는 곳도 있고. 그런데 창비에서 상을 받고 나니까 그 뒤로는 제가 '2010년에《판타스틱》으로 등단했다'고 해도 아무도 거기에 딴죽을 걸지 않아요. 그렇게 짜증 나고 불편한 부분들이 있었어요."

이 에피소드를 다음과 같이 이해해도 될까? 어떤 사람이《판타스틱》이나《문예중앙》에 단편소설을 실으면 등단하는 건지 아닌지는 여전히 정리된 문제가 아니라고. 정리된 것은 정세랑이라는 소설가가 등단 작가인지 아닌지라고. 정 작가는 창비장편소설상을 받았으니 이제 틀림없는 등단 작가이고, 그가 등단 작가인 이상 데뷔가 몇 년도이고 어떤 매체에 글을 쓴 게 처음이었는지는 중요하지 않다고.

미등단 작가를 차별하는가

다음으로 나는 신문의 문학 담당 기자와 책 관련 라디오·TV 프로그램의 일하는 방송작가 등을 만났다. 한국 신간 소설을 대중에 소개하는 위치에 있는 사람들이다. '미등단 작가의 작품은 매체에 잘 소개되지 않는다'는 임경선 작가의 말이 과연 사실인지 확인하기 위해서였다.

몇몇 인터뷰이들은 그렇지 않다고 딱 잘라 대답했다.

KBS 라디오 프로그램 「사랑의 책방」은 매일 방송되는데, 저자를 직접 인터뷰하는 '초대석' 코너와 저자 없이 책만 소개하는 5분짜리 코너가 있다. 대본을 쓰는 박소정 작가는 "두 코너에서 모두 작가의 등단 여부는 고려하지 않는다."며 "신간을 거의 다 살펴보고 얘기해 보고 싶은 책, 우리 눈에 흥미로워 보이는 책을 고른다."라고 말했다. 다만 방송이라는 특성상 제한이 없지는 않다고 한다. 예를 들어 너무 잔인한 내용이 많이 나오는 소설을 소개하기는 어렵다는 것이다.

예스24의 웹진 겸 종이 잡지인《채널예스》의 엄지혜 기자 역시 "우리 매체에서는 미등단 작가라고 불리한 점은 전혀 없다."라고 답했다. 가능하면 신간 위주로 소개하며, 책에 대한 호평이 많고 저자의 인지도나 인기가 높으면 우선순위가 올라간다고 한다.

"작가 프로필을 굳이 보지도 않아요. 작품이 좋으면 합니다. 문학상을 수상했다는 이야기를 들으면 '아, 그렇군, 문단에서도 인정을 받았군.' 하는 정도예요."

엄 기자는 자신이 소개한 한국 소설·소설가 중 등단 작가와 미등단 작가의 비율이 "세어 보지는 않았지만 8대 2쯤 될 것 같다."라고 했다. 미등단 작가의 책 자체가 많지 않아서 결과적으로 그렇게 되었다는 설명이었다.

그러나 위의 두 사람은 예외적인 경우다. 내가 만난 문학 담당 기자와 방송작가 대부분은 "미등단 작가가 불리한 것은 사실"이라고 말했다.

교통방송 「TV책방 북소리」의 장지영 작가는 이렇게 설명했다.

"방송은 출연자가 입증된 사람인지 아닌지가 중요해요. 의사도 전문의가 아니면 인터뷰 요청을 하지 않거든요. 저희 프로그램은 교통방송이 서울시가 운영하는 공영방송국인 데다 저자 한 사람이 1시간 가까이 사회자와 대담을 하는 방식이다 보니 더 특수한 상황이고요. 소설이 아닌 책의 저자인 경우에는 등단 여부를 따지지 않지만, 소설가라면 출판계에서 문학상이나 평론으로 입지를 확인할 수 있는 분을 선정해요. 등단하지 못한 작가를 소개하는 경우는 흔치 않아요. 최근에 인터뷰하거나 작품을 소개한 미등단 소설가도 없었어요."

SBS 라디오 「최영아의 책하고 놀자」를 진행하는 강의모 작가의 의견도 그와 비슷했다.

"등단이다 미등단이다 하는 경계는 두지 않지만 스튜디오로 모신 한국 소설가들은 대부분 등단 작가였어요. 차별하려는 의도가 아니라, 언론이나 대중에게 알려지고 '검증된' 작가 위주로 하다 보니 그런 것 같아요. 어떤 저자를 모시면 좋을까 고민을 많이 하지만 아무래도 검증된 작가를 먼저 찾게 돼요."

신문의 문학 담당 기자들은 국내 소설의 경우 대형 출판사의 책을 더 많이 소개하게 되는 과정에 대해 설명해 주었다. 큰 출판사들은 문학공모전과 문예지라는 신인 작가 발굴 수단을 갖춘 회사들이기도 하다.

"가장 큰 기준이 역시 출판사가 돼요. 신문사 문화부에는 남자 선배들 표현에 따르면 '군대에서 눈 오듯이' 책이 밀려오거든요. 그 책들 보고 빨리 리뷰할 책이나 인터뷰할 저자를 정해야 돼요. 처음에는 저도 야심 차게 정말 출판사에 관계없이 좋은 책들을 다루려고 했죠. 소신 있게 좋은 소설을 소개하거나 작가를 인터뷰하려고 했는데 그게 잘 되지 않더라고요. 한번 읽기 시작하면 그걸 덮고 다른 책으로 넘어갈 시간이 없어요. 그러다 보니까 일단은 문학동네, 창비, 문학과지성사 같은 출판사의 책을 일차적으로 검토하게 돼요. 그 출판사에서 나오는 소설은 거의 다 등단 작가의 책이고요."

한국일보 황수현 기자의 말이다.

일간지는 보통 금요일자나 토요일자에 두 면짜리 서평 섹션을 둔다. 그 지면만 담당하는 팔자 좋은 기자는 없다. 출판·문학 기자들이 평소에 자기가 맡은 업계에서 일상적으로 벌어지는 일들을 취재하면서 — 새로 창간하는 잡지를 설명하는 기자간담회에 가거나, 지자체들의 국립한국문학관 유치전 진행 상황을 알아보거나, 노벨문학상 수상자를 예측하면서 — 그와 별도로 주말에 실을 서평 기사를 위해 책을 읽어야 한다.

당신이 그런 기자고, 내일이 마감일인데, 며칠 동안 붙잡고 있었던 400쪽짜리 소설을 거의 다 읽어 갈 때쯤 그게 신문에 소개할 수준이 안 되는 졸작임을 깨달았다 치자. 어떻게 할 것인가? 그냥 그 소설을 읽어도 될 만한 책인 것처럼 포장하는 기사를 쓸 것인가? 아니면 밤을 새워 다른 작품을 새로 읽을 것인가?

문화부 기자 처지에서는 가장 피하고 싶은 게 바로 그 같은 상황이다. 그리고 그런 위험이 벌어질 가능성이 가장 높은 분야가 바로 한국 작가의 신간 소설이다. 소설이 아닌 책들은 서문과 목차를 보면 대강 윤곽이 잡히고, 해외 소설의 경우에는 번역 출간되는 과정에서 한번 걸러지는 데다 해외 언론의 서평도 참고할 수 있다.

이런 경우에 대부분의 사람은 안전한 선택을 내리게 된다. 대형 출판사의 감식안을 믿는 것이다. 작은 신생 출판사에서 발간한 무명 신인의 소설에 시간을 할애하는 모험을 벌일 기자는 거의 없다.

경향신문 김여란 기자도 비슷한 이야기를 들려주었다.

"문학을 맡고 나서 보니 제가 모르는 작가들이 너무 많더라고요. 나름 제가 문학을 좋아하는 줄 알았는데. 소설은 도입부 50페이지는 재미있었는데 끝까지 읽으면 별로인 것들도 있고요. 처음에는 출판사와 상관없이 좋은 책을 잘 써 보자고 열심히 검토했는데, 대체로 출판사 지명도가 떨어질수록 흥미로운 작품 찾기가 더 어렵다고 느끼긴 해요. 문학동네, 창비, 문학과지성사 같은 곳이 아닌, 잘 모르는 회사에서 나온 소설이 좋다고 생각해서 다룰 때도 '내가 맞게 판단한 걸까' 불안한 마음이 있죠."

내가 내린 결론은 이러하다.

첫째, 미등단 작가는 불이익을 당한다. 그 불이익의 내용은 미묘하다. '미등단 작가는 절대 안 돼.'라는 팻말이 어디에 붙어 있지는 않다. 아마 10년에 한번 나올 탁월한 작품을 쓴다면 등단 여부와 관계없이 주목을 받을 것이고, 문학계의 내부 사다리를 밟을 수 있을 것이다.

그러나 그 정도로 강렬한 인상을 주지 못한다면 불리한 처지에서 작가 경력을 시작하게 된다. '잘 쓰면 될 것 아니냐'고 타박할 일이 아니다. 100미터 달리기를 할 때 당신 혼자 남들보다 1미터 뒤에서 출발해야 한다고 치자. 그런 조건을 '겨우 1퍼센트 불리한 것에 불과하다, 내가 조금 더 빨리 뛰면 된다'라고 여기고 받아들일 사람이 몇이나 될까?

둘째, 그런 불이익은 누군가의 거대한 악의 없이도 발생한다. 문학 권력이라 불리는 출판사 관계자들이 문학 담당 기자나 방송 작가에게 일일이 전화를 걸어 '우리 출판사에서 나온 작가를 소개해 달라, 그러지 않으면 재미없다.'라고 압박하는 것이 아니다.

그 출판사들은 수십 년간 성실하게 자신들의 기준으로 작가를 발굴하고, 그 작가들의 소설을 펴내고, 그 작품들의 성취를 설명하는 비평을 쌓아 왔다. 그 작업의 진정성은 의심할 대상이 아니다. 오히려 이들이 있었기에 한국문학의 어떤 가치와 영역이 그간 버텨 올 수 있었다고 생각한다. 2장에서 언급했던, 1990년대 한국 대중소설의 몰락 과정을 상기해 보자.

그 결과 그런 작업의 일관성과 품질에 대한 믿음이 생겨났다. 방송작가들은 '검증'이라는 단어로 설명했고, 신문기자는 '안심이 된다'는 말로 표현한. 일종의 공신력이라 불러도 좋을 것이다. 그것은 권위가 되고, 그런 권위를 업은 신인과 그러지 못한 신인은 다른 대접을 받는다.

메커니즘 자체는 굉장히 익숙하지 않나? 한국 사회가 명문대 출신과 비명문대 출신을 차별 대우하는 방식과 무척이나 흡사하지 않은가.

'비명문대 출신은 절대 안 돼.'라는 팻말을 노골적으로 입구에 써 붙인 조직은 없다. 비명문대 출신도 능력과 실적이 굉장히 출중하면 인정을 받는다. 입사 시험에 합격하고, 승진하고, 조직의 장이 될 수 있다. 10년에 한번 나올까 말까 한 걸출한 인재라면. 그러나 그렇게 현격한 차이를 보여 주지 못하는 한 비명문대 출신은, 눈에 보이지 않는, 미묘한 배제를 당한다. 그들은 종종 명문대 출신과 같은 출발선에서 시합을 시작하지 못하며, 핸디캡을 져야 한다.

누군가의 악의가 없어도 그런 학벌 차별이 발생할 수 있다. 관문에 있는 사람들이 '다른 부문에서 차이가 두드러지지 않는다면, 아무래도 좋은 대학 나온 지원자가 조금 더 낫겠지.'라는 정도로만 생각해도 배제가 일어난다. '좋은 대학을 졸업했다.'는 말은 종종 '지원자가 검증됐다.'는 뜻으로 받아들여진다. 예외적으로 비명문대 출신을 발탁했을 때 인사권자는 '내가 맞게 판단한 걸까.'라는 불안에 시달린다.

이는 많은 이들이 명문대 졸업생 수준의 '일관성과 품질'에 대해 믿음을 갖고 있기 때문이다. 명문대는 수십 년간 꾸준히 학업 능력이 뛰어난 입학생들을 받았고, 그 학생들은 대체로 비명문대 학생들보다 유리한 여건에서 잘 배웠다. 그들 중 상당수가 실력이 뛰어난 졸업생이 되어 사회로 나갔다. 이 역시 의심의 대상은 아니라고 생각한다. 그렇게 명문대 졸업장은 일종의 품질 인증 마크가 되었다.

이런 환경에서도 어떤 기업이나 공공기관은 "우리는 채용이나 승진에서 절대 학벌 차별을 하지 않는다."라고 주장하는데, 아마 정말 그런 곳도 있을 것이다. 그러나 그런 조직이 몇 있다고 해서 비명문대 출신이 사회에서 당하는 배제와 불이익이 사라지지는 않는다.

여기에서 분명히 밝혀 둔다. '누군가의 거대한 악의가 없어도 부조리가 발생할 수 있다.'라는 말은, '현재 아무도 악의가 없다.'라는 뜻이 결코 아니다. 누군가는 자신이 과거에 어떤 시험을 합격했다는 사실에 자부심을 넘어선 우월 의식을 틀림없이 품고 있다. 과거에 그 시험에 합격하지 못한 사람을 미자격자, 무면허자로 몰아 배제하려는 이들도 존재한다. 다만 그런 흉한 생각을 품은 자들이 싹 사라진다 해도 여전히 이런 구조에서 배제와 불이익을 당하는 사람들은 계속해서 생기리라는 이야기다.

이 구조는 매우 긴 사슬로 이뤄져 있고, 많은 사람들이 거기에 간여한다. 사슬의 끝단에 있는 직접적인 가해자가 뚜렷한 이득도 없이 그런 차별 행위를 저지르는 경우마저 생긴다.

손아람 작가의 소설 『디 마이너스』에는 이런 장면이 있다. 어느 서울대 법대생이 시위를 하다 체포된다. 그는 경찰서에서 취조를 받던 중 형사가 신분을 묻자 학생증을 내민다. 그러자 형사는 학생을 그냥 방면한다. 물론 다른 노동자들은 그렇게 쉽게 풀려나지 못한다.* 명백한 차별이다. 그러나 있을 수 있는 얘기이고, 실제

* 손아람, 『디 마이너스』(자음과모음, 2014), 43쪽.

로 이런 일이 한국 사회 곳곳에서 일어나리라 생각한다.

형사는 왜 그 서울대생을 풀어줬을까? 소설에는 별다른 설명이 없다. 서울대 총장이나, 법대 학장이나 교수나, 서울대 출신 검경 간부들이 형사에게 전화를 걸어 협박이나 회유를 하지 않았음은 분명하다. 형사는 그냥 혼자 자기 판단으로 서울대 법대생을 풀어주었다.

왜? 그게 그 형사에게 무슨 이익이 되기에?

서울대 학생이라면 부모 형제 중에 거물이 있을지도 모른다고 여기고 앞으로 벌어질지도 모르는 귀찮은 일들을 미리 피한 걸까? 서울대 법대생이 검사가 되어 자기를 감옥에 보냈던 형사에게 보복한 이야기가 경찰서에 도시 전설처럼 전해 내려오는 걸까? 앞날이 창창한 청년이 한 번의 실수로 경력을 망치면 안 된다고 동정한 걸까?

설마.

나는 그 답을 형사 자신도 잘 모를 거라고 생각한다.(그리고 당연한 말이지만, 위 문단에서 제기한 가능성 중 하나가 답이라 해도 형사의 행위가 정당화되지는 않는다.)

그는 그저 사슬이 흔들리는 대로 움직였던 것 아닐까.

조지 오웰은 영국 북부 탄광촌을 르포하고는 그곳 광부들이 불평등과 부조리를 순순히 받아들이는 모습을 이렇게 서술했다. 그들은 행동하는 게 아니라 무엇에 따라 처신하는 것이라고. 무수히 많은 힘이 노동자에게 압력을 줘서, 그들은 피동적인 역할만 하게 된다고. 그들은 자신들이 신비로운 권위의 노예임을 알고 있다고.*

　나는 그런 신비로운 권위들이 한국 사회 또한 마찬가지로 지배하고 있다고 본다. 문학 권력은 그런 신비로운 권위 중 하나다. 학벌도 그렇다. 요즘 젊은이들 사이에서는 '대기업 직원'이라는 신분도 그렇다. 그 신비로운 권위를 누리는 사람은 별 근거도 없는 우월감에 빠진다. 그 권위가 없는 사람은 그만큼 열등감과 피해 의식에 사로잡히기 쉽다. 좋은 대학을 나오지 못했다는 사실을 수십 년이 넘도록 부끄러워하며 살기도 한다. 중소기업에 취직했기 때문에 스스로를 인생의 패배자라 여기기도 한다.

　한국 사회에서 당당하게 살려면 그 신비로운 권위가 절대적으로 필요하다. 한국에서 '무시당하지 않고 살려면 젊었을 때 공부해라.'라고 부모가 자식들을 닦달하는 이유도 이거다. 그 신비로운 권위가 있으면 이성에게 매력적으로 보일 뿐 아니라 예비 배우자 집안에서 인정받는 정도까지 달라진다.

　대체로 어떤 시험을 치고 특정 집단의 구성원이 됨으로써 그 신비로운 권위를 얻는다. 그 집단은 주류 문단일 수도 있고, 명문대일 수도 있고, 대기업일 수도 있다. 시험에 합격해서 그 단체에 들어가는 것은 어렵지만 한번 들어가고 나면 쉽게 퇴출되지 않는다는 점도 공통점이다. 그 단체 구성원이 되는 입시에 통과한 적이 있다는 사실이 일종의 자격증처럼 작동한다.

　이 신비로운 권위를 '간판'이라고 부르기도 한다.

---

* 　조지 오웰, 이한중 옮김, 『위건 부두로 가는 길』(한겨레출판, 2010), 67쪽.

간판을 둘러싼 싸움

한국에서 간판과 관련한 투쟁은 매우 치열한 동시에 복잡하다.

기자와 방송작가들을 상대로 최근에 미등단 작가의 책을 소개한 적이 있는지를 취재할 때 거꾸로 이런 질문을 종종 받았다.

"그런데 등단의 기준이 뭐예요? 그냥 책을 출간하면 등단인가요, 아니면 문학상을 받아야 하는 건가요? 신춘문예나 공모전 출신은 아니더라도 문예지에 글을 실으면 등단한 건가요?"

그러면 나는 "저도 잘 모르겠습니다."라고 대답했다.

정세랑 작가가 창비장편소설상을 받기 전에 겪은 일을 보면 문단 안에서도 그에 대한 명확한 기준은 없는 것 같다. 어떤 사람들은 《판타스틱》에 글을 실은 것으로 문단 등록이 되었다고 여겼고, 어떤 사람은 《판타스틱》은 안 되지만 《문예중앙》은 괜찮다고 생각했으며, 어떤 사람은 창비장편소설상 전까지는 완고하게 '미등단' 딱지를 떼지 않았다. 임경선 작가는 소설 단행본을 여러 권 출간했지만 그것과 등단은 별도라고 봤다.

나 역시 1996년 『클론 프로젝트』가 아니라 2011년 『표백』으로 등단했다고 생각한다. '상업 출판사에서 독립 출판물이 아닌 단행본으로 소설책을 낸 작가' 안에 '등단한 소설가'라는 소분류가 있으며, 그 범주에 들어가려면 어떤 공인이 필요하다고 암묵적으로 받아들이는 셈이다.

그런데 그 공인의 주체나 절차가 모호하다. 황금가지의 황금드래곤문학상이나 인터파크의 K-오서 어워즈 수상자들은 등단 작가인 걸까? '《판타스틱》은 안 되고《문예중앙》은 된다.'는 기준을 제대로 설명할 수 있는 사람이 있을까? 같은 문학동네에서 발행하는 잡지 중에서도 계간《문학동네》에 단편소설을 게재하면 등단이고, 격월간《미스테리아》에 실으면 등단이 아닌 걸까?

2회 과학기술창작문예 공모전 당선자이자 1회 문학동네젊은작가상 수상자이고, 계간《문학동네》와《창작과비평》등의 문예지에 작품을 발표한 배명훈 작가는 어떻게 생각할까?

내가 묻자 그는 "스스로 등단 작가라고 생각하지는 않는 것 같다."라고 대답했다.

"출판사들을 대할 때 문단을 상대한다는 생각을 별로 안 하고 있어요. 문예지도 기본적으로 그냥 잡지로 생각해서 글을 발표하고, 특히 문단의 '평가' 부분은 기대를 안 하거든요. 문단 쪽에서도 마찬가지 방식으로 저를 대하는 것 같기도 하고요. 발을 걸치고 있는 건 맞지만."

반대로 1회 멀티문학상 당선자이자 2회 문학동네젊은작가상 수상자이고,《한국문학》과《현대문학》등의 문예지에 작품을 발표한 김이환 작가는 자신을 등단 작가로 여긴다고 답변했다.

"일단은 그렇게 생각합니다. 누가 등단했느냐고 물어보면 그렇다고 대답하는 편이고,《문학동네》에 단편을 실으면서 등단했다고 답하곤 합니다. 그 전에 장편소설을 다섯 권 냈지만, 그걸로 등단했다고 하진 않았어요. 그냥 책을 냈다고 생각했고요.《문학동네》에 글을 실은 이후로 저에게 들어오는 일이 달라지고, 일 자체가 많아졌어요. 다른 문예지에서도 청탁이 왔고, 문단문학 평론가들도 제 글을 언급하기 시작했어요. '문단'에서 청탁하는 작가의 목록이 정해져 있고 제가 그 리스트에 들어갔다는 인상을 받았습니다."

김이환 작가는 "저는 '문단 안에서 일이 주어지는 것'을 등단이라고 생각한 것 같다."라고 말했다. 그는 "한국의 문단문학 출판사들이 자신의 권위와 원고료를 나눠 줄 작가를 아무나 선택할 순 없다고 판단한 다음, 일정 수준 이상의 작가를 선택하는 기준선 같은 것을 만들었고, 되도록 그 안에서 작가를 선택하고 있다는 느낌을 받는다."라고 덧붙였다.

다른 분야에서도 간판의 가치를 놓고 치열한 싸움이 벌어지기는 마찬가지다. 예를 들어 '등단 작가'라는 말에 비하면 '명문대 출신'이라는 간판은 보다 명쾌히 정리될 것 같지만 별로 그렇지도 않다.

어디까지가 명문대일까? '이화여대는 명문대인가'라는 질문을 던지면 욕설과 악플이 수백 개쯤 달릴 온라인 커뮤니티들이 많다. 그보다 파괴력은 약하겠지만 이화여대 자리에 한양대나 중앙대를 넣어도 비슷한 일이 일어날 게다.

지방거점국립대학의 의대는 명문대 대접을 받아야 하나? 미국 유학파는? 지방대 학부를 졸업한 다음 서울 유명 대학의 대학원으로 진학한 경우는? 로스쿨은?

명문대의 지방 캠퍼스는 어떨까? 본교와 분교 재학생들 사이의 갈등은 수십 년째 현재진행형이며, 해결될 기미가 없다. 이 논란에 관한 글을 인터넷에서 검색해 보면 당사자들이 사용하는 살벌한 언어를 쉽게 발견할 수 있다. 학벌 세탁, 기생수, 분교충, 역차별, 카스트, 육두품, 순혈주의, 눈칫밥, 서자와 같은 말들이다.

편입이나 중퇴는 어떻게 봐야 할까? 우습게도 한국 사회에서 일반적으로 초점을 두는 것은 졸업 여부가 아니라 대학 입학 당시의 성적이다. 박완서, 이문열, 박원순 등 서울대 중퇴자들을 서울대 출신이라고 표현할 때 거부감을 느끼는 사람은 많지 않은 것 같다. 반면 편입생들에게는 '편입충'이라는 멸칭이 붙는다.*

경영대학원, 산업대학원, 행정대학원, 최고지도자 과정, 해외 대학의 원격 과정은 어떨까? 한국에서 어느 대학의 학부가 아니라 최고경영자 과정을 마친 사람이 그 대학 동문인 것처럼 행세한다는 사실을 알게 됐을 때 대다수 대중의 반응은 '사기꾼'이라는 것이리라. 하지만 그런 사람들은 분명히 존재한다. 여의도 같은 곳에서는 그런 직함이 찍힌 명함을 아주 많이 받을 수 있다.

한편으로는 대학 측이 그런 교육 과정을 두는 이유 자체도 그리 순수해 보이지 않는다. 명문대라는 간판을 둘러싼 수요와 공급이 맞아 떨어졌다고 하면 지나친 냉소일까. 이 대목에서 '일부 부실 문예지들이 작가 지망생으로부터 돈을 받고 작품을 실어 등단을 시켜 준다.'라는 꾸준한 고발을 떠올리면 과도한 비약인가.**

우리는 간판으로 인한 이런 차별 문제를 불편해하고, 구체적

---

* 「분에 겨운 乙, 또다른 乙에게 '甲처럼' 앙갚음」, 《한국일보》 2015. 3. 21.
** 「월간 '현대시' 시단 부패상 고발……"등단하려면 입회비부터"」, 《동아일보》 2001. 7. 24.

으로 말하지 않는다. '등단의 기준은 어디까지인가, 어느 대학의 어느 과정을 마치면 명문대생이라 볼 수 있나,'라는 질문을 공론장에서 진지하게 던지고 사회적 합의를 시도하는 사람은 없다. 그런 질문 자체가 잘못되었다는 것을 모두가 안다. '사람을 간판으로 판단해서는 안 된다.'라는 정답이 이미 있다.

그러나 그 정답을 따르는 이는 많지 않다. 한국인 절대 다수는, 마음속으로는 간판에 휘둘린다고 나는 본다. 우리 대부분은 그 간판들의 위상 변화에 극히 예민하다. 자신이 달고 있는 간판의 가치가 어느 정도나 나가는지에 신경 쓴다. 다들 그렇게 음흉해지고 위선자가 되어 가는 듯하다.

경계 지대는 인정 투쟁이 가장 치열하게 벌어지는 곳이 된다. 명확한 기준이 없으니 그 지대에 놓인 사람들로서는 그 기준이 자신에게 유리하게 해석되도록 필사적으로 애쓴다. 어떤 기준을 적용해도 평판에 손해 볼 일이 없는 사람(핵심에 있건 아니면 완전히 경계 밖에 있건)만이 그런 논쟁에 무관심할 수 있다.

요즘 젊은이들은 한국 사회에 시험을 통해 획득하는 간판이 존재하며, 그 간판이 곧 신분이 되고, 그로 인해 계급이 만들어진다는 사실을 아주 자연스럽게 체득하는 듯하다. 인터넷에서 '대학 순위', '직업 서열' 등의 검색어를 치면 다양한 도표들을 볼 수 있다. 누리꾼들은 그런 계급 구조를 카스트나 골품제에 빗대기도 한다.

표 7.1 인터넷 익명 게시판에 돌아다니는 각종 '간판 서열표'

	문과 직업	대학	대학생
↑ 상위 '계급'	판사, 검사, 금융위·공정위·국세청, 외국계 투자은행, 대형 로펌 변호사……	서울대, 연세대, 고려대	정시합격생, 수시합격생, 재수 정시합격생
	한국은행·금융감독원, 상위권 외국계 회사, 감정평가사, 대형 증권사……	서강대, 성균관대, 한양대	삼수 정시합격생, 장수 정시합격생, 재수 수시합격생
	인천국제공항·마사회, 명문대 교직원, 대기업 핵심 부서……	중앙대, 경희대, 한국외대, 서울시립대	외국인 교환학생, 특별전형
	공단 및 협회, 대기업 직원, 중견 기업 핵심 부서……	건국대, 동국대, 홍익대	편입생, 군인전형, 농어촌전형, 민주화 유공자 자녀 특별전형
하위 '계급' ↓		⋮	

이들 도표는 지나치게 상세하고, 동시에 꽤나 허황된 경우가 많다. 일종의 판타지다. 또한 하나의 세계관이다. 한국인의 의식 속에 이런 판타지 같은 세계관이 들어 있다. 여기에서 의미심장한 시사점을 하나 얻을 수 있다.

겉으로 드러난 간판들을 없앤다고 해서 그 배후에 있는 세계관이 사라지지는 않으리라는 것이다. 학벌 구조의 정점에 서울대가 있으니 서울대를 없애자는 주장은 안이하다. 서울대를 없애면 그 자리를 연세대나 고려대가 차지할 뿐이다. 모든 국·공립대를, 또는 사립대까지 포함한 모든 대학을 통합한다고 서열 구조의 세계관이 바뀌지도 않을 것이다. 사람들은 작은 표지를 찾아내어 끝내 그것을 새로운 간판으로 삼을 것이다.

　나는 제일 윗줄의 간판을 없애거나 모든 간판의 문구를 똑같이 하자는 아이디어들이 다 좀 바보스러운 발상이라고 생각한다. 실행 비용은 엄청나게 들지만 효과는 거의 없을 것이다. 이 문제에는 다른 식으로 접근해야 한다.

7.5

문예지 편집위원의
옆자리

지면과 홍보 효과

문학 권력, 또는 문단 권력은 존재하는가? 문학공모전과 등단 제도는 이 권력을 지지하는 큰 도구인가? 나는 그렇다고 생각하며, 그 권력의 실체는 '좋은 간판을 부여하는 권위'라고 본다.

공모전을 통과하면 간판을 걸 수 있게 된다. 뒷골목에서 이 간판을 미끼로 작가 지망생을 유혹하거나 괴롭히는 범죄자들도 있다. 그러나 그 범죄 행위가 곧 문학 권력인 것은 아니며, 모든 문단 권력이 그런 짓을 저지르는 것도 아니다. 학벌주의 때문에 입시 브로커가 생겨나지만, 입시 브로커가 학벌주의 그 자체는 아닌 것이나 마찬가지다.

현재 남들이 선망하는 간판을 부여하는 기관은 몇몇 문학 출판사들이다. 이들은 자신들을 취향 공동체로 간주한다. 비슷한 '문단문학적' 가치를 추구하는 문인들이 동인을 이루고, 자신들의 가치에 맞는 신인을 발굴하며 알리는 행위를 한다고 주장한다. 그 비평 행위는 매우 치열하게, 공정하게 이뤄진다고 강조한다.

반면 상당수 작가 지망생과 독자들은 이들을 취향 공동체가 아니라 일종의 인증 기관으로 바라본다. 여기에서 괴리가 발생한다. '이 작품도 충분히 훌륭한데 너희는 왜 인정하지 않느냐'는 목소리가 터져 나온다.

'내가 보기에는 별로 재미없는데……'라는 취향 공동체 구성원다운 변명은 종종 오만하다거나 시야가 좁다는 반발을 산다. 게다가 이 취향 공동체는 자기들끼리 매우 끈끈하고 서로 미운 정 고운 정이 많은 집단인 것 같다. 그래서 내부자의 잘못을 강하게 비판하지 못하는 등 뻔하고 한심한 잘못을 저지른다.

어떤 비판자들은 여기에서 더 나아가 '문학 권력 출판사와 언론, 그리고 그들과 특수 관계인 작가와 평론가로 구성된 카르텔이 자기 마음에 드는 사람을 띄우고, 자신에게 맞서는 문인들을 배제한다.'라고 비판한다. '조폭' 같은 단어도 동원한다. 많은 사람들이 이런 이야기를 들으며 영화 「내부자들」에 나오는 장면들을 떠올린다.

나는 그런 주장까지는 동의하지 않는다. 그 분석이 옳다면 더 중요한 질문을 던져야 한다고 생각한다. '어떻게 그런 일이 가능한가?'라는 것이다.

어떤 사람들은 그게 문예지라는 특수한 매체 때문이라고 주장한다. 판이 워낙 작고, 신인 작가가 글을 쓸 수 있는 기회는 문예지뿐인 데다 그 잡지가 비평 작업도 함께 하다 보니 그 매체를 운영하는 출판사의 권력이 작가들에게 미치는 영향력이 크다는 내용이다.

처음 문학 권력, 문단 권력에 대해 취재하겠다고 마음먹었을 때, 나는 어떤 현장을 르포해야 그 권력의 모습을 보여 줄 수 있을지 고민했다. 그때 한 문인이 주요 문학 출판사의 술자리에 가 보라고 조언해 주었다.

"작가 지망생들은 문단 권력자들이 누구를 띄워 줄지, 배제할지 자기들끼리 정한다고 의심하잖아요. 그런데 문학공모전 심사는 블라인드 테스트로 하니까 그런 게 가능하지도 않고, 또 작가 지망생이 그런 음모의 대상이 될 정도로 중요한 존재도 아니에요. 그런 일이 일어난다면 갓 등단한 신인들을 상대로 벌어지는 것 같아요. 등단은 했는데, 글을 발표할 지면이 없는 분들이요. 이 사람들이 지면을 얻으려면 문예지 편집위원들을 만나서 어떻게든 자기를 어필해야 해요."

"그렇군요."

내가 고개를 끄덕거렸다. 나도 등단 뒤 한동안 그런 '문단 미아'였다. 나는 공모전 재도전을 돌파구로 삼았다.

"편집위원들도 난감한 처지죠. 지면은 한정돼 있으니 누군가를 발탁하면 자연스럽게 다른 누군가는 배제되잖아요. 그런 상황에서 굉장히 눈에 띄는 신인은 사실 별로 없거든요. 특별히 못하는 사람도 없고. 등단한 사람들은 다들 어느 정도 쓰긴 하잖아요. 그러면 거기서 '아, 그 선수 저번 술자리에서 만났었지. 이야기 재미있게 하던데, 작품은 어떻게 쓸지 궁금한데.' 이런 식으로 청탁을 주게 되는 거죠. 그러니까 편집위원들을 만나려고 다들 기를 쓰고 주요 문예지를 운영하는 출판사 송년회 같은 데 가려고 해요. 얼굴 익히려고. 사실 그렇게 청탁을 받아서 원고를 보냈는데 그 작품이 별로 안 좋으면 오히려 더 망하게 되죠. 청탁을 준 편집위원 보기에는 '아, 얘는 그냥 술자리에서만 말을 잘하는 애구나, 술자리만 찾아다니는 애구나.' 하고 여기게 되니까요. 그래도 신인들 입장에서는 어떻게든 기회를 한번 얻고 싶은 거죠."

상대가 설명했다.

"그런 술자리에 젊은 작가들이 많이들 오나요? 초청을 못 받아도?"

"많이 와요. 그 문예지에 한 번이라도 필자로 참여했던 사람은 당연히 오고, 초청 못 받았는데 오는 사람도 많아요. 시간이 으슥해지면 술 마시던 사람이 자기 친구한테 '야, 너 어디 있냐, 이리 와라.' 이렇게 연락하기도 하고."

"그런 술자리에 가면 뭘 합니까? 막 자리 돌아다니면서 편집위원들한테 인사하고 그러나요?"

"편집위원들 옆자리를 관찰해 보세요. 그 사람 옆자리에 앉은 사람이 화장실에 가거나 담배 피우러 자리에서 일어나면 다른 사람이 얼른 그 자리에 앉는 걸 볼 수 있을 거예요. 그 의자가 비기만을 기다리고 있었던 거죠."

나는 2015년 12월에 열린 문학동네 통합시상식 겸 송년회에서 그 모습을 살펴보기로 마음먹었다. 그해에 문학동네는 문학동네소설상, 문학동네작가상, 문학동네신인상, 문학동네 대학소설상 등 네 종류의 공모전을 운영했는데, 시상식은 하루에 몰아서 했다. 문학동네신인상은 시와 소설, 평론 부문에서 각각 당선자를 뽑기 때문에 모두 여섯 명이 이날 상패를 받았다.

행사는 지하철 홍대입구역 바로 옆에 있는 카페 꼼마 2호점에서 열렸다. 카페 꼼마는 문학동네에서 운영하는 북카페인데, 이 매장은 지금은 문을 닫았다.

행사장에 온 사람은 300명쯤 되어 보였다. 당선자와 그 친지들, 문학동네 편집위원과 임직원들, 이전 당선자들, 문학동네와 인연이 있는 소설가나 시인, 평론가들, 그리고 언론사의 문학 담당 기자들도 왔다. 손님 수는 예년과 비슷한 정도라고 했다.

시상식 자체는 한 시간 정도 걸렸다. 먼저 문학동네의 1년을 담은 영상을 보고, 새로 취임한 염현숙 대표가 각오와 다짐을 밝히는 인사를 했다. 당선자들은 순서대로 단상에 올랐다. 물러나는 계간《문학동네》1기 편집위원들이 소회를, 새로 활동하게 된 2기 편집위원이 포부를 밝혔다. 은희경 소설가가 축사를, 불문학자 김화영 교수가 건배사를 했다. 그런 다음 수상자들이 함께 사진을 찍고, 케이터링 업체가 준비한 음식을 뷔페식으로 먹었다.

나는 그런 술자리에는 영 적응을 못하는 편이라, 한참 두리번거리다 그나마 아는 얼굴이 있는 테이블에 앉았다. 문학동네 국내문학팀 편집자와 젊은 소설가들이 함께 앉은 자리였다.

분위기가 아직 무르익지 않아서인지, 편집위원에게 눈도장을 찍으러 돌아다니는 신인은 아직 보이지 않았다. 나를 포함한 우리 테이블의 신인들은 수줍음을 많이 타는 내성적인 사람들이었다. 누군가가 화장실을 간다거나 담배를 피우러 나간다거나 해서 연배 많은 소설가나 평론가들이 앉은 방향으로 자리가 비면 오히려 불안해했다. 우리는 눈에 띄는 것을 바라지 않았다. 눈이 마주치는 것을 두려워하고 있었다. 실내 조명이 몇 단계 어두워졌을 때 우리 테이블에서는 너 나 할 것 없이 모든 사람의 입에서 안도의 한숨이 나왔다.

우리 테이블에서는 문학과 관련한 얘기는 하나도 나오지 않았다. 대신 이런 이야기를 했다. 키우는 고양이가 보고 싶다, 헬로 키티는 과연 고양이인가 아닌가, 그중 한 사람이 쓰고 있던 대구 사투리는 진짜 대구 사투리인가 아닌가. 딱 한 번 내가 "재미있는 문학계 뒷담화 없어요?"라고 물었더니 사람들이 눈을 초롱초롱 빛내며 내게 아는 거 뭐 없느냐고, 잘 아시지 않느냐고 되물었다.

나는 할 말이 궁해져 다른 화제를 찾다가 그즈음 개봉한 「스타워즈: 깨어난 포스」로 말을 돌렸다. 그리고 그 자리에 스타워즈를 단 한 편이라도 본 사람이 나밖에 없다는 사실을 알게 되었다. 누군가 내게 '스타워즈는 왜 4편이 1편보다 먼저 나온 것이냐'를 물었다. 지금 생각해 보니 그냥 예의를 차리기 위한 질문이었다. 내가 스타워즈의 역사와, 디즈니와 스타워즈 열혈 팬덤의 갈등 관계에 대해 장광설을 늘어놓는 동안 사람들은 다 자리에서 일어나 다른 테이블로 가 버렸다.

나는 술잔을 들고 어슬렁거리다 이번에는 평론가들이 앉은 테이블에 갔다. 거기에는《문학동네》2기 편집위원인 평론가가 있었다. 여기는 수다 삼매경이었는데, 화제는 한 평론가가 예전에 연극배우로 무대에 올랐을 때의 일이었다.《문학동네》2기 편집위원은 대화의 중심도 아니었고 그에게 인사하려고 찾아오는 젊은 작가도 아직까지 없었다. 오히려 편집위원이 컵에 물을 채우러 잠시 자리를 비운 사이 다른 사람이 냉큼 그 의자에 앉아 버렸다. 물컵을 들고 온 편집위원은 자기 자리가 사라진 걸 보고 머뭇거리다가 다른 테이블로 갔다.

자정이 넘었을 때 1차가 끝났다. 누군가 마이크를 잡고 안내방송을 했는데, '시상식은 이걸로 마치며 2차는 따로 하지 않는다'는 내용이었던 듯했다. "진짜 2차를 안 한다고?"라고 웅성거리는 사람들이 있었고, "안 하긴 뭘 안 해, 우리가 장소 잡으면 되지!"라며 일어서는 이들도 있었다.

2차 술자리는 카페 꼼마 2호점 인근의 '소세지하우스'라는 평범한 호프에서 시작했다. 시상식장에서는 못 봤던 젊은 문인들이 새벽 1시가 넘어서 속속 들어왔다. 나중에는 50명가량이 거의 호프집을 점령하다시피 술을 마셨다.《문학동네》편집위원은 그 자리에 오지 않았다. 그러나《창비》,《악스트》,《21세기 문학》,《자음과모음》등 다른 문예지 편집위원들은 있었다. 그 편집위원들에게 인사하는 젊은 작가는 여전히 보이지 않았다. 편집위원들이 있는 테이블에서 오가는 대화도 이런 것이었다.

"그 남자애들이 갑자기 거기서 저희 손을 잡는 거예요. 같이

가자면서. 그랬더니 제 친구가 걔네한테 바로 죽빵을⋯⋯."

"아니, 그땐 형이 잘못했지. 그게 무슨 질문이야? 내가 듣기엔 질문이 아니라 퀴즈였어. 너 이거 아나 모르나 보는⋯⋯."

"야, 지금 웹툰 시장이 얼마나 크냐 하면 「마음의 소리」 조석 이⋯⋯."

결국 나는 편집위원 눈에 띄기 위해 분투하는 젊은 작가의 모습을 그날 밤 보지 못했다. 나중에 이 일화를 들려줬더니 어떤 사람들은 그건 문학동네의 사례이지 다른 출판사는 다르다든가, 문학 권력 논란이 터지고 편집위원이 교체된 해라 문학동네가 특별히 몸조심을 했을 거라고 말했다. 반대로 애초에 내가 들은 제보에 대해 '요즘 누가 그렇게 술을 마시냐, 문단 술자리 자체가 거의 사라졌다'며 웃는 사람도 있었다. 소설가가 아니라 옛날 시인들 이야기인 것 같다고 말하는 문인도 있었다.

내 느낌에 자정이 넘어 소세지하우스에 온 젊은 작가들은 문예지 편집위원에게 눈도장을 찍거나 문단의 내밀한 정보를 얻기 위해 온 게 아니었다. 공짜 술을 마시려고 온 것도 아니었고. 소시지 안주와 국산 생맥주를 먹고 마시려고 새벽 1시에 택시를 타고 홍대에 오는 사람도 있나.

그들은 그저 동업자들과 술을 마시고 싶어 온 것 같았다. "무슨 일 하세요?"나 "앞으로 어쩔 거니?"라는 질문을 받지 않고 동료들과 부대끼는 기분을 맛보고 싶어서.

문학 출판사들이 자사 출신 작가를 띄우는 방법으로 문예지를 사용한다는 비판은 어떨까.

손아람 소설가는 2015년에 계간 문학동네가 주최한 좌담에서 '지난 1, 2년간 대형 문예지에 원고를 싣거나 비평을 받은 소설가를 찾아봤더니 대부분 그 출판사에서 운영하는 공모전에 당선됐거나, 그 출판사에서 책을 냈거나, 아니면 그 출판사에서 책을 낼 예정인 사람들이더라'라고 주장했다. 《창작과비평》에서 다룬 작가 20명 중에서는 16명, 《문학동네》에서 다룬 작가 30명 중에서는 28명이 그렇더라고 했다.*

카이스트 문화기술대학원에서도 비슷한 연구를 했다. 《창작과비평》, 《문학동네》, 《문학과사회》에 실린 시, 소설, 평론의 저자들을 분석했더니 자기네 출판사로 등단한 저자들을 밀어주는 경향이 있더라는 것이다. 연구진은 1994년부터 2014년까지 이들 문예지에 실린 글 1만 1037편의 저자 1565명을 분석했다.**

나는 이런 분석들이 좀 이상하다고 생각한다. 대조군이 없는 집계 결과가 무슨 의미를 가지는지 알 수 없어서다.

차를 가진 현대·기아자동차 직원 10명 중 7명이 현대·기아차를 몰더라는 조사 결과는 무엇을 말할까? 이 수치는 한국 자동차시장에서 현대·기아차의 시장 점유율을 알아야만 의미가 있다. 현대·기아차의 한국 시장 점유율이 80퍼센트일 때 이 회사 직원 10명 중 7명이 현대·기아차를 몬다면 이 회사 직원들은 오히려 다른 한국인

* 「특집-좌담: 한국 문단의 구조를 다시 생각한다」, 《문학동네》 2015. 가을, 111쪽.
** 전봉관 이원재 김병준, 「문예지를 매개로 한 한국 소설가들의 사회적 지형: 1994~2014」.

보다 이 브랜드 자동차를 덜 타는 셈이 된다.

마찬가지로《창작과비평》에 실린 작가 20명 중 16명이 출판사 창비와 관련이 있다는 식의 조사 결과는, 그 자체로는 의미가 없다. 다른 출판사에서 발간하는 매체에는 그 작가들의 이름이 그와는 현저히 다른 빈도로 언급될 때 비로소 뭔가 말할 거리가 생긴다.

내 책장에 꽂힌 다른 문예지들을 슬쩍 훑어보면, 실천문학사에서 내는《실천문학》2015년 봄호가 다룬 8명 중 창비나 문학동네에서 책을 냈거나 출간 계약이 된 사람은 각각 6명이다. 한국문학사의《한국문학》2015년 겨울호에서는 소설가 9명의 단편소설이 실리거나 평론으로 이들 작품을 다뤘는데, 그 9명 중 6명이 창비에서 책을 냈고, 문학동네에서는 전원이 책을 냈다. 민음사에서 낸《세계의문학》2015년 가을호에는 제39회 '오늘의 작가상' 후보작 10편에 대한 리뷰가 실렸다. 독자들의 인터넷 투표를 거쳐 선정된 작품의 저자는 10명인데, 그중 9명이 문학동네에서 책을 냈고, 창비에서 책을 냈거나 낼 사람은 6명이었다.

이런 결과를 두고 '문학 권력 출판사들이 문학계에 영향을 미치는 힘이 그만큼 크다', 혹은 '괜찮은 작가를 싹쓸이했다'라고 주장할 이도 있을지 모르겠다. 이것은 기존 논리가 무너지자 얼른 새 카드를 꺼내는 식의 논점 이탈이다.

나는 다른 각도에서 질문을 던지고 싶다. '문학 출판사와 평론가들이 문예지를 사용해 상업적으로, 또는 인간적으로 친한 작가들을 띄우는 일'이 어떻게 가능할까? 문예지의 영향력이 그토록 크다면, 그 영향력은 어떻게 만들어지는 걸까? 문예지가 거대기업들의 강력한 홍보와 마케팅 수단이라 부를 만한 매체인가? 판매 부수도 얼마 안 되는데. 아니면 한국 소설 독자들이 문예지의 선택과 추천을 그대로 따를 정도로 그렇게 어리석거나 고분고분하단 말인가? 내가 느끼기에 한국 소설 독자는 오히려 그 반대다. 아이러니한 이야기지만, 많은 독자들이 이 영토를 떠나면서 남은 사람들은 오히려 정예화했다.

2016년 기준 창비의 매출액은 232억 원이고 문학동네는 219억 원이다. 문학과지성사는 연 매출이 40억 원 수준인 것으로 알려져 있다. 중소기업 중에서도 작은 규모다. 같은 해 대한항공과 아시아나가 비행기 안에서 판 면세품 매출만 각각 1000억 원이 넘는다.

영화 독과점 논란에 휩싸이는 CJ E&M은 그해 매출액이 1조 5384억 원이었다. 하지만 그런 대기업의 마케팅 예산으로도 「군함도」와 「리얼」 같은 영화에 대한 관객 반응은 바꿀 수 없었다. 그런데 문학계에서는 훨씬 더 적은 돈으로 그게 가능하다는 말인가?

그런 식은 아니라고 생각한다. 역설적이지만 나는 사람들이 한국 소설을 읽지 않기 때문에 오히려 문예지의 영향력이 커진다고 생각한다. 그 이야기를 8장에서 해 보자. 문예지를 둘러싼 또 다른 문제점은 9장에서 다루도록 하겠다.

8

정보, 또는 당신이
간판에 맞서는 방법

간판이 중요한 이유

간판은 왜 중요할까? 어느 때 간판이 가장 중요한가?

가게 안에 들어가서 내용물을 확인할 수 없을 때다. 그럴 때 우리는 간판을 큰 기준으로 삼는 수밖에 없다.

책은 특성상 내용물의 질을 확인하기 어려운 상품이다. 오죽하면 "표지만 보고 책을 판단하지 말라."(Don't judge a book by its cover.) 라는 영어 속담이 있겠는가. 화려한 장정에 으리으리한 추천사가 달린 책이 시시하기 이를 데 없을 수도 있고, 표지 디자인이 너무나 촌스러워 오래도록 손이 가지 않았던 서적이 막상 펼쳐 보니 대단한 작품일 수도 있다.

그중에서도 소설은 더 그렇다. 7장에서 황수현 기자와 김여란 기자가 토론했던 어려움을 떠올려 보자. 인문서라면 서문으로, 경영서라면 목차로 대강의 내용과 수준을 가늠할 수 있다. 교양서적이라면 중간의 한 장을 골라 살펴볼 수도 있겠고, 학술 도서라면 해제를 읽어 볼 수도 있겠다. 그러나 소설은 그럴 수 없다. 멋진 프롤로그가 그 뒤를 보장하지는 않는다. 중간의 한 장이나 작품 해설을 읽다간 반전을 알아 버리게 될 수도 있다.

그나마 외국 소설과 나온 지 오래된 구간은 참고할 만한 과거 독자들의 추천이나 서평이 있다. 신간이라도 이름난 작가의 신작이라면 좀 낫다. 과거에 냈던 작품들이 기대의 근거가 된다.

신인 작가가 쓴 신간 한국 소설은 그야말로 미지의 세계다. 새로 가게가 문을 열었는데, 일단 값을 치른 다음에야 그 가치를 알 수 있는 셈이다. 경제학에서는 이런 상품을 경험재(經驗財)라고 부른다. 막 개봉한 영화, 새로 생긴 레스토랑의 음식 역시 경험재다. 경험재 시장에서 소비자들은 보수적인 선택을 하는 경향이 있다. 일부 얼리어답터족(族)을 제외하고는, 잘 모르는 물건 앞에서는 지갑을 닫아 두는 게 인간 본성이다.

경험재를 판매하는 사람들은 그 지갑을 열기 위해 여러 수단을 동원하는데, 본질은 '좋은 간판을 다는 것'이라고 요약할 수 있다.

예를 들어 간판에 유명인이 추천했다는 문구를 새기는 방법이 있다. 연예인이 등장하는 광고 대부분이 여기에 해당한다. 한국 영화가 유명 배우를 캐스팅하는 데 목을 매는 이유도 이것이다.

공신력 있는 기관이나 브랜드의 힘을 빌리는 방법도 있다. 중

고차 시장에서는 플랫폼 사업자나 수입차 업체들이 제품의 품질을 보증한다. 한국 문학계에서는 작가가 '등단'했다는 사실, 작품이 전문가들이 심사하는 콘테스트를 통과했다는 사실이 그런 인증 마크가 된다. 소설공모전을 여는 출판사들은 그 공모전이 신인 발굴의 역할만 한다고 여길지라도, 독자들은 그것을 인증 절차로, 간판으로 받아들이는 게 현실이다.

인증 시험에 '합격'한 사람은 그나마 독자를 만날 수 있고, 인증 마크를 얻지 못한 사람은 불합격자 취급을 받게 되어 더 외면당한다. 그럴수록 작가 지망생들 사이에 시험의 중요성이 더욱 커진다. 공모전에 몰리는 작가 지망생들이 많아지면 간판의 가치도 그만큼 올라간다. 반면 미등단 작가의 풀은 작아지고, 그 결과 미등단 작가의 작품 수준과 다양성도 전반적으로 떨어지게 된다. 일종의 자기 실현적 예언이자 악순환이 벌어진다.

다른 방법을 포기하고 몇 년 동안 인증 시험을 통과하기 위해 매달리는 사람이 생겨난다. 여러 인증 시험 중 어느 시험을 통과했느냐를 놓고 일종의 계급사회가 형성된다. 같은 계급에 속한 사람들끼리 뭉쳐 다니며 패거리를 이룬다.

한쪽에서 폐쇄적인 엘리트 의식이 굳어질 때 반대쪽에서는 '문단 작가, 문단의 작품'이라면 덮어놓고 반대하는 반권위주의가 싹튼다. 거기에는 자신들이 좋은 작품을 써도 그 계급 구조를 뚫고 인정받기 어렵다는 불만도 깔려 있다.

나는 학벌주의와 한국 노동시장의 관계도 이와 비슷하지 않나 생각한다.

"표지만 보고 책을 판단하지 말라."라는 속담은 독서에 대한 격언이 아니다. 사람을 겉모습으로만 판단하지 말라는 조언이다. 그만큼 사람의 실력을 판단하기는 어렵다는 뜻도 된다. 인간 역시 경험재다.

특히 첫 직장을 구하는 대졸자 및 대졸 예정자의 사무직 업무 능력은 매우 판단하기 어렵다. 경력이 있다면 그동안의 실적을 보여 달라고 요구할 수 있고, 함께 일한 동료들의 평판을 들어 볼 수도 있다.

기업 역시 노동시장에서 경험재인 인간을 채용할 때 보수적으로 행동한다. 계약직이나 인턴이 아닌 정규직 대졸 신입 사원 채용이라면 더 그렇다. 불경기에는 그런 경향이 더 강해진다.

아무 경력 없이 노동시장에 자신을 팔아야 하는 구직자들은 기업을 설득하기 위해 여러 수단을 동원하는데, 이 역시 본질은 '좋은 간판을 다는 것'이라 말할 수 있다. 요즘 젊은이들은 이걸 '스펙'이라는 단어로 부르기도 한다. 학점, 자격증, 인턴 경험, 아르바이트 경력, 봉사 활동…….

그중 한국 기업들이 매우 중시한다고 알려진 간판이 '어느 대학을 졸업했느냐'다. 여기에는 이런 논리가 있다.

현대 기업에서 사무직 임직원의 업무는 대개 육체보다는 정신을 쓰는 노동이다. 조금 멋을 부려 표현한다면 '상징 분석(symbolic analysis)' 작업이라고 한다. 다양한 영역에 걸쳐 추상적인 개념과 숫자를 다루고, 문제점을 파악해 해결하며, 아이디어를 현실로 옮기고, 그 과정에서 여러 사람과 커뮤니케이션을 수시로 해야 한다. 점점 더 그런 능력이 중요해진다.

20대 중후반의 젊은이가 지닌 상징 분석 능력은 그가 10년 전쯤 대학 입시에서 받은 점수와 어느 정도 양의 상관관계가 있다고 한국인들은 믿는다. 아주 틀린 얘기는 아닐 거다. 학력고사든 대학수학능력평가든 그런 상징 분석 능력을 평가하는 데 중점을 둔다. 그 시험들은 전통적으로 한국에서 가장 많은 젊은이들이 치르고, 또 가장 공정하게 치러지는 시험이기도 하다.

물론 그런 추측이 얼마나 옳은지는 아무도 모른다. 독해력과 암기 능력은 뛰어나지만 표현력은 약하고 같이 일하는 사람이 뭘 원하는지에 대해 눈치라고는 젬병인 사람도 많다. 그런 사람은 시험 점수는 높겠지만 평범한 직장에서의 업무 능력은 낮을 것이다. 그저 시험 당일에 운이 없어서 높은 점수를 받지 못할 수도 있다. 10대 후반까지는 자신의 상징 분석 능력을 계발하지 않다가, 대학에 들어와서야 공부를 시작하며 머리가 트인 인재도 많다.

그럼에도 불구하고 '대학 입시 고득점자＝명문대 출신＝일 잘할 것 같은 사람'이라는 거친 등식은 한국 사회에서 널리 통한다. 객관적이고 공정한 다른 평가 방법이 딱히 없으니까.

대학 졸업장은 공신력 있는 기관이나 브랜드의 품질보증 마크 같은 역할을 한다. 명문대 마크가 찍히면 노동시장에서 좋은 기회를 얻기 쉽다. 그런 간판이 없으면 자기 실력을 제대로 알리기 힘들다.

그렇게 간판의 중요성이 점점 높아지다가 마침내 인간의 가치를 상징하는 데까지 이르고야 만다. 그때 '좋은 대학'을 가는 것은 단순히 좋은 일자리를 얻기 위한 방편이 아니라 존재 증명을 위한 투쟁이 된다. 나중에 거둘 수 있는 예상 이익보다 훨씬 큰 사교육비를 들여 자녀의 대학 입시를 지원하게 된다.

명문대 졸업장을 얻기 위해 재수 학원에서 몇 년이나 고생하는 젊은이가 생긴다. 어느 대학 간판을 갖고 있느냐로 계급사회를 만든다. 패거리를 이룬다. 자신보다 나은 간판을 가진 사람 앞에서 위축되고, 못한 간판 앞에서 우월감을 맛본다. 여기서도 엘리트 의식과 피해 의식, 권위주의와 반권위주의가 동시에 무럭무럭 자란다.

노동시장이라도 지원자의 실력을 비교적 정확히 측정할 수 있는 몇몇 예외적인 부문에서는 이런 일이 발생하지 않는다. 예를 들어 스포츠나 엔터테인먼트 같은 분야가 그렇다. 프로 구단 스카우터들은 대학 선수들의 경기력을 주의 깊게 관찰하지만 학교 이름은 따지지 않는다. 연예기획사 역시 그렇다.

한국 소설 시장과 노동시장에서 간판이 그토록 중요한 근본 원인은 그곳이 '깜깜이 시장'이기 때문이다.

책을 쓰고 만든 사람과 그 책을 읽을 사람, 구직자와 채용 기업 사이에 정보 비대칭성이 너무 크다. 정보가 적은 쪽은 손실을 피하는 안전한 선택을 하려 한다. 여기서 간판은 그 상품이 안전한지 그렇지 않은지 알려 주는 중요한 지표가 된다. 그리고 그 간판으로 인해 신분 사회가 만들어진다.

그것만 해도 충분히 부조리한데, 그 부조리를 더 키우는 공통점이 한 가지 더 있다. 어지간해서는 그 간판을 떼거나 바꾸기 어렵다는 것이다. 간판의 영향력이 아주 오래간다. 이로 인해 시장 전체의 경쟁력이 떨어지게 된다.

입시를 치를 때에는 모두 처절한 경쟁을 벌인다. 그런데 시험을 치고 나면 그걸로 끝이다. 이후에는 모두 게을러진다. 높은 신분을 얻은 사람들은 안주해도 괜찮다는 유혹을 받게 된다. 업계 내부 경쟁은 진입 경쟁만큼 혹독하지 않은 경우가 많다. 대개 힘든 시험을 통과한 사람들 사이에서는 점잖게 표현해 동업자 의식, 정확히 말해 끼리끼리 문화가 싹튼다. 그런 가운데 몇 번 재도전한 끝에도 낮은 신분을 벗어나지 못한 사람은 좌절해서 자포자기한다.

'등단'이라는 간판은 일종의 자격증으로, 한번 등단하면 평생 등단 작가로 산다. 등단할 때 표절한 사실이 들통나 등단이 취소된다든가 하는 일이 벌어지지 않는 한. 데뷔 이후로 아무리 수준 낮은 작품들만 발표한다 해도 그는 여전히 등단 작가이고, 그런 간판을 이용할 수 있다. 미등단 작가나 작가 지망생은 그런 현실에 몹시 분개할지도 모르겠다. '명문대 졸업생'이라는 타이틀도 그렇다.

따지고 보면 한국에서 인기가 있는 자격증들이 사정이 다 비슷하다. 취득할 때가 어렵지, 한번 따고 나면 업계에서 퇴출될 일은 거의 없다. 그 인기 자격증은 대체로 국가가 주는 직업 면허인 경우가 많다.

술을 마시고 수술을 하는 게 자동차를 운전하는 것보다 처벌이 더 약하다는 사실을 아는가? 음주 운전은 혈중 알코올 농도가 0.05~0.1퍼센트라면 100일간 면허정지, 0.1퍼센트 이상은 면허 취소다. 그런데 의사가 음주 수술을 하면 1개월 면허정지 처분을 받는다. 2008년에는 서울 강남에서 한 유명 성형외과 의사가 환자 2명을 성추행했다. 그는 벌금 700만 원만 내고 진료를 계속했다. 2007년부터 2016년 8월까지, 성범죄로 검거된 의사 747명 중 자격정지 처분을 받은 사람은 5명뿐이다.

변호사는 어떨까? '한번 변호사는 영원한 변호사'라는 말이 있을 정도다. 변호사가 비리를 저지르면 영구 제명, 제명, 정직, 과태료 처분, 견책 등의 처분을 받는데 2017년 현재까지 영구 제명 처분을 받은 변호사는 1명도 없다. 2017년에 정운호 게이트로 검사장 출신 홍만표 변호사와 최유정 변호사가 제명됐는데 이게 12년 만의 제명 사례였다. 그런데 변호사는 제명돼도 5년이 지나면 다시 개업할 수 있다.

다른 자격증도 마찬가지다. 약사(한약사 포함)의 경우 2014년과 2016년에 면허가 취소된 사람은 1명도 없었다. 참고로 한국의 약사 수는 3만 명이 넘는다. 교사는 어떨까. 2016년에서 2017년 6월까지 성매매를 하다 적발된 교사는 모두 25명이다. 그런데 이중 24명이 교단에 계속 설 수 있었다. 파면된 교원은 미성년자와 성매매를 한 1명뿐이었다.

범죄자도 쫓아내지 않는 판국인데, 이들 업계에서 자격증 소지자가 실력이 없다고 쫓겨나는 일은 정말이지 없다. 전형적인 정보 비대칭 시장이라 소비자 처지에서는 누가 유능하고 누가 무능한지 잘 알 수도 없다. 자신이 찾아가려는 변호사, 의사, 약사, 교사의 실력에 대해 잘 아는 일반인이 몇 사람이나 있을까.

그러다 보니 정말 실력이 형편없는 사람도 버젓이 현업으로 일을 하는 경우가 생긴다.

이종훈, 「1천만 원 해외 연수 영어 교사 토익 점수가 450점」, 《연합뉴스》, 2015. 9. 16.

예산을 지원받아 해외 연수까지 다녀온 일부 영어 교사의 토익 점수가 형편없는 수준이라는 지적이 제기됐다. 국회 교육문화체육관광위 소속 새누리당 이종훈 의원이 16일 광주, 전남·북, 제주 4개 지역 영어 교사의 연수 전·후 영어 능력 평가 지표를 교육부로부터 제출받아 분석한 결과 이같이 나타났다.

이 가운데 지난해 해외 연수를 다녀온 전북교육청 일선 영어 교사의 토익 점수는 평균 749점으로서 모 공기업 인턴 지원 기준 800점과 비교해도 수준이 떨어진다는 게 이 의원의 지적이다. 특히 전북의 한 교사는 지난해 연수 전 토익 점수가 370점에서 연수를 받은 후 450점을 기록했던 것으로 나타났다. 이 지역 영어 교사들은 국내 대학원에서 4개월, 영어권 국가에서 1개월 동안 영어 연수를 받았으며 1인당 평균 1100만원의 예산이 투입된 것으로 전해졌다.

또 이들 4개 지역 교육청에서 대부분 연수 후 영어 성적이 올랐으나 제주도는 연수생 중 30%의 점수가 하락했던 것으로 조사됐다. 다만 다른 지역 교육청은 토익이 아닌 NEAT(국가영어능력평가), ESPT(영어회화능력평가시험), 모의TEPS 등에 응시토록 해 객관적인 비교는 어려운 상황이다.

이 의원은 "해외 연수 후 교사들에 대한 사후조치가 없다."라면서 "토익이나 기타 영어 시험 성적을 갖고 일선 영어 교사들의 실력을 평가하기에는 무리가 있지만 상식 이하의 점수를 내는 소수의 교사들에 대한 대책이 필요하다."라고 말했다.

위의 기사를 읽고 나는 교육부 담당자를 찾아 인터뷰했다. 내가 궁금한 것은 두 가지였다. 첫째, 어떻게 저렇게 실력이 떨어지는 영어 교사가 교단에 설 수 있는가? 둘째, 왜 저런 사실이 행정부인 교육부의 발표가 아니라 입법부의 조사로 알려지는가?

교육부 관계자들을 취재하다가 정말 놀라운 사실을 하나 알게 됐다. 한국의 교육부는 영어뿐 아니라 모든 과목의 교사에 대해, 실력이 얼마나 되는지 조사하지 않는다. 위의 기사는 대단히 예외적인 사례였다. 영어는 토익처럼 실력을 채점할 수 있는 외부 시험이 있고, 정부가 세금으로 지원한 사업의 효과를 알아보기 위해 연수 참가자들에게 그 시험을 강제했기 때문에 간접적으로나마 교사들의 수준을 파악할 수 있었던 것이다.

물론 저 기사에 나온 교사들이 대한민국 영어 교사들을 대표하지는 않을 것이다. 아마도 나이가 많은 교사들일 거고, 공립보다는 사립학교 선생님들일 가능성이 높고, 어쩌면 제2외국어 등 담당 과목이 없어지면서 영어로 자리를 옮긴 특수한 경우일지도 모른다. 그러나 어쩌면 저보다 더 실력이 떨어지는데 연수를 가지 않아 토익 점수가 드러나지 않은 교사도 있을지 모른다.

교육부 담당자들은 내게 '토익은 기업에서 필요한 영어 구사력을 평가하는 데 중점을 둔 테스트이며, 그 시험으로 학생들에게 영어를 가르치는 실력을 파악할 수는 없다'고 몇 번이나 항변했다.

물론 그 말이 옳다. 그러나 그것도 정도껏이다. 나는 어떤 선생님이 아무리 학생들과 소통을 잘 하고 훌륭한 교수법과 교육 철학을 갖췄다 하더라도 토익 점수가 400점대라면 학교에서 영어를 가르치면 안 된다고 생각한다. 그리고 그런 사람을 걸러내지 못하는 게 지금 한국의 교육 현실이다. 대한민국 교육행정은 교단에 그런 교사가 얼마나 있는지조차 파악하지 못한다.

"학부모들이 이런 선생님에 대해 항의하지 않나요? 학부모 단체에서 영어 교사들 실력을 점검해야 한다는 주장을 펼친 적은 없나요?"

내가 물었다.

"제가 들은 적은 없어요. 학교에서 아이들이 자기 선생님 영어 점수가 몇 점인지 알 수도 없고요. 우리가 고민해야 할 부분인 건 맞는데, 아직 수요자들의 민원을 받은 적은 없습니다."

한 교육부 관계자가 설명했다.

"실력이 너무 낮은 영어 교사들이 있다고 지적하는 언론의 기획 보도 같은 건 없었나요?"

이 질문은 다른 관계자에게 던졌다.

"만약 그런 게 있었다면 교사들이 반발하고 일어났겠죠."

상대가 대답했다.

"전체적인 실력을 점검해야 하는 것 아닙니까? 그래서 어느 정도 수준이 안 되는 사람은 걸러내야 하는 거 아닌가요? 그런 문제 제기는 없었나요?"

"그렇게 했다가는 난리가 나겠죠. 그건 말도 꺼낼 수 없는 상황입니다. 왜 영어 과목에 대해서만 그러느냐는 항의도 있을 거고요."

그의 답변이었다.

나는 토익 점수가 낮은 영어 교사를 해고하라고 주장하는 게 아니다. 적절하고 충분한 재교육과 재배치를 통해 교육 현장에서 다른 업무를 맡게 할 수 없을까. 그리고 실력 있는 젊은이를 채용해 빈 자리를 채우게 하면 되지 않을까.

2017학년도 중등 교사 임용 시험 경쟁률은 10.73 대 1이었다. 영어 과목의 경우 대부분의 시·도에서 20 대 1이 넘었다. 부산에서는 경쟁률이 무려 54.5 대 1이었다. 울산과 경북에서는 아예 영어 교사를 뽑지 않았다.

부조리하지 않나. 영어 선생님 되기가 이렇게 힘들다. 뛰어난 실력과 열정을 갖춘 젊은이들이 그 문턱을 넘지 못해 좌절한다. 그런데 막상 학교에 있는 영어 교사들의 수준은 대단히 높다고 장담할 수가 없는 것이다. 채용 과정만 조일 뿐이지, 이미 현직에 있는 사람들의 실력에 대해서는 평가하지도 않는다.

내가 보기에는 이런 현상이 한국의 노동시장 전반에서 벌어지는 듯하다. 상당수 인기 있는 직군은 마치 성(城)과 같다. 벽은 높고 주변에는 해자가 둘러쳐져 있다. 그 성에 들어가려면 좁디좁은 성문을 통과해야 한다. 그런데 한번 성 안에 들어가면 밖으로 쫓겨날 우려 없이 편히 지낼 수 있다. 심지어는 '철밥통'이라는 소리까지 나온다. 성 밖에서 그 모습을 보는 사람들은 분통을 터뜨린다.

성 안에서는 성 밖의 사람들이 능력이 모자라서 성문을 통과하지 못했다고 믿는다.

많은 젊은이들이 그토록 되고 싶어 하는 한국 대기업 직원들의 업무 수행 능력은 어떨까. 외국 기업들에 비해 뛰어나다고 할 수 있을까. 한국 대기업은 어느 직원이 일을 잘하는지 제대로 평가해 그에 합당한 보상을 하고 승진에도 반영하는가. 그렇게 합리적인 곳인가. 오히려 반대로 구조 조정을 해야 할 때조차 직원의 업무 능력이 아니라 가족이 몇 명인지를 따지는, 정실 문화와 온정주의가 지배하는 곳 아닌가.

대학은 어떤가. 소위 명문대라는 한국 대학에 들어가기가 어려운가, 거기서 졸업하기가 어려운가. 우수한 학생들을 더 우수한 인재로 키우는 곳 맞나.

이쯤에서 내게 '가뜩이나 치열한 무한 경쟁 사회에 더 경쟁을 불러일으키자는 것인가'라고 따질 분들도 있을 것 같다.

아니다. 내가 주장하는 것은 간판을 둘러싼 살인적인 경쟁을 줄이자는 것이다. 사람들이 간판만 볼 수 있게 하지 말고, 가게에 들어가서 물건을 살펴볼 수 있게 하자는 것이다. 사람들이 수시로 성을 드나들게 하자는 것이다. 그렇게 성벽을 무너뜨리자는 것이다. 그러면 보다 공평하게 기회가 돌아가고, 부조리한 계급제도 상당 부분 허물 수 있지 않을까 한다.

어떻게 그럴 수 있느냐고?

깜깜이 시장에 불을 밝혀서 간판의 위력을 떨어뜨리면 되지 않을까?

한국의 서평 문화

법조 출입을 처음 시작한 게 2007년입니다. 8년여 동안 많은 변화가 있었지만 그때나 지금이나 변하지 않은 게 한 가지 있습니다. 어느 변호사가 잘 하는 변호사인지 일반인 입장에서 알 방법은 여전히 부족하다는 점입니다.

처음으로 소송 절차를 접하는 당사자는 당혹스럽습니다. TV나 영화로만 봤지 난생처음 접해 보는 생소한 시스템 안에서 헤맬 수밖에 없습니다. 이럴 땐 내 곁을 지켜 주며 모든 절차를 대신해 주고 나를 위해, 나의 이익을 위해 성심성의껏 싸워 주는 변호사를 찾는 게 급선무입니다.

그런데 막상 소송에 들어가게 되면 좋은 변호사 찾기란 간단치 않습니다. 잘못 갔다가는 변호사 얼굴은 보지 못하고 사무장 얼굴만 보다 나오는 경우도 생깁니다. 아는 사람이 있다면 물어보면 되겠지만 없다면 막막하죠. 법조 출입 기간 동안 믿을 만한 변호사 좀 알려 달라는 부탁을 수도 없이 받았습니다. 그야말로 변호사 시장은 '깜깜이 시장'인 듯합니다.

위의 글은 대한변협신문의 '법조기자실'이라는 코너에 2015년 3월 2일자로 올라온 칼럼이다. 중앙일보 박민제 기자가 썼다. 이 코너에는 여러 일간지의 법원·검찰 담당 기자들이 돌아가며 글을 기고하고 있다. 박 기자는 이 칼럼을 마무리하며 대한변협에 이렇게 요청했다.

"그런데 정말 궁금한 것은 왜 변호사 평가는 도입을 안 하는 지입니다. 법관 평가도 수년간 잘 진행해서 정착됐고 검사 평가도 이제 도입하신다고 하는데 왜 변호사 평가는 아무도 얘기를 꺼내지 않을까요. ……국민이 변호사를 더 잘 찾을 수 있게 해 주는 방안에 대해서도 함께 고민해 주셨으면 합니다."

소비자에게 대표적인 깜깜이 시장 중 하나가 법률 서비스 시장이다. 인터넷으로 검색을 하면 변호사 광고 글은 많이 찾을 수 있고, 변호사회의 서비스를 이용하면 변호사의 학교나 연수원 기수 등을 확인할 수 있다. 그러나 정작 그 변호사가 재판정에서 얼마나 잘하는지는 문외한이 쉽게 알기 어렵다.

그런 때 많은 사람들이 간판에 의지하게 되지 않을까? 어느 대학 법대를 나왔는지, 사법고시 출신인지 로스쿨 출신인지 등을 따지게 되는 것 말이다.

박 기자는 '전관 선호'도 그런 정보 비대칭에서 비롯되는 현상 아니냐고 추측한다. 의뢰인으로서는 법원이나 검찰의 높은 자리에 있었던 변호사가 법률 지식이 뛰어나니까 그런 자리에까지 올랐을 것이라고 안심하게 된다. 물론 수사 과정이나 판결에서 그 전관들의 인맥 덕을 볼 수 있으리라는 기대도 섞여 있으리라.

윤성근 서울남부지방법원장도 같은 의견이다. 그는 한국경제신문에 기고한 에세이에서 전관예우가 '신화'라며, 사람들이 그 신화를 믿는 근본 이유는 변호사 정보가 제대로 공개되지 않아서라고 주장했다. 그는 이렇게 썼다.

"일반인은 누가 유능한 변호사인지 알기 어렵다. 의사의 경우는 전문의 제도나 단계별 의료 전달 체계가 있지만 변호사의 경우는 이런 제도도 없다. 그 결과 대형 법무법인이나 전관 출신 변호사에게 의뢰가 몰린다. ······ 변호사를 합리적으로 선택할 수 있는 충분한 정보만 제공된다면 이런 불합리한 시장 왜곡은 사라질 것이다."*

만약 어느 변호사가 어떤 소송을 잘 하는지, 재판에서 얼마나 이겼고 졌는지를 모든 사람이 금방 찾아볼 수 있게 한다면 어떨까? 그러면 이런 간판 문제는 금방 해결되지 않을까?

이 글을 읽고 있는 독자라면 중요한 소송을 다음 중 어느 변호사에게 맡기고 싶은가?

① 명문대를 나왔지만 재판에서는 줄줄이 지는 변호사.

② 법원이나 검찰에서 높은 자리에 있었지만 막 개업해 변호사로서는 검증되지 않은 전관 변호사.

③ 비명문대 출신이고 법원이나 검찰 고위직에 있어 본 적도 없지만 소송에서는 늘 이기는 변호사.

변호사의 진짜 실력은 그가 소송에서 얼마나 이기느냐다. 그런데 법률 서비스 시장의 고객들은 이 기초적인 자료를 모른다.

2000년대 초반 '로마켓'이라는 벤처기업이 이 정보를 데이터베이스로 만들어 판매하는 사업을 시작했다. 1993년부터 2005년까지의 소송 결과 3500만 건을 수집해 변호사의 승소율, 수임 내역, 전문성 등을 회원에게 유료로 제공한 것이다. 반향은 엄청났다.

---

* 「전관예우는 어디에 존재하나」, 《한국경제신문》 2015. 3. 31. A37. <http://stock.hankyung.com/news/app/newsview.php?aid=2015033044271>.

언론에 서비스가 공개된 날 사람이 몰려 서버가 다운될 정도였다.

그러나 로마켓은 이후 기나긴 법적 분쟁에 시달렸다. 로마켓을 고발한 곳이 어디였을까? 바로 변호사 단체들이었다.

로마켓의 서비스에 대한 변호사들의 반발과 비판은 여러 가지였다. '일부 승소'와 같은 재판 결과가 로마켓 통계에 제대로 반영되지 않는다는 지적도 있었고, 승패율이 공개되면 변호사들이 앞으로 승소할 사건만 수임할 거라는 주장도 나왔다. 이 사이트가 회원에게 변호사를 소개하고 이용료를 받는 것이 불법 알선에 해당한다는 해석도 있었다. 로마켓은 변호사의 출신 학교나 연수원 기수 등을 분석해 '인맥 지수'를 만들어 제공했는데, 이것이 개인정보보호법 위반이라는 비판도 있었다.

로마켓은 변호사들과의 소송전을 견디지 못하고 결국 몇 년 못 가 사업을 접었다. 로마켓이 문을 닫고 난 다음인 2011년 이 문제에 대한 대법원의 판결이 나왔다. 로마켓의 인맥 지수는 문제가 있지만 변호사의 승소율이나 전문성 지수를 제공하는 것은 공익 차원에서 허용된다는 결정이었다. 그러나 지금 로마켓과 같은 일을 하는 기관이나 기업은 없다.

시험을 쳐서 합격해야 들어갈 수 있는 성안에 있는 전문직들이 성벽을 허물거나 성문을 넓히는 데 저항하는 모습은 한국 사회에서 그리 드물지 않다. 그런 자격증을 얻을 수 있는 관문을 낮추려 하면 이미 자격증이 있는 이들이 가장 거세게 반발한다.

기획재정부가 공인회계사 선발 인원을 늘리려고 할 때 한국공인회계사회는 회장과 임원이 전원 사퇴하겠다고 으름장을 놨다.

보건복지부가 약대 정원을 늘리는 방안을 검토 중이라는 소식이 알려지자 약사들이 반대 민원서를 제출했다. 반대 이유는 비슷비슷했다. "사람이 많아지면 서비스의 질이 낮아진다."라는 것이다.

내가 보기에는 시험 합격자 수를 줄이는 것보다, 자격증은 쉽게 가질 수 있도록 하되 소비자들이 공급자의 수준을 비교할 수 있게 정보를 제공하는 편이 서비스의 질을 높이는 데 훨씬 도움이 될 것 같은데 말이다.

인터뷰

"일 잘하는 변호사를 어떻게 찾아야 하나요?"

장강명: 일 잘하는 변호사를 의뢰인들이 보통 어떻게 찾나요? 그런 정보를 어디서 얻죠?

홍용호 변호사 (법무법인 원 소속, 사법연수원 24기): 소송 시장과 자문 시장이 다를 것 같아요. 자문 시장에서는 변호사를 고용하는 기업의 사내 변호사들이나 임직원들이 나름대로의 네트워크가 있는 편입니다. 그래서 이 정도 일은 어느 로펌에 맡기는 게 좋겠다, 어느 변호사에게 맡기는 게 좋겠다, 그런 경험과 정보가 축적이 되어 있어요.

장강명: 소송 시장에서 일반인이 변호사를 찾을 때는요?

홍용호: 보통은 법조계를 아는 사람을 통해서 소개를 받

쥬   소송이라는 게 누구한테나 중요한 일이니까
다들 필사적으로 알아봅니다.

장강명: 아는 사람이 한 명도 없으면 어떻게 하죠?

홍용호: 법원 앞에서 찾는 분도 있어요. 변호사들 이야기
들어 보면 서초동에서 그냥 지나가다가 들어오는
의뢰인도 있다고 하니까요. 그래도 대부분은 한
두 다리라도 소개를 받아 옵니다.

장강명: 그런 개인적인 방법밖에 없는 건가요?

홍용호: 그런 것 같아요. '전문 변호사 제도'라고, 대한변
호사협회에서 어느 분야에서 뛰어난 실무 능력이
있는 변호사를 전문가로 인정하는 제도가 있는
데, 그게 의뢰인에게 얼마나 의미 있는 정보가 되
는지는 모르겠네요.

장강명: 성형수술 시장을 보면, 시술을 받은 사람들이 후
기를 올리고 병원 정보를 공유하는 카페 같은 게
있거든요. 변호사 시장에는 그런 건 없나요?

홍용호: 그건 잘 모르겠습니다. 인터넷은 워낙 넓으니……

장강명: 로마켓 같은 사이트에서 변호사 승소율이나 수임
내역을 검색할 수 있으면 큰 도움이 되지 않을까요?

홍용호: 어떤 규칙을 정해서 그런 정보를 공개하면 확실
히 소비자에게 도움이 될 것 같아요. 그런데 변호

사들 입장에서는 자기들 영업 정보라서 민감하게 볼 수밖에 없고, 사업하는 처지에서 전반적인 영업 실적을 공개해야 한다는 데 대해 반발할 수 있겠죠. 그건 이해 가는 일입니다. 그게 사회를 위해 옳은 방향인지는 모르겠지만요.

장강명: 그런 정보가 공개되지 않는다고 해서 지금 모든 변호사가 이익을 보고 있는 것도 아니잖습니까? 명문대 출신이라거나, 전관 출신인 특정 변호사에게만 유리한 거 아닌가요?

홍용호: 정보가 부족해서 이익을 얻을 수 있는 그룹이 있을 수 있겠죠.

어떤 상품을 사기 전에 그 물건의 품질을 제대로 가늠할 수 있다면 간판은 힘을 잃는다. 간판으로 득을 보던 사람은 그런 정보 공개에 반발할 것이다. 그러나 그들을 제외한 나머지 지원자들과 소비자들은 모두 이익이다. 업계 전체의 경쟁력도 높아지고, 간판으로 사람의 위아래를 정하는 악습도 사라진다. 중진, 원로라도 실력이 없으면 물러나고, 도전적인 신인이 그 자리에 들어온다.

콘텐츠 시장에서도 구매를 망설이는 소비자에게 유용한 정보를 전달하는 방법이 있다. 이미 그 콘텐츠를 경험한 다른 사람들의 평가를 전해 주는 것이다.

영화 시장을 보자. 새로 개봉한 한국 영화에 대해서는 "이 작품 돈 내고 시간 들여서 볼만 해?"라는 질문에 대한 답을 쉽게 얻을 수 있다.

네이버 영화에 접속하면 현재 개봉 중인 영화의 누적 관객이 몇 명이고 예매율 순위가 얼마인지 금방 알 수 있다. 다른 일반 관객이나 평론가가 그 영화를 어떻게 평했는지도 금방 알 수 있다. 그 평가를 쓱 훑어보는 것만으로도 영화가 자신과 맞을지 아닐지 감을 잡을 수 있다.

2017년 10월에 개봉한 영화 「범죄도시」를 네이버 영화에서 검색하면 140자 평 2만 6520건이 뜬다. 두 달 동안 하루 평균 358건씩 평이 달린 것이다. 가장 공감 수가 많은 140평은 "꼭 봐라 아랐니?"라는 명료한 코멘트다. 1만 3000명이 넘는 사람이 여기에 동의했다.

네이버 영화에서는 기자와 평론가들이 매긴 평점과 네티즌들의 평가가 분리되어 표시된다. 영화 담당 기자와 평론가들은 이 영화에 10점 만점에 6.00점을 줬지만 네티즌들은 9.16점을 줬다. 예술성은 대단치 않아도 오락 영화로서는 손색이 없다는 의미로 읽힌다. 그런 평점은 성별, 연령별로도 분석되는데, 이 영화는 20대 남성에게서 가장 인기가 많았다고 한다. 가볍게 영화를 즐기려는 사람에게는 아마도 영화 기자, 평론가 들의 이야기보다는 이런 통계가 더 참고가 될 것이다.

다른 포털 사이트나 영화 전문 커뮤니티, 사회관계망 서비스에는 이보다 훨씬 많은 평가와 정보들이 올라온다. 한국 영화를 보려는 사람은 이렇게 쉽게 정보를 얻을 수 있다.

반면 소설은 어떤가. 네이버 책 코너는 예비 독자들에게 그런 정보들을 제대로 주지 못한다.

일단 책이 몇 권 팔렸는지조차 알 수 없다. 영화관 입장권 통합전산망이 있는 영화계와 달리 출판계의 통계는 그야말로 주먹구구다. 출판사는 인터넷 서점이나 서적 도매상이 사 간 책과 반품해 온 책의 수량을 알 뿐, 그 책들이 창고에 있는지 서점 매대에 있는지 독자의 집에 있는지 실시간으로 파악하지 못한다. 심지어 작가도 자기 책이 얼마나 팔렸는지 정확히 모른다.

사실 한국 소설에 대해서는 얼마나 팔렸는지는 고사하고, 정확한 판매 순위조차 알기 어렵다. 2017년 중반까지 출판인회의가 발표한 국내 베스트셀러 순위는 여러 대형 서점의 순위에 적당히 가중치를 매겨서 합산하는 방식이었다. 출판인회의는 그해 순위조작 논란이 벌어지자 이 집계를 그만두었다.

개별 대형 서점 순위는 대표성이 없다. 일단 온라인 서점과 오프라인 서점에서 많이 팔리는 책의 특성이 다르다. 두껍고 무거운, 여러 권짜리 책은 인터넷 서점 위주로 팔린다. 오프라인 서점은 위치와 매대 구성 방식에 따라 많이 팔리는 책의 성격이 다르다. 과거 출판계에는 '교보 책'과 '영풍 책'이라는 업계 용어도 있었다. 예스24와 알라딘 같은 인터넷 서점은 판매 부수 대신 판매 지수(또는 세일즈 포인트)를 공개하는데, 이 수치는 이런저런 가중치 요소를 포함하고 있어 누적 판매 부수와는 비례하지 않는다.

독자들의 평가는 어떤가. 네이버 책은 성별, 연령별 평가 분석도 없고, 평론가의 평도 따로 제공하지 않는다. 그리고 그 수는 대개 소설 한 편당 100건 미만이다.

한국 영화 「강철비」에는 개봉한 뒤 2일 만에 3000개가 넘는 140자 평이 달렸다. 한국 소설은 최근 10년간 베스트셀러들의 리뷰도 이 수치에는 턱없이 못 미친다. 2017년 12월 현재, 2011년 작인 정유정의 『7년의 밤』에 달린 리뷰 수는 2365건이다. 한강의 『채식주의자』(2007년 작)에는 리뷰가 2655건, 김훈의 『남한산성』(2007년 작)에는 리뷰 1182건이 있다.

수십 건 정도에 그치는 책 리뷰는 예비 독자에게 큰 도움이 못된다. 개중에는 작가의 지인이나 출판사 관계자가 쓴 리뷰도 몇 건은 있고, 출판사에서 제공한 도서를 받고 글을 올린 서평단의 감상문도 있다. 140자 영화평 코너에도 '댓글 부대'가 활약할지 모르지만, 전체 리뷰가 워낙 많다 보니 관객들의 별점 평균에 영향을 크게 미치기는 어렵다. 그런데 한국 소설에서는 그게 가능하다. 그러다 보니 온라인 리뷰 전반에 대한 신뢰가 떨어진다.

영화와 소설을 같은 선상에 놓고 비교할 수는 없다. 기본적으로 한 해 극장에 걸리는 한국 영화는 200편 남짓인 데 비해 한국 소설은 1000편 정도가 발간된다. 대체로 영화 한 편 상영 시간이 소설 한 권을 읽는 데 걸리는 시간보다 짧다. 극장표 가격도 책값보다 조금 더 싸다. 홍보와 각종 마케팅에 들어가는 돈도 영화가 훨씬 더 크다.

그럼에도 불구하고 '이 책 읽을까 말까'라고 망설이는 사람에게 유용한 정보를 주는가, 라는 관점에서 볼 때 한국 서평 문화는 여러 가지로 아쉬운 점이 많다. 그 내용을 들여다봐도 그렇다.

우선 문학평론가들의 글은 일반 독자에게 대개 도움이 안 된다. 일단 너무 어렵고, 쉽게 찾을 수도 없다. 다루는 폭도 좁아서, 대체로 문단문학 작품으로 영역이 한정돼 있다. 그나마도 썩 솔직하지 않다. 영어권에 한국 소설을 알리는 작업을 꾸준히 해 온 브라더 앤서니 서강대 명예교수는 "'체면'과 '명성'이 핵심 고려 사항인 한국 같은 문화에서 정직한 비평은 자주 거부된다. 이건 큰일이다."라고 꼬집었다.*

신문이나 잡지의 서평은 어떨까? 기본적으로 언론 서평들은 주로 신간을 다룬다. 그나마도 대중문학보다는 문단문학 작품이 대상이다. 또 나는 언론 서평 역시 별로 솔직하지 않다고 생각한다.

새로 나온 한국 소설에 대한 악평을 신문에서 본 일이 있는지? 한국문학, 출판사, 소설가가 너무 어렵다는 걸 누구나 알고 있으니 가능하면 도와주려는 게 문학평론가나 문학 담당 기자들의 심정이다. 영화 평론가나 영화 담당 기자들은 신작 한국 영화에 대해 아쉬움도 표하는데, 한국 소설에 대해서는 그런 쓴소리가 잘 안 나온다. 소설가로서는 감사한 일이지만, 그러다 보니 독자는 신문 서평을 눈여겨보지 않게 된다. 늘 엇비슷한 호평만 접하게 되니까.

인터넷 서평은 어떤가. 출판사에서 운영한 서평단이나 작가

* 「외국 독자들은 한국문학을 어떻게 읽을까」,《창비 주간논평》2007. 5. 15. <http://magazine.changbi.com/%EC%99%B8%EA%B5%AD%EB%8F%85%EC%9E%90%EB%93%A4%EC%9D%80-%ED%95%9C%EA%B5%AD%EB%AC%B8%ED%95%99%EC%9D%84-%EC%96%B4%EB%96%BB%EA%B2%8C-%EC%9D%BD%EC%9D%84%EA%B9%8C/?cat=475>.

주변인의 리뷰 문제를 제외하고도 아쉬운 점이 많다. 앞서 말한 대로 일단 그 수가 적다. 그 소수의 독자들이 문단문학은 문단문학대로, 장르소설은 장르소설대로 팬덤화한 경향이 있다. 두루두루 읽는 독자는 드물다. 이곳의 서평도 그다지 솔직하지는 않아 보이는데, 이 경우에는 지적 과시와 인정 투쟁이 주 원인이다. 그런 환경에서 이른바 '스몰 스타'라고 부르는, 소규모 열성 팬덤을 지닌 작가들은 과하게 높은 평가를 받는다.

인터뷰

"한국의 서평 문화를 어떻게 보시나요?"

1

장강명: 한국 독자들이 베스트셀러 위주로 책을 읽는 경향이 있다고 보시나요?

권영미 뉴스1 문학 담당 기자: 기본적으로는 판매 순위에 휘둘린다고 생각하는데, 한국 독자를 좀 나눠서 봐야 할 거 같아요. 베스트셀러라면 오히려 의심의 눈으로 보는 까탈스러운 독자들도 있고, 그렇지 않은 독자도 있죠. 저는 전자였어요. 그런데도 어떤 작품이 베스트셀러다, 아주 인기를 끌고 있다, 그러면 마음이 흔들리더라고요. 그래서 읽었는데 작품이 과도하게 부풀려졌다는 생각이 들면 굉장히 실망이 크죠. 그리고 한국 소설을 불신하게 돼요.

장강명: 미국에서 오래 생활하셨잖아요? 미국은 그렇지 않은가요?

권영미: 지적인 허세가 얼마나 있냐 하는 문제일 것 같은데. 우리는 그런 게 좀 있죠. 그리고 미국은 문화가 다양하고 서브컬처도 풍부해요. 우리는 '대세'라는 영향력에서 벗어나기가 힘들어요.

장강명: 평론가들의 비평이나 해설은 어떻게 생각하세요? 책을 읽으려는 독자에게 도움이 될까요?

권영미: 1990년대만 해도 어떤 소설이 문학상을 받았을 때 그 심사평을 보면 그 안에 갑론을박이 있었거든요. 그런데 최근에는 문학상 심사평들이 다 만장일치고 칭찬 일색이에요. 그렇게 결점이 없는 작가가 있을 수 없는데도 심사위원인 평론가들이 칭찬만 해요. 전에는 분명히 안 그랬는데. 심사위원 구성 자체도 그들만의 리그 같아요. 그들만의 리그에 있는 작가이고, 평론도 그들만의 리그에서 나왔고. 이건 주례사인 거예요.

장강명: 그렇게 된 이유가 뭐라고 보십니까?

권영미: 문학 권력, 문단 권력과 관련이 있다고 봐요. 문학 권력 출판사들이 책을 팔기 위해 포장을 하는 거

죠. 평론가들이 굉장히 예쁘고 세련된 말로 엄청나게 작가들을 띄우는데, 저는 그런 표현들이⋯⋯ 요사스럽게 느껴져요.

2

장강명: 한국의 서평 문화, 서평 매체를 어떻게 생각하세요?

전병근 북클럽 오리진 대표, 전 조선일보 기자: 과거 신문이나 전문 잡지 위주였던 데 비하면 다양해진 편입니다. 매체 환경 변화와 관계가 있겠지요. 다양한 새로운 실험적인 시도가 많아졌지요. 다만 유통과 확장성에서도 그만큼의 다양성이 확보되고 있는지는 의문입니다.

장강명: 내용에 대해서는 어떻게 보시나요?

전병근: 전반적으로 좋아졌는지에 대해서는 회의적입니다. 예전 대중매체의 비중과 영향력을 갖게 된 포털들을 보면 특히 그렇습니다. 이건 전체적인 사회 분위기와도 관련이 있는데, 우리는 거의 모든 분야에서 '빨리 효율적으로 해결해야 한다'는 태도가 각인되다시피한 것 같아요. 문화 시장도 그렇고 일반적인 독서나 서평 문화도 그런 경향이 있어요. 독서는 원래 우회적인 것이고 방황하는

건데, 우리는 거기에서조차 직선적인 정답, 단번의 명쾌한 해답을 요구하죠. 수험서나 어학 책처럼 목적이 분명히 설정돼 있다면 그럴 수 있죠. 우리는 다른 장르에 대해서도 그런 태도로 접근하는 것 같아요. 좋은 책을 시험의 답안지처럼 생각하는 경향이 있어요. 물론 책은 그런 것이어야 한다는 입장이라면 할 수 없지만, 저는 책이 묻고 답하는 방식은 다르다고 봅니다.

장강명: 출판사들도 '꼭 읽어야 하는 책'이라는 식으로 마케팅을 하죠.

전병근: 마케팅 포인트가 그래요. 생산과 소비가 모두 그쪽에 초점이 맞춰져 가고 있는 것 같아 안타까워요.

장강명: 신문 서평은 어떻습니까?

전병근: 지금 신문 서평에 대해서도 보기에 따라 여러 가지 불만 요소가 있겠죠. 저도 서평 기자를 해 봐서 알지만, 지금 구조에서는 그럴 수밖에 없는 측면도 있습니다. 한 가지를 꼽자면, 신문들이 책에 대해서도 너무 속보 경쟁을 벌이는 경향이 있어요. 신간이 주초에 나오면 거의 그 주말에 서평이 나가는 식이죠. 그렇게 되면 주어진 시간이나 인력, 업무량을 감안할 때 책들을 제대로 선별하거나 깊게

다루기 어려워요. 그런데 다들 허겁지겁 그렇게 맞춰서 해요. 제대로 읽고 쓰면 뒷북처럼 보일 테니까요. 그러다 보니 '척'을 하게 될 위험이 커지지요. 아무래도 제일 '있어 보이는 물건'을 크게 올리게 된단 말이죠. 이건 누구의 악의나 잘못이라기보다 구조적인 문제라고 생각해요. 그럴 경우 충분히 읽고 독자적인 평가를 내리기 전에 유명세나 해외 서평, 기존의 시장 분위기에 영향 받기가 쉬워지죠.

3

장강명: 신문 북섹션에는 왜 국내 소설들이 문단문학 작품 위주로 소개될까요? 대중문학이나 장르소설 작품은 잘 안 나오는 것 같은데요.

김슬기 매일경제 출판 담당 기자: 우선 장르소설 출판사들이 책을 언론사로 잘 보내지 않아요. 기자 입장에서는 언론사로 보내오는 소설들을 소화하는 것만으로도 버거운데. 그리고 장르소설들은 스토리 위주인데, 기사를 쓰는 처지에서는 기술적으로 좀 어려운 면도 있어요. 결말을 노출할 수도 없고. 무엇보다 가장 큰 이유는 국내 장르소설 시장이 크지 않고, 스타 작가가 없어서인 거 같아요. 기자들이 게을러서이기도 하겠지만.

장강명: 그럼에도 불구하고 해외 장르소설은 소개하잖습니까?

김슬기: 오히려 반대라고 생각해요. 1000만 부를 넘게 파는 해외 장르소설 작가의 작품도 1년에 수십 권이 들어오는데 한국 신문에서 별로 다루지 않아요. 언론이 국내 작가들에게 굉장히 호의를 보이고 있는 거죠. 문학 관련 지면도 적고, 일주일에 두어 편 정도 골라서 서평을 쓸 수 있는데, 문학 담당 기자들이 대부분 그 공간을 한국 작가에게 주려고 하거든요.

장강명: 아, 그런 생각은 못 해 봤는데…….

김슬기: 한국문학의 위기는 대중문학이 약해서라고 생각해요. 문단문학은 충분히 많이 나오고 수준도 높다고 생각해요. 소설이 재미만 있으면 독자들은 읽을 준비가 돼 있다고 생각하고요. 최근 웹 소설 시장이 폭발적으로 커지는 걸 보면서 그런 걸 느껴요. 기자들도 부족한 게 많죠. 좀 더 재미있고 장르적인 성격의 소설을 지금보다 훨씬 많이 알려야 해요. 그래야 스타 작가가 나올 수 있는데 지금 문학 기자들은 역량과 에너지와 시간과 모든 게 다 부족해서 그렇게 소개를 못하는 거죠.

장강명: 한국의 서평 문화를 어떻게 보세요? 서평이 부족 하다고 보시나요?

허희 문학평론가: 부족하다고 생각해요. 서평 기능을 하는 글은 꽤 있는 거 같아요. 신문의 북섹션도 있고, 블로거들의 평도 있고요. 그런데 그 형식이 대체 로 획일화되어 있고, (모든 블로거가 다 그렇지는 않 습니다만) 블로거의 경우는 서평의 신뢰도도 상당 히 떨어져요. 누가 봐도 별로인 작품을 본인은 좋 다고 하는 경우가 많아서요.

장강명: 그냥 그 블로거의 개성이 특이한 건 아니고요?

허희: 제가 보기에는 그분의 평가가 그다지 타당성이 있 어 보이지 않는다 싶은 거죠.

장강명: 평론가들의 서평은 어떻습니까?

허희: 독자 입장에서는 이 책도 좋다고 하고 저 책도 좋 다고 하니 안 좋은 게 뭐냐 싶을 거 같아요. 독자 가 어느 서평을 믿고 책을 선택했는데 읽고 보니 그 책이 재미가 없으면 그다음부터는 평론가가 이 야기하는 걸 못 믿겠죠. 평소에 평론을 박하게 하 던 사람이 어떤 작품에 별점 만점을 주는 식이어 야 화제가 될 텐데. 그리고 되게 이상한 건데, 한

국 문학평론가들은 외국 소설에 평론을 잘 안 해
요. 한국 문학평론가들은 한국문학만 평해요.

장강명: 듣고 보니 정말 그렇네요. 영화 평론가들은 한국
영화, 외국 영화 할 것 없이 다 평가하는데.

허희: 한국 독자들은 이미 한국 소설가나 문학평론가가
아닌, 외부인의 평에 공감하는 경우가 많은 듯해
요. 이동진 영화평론가가 팟캐스트 '빨간책방'을
시작할 때 1회 제목이 "2000년대 가장 재미있는
한국 장편소설"이었거든요. 그리고 거기에서 천명
관의 『고래』와 정유정의 『7년의 밤』을 다뤘고요.
이건 한국문학의 자장에 속한 사람은 할 수 없는
일이었어요. 한국문학계에는 일종의 암묵적인 분
위기가 있다고 생각해요. 한국 소설을 비판할 바
에는 굳이 언급을 안 하겠다, 침묵하겠다, 그런.
해 봐야 작가랑도 서먹해지고 출판사에서도 그런
서평을 반기지 않으니까요.

혼란스러워 하는 독자들

신간 한국소설은 그야말로 깜깜한 영역이다. '읽어라, 마라'와

같은 단순하고 직접적인 독자 리뷰가 적고, 판매량을 정확히 알 수 없다는 사실은 특히 대중소설에 악조건이다. 그 대중소설 작가가 등단을 하지 못했다면 참으로 불리한 셈이다.

사정이 이렇다 보니 보통 사람들이 책을 선택하는 기준이 작품 외적인 요인에 크게 좌우된다. 영화화되었다든가, 유명 TV 드라마에 나왔다든가, 작가가 예능 프로그램에 출연했다든가. '미디어셀러, 스크린셀러 열풍'이라고 돌려 말하지만, 실체는 초라하다. 그만큼 한국의 출판·독서 생태계가 자력으로는 사람들의 이목을 끄는 책을 만들어 내지 못한다는 뜻이다. 입소문이라는 게 거의 존재하지 않는 영역이다.

어떻게든 한번 베스트셀러가 된 책은 여간해서는 순위 밖으로 나가지 않는다. 유명한 소설가가 낸 작품은 관심을 받지만, 유명하지 않은 작가는 계속해서 주목을 받지 못하는 악순환이 벌어진다.

한국에서 신간 소설 시장은 이른바 '80대 20의 법칙'이 통하지 않는 지대다. 그해 나온 신간 소설의 5~10퍼센트가 전체 신간 소설 판매의 80퍼센트를 차지한다. 이런 쏠림 현상은 특히 외국 소설보다 한국 소설에서 더 심하다.

나는 인터넷서점 두 곳에 자료를 요청했다. 2007년부터 2016년까지 각 연도별로 그해 나온 신간소설 전체 판매량에서 신간 베스트셀러 1~10위 서적이 차지하는 비중을 분석해 달라는 부탁이었다. 그 10종이 차지하는 판매 비중은 얼마나 높을까? 한국소설과 외국소설에서 차이가 있을까? 결과는 표 8.1과 같다.

표 8.1 신간소설 판매량에서 베스트셀러 1~10위 비중 (단위: %)

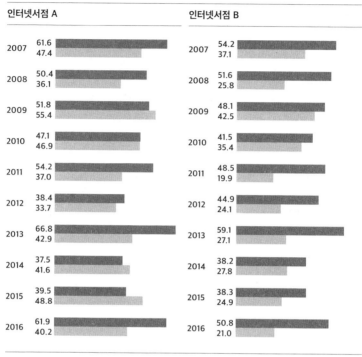

인터넷서점 A

연도	한국소설에서	외국소설에서
2007	61.6	47.4
2008	50.4	36.1
2009	51.8	55.4
2010	47.1	46.9
2011	54.2	37.0
2012	38.4	33.7
2013	66.8	42.9
2014	37.5	41.6
2015	39.5	48.8
2016	61.9	40.2

인터넷서점 B

연도	한국소설에서	외국소설에서
2007	54.2	37.1
2008	51.6	25.8
2009	48.1	42.5
2010	41.5	35.4
2011	48.5	19.9
2012	44.9	24.1
2013	59.1	27.1
2014	38.2	27.8
2015	38.3	24.9
2016	50.8	21.0

자료: 각 서점

한국소설과 외국소설 신간 판매는 두 서점에서 모두 인기작가의 신작이나 화제작에 집중된 모습이지만, 외국소설은 그 집중도가 훨씬 덜하다. 외국소설은 A 서점과 B 서점 양쪽에서 모두 2009년 한 해를 제외하고는 상위 10종의 판매량이 전체의 절반을 넘어선 적이 없다. 참고로 2009년은 무라카미 하루키가 『1Q84』로 온갖 화제를 뿌리며 돌아온 해였다.

표 8.2 신간소설 판매량에서 베스트셀러 100위 밖 작품 비중 (단위: %) ▮ 한국소설에서
▯ 외국소설에서

인터넷서점 A		인터넷서점 B	
2007	6.1 / 20.0	2007	8.8 / 30.9
2008	12.7 / 22.2	2008	14.0 / 37.1
2009	9.5 / 16.1	2009	12.5 / 27.5
2010	13.4 / 24.4	2010	15.8 / 33.9
2011	11.6 / 24.2	2011	11.3 / 39.5
2012	18.1 / 26.6	2012	13.2 / 34.8
2013	7.4 / 16.6	2013	8.7 / 32.1
2014	19.0 / 21.3	2014	19.3 / 35.1
2015	18.6 / 15.4	2015	18.5 / 35.0
2016	7.4 / 19.9	2016	8.9 / 36.8

자료: 각 서점

　　반면 한국소설은 1~10위 서적의 판매량이 수시로 50퍼센트를 넘어서고, 때로 60퍼센트를 넘기도 한다. A 서점에서는 2013년과 2016년에는 1~3위의 판매량이 전체의 40퍼센트를 넘었다. 스타 작가의 신작 세 권이 10위 밖의 모든 신간(2013년에는 1030종, 2016년에는 823종)보다 더 많이 팔렸던 것이다. 그러다가 스타 작가의 신작이 없는 해에는 1~10위 서적 판매 비중이 30퍼센트대로 쪼그라든다. 유명 작가의 작품만 사고, 모르는 작가의 소설에 대해서

는 절대로 모험하지 않는 독자가 상당수 있다는 얘기다.

판매순위 100위 밖인 책들의 판매량을 보면 이와 정반대다. 비인기 신간 도서들이 한국소설에서 차지하는 비중은 20퍼센트를 넘지 못한다. 반면 외국소설 중에는 베스트셀러 순위에는 들어오지 못해도 조금씩 팔리는 신간들이 많다. 외국소설 독자들의 선택이 훨씬 더 다양한 것이다.

'외국소설은 새 책이 더 많이 나와서 그런 것 아니냐'고 여길 수도 있겠다. 그러나 실제로 한국소설과 외국소설의 신간 발간 종수 차이는 그 정도로 크게 벌어지지는 않는다. A 서점에서 한국소설 신간은 매년 700~1100종, 외국소설은 1100~1500종이 나왔다. B 서점에서는 한국소설이 매년 1100~1900종, 외국소설은 1500~2600종이 새로 나왔다(재간·복간본과 라이트노벨을 어떻게 분류하느냐에 따라 종수가 달라진다). 어차피 순위 아래쪽 상당수는 한 권만 팔리거나 아예 팔리지 않은 채 목록에만 올라 있는 책들이다.

'스타 작가'라는 간판은 얼마나 강력한 걸까? 신문 서평이나 파워블로거의 추천, 문학상 수상 작품이라는 간판은 어느 정도나 위력이 있을까? 그게 책 표지나 서점에서 책이 놓인 위치보다는 영향력이 있을까?

2016~2017년 나는 독자와의 만남 행사를 할 때마다 설문지를 돌렸다. 소설을 고를 때 각 요소들에 얼마나 영향을 받는지 0~10점으로 표시해 달라는 내용의 설문이었다. 전혀 영향을 받지 않으면 0점, 절대적으로 영향을 받으면 10점이다. 모두 812명에게서 답변을 받았다. 설문지를 스프레드시트로 정리하는 작업은 아

내가 도와주었다.("두 번 다시 논픽션 쓰지 마."라고 말하며 도와주었다.)

결과는 다음과 같다.

표 8.3 일반 독자들이 소설을 고를 때 영향을 받는 요소

— 이야기의 소재	8.36점
— 제목	7.63
— 친구나 지인의 평가	6.57
— 표지 디자인	6.18
— 작가의 대표작	6.15
— 작가의 인지도	5.75
— 작품이 문학상을 수상했다는 사실	5.28
— 작가가 바로 직전에 쓴 작품	5.16
— 서가나 매대에 자리한 위치	4.85
— 책에 함께 실린 문학평론가의 해설	4.81
— SNS에 올라온 일반 독자 반응	4.71
— 문예지에 실린 문학평론가의 평론	4.46
— TV, 라디오, 신문, 잡지, 배너 광고	4.43
— 인터넷 서점의 독자 별점	4.38
— 신문 서평	4.28
— 책의 가격	4.22
— 책 띠지의 홍보 문구	4.02
— 뒤표지에 실린 유명인의 추천사	3.96
— 파워블로거의 서평	3.64

계 812명〔성결대(113명), 동아대 생명과학대학(80명), 서울시립대(70명), 광명하안도서관(56명), 서강대 기술경영전문대학원(53명), 성북구립도서관(45명), 숙명여대 한국어문학부(43명), 포항공대(42명), 의정부도서관(41명), 카이스트(40명), 서울대 언론정보학과(40명), 제주도서관(40명), 안성시립도서관(38명), 남산도서관(37명), 삼천포도서관(30명), 한국출판마케팅연구소 '서평의 힘' 강좌(23명), 대전갤러리아백화점(21명)〕

소설 독자가 책을 고를 때 가장 중요하게 보는 요소가 이야기의 소재라는 결과가 내게는 다소 의외였다. 그런데 뒤늦게 들었지만, 출판계에서는 어느 정도 알려진 사실이라고 한다.

또 하나 놀란 것은 대부분의 독자들이 '전문가'의 의견을 높이 평가하지 않는다는 사실이었다. 타인의 의견 중 가장 중요한 것은 친구나 지인의 평가다. 그 외에 나머지는 모두 책이 서점이나 도서관에서 어느 자리에 놓여 있는지보다 덜 중요하다. 문학평론가의 해설과 SNS에 올라온 일반 독자의 반응이 엇비슷하게 참고가 되고, 그다음이 문예지에 실린 평론, 인터넷 서점의 독자 별점, 그리고 신문 서평의 순이다. 파워블로거의 서평은 책 광고나 뒤표지에 실린 추천사보다도 영향력이 적다.

나는 이런 불신이 꼭 적대적인 성격이라고만은 보지 않는다. 더러 '그놈들 다 출판사에서 뒷돈 받는 거야.'라는 인식도 있지만, 내가 느끼기에는 그보다는 '그 사람들 나랑 좀 안 맞더라.'인 경우가 더 많은 듯하다.

나 역시 언론이나 서점 등에서 소설을 추천해 달라는 요청을 많이 받는다. 그럴 때면 다른 작가나 명사들이 같은 코너에서 어떤 책을 추천했는지도 살피게 된다. 솔직히 말하면, 거기에서 '아, 이 책 읽어 보고 싶다.'라는 마음이 든 때보다는 '아, 저 사람이 자기 취향 고상하다고 자랑하고 싶었구나.'라고 느낀 적이 더 잦았다.

추천하는 글 자체가 '이거 재미있다, 볼만하다.'라며 사람을 유혹하기보다는 '그걸 읽은 나'에 초점이 맞춰진 경우가 많았다. '이 여름에 읽을 추리소설'이라는 제목이 붙어 있지 않는 한, 그런 추천도서들은 대개 고급 독자를 겨냥한 '양서'다. 애초에 제목이 '내 인생의 책', '청춘에게 권하는 책' 같은 코너에서 히가시노 게이고나 프레드릭 배크만을 권하기도 뭔가 멋쩍다.

도서관이나 교육기관의 추천 도서 목록은 어떤가. 너무 엄숙하고 고리타분해 보이지 않나. 당장 인터넷으로『중고생이 꼭 읽어야 할 한국 단편소설 40』,『고교생이 읽어야 할 우리 현대 소설』과 같은 책의 차례나, '서울대 학생을 위한 권장 도서 100권'의 한국문학 카테고리 등을 검색해 보기 바란다. 서울대 교수 중에 그 책들을 다 읽은 사람은 몇이나 될지 궁금하다.

나는 한국의 일반 독자들이 정보 부족 상태에서 읽을 소설을 고른다고 생각한다. 책 앞뒤 표지에 적힌 글과 가까운 지인의 추천을 제외하면 10점 만점에 5점 이상을 줄 만한 정보가 없다.

소설뿐 아니라 도서 전체에 대한 조사이긴 하지만, 2015년 국민 독서 실태 조사 결과도 이를 뒷받침한다. 읽을 책은 서점이나 도서관에서 자기가 직접 보고 고른다는 사람이 가장 많았다. 거기에 가족이나 친구의 추천을 좀 더 고려하는 정도였다. 각종 기관의 추천 도서나 선정 도서를 활용한다는 사람은 열 명에 한 명도 되지 않았다. 복수 응답 문항임에도 그랬다. SNS나 독서 팟캐스트를 참고한다는 사람은 더 적었다. 성인 중에는 1퍼센트 미만이었다.

표 8.4 책을 선택할 때 이용하는 정보(단위: %)

성인(3371명)		학생(2871명)	
서점, 도서관에서 직접 책을 보고	30.8%	서점, 도서관에서 직접 책을 보고	36.8%
가족, 친구의 추천	14.3	가족, 학교선생님, 친구의 추천	18.9
인터넷의 책 소개, 광고	13.1	베스트셀러 목록	10.3
신문, 잡지의 책 소개, 광고	11.5	드라마, 영화의 원작	8.0
TV, 라디오의 책 소개, 광고	10.1	인터넷의 책 소개, 광고	7.3
베스트셀러 목록	9.0	각종 기관의 추천 도서, 선정 도서	6.7
각종 기관의 추천 도서, 선정 도서	4.7	SNS	3.9

※   2순위까지 복수 응답, 2퍼센트 미만 답변은 생략
자료: 2015년 국민 독서 실태 조사 보고서

오쿠다 히데오의 최신작이 전작보다 재미있는지 아닌지, 잭 리처 시리즈 중 어느 편이 제일 술술 읽히는지 알려 주는 언론이나 평론가는 거의 없다. 공식적인 채널은 거의 다 어렵고 따분해 보이는 '좋은 책'들을 권한다. 그럴수록 소설에 대해서는 일종의 공부, 정신노동이라고 여기게 된다. 독서 문화가 침체된 원인이 이것 때문만은 아닐 테지만, 이런 측면도 분명히 있다고 나는 생각한다. '오늘 심심한데 극장이나 갈까'라는 생각은 들지만 '서점에, 도서관에 갈까'라는 생각은 좀처럼 안 드는 것이다.

국민 독서 실태 조사에서 책을 읽는 이유가 '재미있어서'라고 밝힌 사람은 오히려 학생 중에 더 많았다. 어른들은 주로 지식을 쌓으려고, 인격을 도야하려고, 마음의 위로를 얻으려고 책을 읽는다고 답했다.

표 8.5 책을 읽는 목적(단위: %)

성인(3371명)		학생(2871명)	
새로운 지식과 정보를 얻기 위해	23.1%	새로운 지식과 정보를 얻기 위해	31.3%
교양을 쌓고 인격을 형성하기 위해	18.5	책 읽는 것이 즐거워서	15.7
마음의 위로와 평안을 얻기 위해	15.6	교양과 상식을 쌓기 위해	15.3
시간을 보내기 위해	12.5	진학, 진로 선택에 도움이 되므로	10.2
업무에 도움을 받기 위해	9.9	시간을 보내기 위해	8.6
독서가 즐겁고 습관이 되어서	5.9	학교 공부, 숙제에 도움이 되므로	8.4
실생활에 도움이 되므로	5.2	마음의 위로와 평안을 얻기 위해	6.0
학업, 취업을 위해	5.0	도서관 수업 시간 과제 해결을 위해	2.7
다른 사람과 대화를 잘하기 위해	3.8	친구들과 이야기를 잘하기 위해	1.0
기타	0.4	기타	0.7

자료: 2015년 국민 독서 실태 조사 보고서

어떤 문학계 인사는 한국의 서평 문화에 대해 극히 냉소적으로 진단하기도 했다. 그는 한국의 독서 문화는 이미 붕괴했고, 베스트셀러가 되는 데에는 저자가 얼마나 잘생겼느냐가 가장 중요한 요소라며 웃었다. 나도 따라 웃긴 했지만, 정색하고 쓰자면 아직 그 정도까지는 아니라고 생각한다.

다만 지금 독자들이 몹시 혼란스러워 하는 것 같긴 하다. '한국 독자들이 베스트셀러 순위에 휘둘린다고 생각하느냐'라는 내 질문에 독립 출판 서점 더폴락을 운영하는 김인혜, 최성 대표는 이렇게 대답했다.

"그렇다고 생각해요. 하지만 그 이유는 복합적인 것 같아요. 가장 큰 원인은, 많은 분들이 책에 대해 잘 몰라서 그런 듯합니다.

평소에 소설을 많이 안 읽다 보니 자기 취향도 마땅히 없고, 자기 취향이 있다고 한들 어떤 작가가 어떤 세계를 펼치고 있는지 도무지 알 길이 없잖아요. 그러니 누가 추천하지 않으면 고르기가 힘든 수준이라 그런 듯해요. 자신의 취향 자체를 모르는 사람도 있어요. 책을 재미로 읽지 않는 문화 때문인 것 같아요. 책을 억지로 공부하듯이 읽어서 취향이랄 것조차 형성이 안 된 것은 아닐까 싶기도 합니다. 교양 없는 사람 취급당할까 봐 책은 읽어야겠고, 그러다 보니 전문가들이 좋다고 한 책이거나 남들 다 읽는 정도의 책은 읽는 것이 아닐까, 혹은 읽지는 않더라도 사는 것이 아닐까요. 또 베스트셀러는 궁금하기도 하잖아요."

제주도서관 사서들은 재미있는 이야기를 들려주었다. '다른 사람이 읽고 막 반납한 소설'이 인기가 높다는 것이었다.

인터뷰

"도서관에서는 어떤 소설을 추천하나요?"

장강명: 도서관에 찾아오시는 분들에게 어떤 소설을 추천하시나요?

조현정 제주도서관 자료지원부 부장: 저희는 추천 도서 위주로 권해 드려요. 제가 좋아하는 책 이전에. 도서관에서 책 추천해 달라는 요청은 학부모들이 제일 많이 하시는데, 그것도 저희가 먼저 다가가서 친밀함을 보이고 '어떤 책을 찾으시냐'고 물어보면 그때 질문하세요. 보통은 그냥 알아서 고르시죠.

강희진 제주도서관 자료지원부 주무관: '요즘 소설이 읽고 싶은데 뭘 읽으면 좋을지 모르겠다'고 하시는 분들이 있어요. 그럴 때에는 아무래도 그분이 어떤 분인지 살피게 돼요. 제가 권하려는 소설이 그분에게 맞을지 생각하게 되고, 한편으로는 또 분량도 중요하게 따지게 되죠. 얇은 책이 부담 없지 않을까요. 요즘은 책 마케팅도 일반 대중을 상대로 하는 것보다는 귀에 대고 속삭이는 식으로 바뀌고 있다고 들었어요.

조현정: 수만 권이 있으면 오히려 책을 고르기 쉽지 않죠. 저희는 테마 전시를 하는데, 그러지 않으면 이용자들이 신간만 찾아요. 구간 중에도 좋은 책이 많은데. 저희가 전에 나온 책을 골라서 전시전을 열고, 거기에 어떤 제목을 붙여야 그 책들이 빛을 보기 시작해요.

강희진: 재미있는 건, 이용자들이 손수레에 담긴 책들을 많이 빌려 가세요. 다른 사람이 읽고 반납해서, 서가에 꽂아 놓으려고 손수레에 담은 책들이요.

장강명: 그 손수레에 있는 책들이 눈에 띄어서 일종의 테

마 전시 같은 효과를 내는 겁니까, 아니면 누가 한번 선택한 책이라고 해서 그런 겁니까?

조현정: 후자예요. 누가 읽었다고 생각해서예요. 기왕에 시간 들여서 읽는데 실패하기 싫은 거죠.

장강명: 테마 전시 중인 소설과 손수레에 있는 책 중 어느 게 더 인기가 많을까요?

조현정: 테마에 따라서 다를 것 같은데…… 지금은 1970년 대의 베스트셀러들을 특별 전시하고 있는데요, 반 응이 어때요?

진승미 제주도서관 자료지원부 주무관: 딱히 반응이 없더라고 요. 책이 좀 낡아서 그런 것 같아요. 방문객들이 '이런 책이 있었구나.' 하고 관심은 가지시는 것 같 은데 그 책들을 빌려 읽지는 않으세요.

도서관에서 책을 빌리는 데에는 돈 한 푼 들지 않는다. 그럼에 도 도서관 이용자들은 '실패'를 두려워한다. 그 실패란 '상당한 시 간을 들여 꾹 참고 읽었지만 재미도 없고 의미도 없는 책임을 뒤늦 게 깨닫는 일'이다. 한 독자는 내게 그런 상황에 대해 "기분이 더럽 다."라고 표현했다.

돈이 문제가 아니다. 시간과 노력이 문제다. 표 8.1을 봐도 책 의 가격은 그다지 독자들이 고려하는 요소가 아니다.

인터넷 서점이나 포털 사이트의 서평 코너가 지금보다 훨씬 커지고 활발해진다면 거대한 책 손수레 역할을 할 수 있으리라. 일반 독자의 요구와 눈높이를 반영한, 정직한 평가가 충분히 많은. 심지어 독서 취향이 비슷한 사람들에게 따로 작은 손수레를 내주기까지 하는.

세계 최대의 책 추천 웹 사이트 '굿리즈'(www.goodreads.com)는 그런 손수레다. 굿리즈는 회원 수가 5000만 명이 넘고, 리뷰 수도 5000만 건이 넘는다. 수잔 콜린스의 『헝거 게임』 한 편에 대한 별점 평가가 2007년 12월 현재 511만 건이 넘고, 리뷰는 15만 건에 이른다. 독서 클럽도 2만 개 이상 개설돼 있다.

그러나 이는 영어를 쓰는 나라가 99개국이고, 영어를 사용하는 사람이 3억 3500만 명이기 때문이기도 할 것이다. 책을 읽는 인구의 비율도 영미권이 우리보다 더 높은 것 같다.

우리 현실에 당장 적용할 수 있는, 뭐 좋은 방법 없을까?

8.5

지뢰밭 앞에 선 병사

우수 중소기업과 청년 친화 강소 기업

고용 시장에서는 기업이 노동자를 선택하기도 하지만, 동시에 노동자 역시 기업을 고른다. 노동자 역시 여러 가지 정보가 충분하지 않으면 간판에 의존하게 된다. 한국의 젊은이들이 중소기업을 기피하는 데에는 그런 이유도 있지 않을까?

정부나 언론에서 '좋은 중소기업도 많다, 급여나 근로조건이 대기업 못지않은 곳도 있다.'라고 아무리 말해 봤자 구직자에게는 별 소용이 없다. 그 중소기업이 어디인지 알려 주지 않는 한. 쥐꼬리만 한 급여를 그나마도 수시로 체불하고, 근로조건은 1980년대 수준인 중소기업 역시 분명히 있기 때문이다.

좋은 중소기업과 나쁜 중소기업을 구분할 수 없을 때, 가장 합리적인 판단은 중소기업을 모두 기피하는 것이다. 최소한 대기업에서는 월급을 제때 주고, 근로조건도 어느 수준 이상은 될 테니까, 대기업이라는 간판을 믿는 게 현명하다. 청년들에게는 인생이 걸린 문제인데, 일단 다녀 보라고 할 수는 없는 노릇이다.

중소기업중앙회에서 2017년 12월 발표한 '대국민 중소기업 이미지 인식도 조사 보고서'를 살펴보자. 중기중앙회는 시민 1000명에게 같은 질문을 주고 각각 대기업과 중소기업에게 100점 만점으로 점수를 매기라고 했다.

여러 평가 항목 중 몇 가지에 대한 응답을 골라 봤다. 표 8.5.1은 대기업과 중소기업 사이의 점수 차이가 크지 않은 항목들이고, 표 8.5.2는 중소기업의 점수가 유난히 낮은 항목들이다.

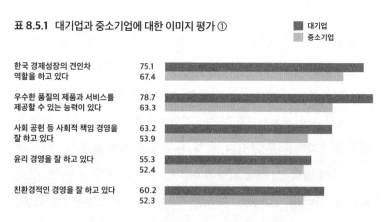

표 8.5.1 대기업과 중소기업에 대한 이미지 평가 ①

■ 대기업
■ 중소기업

항목	대기업	중소기업
한국 경제성장의 견인차 역할을 하고 있다	75.1	67.4
우수한 품질의 제품과 서비스를 제공할 수 있는 능력이 있다	78.7	63.3
사회 공헌 등 사회적 책임 경영을 잘 하고 있다	63.2	53.9
윤리 경영을 잘 하고 있다	55.3	52.4
친환경적인 경영을 잘 하고 있다	60.2	52.3

자료: 2017년도 대국민 중소기업 이미지 인식도 조사 보고서

표 8.5.2 대기업과 중소기업에 대한 이미지 평가 ②

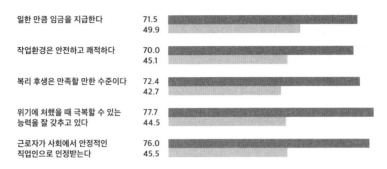

	대기업	중소기업
일한 만큼 임금을 지급한다	71.5	49.9
작업환경은 안전하고 쾌적하다	70.0	45.1
복리 후생은 만족할 만한 수준이다	72.4	42.7
위기에 처했을 때 극복할 수 있는 능력을 잘 갖추고 있다	77.7	44.5
근로자가 사회에서 안정적인 직업인으로 인정받는다	76.0	45.5

자료: 2017년도 대국민 중소기업 이미지 인식도 조사 보고서

　메시지는 명확하다. '중소기업이 한국 경제에서 중요한 역할을 하는 것도 알겠고, 좋은 기업들이 많다고도 생각한다. 그러나 내가 다니고 싶지는 않다.' 이런 경향은 20~30대 응답자 사이에서 더 두드러진다.

　나는 정부와 중소기업계가 주도하는 중소기업 인식 개선 캠페인들이 독자를 도서관에 데려가 "좋은 책이 많으니 무조건 읽어라."라고 권하는 것과 비슷하다는 느낌을 종종 받는다.

　그런 캠페인들이 주장하는 논리가 대체로 이렇다. 대기업 못지않은 근로조건에 장래성도 유망한 중소기업들이 많은데 사회 전반에 퍼진 중소기업에 대한 안 좋은 이미지 때문에 청년들이 중소기업 취업을 꺼린다는 것이다. 그러니 그 부정적 인식을 개선해야 한다는 것이다. 여기에는 중소기업이 우리 경제에서 얼마나 중요하다는 둥, 일자리를 창출하는 데 몇 퍼센트를 차지하고 있다는 둥 하는 설명도 따른다. 그런 이야기를 언론에서도 하고, 토크콘서트를 열어 하기도 한다. 대학생 서포터즈를 조직하기도 하고, TV 드라마에서 중소기업을 괜찮게 그려 달라고 PD와 방송 작가를 모아 간담회를 열기도 한다.

그러나 중소기업들이 평균적으로 괜찮다거나 전체적으로 어떤 역할을 하고 있다는 이야기는 구직자 입장에서 쓸 만한 정보가 못된다. 구직자들에게 필요한 정보는 자신이 지원하려는 특정 기업에 대한 것이며, 그들의 눈높이는 급여, 작업환경, 복리 후생, 안정성 같은 사안에 맞춰져 있다.

이쯤에서 궁금해진다. '우수한 중소기업이 아주 많다'고만 강조할 게 아니라, 그냥 그 우수한 중소기업이 어디인지, 어떤 점이 우수한지를 보여 주면 될 일 아닌가. 그러면 구직자들이 저절로 그 기업들에 몰릴 거 아닌가.

사실 그 일을 중소기업과 고용 담당 부처가 이미 하고 있기는 하다. 얼마나 잘하고 있는지 살펴보자.

중소벤처기업부에서는 인터넷으로 '우수 중소기업 데이터베이스 서비스'(sminfo.mss.go.kr/gc/st/GST002R0.do)를 운영한다. 사이트의 목적은 구직자와 중소기업 사이의 인력 수급 미스매치를 해소하기 위해서라고 나와 있다.

이곳의 우수 중소기업 세부 선정 기준은 이렇다. 종업원 수 5명 이상, 업력 3년 이상, 신용 등급 BB- 이상, 최근 3년간 자본 잠식 없음, 최근 3년간 금융 불량 없음, 현재 정상 운영 중. 음…… 이런 조건에 해당하는 기업은 우수 중소기업이 아니라 그냥 상식적인 회사라고 불러야 하는 거 아닌가?

세부 선정 기준이 흡족하지 않고, 심지어 그 기준을 설명하는 짧은 문단에 어이없는 맞춤법 실수가 두 군데나 있지만('최근'을 '회근'으로, '정상 운영 중인 중소기업'을 '정상 운영 중이 중소기업'이라고 적었다.) 넘어가기로 하자.

진짜 문제는 이 데이터베이스에서 구직자가 궁금해하는 사항은 거의 알 수 없다는 사실이다. 관심 있는 회사 직원들의 평균임금이 얼마인지조차 알 수 없다. '연 급여 총액'과 '1인 평균 연간 급여'라는 항목이 있긴 있지만 내가 확인한 바로는 대부분 그 칸이 비어 있다. 직원이 수백 명이 되는 기업들도 거의 다 그렇다. 그나마도 "연 급여 총액 및 1인 평균 연간 급여는 해당 기업의 제출 보고서 등에서 수집한 정보로서, 실제 근로조건과는 상이할 수 있으므로 이용에 유의바랍니다."라는 단서가 달려 있다.

신입 사원 초봉이나 복리 후생, 근로시간, 회사 분위기, 휴가는 얼마나 쉽게 쓰는지, 식비나 교통비는 지원하는지, 해외 출장을 얼마나 자주 가는지, 업계에서의 평가가 어떤지, 가족 경영을 하는 곳은 아닌지 등은 아예 항목조차 없다. 우수 중소기업만 모아 놓은 데이터베이스니까, 정부를 믿고 그냥 입사 지원서를 내면 되는 건가?

중소벤처기업부는 우수 중소기업 중 각 분야별 상위 기업 1000곳을 선별해서 이 데이터베이스에서 제공하기도 한다. 그런데 거기에도 '근로조건이나 근무환경 같은 항목은 반영되지 않는다'고 쓰여 있다. 대신 매출액 증가율, 영업 이익률, 자본금 총액, 부채 비율 같은 요소를 반영했다고 한다. 구직자에게 유용한 정보를 제공하기 위해 분야별 상위 기업을 골랐다고 설명은 적혀 있는데, 내가 보기에는 아무래도 구직자가 아니라 투자자를 위한 정보 같다.

고용노동부와 한국고용정보원이 운영하는 일자리 정보 시스템 '워크넷' 역시 마찬가지다. 이 글을 쓰다가 '기자 및 논설위원 외 6 직종'에 해당하는 구인 공고를 찾아보니 201개가 나온다. 중소 언론사나 지역신문사, 생활정보지, 잡지, 사보의 기자와 편집자, 쇼핑호스트, 아나운서, 리포터를 찾는 게시물들이다.

그런데 그중 111곳이 급여 항목에 '회사 내규에 따름'이라고 적혀 있다. 나머지 항목들에도 도움 안 되는 말들이 많다. 모집 인원은 ○○명, 근무 형태는 협의 가능, 근무 시간은 소정 근로시간이라는 식이다.

고용노동부나 지방자치단체에서는 '취업하기 좋은 중소기업' 목록을 만들어 배포하기도 한다. 이 명단을 보고 있자면 권장 도서 목록이 생각난다. 실제로 취업하려는 사람들이 아닌 '전문가'들이, 자기들 눈높이에서 다양한 요소를 종합해서 내놓은 것이다.

고용노동부의 '청년 친화 강소기업' 사이트(www.work.go.kr/smallGiants)를 보자. 강소기업 중에서 '초임, 근로시간, 복지 혜택이 우수하여 청년들이 근무할 만한 중소기업'을 모아 놓았다고 한다. 청년 친화 강소기업 명단에는 임금, 일·생활 균형, 고용 안정 등 3개 분야에서 모두 '베스트'로 선정됐다든가, 그중 한 개 분야에서만 베스트라든가 하는 선정 사유가 나온다.

그런데 막상 이 사이트에 들어가서 기업 정보를 클릭하면 당장 신입 사원 임금부터가 비공개인 곳들이 많다. 구직자들에게 신입 사원 임금을 직접 가르쳐 주진 않겠지만, 이미 그것까지 고려해서 뽑은 좋은 기업들이니까 그냥 전문가의 지시를 따르라는 얘기다.

어떤가, 믿음이 가나?

어떤 분들은 '알짜 중소기업 정보를 구직자에게 알려 주면 물론 좋겠지만, 정부가 어떻게 그걸 일일이 다 조사하겠나'라고 생각하실지도 모르겠다.

정부는 그걸 일일이 조사할 필요가 없다.

대한민국 정부는 이미 그런 자료를 다 보유하고 있다.

한 벤처기업이 2016년 9월 서비스를 시작한 '크레딧잡' (kreditjob.com)은 직원 3인 이상인 기업 42만 곳의 평균 연봉, 올해 입사자 평균 연봉, 직급별 연봉 추정치, 학력별 신입 사원 연봉 추정치, 올해 입사자와 퇴사자 수 등을 공개한다. 회원 가입이나 인증 절차 같은 것도 필요 없다. 그냥 사이트에 접속해서 궁금한 기업의 이름을 검색창에 써넣으면 된다.

동아일보를 검색해 보니 차장 연봉이 7627만 원으로 나오는 걸로 봐서 추정치도 꽤 정확한 것 같다. 동아일보에 2016년 5월부터 7월까지 입사한 사람은 한 명도 없는데 퇴사자는 20명이라고 한다. 내게는 친정이나 다름없는 회사에 그때 안 좋은 일이 일어났나 걱정스럽기도 하고, 정년퇴직이나 분사로 인한 착시 효과 아닌가 싶기도 하다.

크레딧잡은 어떻게 이런 수치를 제공할 수 있을까? 국민연금공단의 자료를 이용하기 때문이다. 국민연금 납부 데이터만으로도 이런 분석을 할 수 있다. 어떤 기업이 연봉이 높고 직원 수가 빠르게 늘어나고 있는지, 연봉은 적당한 수준이지만 직원이 퇴사하는 일이 좀처럼 없는지, 연봉은 높지만 입사자와 퇴사자도 그만큼 많아 아마도 노동 강도가 상당하리라 예상되는지, 연봉은 높은데도 떠나는 사람들이 많을 정도로 분위기가 안 좋은지, 연봉이 낮고 망하는 중인지, 초봉은 높지만 근속 연수가 쌓여도 임금이 잘 오르지 않는지, 반대로 초봉은 낮아도 고참이 되면 고소득을 누릴 수 있는지 가늠할 수 있다.

크레딧잡은 문을 열자마자 엄청난 인기를 모았다. 서비스를 개시한 지 1년도 안 돼 하루 방문자가 2만 명이 넘어섰다. 사람들은 동종 업계 기업들의 임금 수준을 비교할 수 있게 됐다. 퇴사율이 높은 기업을 둘러싸고는 직원 혹사 논란이 벌어졌다. 몇몇 기업들은 국민연금에 항의했고, 크레딧잡은 한동안 서비스를 중단해야 했다.

사실 크레딧잡의 정보에도 흠은 있다. 월급이 434만 원 이상이면 국민연금 납부액이 19만 원으로 동일하기 때문이다. 그래서 고소득자가 많은 기업의 정보는 다소 부정확할 수 있다. 국세청이 보유하고 있는 근로소득세 납부 자료를 활용할 수 있다면 완벽해질 것이다.

정부는 국민연금공단과 국세청의 자료 외에도 더 방대한 데이터를 갖고 있다. 어느 회사가 근로기준법을 어긴 적이 있는지, 임금 체불 진정이나 신고가 접수된 적이 있는지, 그곳에서 어떤 산업재해가 어떻게 일어나 얼마나 큰 피해를 입혔는지, 어떤 노동쟁의가 무슨 이유로 발생해 어떻게 마무리되었는지, 직장 내 성범죄로 처벌받은 직원이 있는지…… 전부 정부 전산망에 기록돼 있다. 구직자 입장에서는 천금과 같은 정보들이다. 깜깜한 구직 시장에 빛을 던져 줄 등대들이다.

그러나 정부는 이런 데이터를 잘 공개하지 않는다. 임금 체불에 대해서는 2013년에서부터야 겨우 상습 체불 기업의 명단을 공개하기 시작했다. 그나마도 공개 기준이 까다롭다. 공개일을 기준으로 3년 사이에 두 번 이상 임금 체불로 유죄가 확정되고, 1년 사이에 밀린 임금이 3000만 원 이상이어야 한다. 소명 기간에 밀린 임금을 지급하거나, 지급 계획을 잘 설명하면 공개 대상에서 제외된다. 2016년 임금 체불이 신고된 업체는 13만 여 곳인데, 2017년 1월 이름이 공개된 기업은 840곳뿐이다. 그나마 이 명단은 3년 동안만 공개되며, 일반 구직 사이트에서 쉽게 검색되지 않는다.

나는 이런 정보들에 대해 구직자들이 알 권리가 있다고 생각한다. 또 시장경제 국가의 정부는 이런 정보를 제공해야 할 의무가 있다고 본다. 이런 정보들이 공개되면 기업들이 임금 체불이나 근로기준법 준수에 대해 지금보다 훨씬 더 경각심을 갖는 효과도 있을 것이다.

한국 사회는 공공기관의 조사가 끝나 법원에서 판결까지 내린 사안에 대해서조차 구직자에게 제대로 알려 주지 않는다. 그러면서 '우수한 중소기업이 많은데 요즘 젊은이들은 대기업만 바라본다'고 그들을 꾸짖는다. 가증스러운 기만이다. 지뢰밭으로 들어가기 주저하는 군인에게 용기가 부족하다고 다그치는 꼴이다.

9

암흑 물질과 문예운동

『회색 인간』 성공 스토리

우리는 비닐 봉투를 들고 기차에 올라탔다. 비닐 봉투에는 맥주 여덟 캔과 칼몬드 두 통, 오징어구이 안주 두 봉지, 그리고 허니버터칩이 한 봉지 들어 있었다.

『나는 지방대 시간강사다』, 『대리사회』를 쓴 김민섭 작가와 나는 부산에서 강연을 마친 후 KTX를 타고 서울로 돌아오는 길이었다. 김 작가와 내가 나란히 앉고, 뒷자리에는 행사를 진행한 와우책문화예술센터의 사무국장이 앉았다.

기차 안에서 김민섭 작가는 신인 소설가 김동식의 소설집 『회색 인간』에 대해 내게 설명해 주었다. 나온 지 열흘도 채 안 된 신간이었지만, 작가와 책의 이름은 처음 듣는 게 아니었다. 몇 시간 전 강연에서 청중에게 김민섭 작가가 이 책을 추천했기 때문이다.

게다가 나는 뮤지션 요조와 함께 진행하는 독서 팟캐스트에서 얼마 뒤 그 책을 소개할 예정이었다. 그래서 출판사에서 『회색 인간』을 비롯한 김동식 작가의 책 세 권을 PDF 파일로 전달받은 상태였다. 그러나 내가 아는 바는 그게 전부였다. 작가가 어떤 사람인지도, 팟캐스트 담당 팀장이 왜 그 책을 이번에 다룰 작품으로 골랐는지도 몰랐다.

『회색 인간』은 짧은 단편 24편으로 구성된 소설집이었다. 나는 그중 2편을 읽었다. 일본 SF 작가 호시 신이치나 미국 소설가 프레드릭 브라운의 작품들이 떠오르는 엽편들이었다. 기발한 설정과 군더더기 없는 진행, 그리고 반전. 무척 재미있었으나 엄청나게 감탄하지는 않았다. 장편소설공모전 심사를 하며 이 원고를 만났다면 '최상'을 매겼을까? 아닐 것 같다.

김민섭 작가는 그 책을 자신이 기획했다고 설명했다.

"'오늘의 유머'(오유)라는 인터넷 커뮤니티 아시죠? 김동식 작가님이 거기에 올린 글을 모아서 만든 책이에요. 제가 거의 처음 올라온 글부터 봤어요."

김동식 작가는 2016년 5월경부터 '복날은 간다'라는 필명으로 오유의 공포게시판에 200자 원고지 20매 분량의 엽편을 올리기 시작했다. 김민섭 작가는 글쓴이가 누구인지 전혀 모르는 채로 그 작품들을 읽었고, 꾸준한 수준과 어마어마한 생산력에 감탄했다. 100일도 안 되는 시간 동안 50편이나 글이 올라왔던 것이다.

김민섭 작가는 그해 여름에 '복날은 간다'의 게시물에 "혹시 글을 출판할 생각이 있느냐, 이야기를 나눠 보고 싶다."라고 댓글을 달았다. 김동식 작가는 "마음은 있는데 어떻게 해야 할지 방법을 모르겠다."라고 답장을 보내왔다.

"제가 기획자도 아니고, 편집자도 아니고, 순수한 독자로서 '이분 글이 책으로 나오면 기쁠 것 같다'는 마음에서 연락을 한 거였어요. 김동식 작가님 연락을 받고 나서 그 글들을 모아서 아는 출판 평론가 몇 분에게 보냈죠. 내심 '어느 출판사로 보내면 좋을 것 같다.'라는 답장이 올 거라고 기대했어요. 그런데 그렇지는 않았고, '재미는 있네요.'라는 정도의 반응들이었습니다. 출판까지는 어렵겠다고."

김민섭 작가는 김동식 작가에게 그런 사정을 알렸다. 김동식 작가는 실망하지 않고 꾸준히 소설을 썼다. 2017년 9월까지 거의 1만 매에 가까운 분량의 작품을 올렸다.

김민섭 작가는 당시 한국출판마케팅연구소가 발행하는 잡지 《기획회의》에 '김민섭이 만난 젊은 작가들'이라는 인터뷰 코너를 연재하고 있었다. 김민섭 작가는 이 인터뷰를 쓰기 위해 김동식 작가를 만났다.

"개인적인 궁금증도 있어서, 뵙고 말씀을 듣고 싶다고 이메일을 드렸어요. 그때 처음으로 '글쓰기를 어디서 배우셨나요?' 하고 여쭤 봤거든요. 그랬다가 이분이 하는 말씀을 듣고 깜짝 놀랐어요. 자기는 대학을 안 나왔고, 고등학교는 검정고시로 졸업했다고 하시더라고요. 20대 초반부터 주물 공장에서 아연을 녹이는 작업을 했고, 글쓰기를 정식으로 배운 적은 없다고."

한국출판마케팅연구소의 한기호 소장이 인터뷰 기사를 읽고 김민섭 작가에게 김동식 작가의 글을 읽어 보고 싶다고 얘기했다. 김민섭 작가가 골라 보낸 작품 20편을 읽고 난 한 소장은 원고를 출간하기로 결정했다. 마침 한국출판마케팅연구소는 '요다'라는 이름으로 서브컬처와 장르소설을 다루는 임프린트를 만든 참이었다.

김민섭 작가는 20편 정도를 추려 한 권짜리 단행본을 내자는 생각이었으나 한 소장이 한꺼번에 세 권을 출간하자고 주장했다. 다들 깜짝 놀랐지만 한 소장의 말에 따랐다. 그래서 1권 『회색 인간』과 2권 『세상에서 가장 약한 요괴』, 3권 『13일의 김남우』가 그해 연말 동시에 나왔다. 이 세 권을 각각 2000부씩 발행했는데 5일 만에 모두 2쇄에 들어갔다. 반응이 그만큼 폭발적이었던 것이다.

내가 부산에서 김민섭 작가와 함께 강연했을 때 그 세 권은 모두 알라딘의 한국 소설 베스트셀러 10위 안에 올라와 있었다. 『회색 인간』이 5위, 『13일의 김남우』는 8위, 『세상에서 가장 약한 요괴』는 10위였다.

김민섭 작가는 나와 만나고 며칠 뒤 서울에서 김동식 작가의 팬 사인회 사회를 봤다. 그는 그 자리에서 김동식 작가가 '왜 잘 돼야 하는지'를 설명했다고 한다.

"소수 심사위원들의 눈에 들어 ○○문학상이라는 간판을 달고 작가가 되는 일, 그러한 제도권의 선택이 아닌 독자들이 만들어 낸 작가라는 것 '도' 가능한 대한민국이 되어야 한다고, 여러분은 거기에 동참했고 그 증거가 지금 여기 앉아 있다고, 했다. 그리고 평론가나 작가들의 서평보다 오히려 평범한 독자들이 카페에 앉아 남긴 '이 책 괜찮네'라는 한 줄이 더욱 힘이 있으니까, 여기저기에서 '여기 당신의 독자가 있다'고 손을 흔들어 달라고 했다."*

그 팬 사인회에서는 독자 다섯 명이 울음을 터뜨렸다고 한다.

여기까지는 좋은 얘기다. 이제 좀 삐딱한 이야기를 해 보려 한다.

나는 『회색 인간』을 무척 재미있게 읽었다. 김동식 작가의 열정과 성실함에는 그저 경탄할 따름이다. 그러나 이 책 지지자들의 열광적인 찬사에 완전히 동의하지는 않는다.

나는 한국 장르소설계에서 온우주라든가 에픽로그 같은 작은 출판사가 낸 창작 소설 단행본이나 창작 집단 '거울'에 올라온 단편소설을 꽤 찾아 읽은 편이다. 어느 정도 이름이 알려진 작가 외에도 김현중, 임태운, 이서영, 정보라, dcdc, 카라차 같은 작가의 작품을 인상 깊게 읽었고, 서평을 쓰거나 다른 사람에게 추천하기도 했다. 모두 등단 제도를 통하지 않았으나 꾸준히 작품 활동을 하고 있는 작가들이다. 나로서는 이들이 김동식 작가보다 아이디어나 필력, 주제의식이 한 차원 아래라고는 결코 말할 수 없다.

『회색 인간』의 성공에는 작품 외적인 요소들이 있었다. 위에 거명한 작가들이 누리지 못한.

---

* 김민섭 작가 페이스북, <https://m.facebook.com/story.php?story_fbid=791529337722498&id=100005963178258¬if_t=feedback_reaction_generic¬if_id=1515809264761601&ref=m_notif>.

무엇보다 거대 커뮤니티인 오유 이용자들이 있었다. 김민섭 작가는 김동식 작가가 '책이 나왔다'는 소식을 게시판에 올린 지 24시간 만에 오유 사용자들이 500질(1500권) 이상 구입했을 걸로 추정했다. 사용자들은 서점별 재고 현황을 공유하고, 인터넷 서점에서 책을 주문한 화면을 캡처한 이미지를 댓글로 올리며 구매를 인증했다. 김동식 작가와 김민섭 작가가 인증 댓글에 다시 댓글을 달며 그런 분위기를 독려했다.

김민섭 작가는 오유 이용자들에게 온라인 서점의 100자 평이나 리뷰난, 포털 사이트의 블로그와 카페에 어떤 키워드로 서평을 남기면 좋다는 조언도 해 주었다. 지역과 대학, 중·고등학교 도서관에서 책을 신청해 달라는 요청도 남겼다. 김민섭 작가는 "출판사가 '오유에서 초기에 500질 이상 팔아 줘야 한다'고 바랐는데 실제로 그렇게 됐다."라고 말했다.

"오유에는 이분에 대해 '오유가 키워 낸 작가'라며 아끼고 지켜 줘야 한다는 분위기가 있었어요. 김동식 작가의 초기 글이 많이 엉성했거든요. 맞춤법도 자주 틀렸고. 그걸 오유 이용자들이 댓글로 지적해 주면 작가가 변명하거나 외면하지 않고 다 수정하더라고요. 그런 성실하고 겸손한 자세로 글을 꾸준히 올렸죠. 그래서 이용자들이 '이 사람은 우리와 소통하면서 발전하는 작가구나'라고 여기게 된 거예요."

여기에 김동식 작가의 개인사도 역할을 했다. 불공정한 사회에서 본인의 엄청난 노력과 거짓말 같은 네티즌들의 도움으로 당당히 성과를 내는 '흙수저'의 성공 이야기는 확실히 심금을 울린다. 팬 사인회에서 울음을 터뜨렸던 독자들도 책의 내용보다는 책을 출간하게 된 과정과 김동식 작가라는 인물 그 자체에 더 감명을 받았던 것 아닐까.

『회색 인간』의 성공은 다른 기획자나 신인 작가가 재현하기 힘든 것이었다. 특정 인물, 특정 배경 아래서만 이룰 수 있는 것이었다.(다시 한번 강조하지만 이는 결코 김동식 작가와 그의 작품을 폄하하는 얘기가 아니다. 그만큼 그의 노력과 자세가 특출했다는 찬사이기도 하다.) 이런 방식은 문학공모전의 대안이나 보완책이 되기 어렵다.

나는 김민섭 작가에게, 만약 작가님이 출판사의 기획 위원이라면 김동식 작가를 발굴한 방식으로 다른 신인들을 발견할 수 있다고 믿고 인터넷 커뮤니티들을 찾아보겠느냐고 물었다.

"해야 하는 수고인데…… 기존에 하던 대로 계속 하려고 하지 않을까 싶네요. 인터넷에 올라오는 글이 출간됐을 때 얼마나 반향을 일으킬 수 있을지에 대해 다들 확신이 없을 테고요."

김민섭 작가가 대답했다.

KTX 열차에는 천장에 LCD 모니터가 몇 대 달려 있고, 여기에서 차내 방송을 한다. 이 방송은 연합뉴스가 맡아 하는데, 광고가 잘 팔리지는 않는 모양이다. 주로 지방자치단체 이미지 광고가 많고, 연합뉴스 자신을 홍보하는 영상도 간혹 나온다. 연합뉴스가 주최하는 수림문학상 수상작 광고도 한다.

김민섭 작가가 김동식 작가와 『회색 인간』에 대해 설명해 주는 동안 KTX 열차 모니터에는 수림문학상 수상작인 『기타 부기 셔플』광고가 몇 번이나 나왔다. 복잡한 심정이었다. 내가 심사에 참여하고 띠지에 추천사를 쓴 『기타 부기 셔플』은, 『회색 인간』에 비하면 무안할 정도로 독자를 얻지 못했다. 좋은 소설이었는데. 수림문학상은 이름이 잘 알려진 상이 아니고, 통신사로서 국내 문학 출판에 뛰어든 지 얼마 되지 않은 연합뉴스는 마케팅에 서툴렀다. 추천인으로서 나의 위상도 변변치 못하고.

『기타 부기 셔플』이 『회색 인간』보다 뛰어난 소설이라거나, 두 작품의 판매량이 바뀌어야 한다는 따위의 푸념이 절대 아니다. 나는 완전히 다른 생각을 하고 있었다. 나는 젊은 한국 신인 소설가 두 사람이 책을 내고 독자를 만난 과정에 의미심장한 공통점, 보다 정확히 표현하자면 '공통의 결핍 지점'이 있지 않나 하는 생각이 들었다.

그것은 독서 공동체다. 김동식, 또는 이진이라는 신인 작가의 신간 한국 소설이 나왔는데 읽어 보니 대단하더라, 또는 준수하더라, 또는 보통이더라, 또는 시원찮더라는 이야기가 오가는 공간. '우리 작가'라며 무조건적으로 열광하지도, 미등단 작가(또는 문단 작가)라며 외면하지도 않는 공간. 두 작가의 작품을 비교하면 어떤지, 지난달, 지난해에 나온 다른 신인 작가의 작품에 비하면 어떤지 토론하는 공간. 그러다 적절한 맥락에서 호시 신이치와 프레드릭 브라운과 역대 수림문학상 수상자들의 이름과 작품이 언급되는 공간. 그런 대화와 평판이 계속해서 쌓여 가는 공간. 그래서 예비 독자에게 정보를 주고, 독서 욕구를 불러일으키는 공간.

그런 공간이 지금 아예 없느냐, 한국의 독서 생태계가 진공 상태냐, 하면 그렇진 않다. 그러나 멸종 위기종의 서식지 같은 형세 아닐까 한다.

『회색 인간』과 『기타 부기 셔플』을 모두 읽은 독자는 몇 명이나 될까? 이것은 수사적인 질문이 아니다. 나는 정말로 그 수가 궁금하다. 어쩌면 의외로 의미 있는 수치일지 모른다는 희망도 품는다.

지금 한국에는 암흑 물질(dark matter) 같은 진지한 독자가 상당수 있지 않을까 기대해 본다. 암흑 물질이란 우리가 아는 물질과 거의 상호작용을 하지 않는 수수께끼의 물질이다. 암흑 물질은 빛이나 입자를 전혀 방출하지 않아 관측할 수가 없다. 그래도 질량이 있기 때문에 중력을 일으키고, 그 중력으로 존재를 유추할 따름이다. 사실 암흑 물질은 우리가 정체를 아는 모든 물질보다 훨씬 더 많다. 다섯 배 가까이 많다. 암흑 물질은 우리와 함께 있으며, 어쩌면 지금 이 순간에도 매초마다 암흑 물질 입자 수십 억 개가 우리 몸을 통과해 지나가는 중일지 모른다.

그러나 암흑 물질은 보이지 않기 때문에, 우리의 관심사는 그보다 훨씬 더 수가 적지만 상호작용을 활발히 하는 물질에 주로 맞춰져 있다. 우리 몸도, 지구도, 별도, 그런 관측 가능한 물질로 만들어져 있다. 태양계의 운행 같은 문제는 암흑 물질을 언급하지 않아도 우리가 아는 물질만으로 고등학교 물리 수준에서 설명할 수 있다. 그러나 더 깊이 들어간다면, 예컨대 은하의 회전 속도에 대해 말하려면, 암흑 물질을 이야기해야 한다. 과학자들은 머리를 싸매고 암흑 물질을 검출하는 방법을 연구 중이다.

지금 한국의 출판사와 출판·문학 담당 기자, 문학평론가, 출판 평론가들의 눈에 잘 보이는 독자는 인터넷이나 소셜미디어, 출판사 카페에 서평을 활발히 올리고 자기 의견을 밝히는 맹렬 독자들이다. 이들은 상호작용을 잘 하는 '볼 수 있는 물질' 입자에 비할 수 있다. 몇몇 베스트셀러는 이들 독자들의 반응만으로도 설명할 수 있다. 상호작용을 잘 하는 독자 중에서도 어떤 계층이 그 책에 주목했고 그 이유가 뭐였는지, 그런 관심이 어떻게 판매로 이어졌고 출판사의 대응은 어땠는지.

반면 어떤 책들은 판매량은 상당하지만 누가 어떤 이유로 그 책을 선택하는지 쉽게 파악되지 않는다. 서점의 매출액과 도서관의 대출 건수로는 존재를 유추할 수 있지만 좀처럼 모습을 드러내지는 않는 조용한 독자들이 많이 있는 것 같다. 그중에는 어쩌다 한두 권을 읽는 사람도 있지만, 트렌드나 마케팅에 크게 휘둘리지 않고 자기 주관을 지니고 두툼하고 어려운 책들을 기꺼이 펴는 독서가의 수도 꽤 되는 듯하다. 그들 없이는 몇몇 책들의 판매가 설명이 안 된다. 나 역시 오랜 기간 그런 독자였다.

김민섭 작가와 함께 무대에 올랐던 부산 강연 행사의 이름은 '문학하는 하루'였다. 거기서 한 참석자가 내게 '본인 책에 대한 리뷰를 찾아 읽느냐'고 질문했다. 나는 보지 않는다고 대답했다. 호평은 호평대로, 악플은 악플대로 시간과 감정을 너무 많이 잡아먹었다. 그러나 처음부터 그랬던 것은 아니었다. 하루에도 몇 번씩 새로 올라온 서평 없나, 하며 검색창에 내 이름을 입력하던 때가 있었다. 나는 불쑥 그 시절에 대해 이야기하고 싶어졌다.

"저, 좀 모순되는 말처럼 들릴지도 모르겠지만…… 그래도 리뷰 많이 써 주세요. 저는 세상에 '읽고 쓰는 공동체'가 있다고 생각합니다. 여기 오신 분들은 아마 다 그 공동체의 일원일 거예요. 저도 그렇고요. 저희는 더 끈끈하게 묶여 있다고 생각해요. 고향 사람이라든가, 어느 대학 동문이라든가 하는 것보다 더. 그리고 읽고 쓰는 공동체의 일원이 많을수록 좋은 사회입니다. 이 공동체 구성원들은 좀 더 차분하고, 자신을 더 잘 성찰하는 사람들이니까요. 그런데 이 공동체가 지금 점점 규모가 줄고 있습니다."

나는 서평이 이 소중한 공동체를 위해 중요한 역할을 할 수 있다고 믿는다. 아주 짧은 서평이라도, 그리고 악평이라도 그렇다.

"우선 서평은 작가들에게 '당신 책을 읽은 독자가 있다'는 신호가 됩니다. 한국의 많은 젊은 소설가들이 응답 없는 벽을 바라보는 심정으로 글을 쓰고 있거든요. '출판사 편집자들 말고 내 글을 읽는 사람이 있긴 있나?'라는 막막함에 시달리다 좌절하는 소설가들이 얼마나 많은지 모릅니다. 서평은 그들을 어떤 식으로든 자극하고, 움직일 힘을 줍니다."

서평은 다른 독자에게도 용기를 준다. 읽고 쓰는 공동체의 시민들은 오프라인 공간에서 모일 일이 잘 없다. '문학하는 하루' 같은 행사나 독서 모임은 예외적이다. 우리들은 평소에 뿔뿔이 흩어져, 서로의 존재를 모른 채 지낸다. 읽고 쓰는 일은 대개 몹시 개인적인 일인 데다, 단기적으로는 상당히 쓸모가 없다.(회사나 학교에 내야 하는 보고서 이야기를 하는 건 아니다, 물론.) 이때 서평은 그 자체만으로도 아직 누군가는 치열하게 읽고 있다는 큰 격려가 되지 않을까. 지하철에서 성경이나 수험서가 아닌 책 들고 있는 사람 보면 반가운데, 나만 그런가.

"악평도 좋습니다. 따끔한 비판이 있으면 그 사람이 쓰는 서평에 대해 읽는 이들이 신뢰를 갖게 되죠. 그러면 그다음에 다른 작품에 대해 쓰는 호평이 그만큼 귀해져요."

그날 무대 위에서는 말하지 못했지만, 나는 이즈음 어떤 새로운 종류의 운동이 필요한 것 아닐까 생각하고 있었다.

나는 3장에서 고액 상금의 장편소설공모전을 출판인과 평론가들의 문예운동이라고 부른 바 있다. 그들이 인정하고 좋아하는 소설을 쓰는 작가를 발굴하고, 그 작가의 작품을 알려서 앞으로의 창작을 응원하는 활동이라는 점에서다. 이 운동은 대단한 성공을 거두어 많은 신인을 발굴했고 한국문학을 더 풍성하게 했다. 이것은 아주 좋은 일이며, 계속 이어져야 한다.

그러나 상당수 독자들이 '소설공모전 방식으로는 우리가 인정하고 좋아하는 소설을 쓰는 작가를 발굴하거나 작품을 알리기 어렵다'고 주장한다. 나는 그런 주장에도 동의한다. 어떤 출판인이나 독자들은 '그렇기 때문에 소설공모전의 형식을 바꿔야 한다'고 요구하며, 아예 폐지해야 한다고 목소리를 높이기도 한다. 나는 그런 의견에는 동의하지 않는다.

나는 새로운 종류의 운동이 필요하다고 생각한다. 기존의 문예운동과 새로운 운동이 동시에 각각 다른 종류의 작가들을 발견하고 작품을 응원하면서 우리 문학장을 풍요롭게 만드는 모습을 꿈꾼다. 거기에서 전에 보지 못한 다양한 혼종이 탄생하고, 소설가들이 동료들의 문학에 자극을 받으며 혼자서는 돌파하지 못할 방향으로 도전하고 도약하기를 바란다.

　나는 지금 우리에게 필요한 이 새로운 운동을 '독자들의 문예운동'이라고 부르고 싶다.

독자들의 문예운동은 어떤 모습이어야 할까

　독자들의 문예운동은 공모전을 포함해 우리 문학계의 기존 시스템으로는 발견할 수 없거나 묻히기 쉬운 작가들을 일반 독자의 눈높이에서 찾아내고 응원하는 운동이다. 독자들은 늘 그런 일을 해 오긴 했지만, 그 힘을 더 키우고 좀 더 효과적으로 영향력이 발휘되게 활동을 조직하자는 게 나의 제안이다.

　구체적인 내용은 아직 정확히 모르겠다. 이 책이 나온 뒤 논의가 이어져, 시스템이라고 해도 좋을 정도로 체계적이고 안정적인 장치들에 대한 아이디어가 나오길 기대한다. 뼈대가 되는 것은 '독자의 언어'와 데이터베이스다. 독자들이 출판인이나 평론가와는 다른 주체적인 관점으로 작품에 가치를 부여하고 의견을 나눠야 한다. 그런 토론 내용을 공간적으로나 시간적으로 먼 곳에서도 찾아 볼 수 있어야 한다.

　이 운동의 바탕에는 아마도 다양한 해석을 응원하고 강조하는 철학이 있어야 할 것 같다. '전문가'들의 권위에 맞서 독자들이 '나는 이러저러한 이유로 당신과 달리 느꼈다'고 말하는 주체가 되어야 하기 때문이다.

그 이유를 충분히 풀어놓을 수 있는 공간이 중요하다. "이유는 모르지만 왠지 좋다"는 식의 감상은 힘이 없으며, 다른 예비 독자에게 추천의 역할도 하지 못한다. 베스트셀러 순위에는 그런 자리가 없다. 그런 철학과 공간이 합쳐져 독서 생태계의 중류와 하류에서 독자들의 서평을 의미 있게 조직하고 효과적으로 유통해야 한다.

이 원고를 쓰는 사이 출판계에서는 북큐레이션, 또는 북디렉팅이라는 단어가 유행했다. 이 용어는 아직 혼란스럽게 쓰이고 있다. 대형 서점이나 정보 통신 기업들이 빅데이터를 이용해 고객의 취향을 분석한 뒤 좋아할 만한 책을 추천하는 것을 가리키기도 하고, 반대로 독립 서점들이 주인의 취향에 맞는 책을 들여와 전시한 것을 일컫기도 한다.

전자는 고객맞춤형 서비스이고, 후자는 공급자의 에디터십을 강조한 편집숍이니 개념상으로는 상당히 동떨어져 있다고 볼 수도 있겠다. '독자의 언어'와 데이터베이스를 엉성하게나마 갖춘 형태도 있고 아닌 곳도 있다. 독자들의 문예운동과는 '취향'이라는 접점이 있다. 어떤 사람에게는 훌륭한 책이 다른 사람에게는 그렇지 않을 수도 있다는 것이다.

북큐레이션이라고 해서 맞춤형 서비스와 편집숍 둘 중 하나만을 가리키는 것은 물론 아닐 테다. 협동조합 롤링다이스의 제현주 대표가 2015~2016년에 운영한 뉴스레터 '비:파크레터'는 그 중간 형태의 북큐레이션이다.

비:파크레터는 추천자의 취향과 뉴스레터를 받아보는 사람의 요구를 모두 고려했다. 뉴스레터 필자는 여러 사람이 돌아가도록

쓰게 했는데, 큰 주제는 비:파크레터 측이 먼저 정해 줬다. 그리고 그 주제와 엮을 수 있는 책 후부를 5권가량 선정해서 필자에게 알려 줬다. 그 책들은 가능하면 작은 출판사에서 나온 책으로 골랐다.

서평은 책에 대한 품평이나 단순한 내용 소개를 지양하고, '나는 이래서 이 책이 좋았는데, 당신의 성격이나 지금 겪고 있는 상황이 나와 같다면 당신도 분명히 이 책을 좋아할 것이다.'라는 분위기로 쓰게 했다. 그런 서평은 처음부터 휴대폰 화면에 맞게 원고 분량과 사진을 정하고 편집했다. 그렇게 뉴스레터를 발송하면서 서울혁신파크에서 책을 전시하고 관련 강연도 진행했다.

제현주 대표는 이를 '다채널 마케팅 플랫폼'이라고 설명했다.

"요즘 책들은 여러 채널로 마케팅을 해야 하는데, 직원 5인 미만 소형 출판사들은 그런 여력이 없어요. 동시에 독자가 지금 필요로 하는 책을 소개하고 싶었어요. 독자의 필요라는 건, 젠더 이슈가 화제인데 페미니즘 도서를 읽고 싶다는 욕구일 수도 있고, 실용서를 향한 것일 수도 있어요. 어떤 요리책이 좋으냐 같은. 그런데 신문 서평 코너에서 실용서를 소개하는 경우는 거의 없죠. 자신들이 판단한 기사 가치에 따라 소개하니까요."

좀 더 야심 찬 구상도 있다. 온라인 도서 플랫폼 '밀리의서재'에서는 회원들이 자신들의 추천 도서 리스트와 서평으로 가상 서재를 만들게 한다. 방문자가 그 서재를 통해 책을 구매할 때 서재 주인에게 수수료가 돌아가도록 하면 어떨까. 밀리의서재가 추진하는 비즈니스 모델의 일부다.

말하자면 모든 사람이 독립 서점 주인이 되는 셈이다. 누군가의 서재에는『회색 인간』이, 다른 누군가의 서재에는『기타 부기 셔플』이 오른다. 비치한 책들을 보면서 방문자는 서재 주인의 취향이 자신과 얼마나 맞는지 가늠할 수 있고, 그에 따라『회색 인간』과『기타 부기 셔플』에 구미가 당기는 정도도 다르게 느낄 것이다.

웅진씽크빅 대표이사를 지낸 서영택 밀리의서재 대표는 "교보문고는 플랫폼이 아니다. 밀리의서재는 플랫폼을 지향한다."라고 말했다.

"교보문고나 리디북스는 '스토어'입니다. 플랫폼이라면 그 위에서 여러 사람들이 각자 자기 비즈니스를 할 수 있어야죠. 저는 비즈니스를 하는 사람이니까 비즈니스 관점에서 이 문제를 봅니다. 서평은 출판 비즈니스의 큰 부분이에요. 그런데 전문 서평가든 블로거든 서평을 써서는 먹고살 수가 없죠. 그게 가장 큰 문제라고 봐요."

서영택 대표는 파워블로거의 글이 부실한 것은 글을 열심히 써 봤자 경제적인 보상이 주어지지 않기 때문이라고, 평론가의 글이 어려운 것은 그 경제적인 보상을 출판사가 주기 때문이라고 주장한다. 만약 블로거들이 다른 독자를 통해 직접 돈을 벌 수 있게 된다면 더 공들여 서평을 쓰게 되지 않을까? 평론가들은 작가나 다른 평론가가 아니라 일반 독자의 관점을 고려하게 되지 않을까?

독자들의 문예운동을 자극하는 방법은 상상하기 나름이다.

서평의 틀을 조금 바꾸거나 인포그래픽을 추가하는 정도로도 거둘 수 있는 효과가 있다. 독서 문화 잡지 월간《책》은 레이더의 표시장치와 닮은 '레이더 차트'(스파이더 차트라고도 한다.)로 소개하

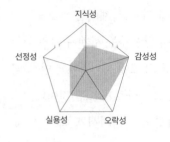

는 책의 특징을 간략하게 제시하는데 독자의 호응이 꽤 좋다.

《책》의 레이더 차트는 오각형이다. 지식성, 감성성, 오락성, 실용성, 선정성, 이렇게 다섯 방향으로 척도가 있는데, 각각의 항목에서 숫자가 높을수록 오각형 중심으로부터 먼 곳에 점을 찍는다. 그 점들을 이으면 다루는 책이 어떤 성격인지 직관적으로 보여 주는 도형이 나온다.

예를 들어《책》2014년 12월호에 실린 내 소설『열광 금지, 에바로드』는 레이더 차트에서 전체적으로 오른편이 더 뚱뚱하고 특히 오른쪽 위가 뾰족한 비대칭 오각형 모양으로 그려졌다. 감상성은 아주 높고, 오락성은 높은 편, 지식성과 실용성은 중간, 선정성은 낮아서 그렇다.

"제가 어릴 때 무라카미 류의『한없이 투명에 가까운 블루』를 읽었거든요. 아직 성에 제대로 눈도 뜨지 않은 나이였는데 제목이 예뻐서 산 책이었어요. 그랬는데 읽다가 정말 깜짝 놀랐죠."

《책》의 지은경 편집장이 말했다.

"그 소설 진짜…… 엄청나죠."

내가 웃으며 맞장구쳤다.

"어른이 된 다음에도 김기덕 감독의「나쁜 남자」를 보다가 중간에 극장에서 나왔어요. 너무 기분이 안 좋아서요. 그런 내용인 줄 몰랐거든요. 영화나 책이나 마찬가지인데요, 어떤 성격인지 미리 귀띔을 줘야 사람들이 더 모험을 하고, 자기와 맞는 작품을 감상한 뒤 만족도가 높지 않을까요. 그래서 처음에는 항목별 별점을 매겼는데 그러니까 무슨 점수를 주는 것 같더라고요. 그래서 이렇게 그래픽으로 만들었어요."

지 편집장이 말했다.

이런 인포그래픽 서평은 아마도 기껏 해 봐야 보조적인 수단밖에 되지 못할 것이며, 책의 내용을 지나치게 단순화, 평면화할 우려도 있다. 그러나 서평 쓰기를 부담스러워 하는 일반 독자에게는 일종의 도구가 될 수 있을 것 같고, 저 레이더 차트가 여러 개 쌓이면 그 또한 유용한 정보가 되리라 본다. 『기타 부기 셔플』은 아마 감상성과 선정성에서 숫자가 제법 높을 것 같다.

공공 부문이나 출판계에서 할 수 있는 일은 어떤 게 있을까? 장르소설 전문 출판사인 파란미디어 주간이자 그 자신도 소설가인 이문영 작가는 대중소설 분야에서 기출간된 작품에 주는 문학상을 제정하자는 아이디어를 내놓는다.

멀리 갈 것도 없이 일본만 봐도 다양한 대중문학상이 있고, 나오키상이나 '이 미스터리가 대단하다! 대상' 같은 상은 한국 독자들에게까지 영향력을 미친다. 그에 비하면 한국에는 한국추리문학대상이나 SF어워드 같은 상이 있기는 하지만 인지도나 권위가 미미하고, 대중문학 전체를 아우르는 상은 없다.

이런 상들은 최종 수상작뿐 아니라 후보작까지 독자들에게 유용한 가이드가 될 수 있다. 상을 선정하는 과정은 그해에 나온 책을 재조명하는 기회도 된다.

이문영 작가는 대중문학상이 독자뿐 아니라 창작자에게도 도움이 될 거라고 말한다.

"글을 쓰는 사람들에게는 좋은 기준이자 목표가 되죠. '저런 작품이 상을 받는구나, 내가 저 정도는 써야겠구나.' 하고 생각하게 되거든요. 그리고 수상작은 기록으로 남아요. 대중소설, 장르소설은 세월이 지나면 절판되고 사라지는 경우가 많은데 상이 있으면 나중에 찾아보는 사람도 있고, 명예도 생기죠. 베스트셀러 1위는 그런 역할을 못해요."

대중문학상은 수상자뿐 아니라 다른 대중문학 작가들에게도 권위를 부여하고 작품 활동을 응원해 줄 수 있다고 그는 덧붙였다. 이 주간은 그러면서 파란미디어에서 펴낸 로맨스 소설 『성균관 유생들의 나날』에 대해 이야기했다. 이 소설은 다들 알다시피 어마어마하게 팔렸고, 드라마 「성균관 스캔들」로 만들어져 크게 히트했으며, 일본, 대만, 중국, 베트남에 번역되었다.

"논문 검색 사이트에 가서 드라마 「성균관 스캔들」로 검색을 해 보면 논문들이 많이 나옵니다. 문화 평론가들이 쓴 글이죠. 그런데 원작자인 정은궐 소설가에 대해 검색하면 나오는 글이 한 편뿐이에요. 문화 평론가가 드라마를 보는 시선과, 문학 평론가가 대중소설 작가를 보는 시선이 그렇게 다른 거예요. 그게 우리 사회에서 장르소설을 보는 태도고요. 불량 식품처럼 취급하죠. 그러다 보니 장르소설 작가들이 대중 앞에 나서기를 꺼려해요. 나와서 인터뷰해 봤자 '허접한 글 쓴다'는 소리를 듣는데 뭐 하러 나오겠어요. 권위 있는 상이 생기면 그런 인식도 달라질 거라고 봐요."

박대일 파란미디어 대표도 옆에서 거들었다.

"옛날에는 만화도 그런 취급을 받았죠. 그런데 문화체육관광부에서 '대한민국만화대상' 같은 상을 만드니까 권위가 생겼어요. 장르 문학은 그런 게 없어요."

대한민국만화대상을 받으면 공식적으로 정부포상 수상자가 된다. 대상의 훈격(勳格)은 무려 대통령상이다. 윤태호, 주호민, 조석 등이 이 상을 받았다.

재미있는 당대 한국 소설을 소개하는 서평집은 어떨까? 여행 에세이나 관광 안내 책자, 동네 맛집 지도가 사람들에게 방문 욕구를 자극하듯이 이런 책들은 그 자체만으로도 한국 소설에 대한 독서 욕구를 불러일으키지 않을까?

나는 2017년에 무료 서평집을 전자책으로 만들어 배포한 일이 있다. 내가 쓴 장편소설 『댓글부대』가 2015년 상금 7000만 원인 제주4·3평화문학상에 당선되고, 그 책으로 2016년 또 상금 2000만 원인 오늘의작가상을 받게 됐다. 한 책으로 고액 상금을 두 번 받기가 머쓱해서 두 번째 상금으로는 의미 있는 일을 하자 싶었던 것이다. 서평집의 제목은 『한국 소설이 좋아서』라고 지었다.

이 서평집에는 소설가, 시인, 신문기자, 잡지 에디터, 편집자, 마케터, 어린이책 평론가, 서평가, 독서 클럽 회원, 북 큐레이터, 독립 서점 주인, 온라인 서점 직원, 장르소설 전문 출판사 대표 등 다독가 50명이 참여했다. 필자 중에는 윤후명 소설가와 남궁인 응급의학과 전문의, 뮤지션 요조도 있다.

내가 요청한 사항은 '최근 10년 내 나온 한국 소설 중에서, 재미있지만 잘 알려지지 않은 소설을 추천하고 200자 원고지 15매 안팎 분량으로 서평을 써 달라'는 것이었다. 문학성이나 메시지보다는 '읽는 재미'를 기준으로, 베스트셀러나 유명한 문학상을 받은 작품은 빼고, 내 작품도 빼 달라고 부탁했다. 실무는 월간《책》편집부에서 맡아 진행해 주었다. 나는 방향만 제시했고, 필자와 서평 대상 작품 선정에 구체적으로 간여하지 않았다.《책》과는 2016년 9월에 첫 회의를 열었는데 최종 결과물은 이듬해 1월에 나왔다.

서평이 실린 50편의 최근 한국 소설 중에 내가 읽어 본 작품은 꼭 열 편이었다. 이 서평집에는 이승우, 임성순, 은승완 같은 등단 작가의 작품 서평도 실렸고, 최혁곤, 박연선, 김보영처럼 문단 소속으로 불리지는 않지만 이름을 들었거나 글을 읽어 본 소설가의 작품도 있었다. 이두온, 이은, 김이은, 황태환, 문병욱, 한승재, 김도경, 하국상, 강지영, 배길남, 구상희, 우마루내, 김주연, 탁명주, 규영, 신이현, 유현수 같은 작가의 이름은 나도 이 서평집을 통해 처음 알게 되었다.

장르도 다양했다. 추리, 스릴러, SF와 판타지는 물론이고 동성애를 다룬 연애소설, 밀리터리 첩보물, 액션물, 스포츠물, 무협 소설, 종말 소설, 백백교 사건을 다룬 역사소설도 있었다. 최영진의 『호접몽전』같은 웹 소설과 오트슨의『미얄의 추천』처럼 라이트노벨이라 불리는 작품도 소개했다. 정작 기획자인 나 자신이 '한국에 소설가가 이렇게 많구나, 요즘 한국 소설이 참 다양한 장르를 다루고 있구나'라고 놀랄 정도였다.

독자들의 반응은 기대 이상이었다. 특히 서점들의 반응이 놀라웠다. 책을 내자마자 인터넷 교보문고, 알라딘, 리디북스에서 『한국 소설이 좋아서』에 나오는 책들을 한데 모아 기획전을 열었다. 인터파크에서는 메인 MD 추천 영역에서 『한국 소설이 좋아서』를 소개하고, 서평집에 나오는 작품들을 상당수 테마 도서 코너에 올렸다.

『한국 소설이 좋아서』는 발매되자마자 주요 서점의 전자책 베스트셀러 순위 상위에 올랐다. 무료였으니까 당연한 결과지만. 알라딘에서는 3일 만에 1위에 올랐다. 책을 내고 나서 한 달 사이에 1만 4000명이 넘는 사람이 책을 내려받았다.

표 9.1 『한국 소설이 좋아서』 1개월 판매량

서점	다운로드 건수
예스24	4432
리디북스	4049
알라딘	3786
교보문고	1522
인터파크	411
반디앤루니스	177
영풍문고	6
계	14383

기간: 2017. 1. 16~2017. 2. 16, 자료: 각 서점

그중에 얼마나 많은 사람이 서평집을 실제로 읽고, 여기에서 소개한 한국 소설까지 찾아보았는지는 모르겠다. 다만 인터넷에

서는 몇몇 작품 감상 후기에 "『한국 소설이 좋아서』를 읽고 이 작품을 찾아보게 됐다"는 글이 있는 것을 검색할 수 있다. 『한국 소설이 좋아서』에 나온 책들을 찾아 읽는 독서 토론 모임도 있었다고 한다. 『한국 소설이 좋아서』 덕분에 증쇄를 하게 됐다며 고맙다고, 증쇄본 뒤표지에 『한국 소설이 좋아서』 추천작이라는 문구를 적어도 좋으냐고 문의해 온 작가도 있었다.

나는 독자들의 문예운동이 신인을 발굴하는 큰 도구가 되기를 바란다. 그러나 이 운동에서 진짜 중요한 것은 그런 대상이 되는 작가나 추천 도서가 아니라, 평범한 독자들이 서로에게 책을 추천하는 행위와 문화인지도 모르겠다. 뒤집어 말하자면 같은 책을 추천하더라도 매스미디어나 전문 평론가를 통해서이냐, 다른 독자들의 선택을 통해서이냐, 하는 것은 독서 공동체를 만든다는 관점에서 완전히 다른 일이 된다는 얘기다.

서울 성북구는 2011년부터 '책읽는성북'이라는 독서 운동을 벌이고 있다. 행사는 책읽는성북추진협의회와 성북문화재단이 맡아 진행하는데, 성북문화재단 산하에는 성북정보도서관, 아리랑정보도서관 등 도서관 열한 곳이 있다.

먼저 성북구 주민들이 매년 함께 읽을 한 권을 뽑는데, 이 책은 살아 있는 한국 소설가가 2000년 이후에 낸 작품으로 정한다. 그런 뒤 그 책을 중심으로 작가 강연, 릴레이 독서 토론, 책 축제 등을 연다. 2015년에는 박범신의 『소금』, 2016년에는 한강의 『소년이 온다』, 2017년에는 최은영의 『쇼코의 미소』가 뽑혔다.

뽑힌 책 자체는 언론이나 서점의 추천 도서 목록에서도 많이 보던 작품들이다. 중요한 것은 선정 과정이다. 이 책을 뽑기 위해 성북구에서는 먼저 지역 주민들과 독서 동아리로부터 추천을 받는다. 2016년에는 1114명, 100팀이 모두 150권을 추천했다고 한다. 성북구립도서관 사서들이 그 추천서들을 검토해 후보작을 추린다. 최종 후보는 네 권으로 압축하는데, 미리 뽑아 놓은 '100인 추진단'이 그 네 권을 모두 읽은 뒤 한자리에 모여 어떤 책을 '올해의 한 책'으로 뽑을지 토론한다. 이 100인 추진단에는 청소년부터 어르신까지 다양한 연령의 주민이 참여해 토론회에서 모두 같은 비중으로 발언하고 똑같이 한 표를 행사한다.

성북구의 '올해의 한 책' 행사를 들으며 나는 일본에서 최근 유행한다는 비블리오 배틀(biblio battle)을 떠올렸다. 독서가들이 여러 사람 앞에서 각자 자신이 좋아하는 책을 5분 동안 설명하고 참여자들의 투표로 '가장 읽고 싶은 책'을 선정하는 이벤트다. 한국에서도 전홍식 관장이 이끄는 SF&판타지도서관 등에서 실시한 바 있다.

"다른 지역, 다른 도서관에 가도 '우리 동네 주민이 뽑은 책' 같은 도서는 있긴 있어요. 주로 도서관이나 구청 같은 곳에서 패널을 세워 놓고 지나가는 행인에게 스티커를 붙이는 식으로 투표를 하게 하죠. 그런데 그렇게 하면 책을 읽지 않은 사람들이 모르는 책에 대해 스티커를 붙이게 돼요. 그러다 보면 유명한 작가의 책에 스티커가 몰려서 그 책이 뽑히게 돼요. 저희는 그렇지 않죠."

김주영 아리랑정보도서관장이 말했다. 사실 인터넷 서점들이 실시하는 올해의 책, 올해의 작가 투표에 대해서도 나는 같은 의구

심을 품고 있다. 작가 인지도 조사, 또는 저자의 프로필 사진에 대한 호감도 조사가 되는 것 아닌가 하는

성북구 '올해의 한 책' 선정에서는 그럴 우려가 없다. 거기에 생생한 이웃의 목소리가 더해진다.

"아무래도 대학이나 대형 출판사의 추천사는 '일부 사람들이 쓰는 언어' 같다는 느낌이 들죠. 그래서 거리감도 느끼게 되고. 그런데 이렇게 지역사회에서 시민이 참여해서 책을 권할 때에는 그렇지 않아요. 예를 들어 출판사나 서점의 『소년이 온다』 추천평을 보면 광주민주화운동에 대해 이야기를 많이 해요. 그런데 실제로 주민들이 독서 토론을 하는 현장에 가 보면 한국 현대사보다는 개인의 양심, '나라면 어떻게 할 것인가'의 문제로 관심이 모아져요."

김주영 관장의 설명이다. 이진우 성북문화재단 도서관본부장의 의견도 비슷했다.

"사람들이 자기 이웃이 추천한 책에 관심을 많이 가져요. 언론이 선정한 책에 대한 반응과는 정말 달라요. 추천 방식이 다양해지면 좋겠어요. 쉽게 할 수도 있거든요. 다른 지역 도서관에서도 많이 하는 방식인데, '이웃이 추천한 책'이라는 코너를 만들 수 있거든요. 어느 회원이 빌려 읽고 괜찮은 책이면 반납할 때 그 서가에 직접 꽂게 하는 거죠. 그런 코너에 사람들이 굉장히 관심을 많이 가져요."

이런 눈높이 추천의 대상이 된 책, 그리고 일반 독자의 독서 토론에서 오가는 말을 기록하고 데이터베이스로 만들 수 있다면 상당한 효과가 있지 않을까.

만약 정부가 예산으로 이런 독자 모임이나 독서 활동을 지원한다면 수혜자들에게 문서 기록을 남기라는 조건을 걸어야 한다고 본다. 내용을 전산화해서 쉽게 검색할 수 있도록, 정돈된 형태로. 그래야 직접 예산 지원을 받지 않은 다른 독자와 작가, 출판인들에게도 영향이 미친다.

표 9.2 서울 성북구 '올해의 한 책' 선정 과정 및 관련 행사

100인 추진단 모집	생활권역별, 계층별로 추진단 모집	4월
한 책 후보 도서 추천	다양한 커뮤니티와 개인들이 온·오프라인으로 추천	4~5월
한 책 1차 후보 도서 선정	추천 의견서 검토 및 1차 후보 도서 선정	5월
최종 후보 도서 검토	100인 추진단이 최종 후보 도서 읽기	5~6월
한 책 선정 토론회	100인 추진단이 토론을 통해 최종 한 책 선정	6월
한 책 선포식	도서 전달식, 강연 및 전시 등	7월
우리마을독서회	한 책을 읽고 권역별로 연합독서토론회 진행	7~9월
한 책 릴레이	주민들이 돌려가며 한 책 읽기	7~11월
독서 콘텐츠 공모 및 전시	책에 대한 감상을 담은 그림과 사진 전시	7~11월
한 책 톡톡	독서회 회원, 주민들이 모여 대토론회 진행	9월
한 책을 맛보다	편집장, 기획자, 마케터 등과 관련 강좌 진행	9~10월
한 책을 만나다	작가와의 만남	9~11월
책 모꼬지	독서 문화 체험 프로그램 등	10월

자료: 성북문화재단

어느 규모 이상으로 사람들을 모으고, 그들이 자기 언어로 정직하게 작품을 추천할 수 있도록 하면 질적인 도약도 저절로 일어나게 될까, 아니면 그 중심에 선도적인 역할을 하는 비평들이 있어야 할까? 솔직히 잘 모르겠다.

북스피어의 김홍민 대표는 전자 쪽 의견인 듯하다. 김 대표는 자신이 비디오 대여점에서 아르바이트를 했을 때의 경험을 들려주었다.

"그게 대학교 1학년 때였거든요. 손님들이 영화를 빌리러 갈 때 뚜렷한 목적을 갖고 올 것 같잖아요? '난 이번에 화끈한 액션물을 빌려야지, 이번에는 로맨스를 봐야지.' 하고. 그런데 그러지 않아요. 의외로 많은 사람들이 와서 그냥 '재미있는 거 하나 주세요, 최근에 나온 거 하나 주세요.' 그래요. 그래서 제가 작품을 권해 주기 시작했죠. 그러다 어느 시점부터는 '아널드 슈워제네거 신작 주세요.' 하는 손님에게도 '제가 그거 봤는데 재미없어요, 좀 옛날에 나온 거지만 이게 더 나아요.'라고 말하게 됐어요. 비디오 가게 장사가 신작 위주라는 걸 손님들도 아는데, 직원이 신작이 별로라며 다른 작품을 추천하니까 점점 신뢰가 쌓이는 거죠. 모든 작품이 다 재미있다고 하는 직원은 믿을 수가 없잖아요. 언젠가부터는 제가 권하는 작품은 무조건 보시더라고요."

김 대표는 북스피어의 책을 홍보할 때에도 그런 식으로 한다고 설명했다. 어려운 책에 대해서는 어렵다고 미리 알렸더니 사람들의 반응이 좋더라는 것이었다. 북스피어는 탄탄한 충성 고객층을 지닌 출판사로 유명한데, 그 기반에는 이런 신뢰가 있다.

이런 사례를 들으면 '재미있다, 재미없다'는 추천만 정직하게 해도 사람들이 모이고 선순환이 생길 것 같은 기분이 든다. 조금씩 취향은 달라도 서로 존중하는 소설 추천자들이 구독자를 거느리고 활발히 활동하는 행성계 같은 게 만들어지지 않을까 하는 기대도 하게 된다.

반면 장은수 편집문화실험실 대표의 견해는 조금 다르다.

"단순히 좋았다, 나빴다, 감동적이었다, 이런 감상만으로는 독자 공동체를 만들기 어려울 거라고 생각해요. 느슨한 공동체? 글쎄요. 그런 연결은 약하기 때문에 금방 해체됩니다. 비평 행위가 일종의 연결 고리 역할을 하죠. 작품이나 작가를 이야기할 때 지금까지의 미학적 축적이라든가, 다른 작품과의 비교 등을 통해 위치를 잡아 주는 활동이 있어야 합니다. 비평 행위가 없으면 독자들도 혼란에 빠지기 쉽고, 창작자들도 갈피를 잡기 어렵죠. 비평을 누가, 어떻게 하느냐는 문제입니다. 비평의 민주화는 필요합니다. 여러 독자 공동체 중에서 문단은 비평을 중심으로 '비판적으로' 운영되도록 되어 있었죠. 독자들 신뢰도 있었고요. 요즈음 문단 권력 비판은 결국 문학 자본이 비평을 매수해서 비평이 이런 기능을 잘 못하고 있다는 뜻이 아닐까요"

장은수 대표는 8장에서 소개한 바 있는 굿리즈가 잘 되는 이유도 뉴욕타임스 북리뷰가 영미권 독자들에게 가이드 역할을 하기 때문이라고 분석한다.

나는 이 주장도 일리가 있다고 본다. 특히 한국 대중소설, 장르소설계를 볼 때 그런 생각이 든다. 이 영역에서는 작가와 독자의 수도 결코 충분하지는 않지만, 국내 창작 소설을 깊이 살피는 전문 평론가는 그야말로 턱없이 부족하다. 솔직하고 진지한 서평이 간간이 나오기는 하지만, '우리 작가'에 대한 지지자들의 일방향·단발성 환호의 글에 묻히기 일쑤다. 그런 서평과 찬사를 동일인이 쓰는 경우도 잦다.

조금 긴 안목에서 보면 이런 폐쇄적인 팬덤 문화는 오히려 창작 장르소설의 발목을 잡는다. 팬덤의 평가를 가이드 삼아 해당 장르에 도전하는 외부인들은 혼란에 빠지기 쉽다. 팬들이 극찬하는 작품을 읽어도 그다지 동의가 되지 않고, 그게 왜 좋은 작품인지 설명해 주는 긴 글도 찾기 어렵기 때문이다. 그 분위기에 적응하지 못하면 '이 분야는 너무 어렵다, 나와 안 맞는다'며 해당 장르를 떠나게 된다. 잠재 독자가 그런 진입 장벽에 가로막히면 얼마 못 가 장르 전체가 문화적 갈라파고스가 되고 만다.

어떻게 보면 독자의 문예운동에 평론가가 필요한가, 그렇지 않은가 따지는 질문 자체가 잘못됐다. 제대로 된 질문은 '어떻게 해야 독자들의 문예운동이 작가, 평론가, 출판사들의 운동과 건강하게 영향을 주고받을 수 있을까'인 것 같다. 그 일이 대중소설, 장르소설에서는 조금 더 어려우리라 생각하는데, 작가, 평론가, 출판사의 문예운동도 잘 보이지 않기 때문이다. 여기에서는 여러 종류의 문예운동이 함께 일어나야 할 것 같다.

약간 논의가 빗나가는 것 같지만, 최근 관심을 모으고 있는 웹소설에 대해서도 짚고 넘어가기로 하자. 이미 2장에서 PC통신에서 일어난 대중문학의 에너지가 도서 대여점 시대를 거치며 사그라진 일을 언급했다. 나는 웹 소설의 에너지와 잠재력도 같은 식으로 사라지는 게 아닐까 걱정스럽다.

웹 소설이 우리 시대의 새로운 문학이라고까지 생각하지는 않는다. 그러나 최소한 한국문학의 주변부, 또는 문단문학으로 들어오는 징검다리 정도로는 인정할 수 있지 않을까. 그렇다면 기존 문학계가 웹 소설에 대해 지금보다는 더 관심을 갖고 진지하게 접근해야 한다. 한국어로 된 창작 소설을 읽고 쓰는 사람이 이렇게 많은데, 옆에서 '요즘 젊은이들은 책을 너무 안 읽는다'고 개탄하는 것은 앞뒤가 안 맞는 행태 아닌가.

웹 소설 시장은 외형상으로는 엄청나게 성장하고 있지만 안을 들여다보면 암담한 지점이 많다. 문예운동 대신 수익 모델을 둘러싼 여러 주체의 반응들을 주로 보게 된다. '미학적 축적' 같은 용어를 입에 올리기도 민망한 수준이다.

웹 소설들은 대개 장편 연재물이고, 한 편을 볼 때마다 소액 결제를 하는 방식인데 이 때문에 작가들은 독자의 반응을 실시간으로 신경 써야 한다. '이야기 전개가 느리니 당겨 달라, 못된 캐릭터를 더 괴롭혀 달라, 해피엔딩이 아니면 중도 하차하겠다' 등의 요구를 쉽사리 무시하지 못한다.

플랫폼이 순위를 강조하고 작가와 독자의 관계가 지나치게 밀착돼 작가가 자기 팬들을 선동해 경쟁 작가를 공격하는 일도 벌어진다. 일차원적인 대리 만족을 주는 데 급급하다 보니 남성 독자가 보는 작품과 여성 독자가 보는 작품이 거의 분리돼 있다. 남성

취향 판타지 웹 소설에서 여성 캐릭터가 조금이라도 활약하면 "왜 여자가 나대느냐"는 독자 항의가 빗발친다.

웹 소설 사이트 문피아에서 현대판타지물을 써서 2017년 7월 기준 누적 총수입 70위대에 오른 ▆▆▆▆ 작가는 웹 소설계의 분위기를 아래처럼 설명했다. ▆▆▆▆ 작가는 2, 3년 전까지 신춘문예와 문예지 공모전에 원고를 보냈고, 두 번은 본심에도 오른 경력이 있다.

인터뷰

"순위가 높은 웹 소설은 작품성도 뛰어난가요?"

장강명: 문피아에서 누적 총수입 70위대라면 금액으로는 얼마쯤 되는 건가요?

▆▆▆▆ (웹 소설 작가): 여러 플랫폼에서 받은 돈을 다 합하면 6000만 원 정도예요. 순수익 기준으로 문피아에서는 3800만 원, 네이버와 리디북스를 비롯한 다른 플랫폼에서 2200만 원 정도 들어온 것 같습니다. 그사이에 시장이 더 커져서, 지금의 70위는 수입이 어느 정도 될지 모르겠네요.

장강명: 지금은 문단문학이랄지, 아무튼 그런 소설은 쓰지 않나요?

▆▆▆: 네. 그때랑 지금은 쓰는 방식이 많이 바뀌었죠. 저는 문단문학을 쓸 때에도 엄숙하게 쓰지는 않

고, 적당히 유쾌한 문체로 썼는데 웹 소설로 넘어 오면서 그마저도 완전히 바꿨어요.

장강명: 앞으로도 안 쓰실 거예요?

███: 모르겠어요. 쓰고는 싶은데 일단 시간 여유도 없고…… 웹 소설은 기본적으로 연재물이다 보니 시간이 정말 모자라거든요. 또 문단문학은 굉장히 작품에 집중해서 완성도 있게 한 편을 짜내야 하는데 그럴 여력도 없고요. 자신도 없어요. 쓰는 방식이 너무 달라져서요.

장강명: 문단문학을 완전히 접고 나서 이후에 웹 소설로 가신 건가요, 아니면 웹 소설을 쓰다가 문단문학에 해당하는 글을 접게 되신 건가요?

███: 문단문학을 접고 웹 소설로 가게 된 거예요. 합평 스터디를 하던 사람들 중에 등단한 사람이 생기고, 술자리에서도 등단한 또래 문인들을 만나게 되잖아요. 그 사람들 살아가는 걸 보게 되니까 너무 암울해 보였어요. 등단했는데 청탁은 안 오고, 책을 냈는데 안 팔리고. 그분들이 추구하는 문학에 가치가 없다고 생각하지는 않는데 좀 더 현실적인 차원에서 제가 누리고 싶은 것들을 고민하게 되더라고요. 2015년까지만 해도 어떻게든 문

단문학을 하겠다고 다짐하고 장편을 써서 공모전
에 내자고 생각했죠. 그런데 그즈음 되서 웹 소설
시장이 폭발적으로 커지니까 눈길이 가더라고요.

장강명: 작가님은 웹 소설계에서는 아주 이례적으로 한
번에 성공한 사례라고 할 수 있겠네요? 시작한 지
얼마 안 돼서 총수입 70위권에 들어왔으니까요.

██████: 네. 10편 정도 쓰니까 확 올라갈 거라는 예감이
왔어요. 웹 소설 독자들이 만족할 만한 성장담이
면서 기존 클리셰를 부수는 쾌감도 줬고요. 그런
데 어느 순간부터 힘들어지더라고요. 제 안에 이
야기는 있는데 거기까지 가는 게 힘들었어요. 저
는 말초적인 쾌감보다는 감정적인 카타르시스를
주는 편을 선호하거든요. 그런 카타르시스를 주려
면 독자들을 꾹 참게 했다가 한 번에 터뜨려야죠.
그런데 독자들이 그런 인내심이 없더라고요.

장강명: 인기가 많은 웹 소설들은 작품성이 뛰어난가요?
아니면 클리셰 투성이인가요?

██████: 웹 소설에서의 작품성을 뭐라고 정의해야 할지부
터 생각해 봐야 할 거 같아요. 단순히 재미라고
해야 할지, 그 재미는 단순히 말초적인 종류의 것
인지, 뭐라고 말하기 복잡해요. 참 애매한데, 웹

소설 중에서도 압도적으로 성공한 작품은 잘 썼다는 느낌이 들어요. 웹 소설을 읽을 때에는 저도 문장을 평가하지는 않으니까 주로 서사가 재미있으면 좋은 작품이라고 평가해요. 기시감이 덜 들고 재미있는 작품을 읽으면 '작가가 쉽게 썼다'는 생각은 안 들죠.

장강명: 중간에 사변이 긴 작품도 웹 소설에서 독자 호응을 얻을 수 있나요?

■■■: 그건 치명적이에요. 중간에 설정을 약간 길게 설명하기만 해도 독자들이 떨어져나가요.

장강명: 선악의 경계가 모호한 주인공은 어떻습니까?

■■■: 그건 될 것 같은데요.

장강명: 몰락하는 주인공은 어떻습니까? 보바리 부인 같은?

■■■: 그건 안 돼요. 절대 안 됩니다. 앞부분에서 독자들이 낌새를 못 채게 해 놓고 마지막 회에서 갑작스러운 새드 엔딩을 내놓으면 가능하기야 하겠죠. 그런데 천천히 몰락하는 주인공은 안 됩니다.

장강명: 시점이나 시간대가 자주 바뀌고 내러티브가 복잡한 소설은요?

■■■: 그건 허용되죠. 지금 유행하는 작품들이 이미 그래요.

장강명: 독자에게 대리 만족 판타지를 주는 듯하지만 읽
다 보면 현실에 대한 감각이 살아나는 효과를 주
는 작품은 어떨까요?

███: 제가 그런 시도를 했다가 엄청나게 욕을 먹었어요.
사람들이 잘 이해하지 못하더라고요. 실제로도 대
리 만족을 주는 소설들이 더 많아지고 있어요.

장강명: 이대로 더 가다 보면 악화가 양화를 구축하게 될
까요?

███: 네, 그렇게 보고 있어요.

███ 작가는 인터뷰 말미에 "1990년대의 전설적인 판타지
소설 작가들인 이영도, 전민희, 이우혁 등이 다시 돌아온다 해도
지금 웹 소설 독자들의 호응을 얻지는 못할 것"이라고 우울하게
전망했다. 그들이 이름을 밝히지 않고 글을 올린다면. 장르 문법이
나 호흡이 바뀌어서가 아니라 독자 공동체의 질적 저하 때문이다.

███ 작가가 말한 '말초적인 재미만은 아닌, 서사가 전부라
고는 할 수 없는, 기시감이 덜 들고 작가가 공들여 쓴 듯한 작품'들
은 그 가치를 누군가 제대로 설명하기도 전에 잊혀질 운명일까. 그
런 가치를 풀이해 보려고 시도하는 비평가가 있기는 있을까.

웹 소설 시장이 2000억 원 규모로 성장했다는데* 웹 소설을
다루는 전문 비평 매체는 오후미디어(media.owhoo.net) 한 곳 정도

다. 그나마 이 웹진에 올라온 모든 글을 다 합해도 아직 300건도 되지 않는다. 이제 겨우 '웹 소설이란 게 무엇인가, 어떻게 읽어야 되나' 하는 논의를 더듬더듬 시작한 수준이다.

웹 소설 독자들의 서평은 이토방(www.etobang.com) 도서 게시판, 타입문넷(www.typemoon.net), 커그(www.fancug.com), 디시인사이드(www.dcinside.com)의 판타지 갤러리, 헬븐넷(hellven.net)의 소설 게시판 등에서 많이 볼 수 있는데, 이들 사이트 중 원래부터 목적이 웹 소설 리뷰와 비평이었던 곳은 없다. 이토방은 토렌트 파일공유 사이트에서 출발했고, 타입문넷은 동인 게임 팬 사이트, 커그는 PC통신 출신 동호인들의 커뮤니티 공간, 헬븐넷은 성인자료 공유 사이트였다. 이들 사이트는 모두 이용자의 글을 게시판에 시간순으로 쌓아 두는 형태이며, 사이트 안에서는 기초적인 서지 정보 검색조차 잘 되지 않는다. 그렇게 많은 사람들이 웹 소설을 읽고 쓰는데, 독자들이 감상을 올리는 공간조차 제대로 마련돼 있지 않다.

2017년 2월 서비스를 시작한 황금가지의 웹 소설 플랫폼 브릿G(britg.kr)는 웹 소설계에서 출판인이 벌이는 문예운동이라고 할 수 있다. 중단편 게시판을 따로 만들고, 리뷰를 공모하거나 서평가들을 따로 관리해 서평 문화를 활성화시키려는 시도들이 눈에 띈다. 편집자들이 추천작을 선정하기도 하고, 주목받은 작품을 종이책으로 출간하는 데에도 적극적이다. 아직 성과를 말하기에는 이르지만, 1990년대 한국형 판타지들의 실패를 되풀이하지 않기 위

* 문화체육관광부, 「제1차 문학진흥기본계획」, 2017. 12.

해서는 이런 운동들이 다양하게 나와야 한다고 믿는다.

독자들의 문예운동과 문학 진흥 사업

1980년대까지만 해도 한국의 체육 진흥 사업은 영재 선수 육성에 초점이 맞춰져 있었다. 정부의 집중적인 지원을 받은 엘리트 선수들의 임무는 하나였다. 국제 대회에 나가 좋은 성적을 거두고 국위를 선양하는 것.

이후 금메달도 딸 만큼 따고 시민 의식도 성숙해지자 과거의 스포츠 지원 사업들을 비판적으로 바라보는 시각이 많아졌다. 엘리트 선수에 대한 투자보다 학교 운동장을 넓히고 공공 체육관을 세우는 일에 더 세금을 써야 하는 것 아닐까? '엘리트 체육보다 생활체육'이라는 인식이 커지고 국민생활체육회가 생긴 게 1991년이었다.

국민생활체육회는 2016년 대한체육회와 통합했다. 엘리트 체육과 생활체육이 서로 연계할 수 있고, 그래야 양쪽 모두에 좋다고 봤기 때문일 것이다.

나는 각종 문학 진흥 사업들도 체육 진흥 사업처럼 무게중심을 지금보다 '생활 속에서의 문학 운동' 쪽으로 더 옮겨야 하지 않나 생각한다. 독자들의 문예운동을 정부가 적극적으로 지원하길 바란다. 엘리트 창작자를 집중 지원해 해외에서 인정받고 오매불망하는 노벨문학상을 수상하는 일이 시급한가, 한국 소설 재미없다며 떠나는 한국 독자를 붙잡는 일이 더 중요한가.

몇 가지 오해를 미리 막고 싶은데, 이는 창작자에 대한 지원을 줄여야 한다는 뜻이 결코 아니다. 작가에 대한 지원과 독자에 대한 지원 역시 서로 연계할 수 있고, 그럴수록 양쪽 모두에 좋다고 생각한다. 기존 사업의 세부 목표와 방식을 조금 손보는 것만으로도 그런 효과를 거둘 수 있다.

한편 기본적으로 저소득 예술인에 대한 생계 지원은 문학 진흥 사업이 아니라 복지 정책의 영역이라고 본다. 배가 고픈 예술가는 그가 예술가라서가 아니라 국민이기 때문에 정부의 지원을 받아야 한다. 이걸 문학 진흥 사업의 틀에 무리하게 넣으려 하다 보면 '국가는 가난한 사람 중에서 예술가를 먼저 도와야 한다'는 기묘한 결론이 나오고 만다. 미남 미녀가 추남 추녀보다 먼저 복지 혜택을 누려야 한다는 말만큼이나 이상한 주장 아닌가.

문학 진흥 사업을 예술인 복지나 원천 콘텐츠에 대한 투자, 문화 상품 수출 지원으로 여길수록 정책 초점이 독자보다 작가나 출판사에 맞춰지게 된다. 정부나 공공기관은 그런 '상류'에 예산을 집행하면 그 효과가 아래로 내려가리라 기대하는 듯하다. 그러나 이런 방식에서는 지원 대상을 심사할 때 독자보다는 '업계 관계자'의 요구가 더 반영되기 쉽다. 또 빗물이 골짜기를 따라 내려가듯 지원금 역시 문단의 기존 질서를 따라 흐르게 된다. 개중 몇몇 사업은 등단 제도라는 시스템을 강화해서 오히려 새로운 작가들의 활동 폭을 좁히고 한국문학의 역동성도 가로막지 않나, 나는 의심한다.

예를 들어 문화체육관광부 산하 공공기관인 한국문화예술위원회(아르코)가 시행하는 2018년도 '아르코문학창작기금사업'을 보자. 이 사업은 시·시조, 소설, 희곡, 아동문학, 수필, 평론 부문에서 등단 5년 이상이거나 등단 5년은 아직 되지 않았지만 나이가 만 36세 이상인 중견 작가들을 지원한다.

중견 작가들이 미발표 신작 원고를 내면, 한국문화예술위원회의 심사위원들이 2단계로 심의하는데, 미발표 원고의 문학적 수준 외에도 작가의 역량이나 발전 가능성까지 따진다고 한다. 작가의 역량과 발전 가능성이 원고가 아닌 다른 곳에 따로 떨어져 있는 건지 궁금하고, 이런 방식이 블라인드 테스트보다 더 공정할지도 의문이다.

지원 대상으로 뽑힌 작가 90명에게는 각각 1000만 원씩 모두 9억 원을 창작 지원금으로 준다. 한국문화예술위원회 홈페이지에서는 이 돈을 '상금'이라고 표현하기도 한다. '시상식'도 연다고 나와 있다. 말하자면 국가가 주최하는 총 상금 9억 원의 공모전인데, 참가 자격이 중견 작가로 제한돼 있고, 원고를 다 쓰지 않아도 응모할 수 있는 셈이다.

아르코문학창작기금은 지원금을 받은 작가들의 작품집 발간 여부는 꼼꼼하게 체크하지 않아 감사원으로부터 지적을 받기도 했다. 2013년에 지원금을 받은 작가 80명 중 34명이 기한 내 작품집을 내지 못했다. 2012년에 지원금을 받은 어떤 작가는 작품집을 내지 않았는데도 2015년에 다시 지원 대상으로 선정됐다.

2017년에 한국문화예술위원회가 실시한 '유망작가지원사업(아르코작가지원사업)'은 좀 더 이해하기 어렵다. 이 사업은 시·시조,

표 9.3 2018년도 아르코문학창작기금 신청 자격 및 지원 내용, 심의 기준

신청 자격	-시·시조, 소설, 희곡, 아동문학(동시, 동화), 수필, 평론 작가 중 ① 등단 5년 이상의 작가 또는 ② 등단 5년 미만의 작가 중 만 36세 이상의 작가 -2020년까지 개인 작품집 발간 계획이 있는 작가
지원 내용	90명에게 창작 지원금 1000만 원씩 총 9억 원
심의 기준	-1차: 미발표 원고의 문학적 수준 -2차: ① 신청 작가의 문학적 역량 및 발전 가능성(30%) ② 집필 계획의 충실성, 참신함, 기대 성과(30%) ③ 미발표 원고의 문학적 수준(40%)

자료: 한국문화예술위원회

소설, 아동문학 분야의 작가에게 창작 지원금을 제공하는데, 먼저 등단 작가와 평론가 469명이 '지원 받았으면 좋겠다고 생각하는 사람' 450명을 추천했다. 문단 원로와 중진 8명이 그 후보들 중에서 18명을 뽑아 일인당 1500만 원씩을 지급했다.

미등단 작가는 아예 누구를 추천할 자격이 없었다. 현실적으로 이런 방식에서 미등단 작가가 추천을 받기도 어렵다. 독자가 아니라 평론가, 동료, 문단 원로, 중진들이 높이 평가하는 작가들이 지원금을 받게 된다. 이런 방식에서는 인맥과 인사성이 좋은 사람이 유리해지지 않을까. '그들만의 리그, 나눠 먹기'라는 비판에는 뭐라고 답해야 할까.

차세대 예술가를 지원하는 '한국예술창작아카데미' 문학 분야 사업은 만 35세 이하(등단 5년 미만)인 시인과 소설가를 상대로 한다. 지원금은 아르코문학창작기금처럼 1인당 1000만 원인데, 800만 원은 작품집 발간 지원 명목으로, 200만 원은 조사 연구 지

표 9.4 2017년 유망작가지원사업 시행 절차와 결과

지원 대상 후보 추천	-등단한 작가 및 평론가가 시·시조 수석 아동 문학(동시·동화) 중 자기 분야 작가를 최대 2명까지 추천. 평론가는 분야 상관없이 2명까지 추천 가능. -추천 대상은 등단 5년 이상 작가이거나 등단 5년 미만의 작가 중 만 36세 이상 작가이어야 하며, 2년 내 작품집을 발간했거나 문예지에 작품을 발표한 경력이 있어야 함. -2015~2017년에 문화 예술 유관 기관에서 지원금을 받은 사람은 추천 대상에서 제외. -자기 자신은 추천할 수 없음.	시·시조 부문 202명, 소설 147명, 아동문학 101명 등 모두 450명이 추천됨.
심의	-문단 원로와 중진 8명으로 구성된 심의위원회가 심사 -선정 기준: ① 작가의 창작 역량, 최근 작품의 우수성(40%) ② 지속적인 확산 활동 가능성(30%) ③ 기대 성과 및 문학 발전 기여도(30%)	시·시조 부문 8명, 소설 6명, 아동문학 4명 등 모두 18명에게 1인당 1500만 원씩 모두 2억 7000만 원 지원

자료: 한국문화예술위원회

원 명목으로 준다.

제공하는 돈의 액수는 같은데 나이를 기준으로 35세까지는 한국예술창작아카데미 사업으로, 36세부터는 아르코문학창작기금으로 지원하는 셈이다. 이런 구조로 인해 공공 지원금을 받을 때 중견 문인은 신예와 경쟁하지 않게 된다.

한국예술창작아카데미 문학 분야 지원 사업도 작품이 나오지 않은 상태에서 작가의 가능성을 보고 지원금을 준다는 점에서 아르코문학창작기금과 같다. 미등단 작가가 지원받기 불리하다는 점에서도 같다. 언제 어떤 장르로 어느 지면을 통해 등단했는지를 지원 신청서에 쓰게 돼 있다.

지원자가 관심 분야와 창작 주제, 창작 계획을 적어 내면 문학 평론가, 소설가, 시인 등 등단 작가이자 중견 문인으로 구성된 심사위원들이 여태까지 활동한 내용과 앞으로의 성장 가능성을 따져 대상자를 선발한다. 1차로 서류 심사를 한 뒤 통과한 사람을 대상으로 면접을 본다.

이 자리에서 초기 인상파 화가들처럼 기존 문학은 다 틀려먹었다고 주장하는 젊은 작가가 높은 점수를 받을 것 같지는 않다. 사실 이 지원금에 관심이 있는 젊은 작가들이라면 면접장에서뿐 아니라 다른 자리에서조차 기존 문학과 선배 문인을 비판하는 말을 삼가게 되지 않을까. 소문이 어떻게 돌지 모르고, 누가 면접관으로 들어올지도 알 수 없으니까.

한국예술창작아카데미 문학 분야 지원 사업이 아르코문학창작기금과 다른 점은, 선발된 다음 교육을 받아야 한다는 점이다. 지원 대상자로 선정되면 22회에 걸쳐 창작 트렌드 분석, 미래 전망 핵심 키워드, 문학사 세미나, 창작 멘토링 같은 수업을 받아야 한다. 이후에는 석 달 동안 멘토링과 합평회에 참여하고, 집필 원고도 중간 점검을 받는다.

나로서는 이게 친절이라기보다는 속박처럼 느껴진다. 젊은 작가의 패기는 줄어들고 '선생님'들의 권위는 늘어나는 제도 아닌가? 이런 멘토링과 중간 점검을 통해 기존 분위기를 깨고 부수는 혁신이 가능할까? 왜 소설가가 35살까지는 공공 지원금을 받으려면 멘토링을 받아야 하는데 36살부터는 그러지 않아도 되는 걸까?

2017년에는 시인 7명과 소설가 8명이 한국예술창작아카데미 문학 분야 지원 대상자로 선정됐다. 소설가 8명은 모두 문예지나 문학 재단의 신인문학상을 받거나 신춘문예로 당선된 등단 작가들이었다. 나는 그 소설가들 중 두 명을 개인적으로 안다. 그중 한 사람과는 작품집을 함께 내기도 했는데, 그가 한국예술창작아카데미 연구생으로 뽑히기 전의 일이다. 개인적으로는 그 젊은 두 소설가에게 어떤 멘토링도 필요하지 않다고 믿고 있다.

표 9.5 2018년 한국예술창작아카데미 문학 분야 창작자 과정

신청 자격	등단 5년 미만의 시·소설 분야 신진 작가 만 35세 이하의 시·소설 분야 신진 작가	2~3월 접수
지원 심의	서류 및 인터뷰 심의	3월
심의 기준	신청자의 예술적 역량 및 발전 가능성(40%) 연구 및 창작 계획의 충실성과 실현 가능성(30%) 연구 및 창작물의 성취도(30%)	-
지원 내용	연구 및 기초 창작 단계 -24주간 총 22회 공통 10회(창작 트렌드 분석, 미래 전망 핵심 키워드 등) 분야별 12회(문학사 세미나, 창작 멘토링 등)	4~9월
	중간 창작 단계(합평회) -멘토링 및 합평회를 통한 집필 원고 중간 점검	10~12월
	심화 창작 단계 -작품집 발간 및 작품 발표회 개최	2019년 1~2월
지원금	총 1억 원 -연구비: 1인당 200만 원씩 10명 -창작 지원금: 1인당 800만 원씩 10명	-

자료: 한국문화예술위원회

아르코문학창작기금, 유망작가지원사업, 한국예술창작아카데미 같은 지원 사업의 기본 취지를 부정하는 것은 아니다. 그러나 그 세부 사항은 지나치게 '상류' 위주로 설계돼 있다. 나는 그 시행 방식을 개선해야 한다고 생각한다. 작가와 작품을 발굴하는 데 있어서 독자가 더 주체적인 역할을 하고, 더 직접적으로 혜택을 보도록. 일반인과 비문학인이 재원을 부담하는 사업일뿐더러, 그게 현시점에서 우리 문학 생태계에 더 바람직한 방향이기 때문이다.

한국문화예술위원회는 문예지발간지원사업도 하고 있다. 2018년 예산은 9억 4000만 원이며, 50종 안팎의 잡지에 700만~5400만 원을 지원한다. 솔직히 한국에 우수 문예지가 50종이나 된다는 사실이 놀라울 따름이다.

소설도 잘 안 팔리는 시대에 그 문예지들을 읽는 독자는 몇이나 있을까? 2015년 민음사가 40년이나 발행하던 문예지 《세계의 문학》을 폐간할 때 정기 구독자가 50명이 안 됐다는 이야기는 이미 2장에서 한 바 있다. 혹시 문예지발간지원사업은 찾는 이 없는 산간벽지의 미술관을 지원하는 것과 같은 일 아닐까? 웹 소설 플랫폼을 살피는 일은 하지 않고 문예지만 지원하는 이유는 뭘까? 웹 소설은 문학이 아니고 문예지에 실리는 글만 문학이어서일까?

문화예술위원회는 2017년에는 문예지 서른세 곳에 4억 4000만 원을 지원하기로 결정했다. 이때 심사를 맡은 사람은 소설가, 평론가, 시인, 아동문학가 등 문단의 원로와 중진 7명이었다. 자신들이 문예지에 글을 써 왔고 고료를 받아 왔고 앞으로도 그럴 사람들이

표 9.6 2018년 문예지발간지원사업

신청 자격	문예지 또는 기관지를 발간하는 문화 단체 및 출판사 (언론사 및 언론사 소속 단체 제외)
지원 규모	50종 안팎의 문예지에 총 9억 4000만 원 -A급: 월간 5400만 원, 격월간 2700만 원, 계간 1800만 원, 반년간 900만 원 -B급: 월간 4800만 원, 격월간 2400만 원, 계간 1800만 원, 반년간 800만 원 -C급: 월간 4200만 원, 격월간 2100만 원, 계간 1400만 원, 반년간 700만 원
심의 기준	사업 계획 충실성 및 타당성(30%) : 콘텐츠 기획이 우수한가, 수록작의 예술적 수준은 어떤가 등 사업 계획 실현 가능성(30%) : 예산 계획은 적절한가, 작품을 공정하게 선정하는가 등 문학 분야 발전 기여도와 파급 효과(30%) : 구독자를 늘리기 위한 홍보와 마케팅 계획은 타당한가 등 유형별 특성화 지표(10%) : 발행 부수, 원고료, 대표성, 필진 비율, 지속 가능성 등

자료: 한국문화예술위원회

정부의 지원금이 어느 문예지로 가야 하는지를 결정했던 것이다. 뭔가 좀 이상하지 않나? 이런 결정은 독자를 위해, 독자에 의해, 동시에 금전 관계로는 얽히지 않은 이들에 의해 이뤄져야 하는 것 아닐까?

참고로 서평집 『한국 소설이 좋아서』 제작에는 모두 1380만 원이 들었다. 한국문화예술위원회의 문예지발간지원사업이 C급 계간지에 지원하는 비용보다도 적다. 필자들에게 주는 고료는 200자 원고지 1장당 1만 원으로 정했는데, 이는 상당수 문예지들이 산문에 책정하는 금액이다. 고료에 850만 원을 책정했으며, 나머지 530만 원은 《책》편집부의 인건비와 디자인 비용, 전자책 제작비로 썼다.

전자책 서평집과 종이책 문예지를 수평 비교할 수는 없다. 문예지는 창작자에게 작품을 발표할 지면을 마련해 주며, 문학 공동체가 맞닥뜨린 위기와 과제를 특집 기사, 인터뷰, 산문을 통해 분석하고, 인적 네트워크의 매개체도 된다. 이런 작업에 대한 공공 지원은 의미 있고 필요하다.

그러나 서평집 또는 서평 매체가 더 잘할 수 있는 역할도 있다. 지금 우리 독서 공동체에는 《미쉐린 가이드》나 미국의 소비자 잡지 《컨슈머리포트》 같은 일을 해줄 매체가 절실하다. 독자의 목소리 역시 서평집 쪽에 더 많이 담아낼 수 있지 않을까. 문예지지원사업의 자원 일부를 보다 독자 중심의 서평 매체 쪽으로 돌리면 어떨까. 문예지와 서평 매체가 문학 공동체에서 각각 상류와 중류의 문예운동을 이끌고 서로를 자극하며 어울리면 좋지 않을까.

개인적으로는 문학진흥사업이 테마 소설집 발간을 지원한다면 기존 등단 제도가 놓치는 다양한 장르의 신인을 발굴하거나 알리는 데 도움이 되지 않을까 생각한다.

아르코문학창작기금과 유망작가지원사업은 한 작가의 단행본 발간을 지원하고, 문예지발간지원 사업은 문예지를 통해 단편소설 게재 지면을 소설가에게 제공한다. 세 사업 모두 수혜자를 문단 원로, 중진이 결정하며, 작품을 발표할 기회는 등단 작가가 주로 얻게 된다.(문예지발간지원사업에서는 문단 원로, 중진이 지원금을 받을 문예지를 정하고, 그 문예지의 편집위원들이 원고를 청탁할 작가를 정하는 두 단계를 거친다.)

세 지원사업에서 최종 수혜자의 자격으로 중요하게 다뤄지는 요소는 문학적 수준이라든가 문학 발전에 대한 기여도이지 '독자가 얼마나 좋아할 것이냐'가 아니다. 오히려 심사위원들이 '어차피 독자가 좋아할 작품은 출판사가 알아서 낼 테니 독자가 좋아하지 않을 작품에 점수를 더 줘야 한다'는 판단 기준을 품은 것 아닌가 하는 생각마저 든다. 한 소설가는 내게 "문단 선생님들은 누구를 키운다기보다는 '얘는 우리가 살려야 한다'는 마음인 것 같아요." 라고 표현하기도 했다.

그러나 나는 현재 '문학 수준이 뛰어나다고 문단에서 두루 인정받아 정부 지원금을 받을 수 있는 작가'와 '잘 팔릴 것이기에 출판사가 알아서 책을 내줄 작가' 사이에 상당히 많은 작가가 있다고 생각한다. 작품성과 대중성의 경계에서 고군분투하는 작가들이 그렇고, 대중소설이 아닌 장르소설(장르소설이라고 전부 대중소설인 건 아니다.) 작가들이 그렇고, 상업적 가능성이 보이지만 확신할 수는 없는 신인들이 그렇다. 이런 작가들 중에는 조금만 마중물을 부어 주면 곧 자력으로 독자를 얻어 갈 수 있는 이들도 꽤 있을 것이다.

세 지원사업의 결과물은 한 작가의 장편소설 또는 단편집과 문예지이다. 즉 각각의 사업을 통해 독자에게 작가 한 사람을 알리는 책이 한 권 나오거나, 아니면 단행본에 익숙한 일반 독자들과는 다소 거리가 있는 잡지가 나오게 된다.

테마 소설집이라면 이런 한계를 보완하는 데 도움이 되지 않을까? 테마 소설집은 책 한 권 발행비로 여러 작가를 독자에게 소개할 수 있다. 단행본으로 나오니만큼 일반 독자에게도 더 가까이 다가갈 수 있다. 독자가 좋아하는 작가의 작품을 읽기 위해 책을 집어 들었다가 다른 작가를 알게 될 수도 있다. 무슨무슨 문학상 수상 작품집이 아니니 모든 작가와 작품을 살필 필요도 없고 수록작 중에 어떤 작품이 제일 뛰어나다며 대상을 뽑지 않아도 된다. 무엇보다 기획자나 편집자는 문단 원로와 중진과는 다른 시각으로 작가를 볼 것이다. 이런 기획자나 편집자를 지원하면 어떨까. 조금 더 독자 지향적인 관점에서, 좀 더 다양한 작가를 선보일 수 있게 되지 않을까?

『7인의 집행관』, 『저 이승의 선지자』를 쓴 SF 소설가 김보영은 2015년과 2016년에 각각 테마 소설집 『이웃집 슈퍼히어로』(황금가지)와 『다행히 졸업』(창비)을 기획했다. 『이웃집 슈퍼히어로』에서는 '한국형 초인물'을 테마로 장르소설 작가 9명이 SF 단편을 한 편씩 썼다. 『다행히 졸업』에서는 장르소설 작가와 젊은 문단 작가 9명이 학창 시절을 주제로 단편소설을 썼다.

두 책은 모두 상당히 주목을 받았다. 『이웃집 슈퍼히어로』는 김수륜 작가, 『다행히 졸업』은 김아정, 우다영 작가의 첫 책이기도 했다. 『다행히 졸업』은 몇몇 장르소설 작가들에게 일반소설을 쓸 수 있는 지면을 처음으로 준 책이기도 했다. 김보영 작가 본인 역시 장르소설이 아닌 소설은 그 책으로 처음 발표했다.

김보영 작가는 두 책을 기획한 배경과 성과를 이렇게 들려주었다.

"테마 소설집의 장점은 무엇입니까?"

장강명: 처음에 테마 소설집을 내실 생각을 어떻게 하신
　　　　건가요?

김보영 작가: 장르소설 웹진 《거울》에서 매년 동인지를 내
　　　　잖아요. 저도 거기에 오래 참여했는데 그런 작업
　　　　에 약간 회의가 들더라고요. 동인지를 아무리 내
　　　　도 출판 작가가 아닌 거예요. 김수륜 씨가 글을
　　　　참 잘 쓰는데 그분이 그때까지 나온 책이 없었어
　　　　요. 그런 분들이 출판 작가가 될 수 있는 책을 만
　　　　들자고 생각했어요.

장강명: 신인을 데뷔시키기 위해 소설집을 낸다.

김보영: 소설집이라는 게 원래 신인이 중심이라고 생각해
　　　　요. 일종의 이벤트잖아요. 기성작가에게는 큰 의
　　　　미가 없죠. 고료도 적고. 하지만 신인 작가에게는
　　　　출간 경력이 생기면 이후에 활동을 할 수 있거든
　　　　요. 개인적인 욕심도 있었죠. 저도 과작 작가라서
　　　　1년에 내는 단편이 몇 편 안 돼요. 그 한 편 한 편
　　　　을 포장을 잘 해야 하는데 잡지에 실으면 그냥 묻
　　　　히는 경우가 많아요. 장편은 쓰는 데 너무 오래 걸

리고. 다른 작가들과 단편집을 내는 게 저한테도 도움이 될 거라고 생각했어요.

장강명: 작가님 작품을 발표할 기회를 얻기 위한 측면도 있었다는 말씀인가요?

김보영: 제 작품을 낼 지면이 없지는 않아요. 워낙 적게 써서요. 기회는 항상 있는데, 단편을 싣는 매체가 잡지든 온라인 공간이든 파급력이 크지 않은 것 같더라고요.

장강명: 황금가지와는 어떻게 연결이 된 겁니까?

김보영: 제가 게임 기획을 해 본 사람이라서 기획서가 낯설지 않아요. 『이웃집 슈퍼히어로』 출판기획서를 먼저 썼고, 책을 내 주겠다는 출판사를 만날 때까지 기획서를 보내야겠다고 생각했어요. 그렇게 처음 기획서를 보낸 곳이 황금가지였는데 거기서 하겠다고 하더라고요.

장강명: 한 번에? 첫 타석 안타네요.

김보영: 황금가지에서도 그런 기획서 자체를 처음 받아 본다고 하더라고요. 처음 있는 일이라고 검토를 길게 하기는 했어요. 『다행히 졸업』 기획서도 창비에 보내자마자 바로 됐어요. 그때도 될 때까지 기획서를 여러 출판사에 보내겠다고 마음먹었는데.

장강명: 출판사들이 테마 소설집 발간을 그렇게 좋아하나요? 의외인데요.

김보영: 일단 기획 아이디어가 눈길을 끌고 괜찮았던 것 같아요. 기존에도 테마 소설집이 없었던 건 아니잖아요. 그런데 장르소설 테마 소설집이라면 그냥 한국 SF 단편집, 한국 판타지 걸작선, 이런 식이었죠. 그러면 주제가 너무 크고 반응도 좋지 않아요. 독자들이 책을 읽으면서 '이게 왜 SF야, 이게 왜 판타지야.'라고 불평해요. 그런데 주제가 슈퍼히어로라고 하면 그러지 않아요.

장강명: 아, 그렇군요.

김보영: 나중에 황금가지에서는 자기들도 편했고 좋았다고 얘기하더라고요. 원래 단편 소설집을 기피하는 이유가 잘 팔리지도 않는데 작가가 여러 명이니까 마감 같은 걸 관리하기 힘들어서이기도 하대요. 그런데 그걸 누가 옆에서 공짜로 해 준 셈이니까요. 『이웃집 슈퍼히어로』와 『다행히 졸업』은 작가 선정에서 진행까지 제가 다 맡았어요. 앞으로도 좋은 아이디어 있으면 오라고 하더라고요.

9.5

당선과
합격

로스쿨생과 고시생의 싸움

"한양대학교는 이쪽으로 들어오시면 돼요."

"우비 추가로 가져가신 학교 있나요? 지금 학교마다 우비가 모자라요."

안내 역할을 맡은 학생들이 버스에서 내리는 젊은이들에게 말했다. 모두 20대 후반에서 30대 초반의 나이로 보였다.

몇몇은 거기서 서로를 알아보고 인사를 나누거나 농담을 던졌다.

"어, 언니! 오랜만이에요."

"우리 오늘 막 불 지르고 차벽 넘고 그러는 거지?"

비가 추적추적 내리는데도 이날 집회에 참석한 사람은 1600명이나 됐다. 지방에서 새벽부터 버스를 타고 올라온 참가자들도 많았다.

나는 서울 여의도 한국산업은행 본사 앞에 있었다. 내게는 무척 익숙한 장소였다. 사회부 기자 시절 각종 시위를 취재하느라 수십 번도 넘게 왔다.

집회 및 시위에 관한 법률 11조 1항에 따라 국회에서 100미터 이내인 장소에서는 옥외 집회나 시위를 할 수 없다. 그래서 국회에 의사표시를 하고 싶은 시위대는 여의도 산업은행 앞에서 집회를 연다. 이곳은 국회의사당 건물이 정면으로 보이고, 인도가 상당히 넓고, 뒤로는 여의도공원이 있어서 화장실이나 매점을 이용하기 편리하다. 덕분에 산업은행 직원들은 매일 확성기 소음으로 죽을 맛이다. 전부 그런 것은 아니지만, 일부 몰지각한 시위 참가자는 낮부터 거리에서 술을 마시기도 하고 전단지나 음식물 쓰레기를 길거리에 함부로 버리기도 한다.

그러나 2015년 11월 18일 여의도 집회 참가자들은 대단히 얌전했다. 고성도 지르지 않았고 술병도 보이지 않았다. 모든 시위가 이 정도면 시위 취재도 할 만하겠다 싶을 정도였다. 화단 옆에서 무전기를 들고 선 정보과 형사들의 표정도 평온해 보였다.

산업은행 앞에 모인 사람들은 각지에서 올라온 로스쿨 학생들이었다. 집회의 공식 명칭은 '전국 법학전문대학원 재학생 여의도 결의대회'였다.

이날 국회 법제사법위원회에는 '사법시험 존치에 관한 공청회'가 열렸다. 2017년 폐지하기로 되어 있는 사법시험을 로스쿨과 함께 병행하는 방식으로 계속 유지하자는 여론을 둘러싼 토론회였다. 사시를 준비하는 고시생들의 요구가 법에 반영되는 첫 단계라 할 수 있겠다. 로스쿨생들은 그런 논의는 절대 하면 안 된다며 자신들의 의지를 보여 주기 위해 국회 앞 100미터 지점에 모인 것이다.

산업은행 보도에는 은색 장판이 여러 장 깔려 있었다. 비에 젖은 장판에 젊은이들이 엉덩이를 깔고 앉았다. 빨간 바탕에 흰 글씨로 출력한 '로스쿨 제도 정착', 또는 흰 바탕에 붉은 글씨로 적은 '사법 개혁 원안 유지'와 같은 인쇄물을 하나씩 들었다.

로스쿨생들은 전날 인터넷 게시판과 메신저를 통해 집회에 올 때 비싼 옷을 입거나 고급 가방을 갖고 오지 말자고 의견을 모았다. 자칫 명품을 걸치고 있는 모습이 사진에 찍히면 로스쿨은 역시 금수저들이 다니는 곳이라는 인식을 줄 수 있다는 이유에서였다. 다행인지 불행인지 이날은 모두 비닐 우의를 입고 있었으므로 그럴 우려는 사라졌다.

학생들은 앉은 채로 구호를 외쳤다.

"국민 위한 법조 개혁! 로스쿨이 희망이다!"

"약속했던 사시 폐지! 누굴 위한 억지인가!"

각 대학원 총학생회장들이 나와서 연설을 시작했다. 원광대 로스쿨 총학생회장은 당초 삭발을 하겠다고 의견을 밝혔더랬는데, 실제로 머리를 깎지는 않았다. 시위가 과격해 보이면 오히려 역효과가 날 수 있다는 판단에서였다.

학생 대표들은 이렇게 말했다.

"악의적인 시선도 많고 음해도 많아서 어떤 움직임도 조심스럽습니다. 하지만 우리가 변호사가 될 사람으로서, 우리 자신의 권리를 보호하지 못한다면 어떻게 다른 사람의 권리를 지킬 수 있겠습니까?"

"로스쿨생이 전부 금수저라고 합니다. 물론 실력보다 집안 배경이 좋아서 취직한 로스쿨생이 없지 않습니다. 인정할 건 인정해야 합니다. 그런데 그 현대판 음서제 누가 만들었습니까? 그걸 보면서 제일 박탈감을 크게 느끼는 건 로스쿨생 아닙니까?"

한 학생회장은 금박지로 된 모자를 쓰고 연단에 섰다.

"금수저는 못 돼도 금으로 된 모자는 써 보고 싶어서 금모자를 쓰고 왔습니다. 여러분, 저희가 금수저입니까?"

인터뷰

"로스쿨생들은 왜 사법시험 존치에 반대하나요?"

장강명: 로스쿨 재학생들은 왜 사법시험 유지에 반대하나요? 로스쿨로도 변호사가 되고, 사시로도 변호사가 되고, 그렇게 두 가지 방안을 병행하면 되지 않습니까?

▉▉▉▉ (로스쿨 6기): 제일 큰 이유는 로스쿨의 변호사 시험 합격률을 낮출 거라고 우려해서예요. 로스쿨에 온 사람들은 대부분 2017년까지 사시를 없앤다는

약속을 믿고 로스쿨에 온 거예요. 그런데 지금에 와서 사시를 존치시킨다고 하면 그 수만큼 로스쿨 출신 변호사 인원을 조절할 수밖에 없겠죠. 그리고 지금도 계층화가 되게 심해요. 사시 출신들은 '우리는 힘들게 공부해서 시험을 통과했는데 로스쿨 출신은 졸업장을 돈으로 샀다'고 여기는 사람들이 많아요. 그런 생각이 이해가 아주 안 가는 건 아닌데, 실제로 사시에 계속 떨어져서 로스쿨에 온 사람도 있으니까요.

장강명: 로스쿨 제도가 정착되고 로스쿨 출신 변호사가 많아지면 그런 생각은 바뀌지 않을까요?

▮▮▮: 사법시험이 있는 한 로스쿨 출신과 사시 출신의 갈등은 생길 수밖에 없어요. 1, 2기 선배들 때는 사시 출신과 로스쿨 출신이 밥도 같이 먹지 않고 서로 이야기도 나누지 않는 로펌도 있었다고 해요. 사시가 어떻게든 살아남으면 둘 사이의 알력 다툼이 엄청나게 심해질걸요. 고시생들은 로스쿨생을 바퀴벌레라며 '로퀴벌레'라고 불러요. 일반 국민들도 사시 출신 법조인을 더 높게 볼 거예요. 더 공정하게 뽑았다고 생각할 거예요.

장강명: 로퀴벌레······ 그 정도로까지 싫어하나요?

■■■■: 고시생들은 신분이 확 달라질 수 있기를 꿈꾸며 극도의 불안감 속에서 공부하죠. 그런데 로스쿨이 생겨서 변호사가 된다는 게 대단한 일이 아닌 것처럼 됐어요. 거기서 오는 박탈감이 너무 큰 거죠.

장강명: 로스쿨의 변호사 시험 합격률은 로스쿨생들만의 문제 아닌가요? 그걸 높이고 낮추는 게 일반 국민에게 미치는 영향이 있나요?

■■■■: 합격자 수를 조이면 결국 로스쿨이 사시처럼 돼요. 예비 법조인들이 자기가 공부하고 싶은 분야를 차근차근 제대로 공부를 해서 그 분야 전문 변호사가 될 수 있게 하자는 게 로스쿨 취지예요. 그런데 합격률을 낮추면 시험에 맞춰 공부하게 돼요. 사설 학원 동영상을 보고, 강사 요약본을 찾고. 그리고 변호사 시험에서 비중이 낮은 어음수표법이나 보험법은 공부하지 않고 비중이 높은 과목 위주로 공부하게 됩니다.

이날 여의도에서 약 9킬로미터 떨어진 서울 서초동 서울법원 종합청사에서는 '사법시험 폐지 반대 전국 대학생연합' 소속 학생들이 로스쿨생들의 주장과 정확히 반대되는 내용으로 기자회견을 열었다. 내가 그리 가지 않고 여의도를 취재했던 것은 로스쿨생 집회가 더 커서였을 뿐, 다른 이유는 없었다.

로스쿨에 대해 이때까지 나는 별 생각이 없었다. 설립 취지에 대해 공감하는 바도 있었고, 학비가 너무 비싸서 일반인은 다니기 어려운 것 아니냐는 거부감도 있었다. 그 정도였다. 어차피 내가 법조인이 될 것도 아니었으니, 내 문제가 아니라고 생각했다.

사시 폐지에 반대하는 학생들은 기자회견에서 굳은 얼굴로 이렇게 말했다.

"사법시험의 존폐 문제가 공정한 사회를 갈망하는 대학생과 청년 세대 전체의 문제라는 신념을 가지고 이 자리에 섰습니다."

"(사법시험 폐지는) 평등한 시험의 기회가 사라졌고 이 나라가 불공하고 불평등한 방법으로만 꿈을 택할 수 있다는 것을 반증하는 사례가 될 것입니다."

그들은 이것은 밥그릇 싸움이 아니라고, 아르바이트와 휴학을 전전하는 평범한 대학생들에게 졸업까지 학비가 1억 원이 든다는 로스쿨은 기회를 가로막는 거대한 콘크리트 장벽과 같다고, 사시가 유지돼야 이 사회가 공평무사함을 믿을 수 있다고 주장했다.

이미 사법시험을 유지하느냐 마느냐의 문제는 로스쿨생과 고시생들에게 사회정의와 자기 정체성, 그리고 자존심의 영역으로 넘어가 있었다. 고시생들은 로스쿨생을 '로퀴벌레, 로퀴'라고 불렀고, 로스쿨생들은 고시생을 '사시충'이라고 비하했다. '우리'는 선량한 피해자이며, '저들'은 자신들의 알량한 이익을 지키기 위해 말도 안 되는 논리를 펼치고 공공선을 훼손하는 탐욕스러운 무리, 벌레들이었다. 양측 모두 이 선악의 전쟁에서 이기기 위해 가차 없는 모욕의 언어를 동원했다. 전쟁이 어떻게 끝나든 그들은 상대를 인정하지 않을 것이었다.

한 걸음 떨어져 보면 로스쿨생과 고시생은 모두 선량한 피해 자였다. 그들이 로스쿨 제도를 만든 건 아니니까. 그리고 그들이 지키려는 이익은 그야말로 작은 것이었다. 밥그릇 싸움이라고 부를 수조차 없었다. 이 젊은이들은 아직 제 몫의 밥그릇을 갖지 못한 상태였다. 그래서 모두 가엾었다.

그들의 논리는 모두 조금씩 일리가 있었고, 동시에 조금씩 부조리했다. 양쪽 학생들은 자신들의 주장이야말로 공공선에 부합하고 상대는 그렇지 않다고 주장했다. 어느 쪽이건 나 같은 일반인들에게는 큰 설득력이 없는 주장이었다. 법조인이 로스쿨에서 양성되든 사법시험으로 뽑히든 나한테 뭐가 달라지는 것 같지 않았기 때문이다.

2017년을 마지막으로 사법시험은 사라졌다. 헌법재판소는 2016년 9월과 2017년 12월 두 차례에 걸쳐 사법시험 폐지가 합헌이라고 결정했다. 로스쿨 출신 변호사에 대한 법조계 인식도 몇 년 사이에 크게 달라졌다고 한다. 일하는 모습을 직접 보니 잘하더라는 것이다.

로스쿨생들의 완승일까? 글쎄. 고시생모임은 2018년에도 사법시험을 부활시켜 달라고 청와대 앞에서 '3000배 투쟁'을 벌이고 헌법재판소 앞에서 기자회견을 열었다. 최근에는 로스쿨을 거치지 않아도 변호사시험을 응시할 수 있도록 하는 '변호사 예비시험제도'를 도입하자는 주장이 나온다. 로스쿨 측은 이에 대해 "사시를 변칙적으로 부활하자는 얘기"라고 반발한다.

어떤 게 정답일까. 어떤 제도가 일반 국민에게 더 도움이 될까. 로스쿨생들의 결의대회를 취재할 때까지만 해도 나는 이 책의 결론을 어떻게 내려야 할지, 문학공모전의 대안이 무엇인지에 대해 답을 찾지 못한 상태였다. 집에 오는 내내 머릿속이 복잡했다.

여의도 집회에서 한 학생회장은 사법시험 존치론자들을 비판하며 이렇게 말했다.

"사법시험을 유지시켜야 한다는 사람들은 '개천용'을 얘기합니다. 사법시험은 개천에서 용이 나게 해 주는 제도라고요. 개천에서 승천한다는 말은 곧 신분 상승을 의미합니다. 우리는 법률가를 필요로 하는 사람 위에 있지 않습니다. 위에 있어서도 안 됩니다."

다른 연사는 이렇게 말했다.

"변호사면 변호사지 사시 출신, 로스쿨 출신이라는 꼬리표가 무슨 의미가 있습니까? 그런 출발선상의 불평등이 정당하다고 믿습니까?"

이 두 얘기는 그나마 얼마간 마음에 와닿았다. 나도 그렇게 생각한다. 법조인은 소비자에게 법률 서비스를 제공해 주는 사람이지 상전이나 귀족이 아니다. 변호사가 어떤 과정을 거쳐 자격증을 얻었는지는 소비자 입장에서는 전혀 중요하지 않다. 그가 법률 서비스를 얼마나 잘 제공하느냐가 중요하다.

그런데 사법시험을 유지하거나 폐지하는 게 법조인들을 겸손하게 만들거나, 꼬리표로 사람을 차별하는 문화를 없애는 일과 무슨 관련이 있을까? 로스쿨 제도를 도입해서 변호사 수가 늘어나면 변호사들 간에 경쟁이 심해져 그네들이 더 친절해지고 전문성도 높아진다는 이야기일까? 그렇다면 사법시험 합격자 정원을 늘려도 마찬가지 효과를 얻을 수 있지 않은가?

집에 올 때쯤 나는 내가 그때까지 문제를 거꾸로 보고 있었음을 깨달았다. 변호사를 어떻게 뽑느냐 하는 것은 본질이 아니었다. 변호사 선발 제도를 바꿔 법률 서비스 시장의 불편함을 개혁하겠다는 것은 꼬리를 흔들어 몸통을 움직이겠다는 얘기나 다름없었다. 오히려 법률 서비스 시장을 개혁하면 변호사 선발 제도를 둘러싼 소모적인 논쟁을 막을 수 있다고 보는 시각이 옳았다.

성문을 동쪽으로 내느냐 서쪽으로 내느냐 하는 문제가 중요한 게 아니었다. 동서 양쪽으로 성문이 있다 해도 충분치 않다. 중요한 것은 높고 굳건한 성이 있다는 사실 그 자체였다. 들어가기 어렵지만 동문으로든 서문으로든 한 번만 안으로 들어가면 귀족이 되고, 거기서 안주한 채 바깥사람들을 깔보게 되는 성이 한국 사회에 너무나 많다.

그런 성들을 완전히 없앨 수 없다면 성벽이라도 지금보다 훨씬 더 낮춰야 했다. 그래서 들어가기 쉬운 만큼이나 나오기도 쉽게 만들어야 했다. 거기까지 생각이 이르니 비로소 구체적인 답들이 보이는 듯했다.

시험 사회, 간판 사회를 넘어서

나는 이 책에서 장편소설공모전을 공채 제도와 비교했다. 두 제도는 모두 독특한 한국적 인재 채용 방식이다. 거액이 걸린 장편소설공모전을 이렇게 많이, 정기적으로 실시하는 나라는 달리 들어 본 적이 없다. 정부나 기업, 공공기관이 대규모 동시 시험을 통해 신입 사원을 뽑는 나라도 드물다.

두 제도는 장점이 많다. 우선 공정하다. 이때의 공정함은 기계적, 획일적인 공평과 중립을 말한다. 여러 사람이 동시에 똑같은 시험을 치르고, 지원자 이름을 가린 채 평가받는다. 본심에서는 같은 심사위원이 최종 후보자를 같은 기준으로 평가해서 당선자 또는 합격자를 고른다.

신뢰성도 높다. 주최 측은 이 제도를 통해 대체로 우수한 인재를 필요한 수만큼 뽑을 수 있다. 올해도, 내년도, 내후년도 그럴 수 있으니까 장기적인 인력 수급 계획을 세우는 데 유리하다. 지원자들도 자신이 어떤 방식의 시험을 언제 어떻게 치르고 합격 발표는 언제쯤 날지 가늠할 수 있다. 내년이나 내후년에도 시험은 비슷하게 계속될 테니 몇 년 뒤를 내다보고 자기 계발을 할 수 있다. 두 제도는 이런 식으로 업계의 안정적인 발전에 기여한다.

출판사와 작가 지망생, 기업과 취업 준비생은 구체적인 계약 없이도 신뢰 관계를 쌓는다. 이러한 상호 신뢰는 거의 공적인 것으로, 한국을 지탱하는 큰 기둥이자 일종의 사회계약이다. '능력주의에 입각한 공개 선발 제도와 그에 대한 승복'이라는 신화 덕분에 한국 사회의 각종 연고주의와 당파성이 그나마 열어진다고 사람들은 믿는다. 그래서 '사기업에서는 누구를 어떻게 뽑든지 기업 권한이다.'라는 말은 한국에서 통하지 않는다.

장점인지 단점인지 알 수 없지만, 이렇게 당선 또는 합격된 사람들은 자신을 선발한 제도의 공정함과 효용성을 더욱 굳게 믿게 된다. 그들 입장에서는 능력과 노력에 따르는 정당한 보상을 경험한 셈이다. 속으로는 '몇 가지 흠결이 있는 건 알지만, 그래도 장점이 더 많은 제도잖아?'라고 여기게 된다. 밖에서 보면 꼭 시스템에 진심으로 '충성'하는 듯한 모습이다. 이렇게 자기가 속한 집단과 그 집단을 떠받치는 제도에 대한 평가가 외부와 달라진다.

그러다가 어느 순간 선발되지 않은 사람들을 전부 자신보다 못하다고 얕보게 되기 쉽다. 여기서부터는 단점이다. 그렇게 우월감을 집단적으로 공유하는 집단이 생겨난다. 그런 집단이 여러 가지 기회와 자원까지 배타적으로 누린다면 누가 봐도 새로운 귀족 계급이다. 실제로 이들의 말과 행동, 내부 규칙과 문화는 옛 귀족들을 닮아 간다. 공작, 후작, 백작, 자작, 남작 같은 식으로 귀족 안에서도 등급이 있었듯이, 시험으로 선발된 이들 사이에서도 서열이 생기곤 한다.

자기 인식이 외부와 멀어지는 만큼 내부 결속력은 강해진다. 그런 결속력은 이 엘리트 계층 내부의 경쟁을 저해한다. 이곳에 들어올 때 적용된 능력주의는, 그 안에서는 잘 통용되지 않는다. 종종 그 자리를 대체하는 것은 '기수 문화'다. 매해 시험을 통해 등용된 이들이라 누가 선배이고 누가 후배인지가 명확하다. 선배와 후배는 자질은 비슷하지만 선배가 경험이 더 많으므로 이끌거나 지도하는 역할을 맡는다는 합의를 다들 대체로 따른다.

그러나 가정이 잘못됐다. 애초에 선발 시험이 완벽하지 않았으므로 무능력한 사람도 더러 뽑히고, 당선되거나 합격할 때에는 유능했지만 이후에 노력을 하지 않아 평범해진 사람도 있고, 시대의 변화에 적응하지 못해 현재 기준으로는 유능하다고 볼 수 없는 사람도 있다. 그런데 내부 경쟁이 없기에 이런 이들이 도태되지 않고 성안에 계속 머문다. 심지어 자신보다 유능한 후배들을 이끌고 지도하기도 한다.

그러면서 조직 또는 업계 전체의 경쟁력이 떨어진다. 애초에 경쟁을 할 이유가 없으니 다들 게을러지고, 거기에 무능한 선배들이 발목을 잡고, 그런 선배를 보며 더 의욕을 잃는다. 무능한 선배들은, 자기 자리를 치고 들어오는 유능한 후배를 건방지다며 깔아뭉개기도 한다. 그런 싸움에서 밀려나지 않기 위해서는 다른 보호자를 찾거나 끼리끼리 뭉쳐야 한다. 실력이 아니라 인맥을 둘러싸고 경쟁이 벌어지며 파벌이 생긴다.

그렇게 관료 집단이 된다. 이 집단의 질서는 실력이 아니라 기수 문화와 인맥, 파벌이다. 엘리트를 모아 놓기는 했으나 외국의 같은 직업군에 비하면 전문성이 떨어진다. 외부 세상이 어떻게 변하는지도 잘 모른다. 그런데도 뼛속 깊이 오만하다. 자신들을 뽑아 준 시험의 분별력과 공정함을 믿기 때문이다. 그 시험으로 자신들의 능력이 입증됐다고 여기기 때문이다.

그런데 그 '입사 시험'들의 분별력과 공정함은 사실 그리 대단하지 않다. 시험문제들은 다분히 근거 없는 가정에 기초해 설계된 것들이 많고, 어떤 지적 능력은 지필고사나 면접으로는 결코 파악할 수가 없다. 응시자의 외모나 시험 당일의 컨디션, 어떤 채점자를 만나느냐 같은 운도 큰 영향을 미친다. 심사위원 또는 면접관의 주관적인 평가를 평균 내는 방식이라면 괴짜 천재는 뽑지 못한다.

어쩌면 사람의 잠재력을 평가할 수 있다는 믿음 자체가 환상인지도 모른다. 더군다나 어떤 시대가, 어떤 상황이 올지 모르는데, 그때 필요한 능력을 어떻게 미리 알 수 있다는 말인가. 그런 미래 불확실성은 점점 커지는데, 출제 위원이나 심사위원의 사고는 어떤 상상력의 한계선을 넘지 못한다. 애초에 어떤 조직도 전복적인 사고방식을 지닌 인물에게 문제 출제나 심사를 맡기지 않는다.

한국 사회는 그런 식으로 유능한 인재를 많이 놓쳤을 것이고, 앞으로는 더 많이 놓칠 것이다. 이 제도가 시험일 훨씬 이전부터 젊은이들의 가능성과 도전을 봉쇄한다. 공모전과 공채가 아닌 다른 길로 성공하기는 거의 힘드니, 당연하게도 많은 젊은이들이 다른 길을 거들떠보지도 않고 공모전과 공채에 온 힘을 쏟게 된다. 너무 절실하게 힘을 쏟은 나머지 괴상한 미신까지 믿는다.

이런 환경에서는 사교육 시장이 성한다. 문제 푸는 요령을 가르쳐 주는 학원과 과외 교습이 판친다. 어떤 이들은 합격할 때까지 몇 년이고 낭인 생활을 감수한다. 젊은이들이 그런 공부에 매달릴수록 사회 전체의 에너지가 낭비된다. 비전을 내놓고 환경 변화에 적응하는 능력도 함께 잃는다.

합격자와 당선자는 늘 소수일 수밖에 없다. 상당수 지원자가 시험을 포기할 때쯤 자신에게 불합격자, 낙선자라는 딱지가 붙었다고 여기게 된다. 그렇게 패배감, 좌절감, 열등감이 퍼진다. 이런 부정적인 감정들은 공채 제도가 낳은 공고한 계층화, 서열화와 맞물리고, 사회는 늘 어떤 시험 합격 여부를 경계선으로 분열의 긴장 상태 속에 있게 된다. 엘리트 계층의 나태함이나 무능함, 비도덕성이 드러날 때면 반대쪽에서 공분이 폭발한다. 이러한 대립 구도는 사회에 과도한 도덕주의 분위기를 조성하는 데에도 얼마간 영향을 미친다.

더 나은 사회에 대한 모색도 종종 주류와 비주류의 대결이라는 틀에 갇히곤 한다. 비유하자면 '양반이 상민이 되고, 상민이 양반 되는 사회'를 상상하는 정도에 그친다는 것이다. 대단한 것도 없는 주제에 시험 하나 통과했다고 뻐기던 놈들에게 설욕을 하고 싶을수록, 차별 대우 받고 업신여김 당한 서러움을 갚고 싶을수록 그렇게 된다.

그러나 우리가 진정으로 꿈꿔야 할 사회는 그런 구분 자체가 없는 곳이다. 그곳에는 양반도 상민도 없어야 한다.

몇몇 사람들은 인재 선발 제도를 확 갈아엎어서 그런 사회에 이를 수 있다고 주장한다. 공모전을 없애거나 시험 대신 전문대학원을 거치는 제도로 바꾸거나 국립대를 모두 통합하거나 하는 식으로.

나는 그런 아이디어들은 정답이 아니라고 생각한다. 높은 성의 출입구를 동문에서 서문으로 바꾼다 한들, 또는 문을 통과하는 절차를 복잡하게 추가한다 한들 성벽을 둘러싼 차별은 달라지지 않는다. 간판을 다 없앤다 해도 사람들은 새로운 표식을 찾아낼 것이다. 성이 높이 서 있고 성 밖에서는 구할 수 없는 것들이 그 안에 있는 한, 새로운 간판 후보는 무궁무진하다.

많은 경우 급진주의자들의 주장은 현실성도 떨어진다. 어떤 아이디어들은 밀어붙였다간 엄청난 반발과 사회적 혼란만 불러올 게 틀림없다. 아마 젊은이들이 가장 큰 피해를 볼 것이다. 정치권에서 사법시험 유지 가능성을 살짝 내비친 것이 예비 법조인들에게 얼마나 큰 풍파를 불러왔는지 떠올려 보자. 말했듯이 공모전과 공채 제도는 온갖 단점에도 불구하고 한국 사회에서 준(準)사회계약이며, 채용 주체와 지원자들은 그 안정성, 예측 가능성을 놓치고 싶어 하지 않는다.

바꿔 말하자면, 한국에서 간판이 만드는 차별과 서열의 구조는 거기에 동의하는 사람들이 많기 때문에 유지된다. 그런 '합의'는 여러 각도에서 공고히 맞물려 있다. 왜냐하면 지금 한국 사회에서는 실제로 그 간판에 힘이 있기 때문이다. 좋은 간판을 믿고 선택하는 것이 각자에게 최선의 선택인 경우가 많기 때문이다. 간판 외에 달리 더 좋은 선택 기준이 없기 때문이다.

간판의 본질적인 힘을 허물어야 한다. 그래야 간판의 중요성이 모든 방향으로 동시에 낮아진다. 간판의 힘은 정보 부족에서 나온다. 독자나 출판사가 등단 작가를, 구직자가 대기업을, 기업이 명문대 졸업생을 선호하는 이유는 그게 안전하다고 생각해서다.

글 잘 쓰는 미등단 작가, 연봉도 높고 복지 혜택도 다양한 중소기업, 일 잘하는 비명문대 졸업생이 분명히 있지만, 찾기가 너무 어렵다. 잘못된 선택을 내렸을 때 져야 할 부담도 너무 크다. 이런 상황에서 사람들에게 억지로 모험을 강요할 수는 없다.

모험을 망설이는 사람들에게 지도를 그려 제공하자는 게 나의 제안이다. 지금 한국의 독서 생태계나 노동시장은 너무 깜깜하다. '무슨 무슨 시험에 합격했다'는 간판들만 빛나는 어두운 거리 같다. 안내소에 있는 지도는 부정확하거나 누락된 정보가 많다. 얼마간은 그런 지도를 그리는 일 자체가 어려워서 그렇기도 하다. 부분적으로는 간판으로 득을 보는 이들이 정확한 지도 제작과 보급을 반대하고 있어서 그렇기도 하다.

물론 지도가 모든 문제를 일거에 해결해 주지는 못한다. 소설 시장과 고용시장에서는 근본적으로 공급자와 수요자 사이에 정보 비대칭이 발생하며, 어떤 부분은 끝끝내 모험의 영역으로 남는다. 고용시장에는 의사, 변호사, 도선사, 원자로 조종 감독자처럼 무자격자가 함부로 뛰어들면 안 되는 직업도 있다.(다만 그게 해당 영역에서 내부 경쟁이 일어나면 안 된다는 뜻은 아니다.)

나는 사람들이 모험을 하게 하려면 세 가지가 필요하다고 본다. 믿을 수 있는 정보는 그중 하나다. 다른 두 가지는 충분한 보상과 실패했을 경우의 대비책이다. 지금 한국 사회에는 그 세 가지가 다 부족하고, 평범한 사람과 기업들은 모험을 극히 꺼린다. 그 결과 역동성이 점점 사라지고 우리 공동체가 계급사회 같은 모습으로 굳어지는 중이다. 상속, 혼인, 시험과 같은 이벤트가 아니면 신분을 바꾸기 어려운.

모험을 북돋는 세 가지 요소 중 보상은 외부에서 인위적으로 개입할 문제가 아닌 것 같다. 모험에 실패한 사람이나 기업을 위한 안전망은 마련해야 한다. 이와 관련된 과제는 복지에서부터 투자 관련 제도까지 엄청나게 많다. 논란이 있는 지점도 있다. 예를 들어 재계에서는 기업이 규모로나 내용으로나 모험적인 채용을 했을 경우에 가장 좋은 실패 대책은 '쉬운 해고'라고 주장한다.

그에 비해 정보 확대는 적은 비용으로 큰 파급력을 낼 수 있는 방법이다. 실제로 그 정보를 이용하는 사람들에게 평가와 선택을 맡긴다는 점에서 민주적이기도 하다. 정보 공개에 반발하는 세력은 있겠지만, 그에 따른 논란이 예컨대 사회 안전망 구축에 필요한 증세 논쟁만큼 크지는 않을 것이다.

정보 확대의 여파는 한 업계의 경쟁력을 높이는 데에서 그치지 않을 것이다. 곳곳이 보다 투명해지면 자연히 그만큼 사회가 정의로워질 거라 생각한다. 그러면 공동체에 대한 신뢰와 구성원들 사이의 유대감도 두터워진다. 한국 사회의 논의 수준도 한 단계 높아지지 않을까 한다. 쓸 만한 데이터가 부족하다 보니 어떤 개혁을 둘러싼 논쟁이 찬반 양편에서 가장 극단적인 사례들을 전시하고 감성에 호소하는 식으로 펼쳐지는 경우가 흔하다.

정보를 수집하고 제공하는 방식은 이제부터 연구해야 한다. 당장 어떤 묘책을 제시할 수 있는 건 아니지만 나는 이 문제를 무척 낙관적으로 본다. 우선 데이터베이스를 만들고 운영하고 가공하는 일이 전과 비교도 되지 않을 정도로 싸고 쉬워졌다. 그리고 이 작업은 한번 임계점을 넘으면 그 뒤로는 거의 비가역적일 것이다. 의미 있는 기록과 분석은 쉽게 사라지지 않고, 그런 데이터베이스를 통해 이익을 보는 사람들이 생길수록 정보 공개에 대한 요구는 더 커진다.

어떤 곳에서는 여러 사람이 모여 정보를 쌓고 의미 있게 엮고 공유하고 활용하는 일이 하나의 공동체 운동이 될 수도 있을 거라 기대한다. 나는 우리가 그렇게 한국 사회에 다시 활력을 불어넣을 수 있기를 바란다. 우리에게는 그럴 힘도, 기회도, 방법도 있다고 믿는다.

부록:
미키 골드밀

……그리고 공모전을 준비하는 분들께

영화 「록키」를 좋아한다. 록키가 필라델피아 미술관 계단을 달려 오르는 장면을 밤에 혼자 맥주를 마시고 유튜브로 몇 번이고 본다. 빌 콘티의 명곡 「고나 플라이 나우」가 배경음악으로 흐른다.

필라델피아 미술관에 가면 지금도 관광객들이 건물 앞에서 양팔을 들고 록키 흉내를 낸다고 한다. 여러 사람이 저마다 심각한 표정으로 섀도복싱을 하며 계단을 뛰어오르는 모습을 상상하면 저절로 웃음이 나온다. 나도 언젠가 필라델피아 미술관에 가서 록키 스텝을 밟으려 한다. 계단을 세 칸씩 뛰어오른 뒤 만세 자세로 한 바퀴 돌고, 허리에 두 주먹을 대고 다리를 앞으로 뻗으며 춤추

듯 다시 한 바퀴, 그리고 양팔을 위로 번쩍.

「록키」의 줄거리는 엄청 단순하다. 무명 복서가 기적처럼 챔피언과 시합할 기회를 얻고, 열심히 연습해서 경기를 치른다는 이야기다. 그 간단한 드라마가 수십 년이 지난 지금까지도 여전히 수많은 사람들의 심금을 울린다.

그 드라마는 선악의 대결이나 정의의 승리에 대한 내용이 아니다. 이 영화에는 악인이 없고, 록키는 시합에서 이기지도 못한다. 스포츠 액션이 호쾌하냐 하면 그렇지도 않다. 챔피언 아폴로 크리드와 록키의 경기는 1라운드 시작종이 울릴 때부터 15라운드가 끝날 때까지 채 9분도 되지 않는다. 9분 동안 록키는 무지하게 얻어맞는다.

아무리 처지가 어려워도 꾹 참고 성실히 살다 보면 언젠가는 성공한다는 이야기일까? 꼭 그렇지는 않다. 영화가 시작할 때 록키는 순진하고 선량한 구석이 있지만 아무리 좋게 봐도 성실한 청년은 아니다. 뒷골목 건달이다. 완력을 쓰며 사채업자의 수금 업무를 돕는다. 운동선수인데 담배를 피운다. 그가 체육관에서 사물함을 뺏기는 것도 실력이 없고 노력을 하지 않아서이지 레슨비를 안내서가 아니다. 체육관 관장은 록키를 이렇게 평가한다.

"넌 훌륭한 선수가 될 자질이 있었어. 그런데도 고리대금업자의 주먹 노릇이나 했지. 넌 인생을 낭비하고 있어."

챔피언과 시합이 잡히고 제대로 훈련을 시작했을 때 록키는 필라델피아 미술관 계단을 제대로 오르지 못한다. 허리를 굽힌 채 배를 움켜쥐고 헐떡이며 걸어서 겨우 오른다. 미술관 건물 앞에서

만세를 부르지도 못한다. 체력이 그 정도밖에 안 됐던 것이다.

나는 「록키」가 변신에 대한 이야기라고 생각한다. 남들이 무시하고, 스스로도 별 볼일 없다고 여기는 한 청년이 기회를 얻는다. 그 기회를 놓치지 않으려 애쓰다 자신의 잠재력을 발견한다. 그래서 노력하고, 주변 사람들의 응원을 받고, 끝내 챔피언에 맞먹는 훌륭한 권투 선수가 된다. 우리는 거기에 감동받는다. 우리 안에도 챔피언의 잠재력이 있고, 어떤 계기만 주어진다면 날아오를 수 있을 거라고 믿는다. 그 기분을 느껴 보려고 영화 주인공 흉내를 내며 미술관 계단을 오른다.

그런데 영화에서 록키에게 기회를 마련해 준 이들은 실은 록키에게도, 다른 무명 복서들에게도 아무런 관심이 없었다. 언론에는 '미국은 모든 사람에게 기회를 주는 땅'이라고 선전하지만 말이다.

챔피언 아폴로 크리드와 프로모터 저겐스가 무명 선수와 타이틀전을 열기로 한 진짜 이유는, 미국 독립 200주년 기념 시합을 겨우 5주 앞두고 도전자가 다쳐서 경기를 할 수 없게 됐기 때문이다. 이미 홍보에 100만 달러를 쓴 상태라 시합을 미룰 수가 없는데, 마땅한 상대를 찾을 수가 없었다. 그래서 지역의 신인에게 기회를 준다는 명분을 내세우고 아무나 골랐는데 그게 록키였다.

록키는 처음에 그 제안을 받았을 때 망설이다 거절하기까지 한다. 자기는 그저 클럽에서 경기하는 삼류이고, 아폴로 크리드는 최고라면서. 그래도 말씀은 감사하다면서. 프로모터가 이건 일생일대의 기회라고, 절대 놓치지 말라고 설득한 다음에야 록키는 경기에 나서기로 결심한다.

나는 이 책에서 장편소설공모전의 한계를 이것저것 따졌다. 이 제도의 가장 큰 문제점은, 너무나 성공하는 바람에 이제는 도리어 어떤 가능성을 가로막고 있다는 것이다.

하지만 나는 여전히 장편소설공모전이 장점이 많은, 좋은 제도라고 생각한다. 지금도 많은 사람에게 기회를 준다. 다른 선발 방식들과 함께 공존할 수 있다면 신인 작가와 출판사, 독자들이 두루 이득을 볼 수 있는 방식이라고 본다. 작가 지망생 입장에서 거부해야 할, 불의한 시스템이라고 생각지는 않는다. 아폴로 크리드가 록키에게 제안한 경기와는 비교할 수도 없이 공정하고 훌륭한 무대다.

공모전 제도가 미치는 영향력, 그리고 그 제도를 둘러싼 환경을 손봐야 한다. 나는 그런 지론과 별도로 공모전에 도전하는 많은 작가 지망생들을 진심으로 응원한다. 소설가가 되고 싶은 사람이 모두 공모전을 준비해야 한다면 그것은 뭔가 잘못됐다. 그러나 소설가가 되고 싶은 어떤 사람이 공모전을 준비하는 것은 아무 잘못도 아니다.

록키가 타이틀전 도전을 결심했을 때, 체육관장이 찾아온다. 시합을 하기로 했다면 매니저가 필요하다면서. 록키는 처음에는 화를 내며 그를 쫓아내지만 곧 밖으로 나가 붙잡는다. 록키는 관장의 코치 아래 특별 훈련에 들어간다. 늙은 관장의 이름은 미키 골드밀. 고(故) 버지스 메러디스가 이 역을 맡았다.

나는 여기에서 관장님 흉내를 내보려 한다. 소설공모전을 준비하는 분들께 내가 생각하는 팁과 그 이유를 몇 가지 정리해 봤다. 이 조언들이 100퍼센트 옳다고 말하지는 못하겠다. 그러나 작가 지망생들 사이에 퍼져 있는 미신과 루머들보다는 훨씬 더 도움이 되리라 생각한다. 록키들에게 참고가 되기를.

① 지레 좌절하지 말자.

장편소설공모전 당선작은 겨우 한 편인데 응모 원고는 수백 편이다 보니 경쟁률이 얼핏 턱없이 높게 느껴질 수 있다. 그러나 상당수 지원자들이 겹치기로 응모하고, 장르소설과 웹 소설을 제외한 문단문학의 장편소설공모전도 9개나 된다는 사실을 염두에 두자.

게다가 실제 심사에 참여해 본 경험으로는, 적지 않은 응모작이 엉터리다. 기본기를 갖춘 작품들만 놓고 보면 실제 경쟁률은 수십 대 일 정도라고 봐야 한다. 분명 좁은 문이기는 하지만, 9급 공무원 시험 경쟁만큼 치열하지는 않다. 연예기획사에 들어가 인기 아이돌 그룹 멤버가 될 확률보다는 훨씬 높다.

사람이 소설을 쓰고 나면 그게 꼭 자식 같다. 장편소설이라면 짧게는 몇 달, 길게는 몇 년이나 애정을 담아 작업한 결과물이다. 생애 첫 작품을 막 마친 뒤 거기에 대해 객관적인 평가를 할 수 있는 인간은 아무도 없다고 확신한다. 그런 원고를 봉투에 넣어 무슨 출판사니 신문사 편집부에 보내면 꼭 아이를 혼자 멀리 보낸 느낌이다. 도무지 냉정해지지가 않고 당선작 발표까지 마음이 붕 뜬 상태에서 지내게 된다.

낙선 사실을 알게 되면 그만큼이나 실망도 크다. 머리로는 '그게 당선될 리가 없지.'라고 생각해도 마음이, 몸이, 받아들이질 못한다. 여기에서 꺾이는 지망생도 많다. '그래, 내 주제에 무슨 소설이냐.'라고 여기고 도전을 멈춘다. 그러지 말자. 처음 쓴 소설, 두 번째로 쓴 소설이 뛰어나지 못하다는 것은 결코 재능이 없다는 뜻이 아니다. 첫 타석에서 초구로 홈런을 치지 못하면 무능한 타자인가?

게다가 5장에서 살펴봤듯이 문학공모전 심사 메커니즘은 결코 완벽하지 않다. 그리고 당신이 정말 시대를 앞선 작가라면 바로 그 이유로 심사위원들이 당신 작품을 이해하지 못할 수 있다.

3년이나 4년쯤 원고를 보냈는데 당선되지 못하면 포기해야 할까? 조금 이르지 않을까? 정유정 작가는 공모전에서 11번 낙선했다고 한다. 7장에서 썼지만 정세랑 작가는 최종심에서 떨어진 적만 아홉 번이다. 백영옥 작가는 신춘문예에 13년 동안 떨어졌다고 한다. 세 사람 모두 공모전 당선 뒤에는 평단과 독자의 주목을 받으며 맹렬히 작품 활동을 하고 있다.

② 여러 곳에 다 내자. 대신 한 편으로 몇 년씩 응모하지 말자.

단편소설공모전과 달리 장편소설공모전은 대부분 중복 투고를 허용한다. 일단 낼 수 있는 곳에는 다 내자.

당선이 되려면 우선 예심을 통과해야 하는데, 역설적이게도 예심 통과가 가장 운에 달려 있다. 취향이 제각각인 예심 심사위원 중 누구의 손에 내 원고가 들어갈지 모른다. 응모자로서는 자기 원고를 최대한 여러 사람에게 보이는 수밖에 없다.

대신 한 편을 계속 다듬어 가며 몇 년씩 응모하는 것은 바람직하지 않다. 한 해나 두 해 여러 군데 공모전에 내서 다 낙선한다면, 그 작품은 잠시 접어 두고 새 소설을 쓰길 권한다, 설사 최종심까지 올랐다 해도 그렇다.

이유는 두 가지다. 우선 최종심에 자주 오른다고 당선 확률이 높아지는 것은 아니다. 오히려 반대라고 봐야 한다.

여러 공모전 심사에 참여하는 심사위원들이 있다 보니 어느 문학상 최종심에 올랐던 작품이 다른 공모전에도 올라오면 "어, 이거 전에 어디에도 올라왔던 작품"이라고 금방 얘기가 나온다. 그런데 그 말을 듣는 순간 '어느 정도 인정받은 괜찮은 글'이라기보다는 '뭔가 흠결이 있나 보다'는 쪽으로 마음이 기울게 된다. 다른 곳에서 여러 차례 미끄러진 작품을 당선작으로 미는 것은 공모전의 위상과도 관련이 있어 어지간하면 꺼리게 된다.

두 번째로 응모자 자신의 발전을 위해서도 그렇다. 정말이지 글은 쓸수록 는다. 소설 도입부를 한 번 써 봤을 때보다 두 번 썼을 때 다음 소설을 더 능숙하게 시작한다. 문제적 인물을 처음으로 만들어 냈을 때보다 두 명, 세 명을 만들어 봤을 때 더 흥미로운 인물을 더 재미나게 묘사하게 된다.

어떤 신인 작가가 완전히 새로운 작품을 쓴다면 소설 집필의 모든 단계를 다시 한번 더 경험하게 된다. 그러지 않고 한 원고를 붙든 채 몇 년에 걸쳐 퇴고만 수십 차례 한다면 어떤 부분의 글쓰기 근육은 영 발전하지 않는다. 그 상태에서 당선이 된다 해도 이후에 내놓을 두 번째 작품은 데뷔작보다 못할 가능성이 높다. 그러면 평론가도 독자도 그 작가를 실력은 별로인데 운이 좋아 등단했다고 여기게 된다. 그렇게 추락한 신뢰를 세 번째 작품으로 회복하는 것은 공모전 당선보다 더 어려운 일일지도 모른다.

등단은 그야말로 작가 생활의 시작일 따름이다. 결코 그게 목표일 수 없다. '이른 데뷔가 독이 됐다'는 말이 괜히 나오는 게 아니다. 결승점이 눈앞에 어른거리는 듯해 조바심이 나더라도 구석구석 몸을 다진다는 느낌으로 새 작품을 쓰는 편이 낫다. 습작들은 데뷔하고 나서 고치고 보완해서 발표할 수도 있다. 이는 나 혼자만의 생각이 아니다.

"심사위원들은 재투고 작품들에 대한 고언도 쏟아냈다. 한 작품을 여러 번 다시 보내는 사례가 눈에 많이 띄는데, 물론 이 중에는 드물게 전작의 미비한 부분을 탄탄하게 고쳐 찬사를 받은 작품도 없지는 않지만, 그 작품은 작가로 출발한 뒤 얼마든지 다시 펴낼 수 있으니 잠시 밀쳐 두고 새롭게 도전하는 열정을 보여 달라는 주문이다." (제6회 세계문학상 예심평 중)

"예심 과정에서 다른 문학상 최종심에 올랐던 작품들도 여럿 발견됐다. 장편소설 하나 완성하는 일이 쉽지 않거니와 아쉽게 탈락의 고배를 마셨다면 다른 문학상에 다시 응모하는 건 충분히 사정을 헤아릴 만하다. 실제로 심사위원 취향에 따라 타 문학상에서 떨어진 작품이 또 다른 문학상에 당선되는 사례도 있다. 그렇다고 한 작품을 몇 년씩이나 미련을 가지고 응모하는 건 바람직하지 않다. 새로운 샘을 파서 기왕에 파 놓은 우물까지 살릴 기개와 자존감도 멀리 보아야 할 작가의 자세다." (제10회 세계문학상 응모작 소개 기사 중)

③ 본질에 집중하자.

5,5장에서 작가 지망생들 사이의 각종 '비법'이 얼마나 근거 없는 낭설인지에 대해 다뤘다. 아마 지원자들의 심정이 너무 절박해서 그런 이야기에 솔깃하게 되는 것이리라. 조금만 냉철하게 생각해 보면 글씨체니, 줄 간격이니, 도입부니 하는 문제들이 심사에 영향을 미치지 않으리라는 걸 누구나 알 수 있다. 작품의 내용이 중요하다. 본질에 집중하자.

좀 더 널리 퍼진 루머에 대해서도 이야기하고 싶다. 어느 출판사는 어떤 성향의 작품을 선호한다든가, 당선작 트렌드가 있다든가 하는 식의 얘기들이다.

2장에서 많은 편집자들이 오히려 '주최 측이 다른데도 문학공모전 당선작의 개성이 없고 다들 비슷비슷하다는 게 문제'라고 비판하는 모습을 본 바 있다. 작가 지망생들 사이에 사회성이 높은 작품을 우대한다고 알려진 한겨레문학상과, 그렇지 않다고 보는 사람이 많은 문학동네 소설공모전 심사평 한 대목을 살펴보자. 결국에는 다들 두루두루 본다.

"한겨레문학상의 색깔 때문인지 사회파에 해당하는 작품들이 많았는데, 말하고자 하는 욕망이 너무 크다 보니까 미학의 측면을 소홀히 한 점이 거슬렸다."(15회 한겨레문학상 예심평 중)

"요즘 세태에 대한 신성한 디테일들은 넘치다 싶을 정도로 풍부했으나 그 세태에 대한 역사철학적 맥락을 찾아보기 힘들었다." (20회 문학동네작가상 심사평 중)

'심사위원들이 이런 걸 좋아하는 것 같다, 요즘 트렌드가 이거인 것 같다.'라는 고려는 여러 겹으로 부질없는 짓이다. 실제로 그런지 아닌지도 알 수 없고, 그런 식의 글쓰기는 몸에 맞지 않는 옷을 입는 것과 비슷해서 지원자의 장점을 제대로 살리지도 못한다. 쓰는 원고를 마칠 때까지 그 '트렌드'가 이어질 거라는 보장도 없다.

다른 해라면 낙선할 원고가 트렌드 덕에 당선되는 일이 벌어질 수 있을까? 나는 오히려 반대라고 생각한다. 문학공모전 심사를 맡는 작가나 평론가 들은 한국에서 신간 한국소설을 가장 많이 접하는 사람들이다. 그중 상당수는 학교에서 작가를 꿈꾸는 학생들을 가르친다. '최신 트렌드'를 흉내 낸 학생 작품들을 얼마나 많이 읽었겠는가. 그만큼 심사위원들은 새로운 발견에 목말라 있고, 기존 트렌드를 가능한 한 피하고 싶어 한다고 봐야 하지 않을까.

"하지만 이런 재기 발랄함에도 불구하고 뒤늦게 도착한 칙릿 소설이라는 느낌을 지우기는 힘들었다."(제20회 문학동네작가상 심사평 중)

"읽어 본 예심작들 3분의 1이 역사소설이었는데, 10년 전 김훈의 「칼의 노래」가 나온 이래 더욱 정형화하는 것 같아요. 특정한 역사적 순간을 집어낸 뒤 자료 조사 등을 거쳐 뚝딱 장편을 내는 경향이 관습화됐어요."(17회 한겨레문학상 예심평 중)

"하지만 일부 심사위원들은 청소년기의 반항을 보여 주는 삽화 등의 인물과 감성이 요즘 소설의 트렌드에서 자유롭지 못하다고 지적했다."(제2회 수림문학상 심사평 중)

"그러나 응모작들이 전반적으로 1회 당선작의 경향에 지나치게 얽매였다는 지적도 있었다. 한 심사위원은 "1회 당선작인 임영태의『아홉 번째 집 열 번째 대문』이 자전적 소설이었기 때문인지 올해는 유독 자전소설이 많았다.”라며 “그러나 기록으로서의 가치는 있어도 소설적 구성은 안 되는 경우가 대다수라 아쉽다.”라고 말했다.”(제2회 중앙장편문학상 수상작 소개 기사 중)

“강남의 경제적 상류층 풍속을 다룬 소설도 많았다. 정이현, 이홍 같은 작가들이 앞서 일구어 놓은 판에 가세하는 새로운 경향으로 분석된다.”(제6회 세계문학상 예심평 중)

④ 스타일을 바꾸지 말자. 장점으로 승부하자.

장편소설공모전에 도전하시는 분들께 조언을 딱 한 가지만 해야 한다면, ‘자기 장점을 믿으라’는 얘기를 하고 싶다.

장편소설 집필에는 여러 종류의 재능이 필요하다. 그리고 그 재능을 완벽하게 다 갖춘 사람은 문학사에서 이제껏 누구도 없었다.(도스토옙스키도 짧고 간결하게 쓰는 재주는 없었던 것 같지 않나.) 모든 독자의 지지를 받는 작가 역시 문학사에 없었다. 톨스토이는 셰익스피어를 싫어했고 나보코프는 도스토옙스키를 우습게 봤다.

냉정하게 습작을 검토해 보면, ‘아, 나는 이런 점이 부족하구나.’ 하는 아쉬움과, ‘그래도 이 점은 괜찮지 않나.’ 하는 고집이 생길 것이다. 단점 중에는 쉽게 고쳐지는 것도 있고 아닌 것도 있다. 반면 크게 노력하지 않은 상태에서도 강점으로 두드러지는 특징이 있다면 거기에 잠재력이 있고, 훈련하면 훈련할수록 장점이 더 발휘될 수 있는 여지가 많다는 뜻이다. 그 장점을 더 갈고 닦아 필살기로 만드는 게 현명한 전략이다.

어떤 단점은 극복하는 게 거의 불가능할 수도 있다. 왜냐하면 소설이란 어떤 선 너머로는 '글재주의 적분'을 넘어, 글쓴이의 성격과 가치관이 구체화된 결과물이기 때문이다. 문체에서부터 주제의식까지, 모든 부분이 다 그러하다.

섬세하고 우아하게 인물의 내면 심리를 보듬고 묘사하는 능력과 짜릿한 이야기를 쫄깃하게 펼치는 능력을 한 사람이 동시에 갖추기는 어렵다고 생각한다. 앞의 능력을 가진 작가와 뒤의 능력을 가진 작가는 인간에 대한 태도 자체가 다를 것 같다. 그렇게 타고난 성격과 수십 년간 살면서 쌓아 온 가치관이 글쓰기 훈련 몇 번으로 쉽게 바뀔까?

자신이 지닌 장점 하나를 승부처로 삼아야 한다. 아름답고 시적인 문장이 되어도 좋고, 차진 입담이 되어도 좋다. 유머 감각이나 해학이 되어도 좋고, 정교한 인물 묘사도 좋고, 절묘한 이야기 호흡도 좋고, 빈틈없는 플롯, 탄탄한 취재력, 도발적인 사회 비판, 인간 본연에 대한 통찰력, 뭐라도 괜찮다. 그런 동력이 있을 때 글쓰기도 훨씬 쉬워진다. 그래서 더 자주, 더 빨리, 더 많이 쓸 수 있게 된다. 그러는 동안 처음에는 염두에 두지 않았던 부위에까지 '글쓰기 근육'이 붙기 시작한다.

장점이 극대화된 글이 당선 가능성도 높을 거라 본다. 만약 본심 심사위원들이 지지하는 원고를 1, 2, 3순위로 투표해서 제일 점수가 높은 원고가 당선된다면 여러 사람이 두루 2, 3순위라고 여기는 무난한 작품이 유리할 테다. 그러나 본심 심사는 그렇게 진행되지 않는다. 토론 시간이 상당히 길고, 그 자리에서 자신이 2순위라고 평가하는 작품을 애써 옹호하는 심사위원은 없다. 다들 자신의 1순위에 대해 이야기한다.

결국 '많은 사람의 2순위'보다는 '확고한 지지자가 있는 작품'이 당선에 훨씬 더 가까워진다. 몇몇 심사위원이 1순위로 뽑는 작품과 다른 심사위원이 1순위로 여기는 작품이 격돌해서 둘 중 하나가 당선된다.(또는 공동 수상을 하거나 '당선작 없음'이 된다.) 모든 사람에게 2순위인 작품은 타협책이 되기는커녕 언급조차 되지 않을 가능성이 높다.

"언젠가 얘기한 적이 있지만, 적어도 본심에 올라간 작품들은 각자의 어떤 장점이 빛나서 선택된 것이지 단점이 덜 치명적이어서 선택된 것이 아니다. 탈락한 작품이 탈락하게 된 이유도 그 소설의 단점이 치명적이어서가 아니라, 그 장점이 다른 작품의 장점을 초라하게 만들 정도로 막강하지 않았기 때문이다. 어떤 장편소설 원고가 몇 군데 공모를 거치면서 심사평에서 지적받은 단점을 보완해 점점 완벽해져도 이상하게 공모에서 계속 탈락하는 일이 벌어진다면 바로 이런 이유 때문이다. 문제는 단점에 있는 것이 아니라 장점에 있기 때문이다. 단점을 보완해도 장점이 막강해지지는 않는다. 작품의 그릇을 결정하는 것은 단점이 아니라 장점이며 그것들이 최종 결정을 이끌어낼 것이다. 그러나 흠잡을 데 없이 무난하다고 평가받는 작품은 뭔가 특이한 장점을 괴팍하게 발산하는 이상한 작품에 자꾸 떠밀리게 되는 것이다."(제18회 문학동네소설상 심사평 중)

⑤ 그 외에

정말 사소한 사안인데, 심사하는 사람에게 은근히 크게 작용하는 문제가 제목과 맞춤법이다. 본질적인 문제는 아니지만, 쉽게 고칠 수 있는 문제 아닌가 싶어 몇 자 의견을 적어 본다.

너무 안이한 제목을 보면 평가자로서는 본문도 별 고민 없이 쓴 내용이겠거니 여기게 된다. 5장에서 '사랑' 같은 제목을 예로 들었는데, 그런 제목이 붙은 원고가 의외로 많다. '사랑'보다 더 안 좋은 제목은 아마 'Love'나 '더 러브' 정도일 것이다. 그보다 더 나쁜 제목은 'Love...'뿐이리라.

제목은 독자에게 읽어 보고 싶다는 궁금증을 불러일으키면서 다 읽고 난 뒤에는 '이 뜻이었구나.' 하고 끄덕이게 만들어야 한다. 기왕이면 발음했을 때 입에도 달라붙는 게 좋다. '사랑'보다는 '첫 번째 사랑'이 낫다. '아홉 번째 사랑'은 조금 더 낫다. 그리고 그보다는 '아홉 번째 신부'나 '죽기 전에 섹스 아홉 번'이 더 눈길을 끈다.

비문도 가끔 눈에 띄는 정도라면 그냥 응모자가 바빴을 거라고 넘어가는데, 매 페이지마다 하나씩 튀어나오는 수준이라면 작가를 신뢰하지 못하게 된다. 내 경우 말줄임표 남용인 응모작을 적잖이 봤다. 말줄임표가 자주 등장하는 정도를 넘어 '……………………'라는 식으로 완전히 사용법이 어긋난 경우였다.

"너무하다 싶을 정도로 손쉽게 맞춤법을 위반하고 달리니, 내가 교통경찰도 아니고 굴러가는 문장 하나하나에 딱지 붙이며 쫓아가기도 힘겨웠다. 소설은 문장부터다. 이야기부터가 아니다. 제대로 된 문장에만 실렸던들, 이야기 자체는 매우 놀라운 효과를 불

러 일으킬 수도 있었을 작품이다."(16회 문학동네소설상 심사평 중)

　합평회에 참여하며 장편소설을 쓰는 데에는 장점도, 단점도 있는 것 같다. 합평 스터디는 지칠 때 참고 글을 쓰게 하는 동력이 되고, 동료들의 작업을 보면서 자극을 받을 수도 있다. 특히 완성한 원고에 대해 독자의 의견을 들어보는 일은 꼭 필요하다. 다만 단편소설에 비해 장편의 덕목이나 평가 기준은 훨씬 더 다양한 만큼, 나와 문학관이 다른 동료의 지적에 대해서는 과감히 무시할 수 있는 고집도 필요하다고 본다.

　출판사나 언론사로 원고를 보낼 때에는 가명으로 보내자. 낙선했는데 본심 심사평에서 이름이 언급돼 봐야 좋을 것 없다. 어차피 당선되면 작품을 본명으로 발표할 건지 필명을 쓸 건지 출판사에서 물어봐준다.

　건필하시기를!

당선,
합격,
계급

1판 1쇄 펴냄   2018년 5월 4일
1판 9쇄 펴냄   2023년 7월 25일

지은이   장강명
발행인   박근섭·박상준
펴낸곳   (주)민음사

출판등록   1966. 5. 19. 제16-490호
주소   서울시 강남구 도산대로1길 62(신사동)
           강남출판문화센터 5층(06027)
대표전화   02-515-2000 | 팩시밀리 02-515-2007
홈페이지   www.minumsa.com

ISBN 978-89-374-3688-8 (03300)

* 잘못 만들어진 책은 구입처에서 교환해 드립니다.